SIMONA WERNICKE

Kornblumenzeit
Eine ostpreußische Familiengeschichte

SIMONA
WERNICKE
Kornblumenzeit
Eine ostpreußische Familiengeschichte

Roman

Dieses Werk wurde vermittelt durch die Literarische Agentur Michael Gaeb

Bei Fragen zur Produktsicherheit gemäß der Verordnung über die allgemeine Produktsicherheit (GPSR) wenden Sie sich bitte an den Verlag.

Die automatisierte Analyse des Werkes, um daraus Informationen insbesondere über Muster, Trends und Korrelationen gemäß § 44b UrhG (»Text und Data Mining«) zu gewinnen, ist untersagt.

Immer informiert

Spannung pur – mit unserem Newsletter informieren wir Sie regelmäßig über Wissenswertes aus unserer Bücherwelt.

Gefällt mir!

Facebook: @Gmeiner.Verlag
Instagram: @gmeinerverlag

Besuchen Sie uns im Internet:
www.gmeiner-verlag.de

© 2023 – Gmeiner-Verlag GmbH
Im Ehnried 5, 88605 Meßkirch
Telefon 0 75 75 / 20 95 - 0
info@gmeiner-verlag.de
Alle Rechte vorbehalten
2. Auflage 2026

Lektorat: Claudia Senghaas, Kirchardt
Satz: Mirjam Hecht
Umschlaggestaltung: U.O.R.G. Lutz Eberle, Stuttgart
unter Verwendung eines Bildes von: © Janusz Lipiński / stock.adobe.com;
https://commons.wikimedia.org/wiki/File:Ostpreussen_karte.png
Druck: Custom Printing Warschau
Printed in Poland
ISBN 978-3-8392-0488-7

Wer nich Angst hefft, dem done se ok nuscht.
Wer keine Angst hat, dem tun sie auch nichts.
Ostpreußisches Sprichwort

Für meinen Vater
und Käthe

Teil 1: Gute Jahre

1.

April 1928

IM ZIMMER WAR ES NOCH DUNKEL, als im frühen Morgengrauen auf dem Misthaufen der erste Hahn krähte. Der Zeiger des Weckers zeigte auf 4.30 Uhr. Müde wälzte sich Käthe noch einmal im Bett herum.

»Was ist?«, flüsterte Tuta neben ihr.

»Zeit zum Aufstehen, Kleine!«

»Och nö!«

»Ei, du kannst noch ein paar Minuten liegen bleiben, bis ich Wasser geholt habe.«

In der Stube war es kalt an diesem ersten Apriltag des Jahres 1928. Käthe fror in ihrem dünnen Nachthemd, zog schnell den Morgenrock über und schlüpfte in die Holzpantinen. In der Dunkelheit tastete sie nach der kleinen tragbaren Öllampe und den Zündhölzern und entfachte das funzlige Licht. Gut, dass sie gestern Abend noch das Wasser zum Waschen von der Pumpe im Hof in die Eimer geschöpft hatten, die auf dem Flur draußen bereitstanden.

Auch Tuta, eigentlich Gertrud und nur ein Jahr jünger als Käthe, war inzwischen wach. Nachdem Käthe Wasserkrug und Schüssel geholt hatte, machten die Mädchen kichernd Katzenwäsche, bevor sie sich ihre Wollstrümpfe, warme Unterwäsche und ihre Leinenkleider anzogen. Es waren die Kleider, die sie täglich für die Arbeit in Haus und Hof trugen. Auf den gedeckten dunklen Farben sah man nicht gleich jeden Fleck.

Auch ihre Schwester Lotte, die mit vollem Namen Charlotte hieß, rührte sich endlich im dritten Bett in der Stube.
»Wollt ihr heute ohne mich anfangen? Ich schlafe gerne noch ein Stündchen!«
»Nein, los, raus mit dir, sonst komme ich mit dem nassen Waschlappen!« Tuta lachte.

Die drei Schwestern waren hübsche Mädchen, Käthe mit ihren 21 Jahren die älteste, Lotte mit 17 das Küken unter den Mädels. Sie waren im heiratsfähigen Alter, aber bisher hatte keine von ihnen Interesse an dem einen oder anderen Bewerber gezeigt.

Ihr Bruder Bruno nebenan hatte eine Kammer für sich. Er durfte noch eine Stunde länger schlafen, denn er hatte, wie fast jeden Abend, gestern dem Vater in der Wirtsstube geholfen. Es war sehr spät geworden, als der letzte Bauer endlich heimtorkelte.

Die Familie Weiß betrieb ihren *Dorfkrug* unter der großen Linde in Koschainen schon seit vielen Jahren. Vater Hugo hatte das Anwesen von seinem Vater übernommen, der das flache rote Backsteingebäude mit den schmucken grünen Fensterläden Ende des 19. Jahrhunderts bauen ließ.

Viel Personal brauchte man im *Gasthaus Hugo Weiß* nicht. Man hatte schließlich vier erwachsene Kinder, die mit zupacken konnten.

Da war Erna, die Mamsell, die hier schon viele Jahre ihren Dienst tat und eine sehr gute Köchin war. Mittlerweile war sie etwas in die Jahre gekommen. War sie 60 oder älter? Das wusste niemand so ganz genau. Erna selbst sprach nicht darüber.

Auch Marie, noch jung an Jahren, gehörte als Magd mit zum Haushalt, genauso wie der Knecht Paul. An den Werktagen hatten sie am Vormittag im Laden Hilfe von Mine.

Mutter Anna stand dem Haushalt und dem Laden vor. Haus

und Hof hatten blitzblank in Ordnung zu sein. Daneben kümmerte sie sich um das Kleinvieh und den Garten, in dem neben Blumen allerlei Gemüse wuchs.

Für die Feldarbeit gab es Saisonkräfte, die bei der Saat und bei der Ernte halfen. Die Leute wohnten in den beiden kleinen Insthäusern gegenüber dem Wohn- und Gasthaus.

Käthe rieb sich den letzten Rest Müdigkeit aus den Augen.

»Dann wollen wir mal!« Durch die Gartentür gingen sie ein paar Schritte in Richtung Stall, wo Marie und Paul schon dabei waren, die acht Kühe zu melken. Die Schwestern banden sich ihre Kopftücher um und schnappten sich eine der Forken, die am Scheuneneingang am Haken hingen. Sie machten sich daran, den Kuhstall auszumisten. Den Schweinekoben würden sie sich später auch noch vornehmen.

Als sie fertig waren, holte Lotte noch schnell die Blechschüssel aus der Küche und stieg damit die schmale Treppe hinauf auf den Dachboden, um in der Kornkammer Mengsel und Hühnergerste für das Federvieh zu holen. Sobald sie damit den Stall betrat, ging ein eifriges Gegacker los, und Hühner, Gänse, Enten und Truthähne flatterten ihr aufgeregt entgegen.

Diese Arbeiten gehörten jeden Morgen in der ersten Stunde nach dem Aufstehen zum Leben. Erst kam das Vieh, dann der Mensch. Niemand störte sich daran.

Nachdem die Tiere versorgt waren, gab es um 6 Uhr das erste Frühstück. Dazu saß die Familie mit den Leuten am großen Tisch in der Küche. Es gab Klunkermus, eine süße Milchsuppe mit Mehlklümpchen, und ein Stück Brot mit Butter dazu. Bevor sie anfingen zu essen, wurde von Mutter Anna die tägliche kurze Andacht aus der Bibel gelesen.

Anna war eine gute Christin und brachte den Glauben auch ihren Kindern und Angestellten nahe. Sie war nun mittlerweile 48 Jahre alt, und die viele Arbeit in Haus, Hof, Laden und

Gastwirtschaft hatten sie ausgezehrt. Ihr Rücken war schon leicht gebeugt, und oft taten ihre Knochen weh. Doch sie war immer noch eine schöne Frau mit einem aparten Profil, kräftigem Kinn und graziler Nase. Das Haar trug sie zu einem Knoten streng nach hinten frisiert. Es war inzwischen mit Silberfäden durchzogen, aber das stand ihr gut. Ihr Körper war immer noch schlank und ansehnlich trotz der vier Kinder, die sie geboren und erzogen hatte. Sie war stets adrett gekleidet.

»Sag mal, Käthe, was meinst du, wann bei uns mal wieder richtig was los ist im Gasthaus?« Lotte sah fragend ihre große Schwester an, während sie gähnend in ihrer Suppe rührte.

»Warum, los ist doch immer was! Ich kann mich über zu wenig Arbeit nicht beklagen!«

»Ich meine so richtig, mit Musik und Tanz. Nicht immer nur die Bauern, die abends am Stammtisch ihr Bier trinken und Karten spielen. Der Winter war so langweilig!«

»Na warte mal ab, Kleine, die Saison geht ja bald los. Dann haben wir demnächst das Ostergeschäft, das Pfingstgeschäft, Hochzeiten, Vereinsfeiern ... na, ihr wisst schon. Jedes Jahr das Gleiche.« Käthe sah ihre Schwester verständnislos an. Was Lotte nur immer feiern wollte. Ihr genügte das stille Landleben. Am Nachmittag mal in aller Ruhe im Garten in der Sonne sitzen, den Blick über die Wiesen streifen lassen und den Pferden und Kühen beim Grasen zusehen. Das gefiel ihr besser als der Trubel bei den Feierlichkeiten.

Lotte aber freute sich. Etwas Abwechslung konnten sie nach dem langen Winter wirklich gebrauchen. Sie waren junge schöne Frauen, und es musste sich doch auch mal jemand hierher verirren, der nicht aus ihrer 300-Seelen-Gemeinde Koschainen stammte.

An diesen noch etwas kühlen Frühlingstagen war die Saat schon ausgebracht und zeigte erste Ergebnisse. Zarte grüne Halme Korn und auch Kartoffelpflanzen wuchsen auf ihren

60 Morgen großen Feldern, dahinter stand die Wiese für die Kühe. In den 20 mit Pferdemist gedüngten Frühbeeten zeigten zarte Pflänzchen ihre ersten Spitzen und konnten bald ins Freie ausgesetzt werden.

»So, Marjellchens, schnappt euch einen Besen, Eimer und Schrubber – die Gaststube ist fällig!« Mutters Worte ließen keine Widerrede zu. Aber die drei fügten sich ohne Murren, es war ja jeden Tag so. Hier mussten alle mit anfassen. Vater und Bruno waren mit Paul im Stall zugange und schleuderten die frisch gemolkene Milch in der Zentrifuge.

Käthe schaute noch schnell in den Hühnerstall und fand fünf Eier in den Nestern. »Hier, Erna, hab ich dir mitgebracht. Mehr als fünf waren es nicht.«

»Na, der Tag ist noch lang, Marjellchen.« Erna in der Küche strahlte wie immer Ruhe aus und nahm Käthe dankend die Eier ab. Gleich würde sie mit der Herrin des Hauses den Essensplan für den Tag besprechen.

»Vielleicht mache ich Schmandheringe mit Kartoffeln. Oder einfach Kartoffelklöße mit Specksoße und etwas grünen Salat?« Erna überlegte. Der erste Blattsalat war in den Frühbeeten schon ordentlich gewachsen und konnte geschnitten werden. Da es ein Wochentag war, wollte sie etwas Einfaches für die Familie und die Leute vorschlagen. Für die Gaststube würde man drei Gerichte auf die Karte nehmen, die schnell zuzubereiten waren. Kartoffelsalat hatte sie noch von gestern im Kühlkeller.

Anna hatte mit der Magd Marie am gestrigen Abend schon die Wäsche mit dem Waschsoda *Henko* eingeweicht. Die war heute noch fällig. Darum würde Marie sich kümmern, denn sie selbst hatte im Laden zu tun. Jetzt sortierte sie Waren in die Regale, die gestern geliefert worden waren. Auf ihre Kolonialwaren war Anna besonders stolz. Aus einer großen Kiste packte sie Reis, das Pfund zu 15 Pfennig, und Zucker zu 62 Pfennig.

Auch ein paar Tüten echten Bohnenkaffee stellte sie dazu, ein Luxus, den sich nicht viele leisteten, denn für das Pfund musste man drei Reichsmark 50 berappen. Deshalb kauften ihn die meisten nur in Viertelpfundtütchen. Butter hatten sie im Fass, ebenso das Sauerkraut. Selbst gemachter Käse stand unter der Glasglocke, auch geräucherten Speck und Schinken boten sie an. Hühnereier gab es en gros in einem großen Weidekorb, die frischesten auf der linken, die von gestern und vorgestern auf der rechten Seite. Milch hatten alle Dörfler selbst. Auch die Instleute hielten sich auf ihren kleinen Höfen eine Kuh und ein paar Hühner und waren damit versorgt.

Vater sattelte gerade sein Pferd, um einen frühen Ausritt über die Felder zu machen und nach dem Rechten zu sehen.

Sohn Bruno hatte den Kastenwagen angespannt, denn er wollte nach Miswalde auf den Markt fahren, um neue Ware für den Laden zu holen.

Um 9 Uhr versammelten sich alle wieder um den großen Tisch mit der Glanzdecke in der Küche. Es duftete nach Malzkaffee und Rührei. »Hab ich schon wieder einen Hunger«, stellte Lotte fest. Es gab Kleinmittag, das kräftige zweite Frühstück mit Brot, Butter, Schlackwurst, Glumsen und ein paar Eiern.

Mutter Anna goss noch einmal Kaffee nach. Eine Kanne mit dem Getreidekaffee stand den ganzen Tag über in der Küche unter der gesteppten Wärmehaube. Nur sonntags und zu besonderen Anlässen gönnte man sich den echten Bohnenkaffee.

»Sagt mal, Mädchen, wie wäre es, wenn wir übermorgen einmal nach Mohrungen fahren und nach ein paar guten Stoffen schauen? Es ist Frühling, und da solltet ihr etwas Hübsches anzuziehen haben. Lisbeth Kerner, die Schneiderin im Ort, wird euch daraus ein schönes Kleid nähen.«

»Oh ja! Ein neues Kleid!« Mit einem Freudenschrei fielen ihr die drei Mädchen um den Hals. Anna schaute liebevoll ihre nun schon erwachsenen Kinder an. Was für eine Freude waren sie, und was für eine Hilfe. Denn etwas anderes als Arbeit gab es selten, es war von jeher so und würde immer so bleiben. Vom Morgengrauen bis in die Abendstunden wurde geschafft und gesorgt.

Sie hatte Hugo vier wunderbare Kinder geschenkt, und beide waren dankbar dafür. Ihre Liebe war stark genug, alle Höhen und Tiefen des Alltags zu bewältigen. Wenn sie die Zeit fanden, saßen sie an lauen Abenden auch einmal hinter dem Haus auf der Gartenbank. Dann lag seine Hand auf ihrer, während sein wachsamer Blick über das Land schweifte.

Die Mädchen waren gut geraten und von einem lieben, ehrlichen Charakter. Bruno mit seinen 19 Jahren kam etwas mehr nach dem Vater, der eine preußische Strenge ausstrahlte, den dunklen Schnurrbart gepflegt und fein mit Pomade nach oben gezwirbelt.

Bruno sollte später einmal das Wirtshaus übernehmen, dafür hatte er eine kaufmännische Schule besucht und war vom Vater schon in alle Gepflogenheiten eines Geschäftsmannes eingewiesen worden. Oft saß er an den Vormittagen in der Schreibkammer und führte die Bücher.

Die Familie war sehr musikalisch. Die Mädchen spielten Klavier, der Junge Geige. Gern musizierten sie an langen Winterabenden gemeinsam in der guten Stube.

»Ihr Marjellchens habt's gut!« Bruno schmunzelte. »Ein hübsches Kleid nach dem anderen. Und was ist mit mir?«

»Wir bringen dir was mit!« Käthe lachte. »Wie wäre es mit einer Tafel Schokolade?« Sie wusste, ihr Bruder liebte Süßes über alles.

2.

Mai 1928

DIE LUFT FLIMMERTE an diesem sonnigen Pfingstsonntag. Die Hitze hatte jetzt in den späten Vormittagsstunden schon fast ihren Höhepunkt erreicht. Aus dem Wald in der Ferne rief ein Kuckuck, bunte Schmetterlinge tummelten sich im blühenden Holunderbusch und auf den Wiesenblumen. Die große Linde am Haus verströmte einen starken, süßlichen Duft.

Käthe ließ ihren Blick über die grünen Felder und Weiden schweifen und strich sich eine Haarsträhne aus der Stirn. Es sah herrlich aus, wenn der Mohn so üppig in einem leuchtenden Rot zwischen dem Weizen blühte!

Sie hatte ihr dunkelblondes kräftiges Haar im Nacken zu einem geflochtenen Kranz gelegt. Die gestärkte blütenweiße Schürze über dem knöchellangen blauen Kleid, die sie extra zum Bedienen trug, wurde im Rücken mit breiten Bändern über Kreuz gehalten.

Das wird wieder ein anstrengender Tag werden, dachte sie. Bereits am Vormittag war die ganze Familie mit dem Pferdefuhrwerk in Miswalde in der Kirche zum Pfingstgottesdienst gewesen. Nun, endlich zurück, hieß es, Vorbereitungen für die Gäste zu treffen. Im Haus herrschte eine geschäftige Betriebsamkeit.

»Käthchen, haste schon die Tische im Garten abjewischt?«, rief Erna aus der Küche. »Du wolltest doch helfen!«

»Ich komme schon«, antwortete Käthe. Der Pfingstsonntag versprach ein gutes Geschäft für das Gasthaus. Auch aus den umliegenden Dörfern würden erwartungsgemäß zahlreiche Gäste kommen. Erna schwitzte in der Küche über allerlei Töpfen und Pfannen. Ein Schwein war geschlachtet worden, deshalb hatte sie das bei allen so beliebte Schwarzsauer gekocht. Keiner konnte diese Blutsuppe so gut würzen wie sie. Es duftete nach Schweinebraten und Sauerkraut. Auch ihre berühmten Königsberger Klopse standen auf der Karte, sowie Aal und Dorsch. Die waren in den nahen Seen reichlich vorhanden und günstig beim Fischer zu erstehen. Dazu gab es Gurkensalat. Im Gewächshaus hatte sie die ersten grünen Gurken abgenommen.

An Tagen wie diesem konnte man sich erhoffen, dass im Gasthaus neben Bier und Schnaps auch das eine oder andere gute Essen gewünscht wurde.

Im Garten hatten 50 Leute Platz. Käthe rückte die Stühle gerade und säuberte sie mit einem feuchten Lappen. Die Holztische musste sie mit einer Bürste schrubben, denn sie waren mit Blütenstaub und Vogeldreck verschmutzt. Bei diesem schönen Wetter würden tagsüber die Gäste draußen sitzen wollen.

Kurz darauf kamen die ersten Dörfler zum Frühschoppen nach dem Kirchgang. Sie nahmen am Stammtisch Platz, um über ihre Arbeit und die Politik zu palavern und dabei die eine oder andere Maß zu zischen. Es rollten auch Fuhrwerke aus Pollwitten, Maldeuten und Miswalde an, denn die gute Küche und der freundliche Gastwirt waren weithin bekannt und beliebt.

Wirt Hugo stand am Ausschank, zapfte das Bier und füllte hochprozentigen Korn und Klaren in die Schnapsgläser. Auch der eine oder andere gute *Meschkinnes* fand zahlreichen Absatz. Den mit Honig, Kräutern, Zimtstangen und Nelken sowie hochprozentigem Alkohol gebrauten *Bärenfang-Likör* setzte er selber an und hatte einen guten Vorrat an Flaschen im Keller. Seine Fässer mit »*Ostmark*«-*Bier* bekam Hugo direkt aus Königsberg geliefert. Erst letzte Woche hatte der Bierkutscher fünf neue Fässer gebracht. Getrunken wurde reichlich. Im Jahr 1907 hatte er die Wirtschaft von seinem Vater übernommen und seine Schankerlaubnis erhalten. Zehn Jahre später ließ er den Anbau mit dem großen Festsaal errichten, wo die Gäste auf dem guten Eichenparkett ausgelassen tanzen konnten.

Die Stimmung wurde immer fröhlicher. Käthe half freundlich beim Bedienen und ließ sich nicht aus der Ruhe bringen.

»Ei, Hugo, was hast du bloß für'n hübschet Marjellchen«, rief der Stellmacher Otto dem Vater zu.

»Danke, danke, hab sogar noch zwei davon!« Hugo wusste Bescheid. Der Otto hatte ein Auge auf sein Käthchen geworfen. Aber damit traf er leider nicht auf Gegenliebe.

Käthe stieg vor Verlegenheit die Röte in die Wangen. Warum mussten Männer immer so direkt sein, besonders wenn sie das eine oder andere Glas getrunken hatten? Aber sie wusste ja, es war herzlich gemeint. Alle mochten sie und meinten es gut.

Die ersten Mittagsgäste verabschiedeten sich, andere blieben aber noch zum Kaffee da. Es war ein Kommen und Gehen. In der Küche hieß es, Geschirr zu spülen und bereits Vorbereitungen für das Abendessen zu treffen. Es war heiß, Erna schwitzte und wischte sich ab und zu mit einem leinenen Tuch über die Stirn.

»Wollt ihr wohl rausjehen«, schimpfte sie. Wegen der Hitze hatte sie etwas Durchzug machen wollen und die hintere Tür zum Garten offen gelassen. Gleich waren ein paar der Hühner hereingelaufen und pickten nach heruntergefallenen Krumen. Erschreckt gackerten sie, als Erna sie hinausscheuchte.

»Da kommt schon wieder jemand!«, sagte sie mit einem Blick aus dem Fenster der Küche, die im Souterrain lag. Käthe, die gerade schmutziges Geschirr zum Spülstein trug, setzte die leer gegessenen Teller ab und reckte wie Erna den Hals, um hinauszuschauen.»Ei, dat wird Carlchen sein.« Erna war von Anna informiert worden.»Der bringt doch noch die Brote für heute Abend und allerhand Kuchen fürs Kaffeegeschäft.«»Carl? Meinst du den Bäcker Carl Kühnapfel aus Locken? Den hab ich lange nicht gesehen.« Käthe guckte angestrengt nach draußen. Da saß ein junger Mann auf dem Kutschbock, die Schiebermütze frech auf dem Kopf und ein breites Lächeln im Gesicht. Gut sah er aus, groß und stattlich. Sein Grinsen war umwerfend. Käthe fühlte plötzlich ein aufgeregtes Kribbeln in der Magengegend.

Carl hatte die Zügel seines Zweispänners fest angezogen, nachdem er den Wagen auf dem Hof neben der Linde geparkt hatte. Heiter pfiff er ein fröhliches Lied vor sich hin. Was für ein schöner Tag! Der Fahrtwind hatte für eine leichte Kühlung gesorgt, die Sonne schien, und er würde es sich bei Weißens heute noch gut gehen lassen.

Sein Vater und Hugo Weiß kannten sich gut, waren alte Geschäftsfreunde. Die Backwaren des Bäckermeisters Adolf Kühnapfel waren weit über Locken hinaus bekannt und beliebt, weshalb sie auf Bestellung auch in die nähere Umgebung geliefert wurden. Mit der Auslieferung betraute Adolf immer häufiger seinen Sohn Carl, der auch einmal die Bäckerei übernehmen sollte.

Carl war von Locken seit dem frühen Morgen unterwegs gewesen. Aber das steckte er leicht weg. Er war ein kräftiger, gut aussehender junger Mann von 25 Jahren, gut gebaut, mit einem glatt rasierten Gesicht, Lachfältchen um die Augen. Das blonde Haar trug er nach der neuesten Mode an den Seiten raspelkurz und oben zu einer kurzen Tolle seitwärts glatt gekämmt. Carl hatte freundliche, gütige Augen und einen schmallippigen Mund. Sein Gesicht drückte Forschheit und

Willensstärke aus. Er hatte sich fein gemacht an diesem Feiertag und seinen guten Anzug mit weißem Hemd angezogen. Zunächst spannte er seine Pferde aus – stattliche braune Trakehner –, die er nach hinten in den Stall führte und gleich dafür sorgte, dass sie Hafer und eine Tränke bekamen. Heute würde er schließlich nicht mehr zurückfahren, sondern seine mitgebrachten Brote und Kuchen ausladen und dann das Pfingstfest genießen.

Gastwirt Hugo umarmte ihn zur Begrüßung. »Ich soll Ihnen viele Grüße von meinem Vater ausrichten«, sagte Carl.

Hugo nickte erfreut. »Ja, dein Vater kommt nun auch in die Jahre und fährt nicht mehr selbst«, meinte er schmunzelnd. »Aber lade doch erst mal aus, mein Jungchen. Erna hat bestimmt schon in der Küche Platz gemacht.«

Carl begab sich in die Küche und lud die frischen Brote und die Bleche mit Mohn- und Streuselkuchen, einer Schokoladen- und einer Glumstorte auf dem Küchentisch ab, den Erna für ihn frei gemacht hatte.

Er war länger nicht mehr hier gewesen, wurde aber von der Köchin, die hochrot und schwitzend über ihren Töpfen stand, herzlich begrüßt: »Schön, dich mal wiederzusehen, Carlchen«, sagte sie. »Ist ja schon ein Weilchen her, als du das letzte Mal hier warst. Wie war die Fahrt?« Obwohl Carl längst ein junger Mann war, nannte Erna ihn immer noch Carlchen. Sie kannte ihn schon, als er als kleiner Junge immer mit seinem Vater unterwegs gewesen war.

»Sehr gut bei diesem schönen Wetter«, sagte Carl. »Aber nach den drei Stunden habe ich jetzt ganz schönen Kohldampf.«

Erna hatte schon die Schüssel mit dem Kartoffelsalat hervorgeholt. Sie bereitete ihn mit Dill, eingelegten Gurken und den ersten Radieschen zu. Dazu legte sie ihm eine dicke Scheibe Schinken auf den Teller, der im Ofen gebacken wurde. »Hm,

Erna, ich wusste, warum ich als Erstes in deine Küche komme«, freute sich Carl über das leckere Essen.

Käthe indes, die schnell noch zwei Portionen Schweinebraten hoch in die Gaststube getragen hatte, wurde aufgehalten. »Nein, Tuta, hör auf damit! Sonst stehe ich ja ohne Schürze da.« Käthe rangelte lachend mit ihrer Schwester herum, die sie neckte, indem sie immer wieder an ihren Schürzenbändern zupfte. »Geh lieber gucken, ob im Garten noch Tische abzuräumen sind oder Erna dich in der Küche braucht«, wies sie ihre Schwester an und zeigte Richtung Küche. Sie brachte einen Stapel schmutziges Geschirr mit hinunter und stellte ihn in den Spülstein. Da trafen sich ihre Augen mit denen von Carl, der gerade seinen Teller leer gekratzt hatte.

So erwachsen hatte ich ihn gar nicht in Erinnerung, dachte Käthe als Erstes. Carl ist ja ein richtiger Mann geworden, und was für einer! Ihr Herz klopfte laut in der Brust. Auf einmal war sie aufgeregt und fast ein wenig benommen. Verschämt senkte sie den Blick.

Auch Carl staunte. War das das kleine Käthchen, das vor fünf Jahren noch ein Backfisch mit streng gescheiteltem Haar und langen geflochtenen Zöpfen war? Diese schöne junge Frau mit dem verschmitzten und doch so bescheidenen Lächeln? Er bekam weiche Knie. »Guten Tag, Käthe. Ich freue mich sehr, dich wiederzusehen«, sagte er und gab ihr die Hand.

»Ganz meinerseits«, erwiderte sie und wusste vor Verlegenheit gar nicht wohin mit ihrem Blick.

»Käthe!« Vater Hugo rief aus der Gaststube. »Am Tisch von Herrn Golm wird nach Kaffee und Kuchen verlangt!«

Herr Golm war der Dorfschulze und saß behäbig da mit seiner Frau und den beiden Kindern und wartete. Käthe ließ schnell die Hand von Carl los, flitzte zum Tisch der Familie und nahm die Bestellung auf. Von nun an ging es Schlag auf

Schlag, das Kaffeegeschäft florierte, und der von Carl mitgebrachte Kuchen fand regen Zuspruch.

Käthe hatte kaum Zeit, sich ihres Herzklopfens bewusst zu werden. Sie eilte von Tisch zu Tisch, hier und da einen Scherz auf den Lippen. In sich spürte sie jedoch ein wunderbares Gefühl, das sie besonders heiter und fröhlich sein ließ. Immer, wenn sie in Richtung Carl sah, der kaum von der Seite ihres Vaters wich, begegneten sich ihre Blicke. Eine seltsame frohe Unruhe erfüllte sie.

Mutter Anna hatte sich inzwischen auch eine weiße Bedienschürze umgebunden. »Käthchen, ich will ja nichts sagen, aber irgendwie bist du heute nicht ganz bei der Sache. Den Streuselkuchen für Familie Lehmann hast du bei Mannweilers hingestellt«, schmunzelte sie. Sie hatte ein feines Gespür für ihre Kinder und hatte die Blicke zwischen Carl und Käthe bemerkt.

Das wäre doch was, dachte sie so bei sich. Carl war eine gute Partie, und ihre drei Mädchen mussten unter die Haube gebracht werden. Es war doch schlau, dass Hugo und Adolf sich ausgemacht hatten, dass jetzt Carl die Backwaren nach Koschainen ausfuhr.

»Ach Mamachen!« Käthe strahlte sie an. »Mir ist heute irgendwie so fröhlich zumute!«

Wissend lächelte ihre Mutter in sich hinein.

Gegen Abend erschienen die ersten Gäste zum Abendbrot. Auf der Abendkarte standen Hühnersuppe, in Butter gebratene Hähnchenbrust mit Wurzelgemüse, Kartoffelsalat mit Bratwurst, Forelle Müllerin, Mettwurst und Schmalzbrot mit Salzgurken. Dem Bier und Korn wurde reichlich zugesprochen. Die mitgeführten Damen tranken ein Gläschen Likör. In geselliger Runde wurde gegessen und getrunken.

Der Festsaal mit seinem Tanzparkett war nun auch geöffnet worden. Die Dorfmusiker bauten ihre Instrumente auf und begannen, mit Ziehharmonika, Geige und Klavier zum Tanz aufzuspielen. Nach Heimatliedern wurde geschunkelt, dann wurde im Walzertakt getanzt, keiner ließ sich lange bitten. In den ostpreußischen Dörfern wurden die Gelegenheiten zum Tanzen und Feiern jederzeit ausgenutzt. »So jung kommen wir nicht mehr zusammen«, war das Motto.

Carls Augen suchten die von Käthe. Da war sie, stand am Rande und schaute mit einem Tablett in der Hand den Tanzenden zu. Es gab kein Halten mehr für ihn, Käthe zog ihn magisch an.

»Würdest du mir diesen Tanz gestatten?«, fragte er, als er zu ihr hinübergegangen war. Und ob sie wollte! »Gern, Carl.« Sie lächelte, und ihre Augen funkelten. Sie stellte ihr Tablett beiseite und legte ihre Schürze ab.

Er nahm sie bei der Hand und führte sie auf die Tanzfläche. Ein unbekanntes Glücksgefühl durchströmte sie. Nach »Waldeslust« wiegten sie sich im Takt und schauten sich unentwegt in die Augen. Noch nie hatte sich Käthe so beschwingt gefühlt wie in diesem Moment in Carls Armen. Sie hoffte, dieser Tanz würde nie enden.

Der Abschied am nächsten Morgen fiel herzlich aus. Carl hatte in einer kleinen Gästekammer übernachtet. Am frühen Morgen hatte Marie ihm einen Krug mit frischem Wasser zum Waschen und Rasieren gebracht. Als Gast des Hauses saß er mit am langen Tisch im Esszimmer, als um 8 Uhr ein recht spätes Frühstück eingenommen wurde.

»Heute werden alle verkatert sein!« Erna kannte sich aus und hatte Deftiges wie Rühreier, Räucherfisch und Brathering serviert.

»Carl muss sich richtig stärken, denn er hat ja eine weite Fahrt nach Hause vor sich«, sagte Vater und reichte Carl die Platte mit dem Bückling, wovon sich der noch einmal beherzt bediente.

Verstohlen schaute Käthe zu Carl, der ihr gegenübersaß. Er sah frisch und freundlich aus wie immer. Oh ja, sie mochte ihn. Wie wohlig sie sich gestern beim Tanz in seinen Armen gefühlt hatte!

»Na, dann werd ich mal!« Carl rieb sich die Hände und stand gesättigt auf. »Der Weg nach Locken ist ein Stück zu fahren. Morgen ist Dienstag, da muss ich wieder nach Berlin. Ich mache doch gerade meine Meisterschule, weil ich die Bäckerei vom Vater übernehmen werde.« Er sah Käthe an. »Da lerne ich auch Konditor, ich will nämlich nicht nur Brot, Schnecken und Blechkuchen backen, sondern einmal feine Torten kreieren.«

»Und warum in Berlin? Das muss ja an die 500 Kilometer zu fahren sein«, fragte Käthe überrascht.

»Weil es dort die besten Konditoreien und die beste Ausbildung gibt. Da gibt es riesige Kaffeehäuser wie *Kranzler* oder *Jostys*, das könnt ihr euch nicht vorstellen. Da kann ich viel lernen.«

Käthe, die noch nie weiter als bis Allenstein oder Königsberg gekommen war, staunte und sah Carl bewundernd an.

»Außerdem habe ich da Verwandtschaft. Der Bruder meiner Mutter wohnt dort mit seiner Familie. Und die haben mich für die Zeit bei sich aufgenommen.«

Er sah Käthe in die Augen und zwinkerte. »Aber bestimmt komme ich bald wieder!«

3.

September 1928

»Was machst du für ein trübsinniges Gesicht, Käthe?«
Die drei Mädchen saßen im Garten und schnippelten grüne Bohnen.
»Käthchen ist verliebt, Käthchen ist verliebt!«, sang Lotte in neckendem Ton.
»So ein Unsinn!« Käthe schnappte sich ihren Topf und wollte empört aufstehen.
»Na lass man, Käthchen, es braucht alles seine Zeit. Carl schreibt dir doch immerzu, und zum Erntedank werdet ihr euch wiedersehen.« Tuta kniff Käthe leicht in die Seite und brachte ihre Schwester zum Lächeln.
»Ach wenn es denn schon so weit wäre«, seufzte sie. »Seit Pfingsten haben wir uns nicht mehr gesehen. Ich wünschte, er wäre nicht 500 Kilometer weit weg in Berlin!«
Mutter trat aus der Hoftür, einen großen Korb mit frisch gewaschener Wäsche im Arm. »Los, Käthe, hilf mir mal beim Aufhängen! Und Tuta und Lottchen, ihr geht Erna helfen. Sie hat zwei Eimer mit Kartoffelschalen und Resten für die Schweine.«
Müßiggang gab es nicht. Käthe brachte schnell die geschnippelten Bohnen in die Küche. Erna würde daraus einen guten Eintopf zubereiten und auch einen Teil für den Winter einkochen.
Dann half sie ihrer Mutter beim Wäscheaufhängen.
Das Abendessen nahm die Familie um Punkt 18.30 Uhr am Esstisch in der Stube ein. Es war inzwischen September, die noch wärmende Sonne versank schon früher hinter den Fel-

dern. Es wurde eher dunkel, Marie hatte bereits die samtenen Vorhänge zugezogen.

»Wir sollten noch einmal über die Vorbereitungen zum Erntedankfest sprechen«, sagte Mutter Anna. »Die Felder sind so gut wie abgeerntet, nächsten Sonntag ist es so weit. Wir wollen Erntedank feiern. Die Schnitter sind auch noch so lange da und haben sich ein Fest mit Speis und Trank verdient.«

»Au fein, und wir binden die Erntekrone«, rief Tuta freudig aus. »Ja, aber nicht ihr allein. Beim Binden und Schmücken helfen euch die anderen Frauen und Mädchen aus dem Dorf. Und Vater, wir sollten überlegen, was wir alles in der Wirtschaft anbieten, was meinst du?«

»Am besten so wie alle Jahre vorher. Der Bierkutscher kommt jedenfalls am Mittwoch aus Königsberg.« Vater hatte es eilig, wieder in die Gaststube zu kommen. Um seinen Teil, Bier und Klaren, hatte er sich umsichtig gekümmert. Sogar seinen selbst gekelterten Johannisbeerwein, gut im Keller gelagert, wollte er anbieten. »Besprich es doch mit der Mamsell, Anna, bisher hat doch immer alles gut geklappt.«

Die Vorbereitungen liefen auf Hochtouren. In der Küche wurde geschmort und gebrutzelt, es wurden Kränze aus blauen Korn- und anderen Wildblumen geflochten und die Erntewagen für den Umzug geschmückt. Im ganzen Ort herrschte ein geschäftiges Treiben.

Käthe saß in der Schlafkammer und las verstohlen noch einmal den letzten Brief von Carl. Er würde kommen, er würde kommen! Ihr Herz hüpfte vor Aufregung und Sehnsucht.

Endlich war es so weit. Der Hauseingang war geschmückt mit goldenen Ährenkränzen, die mit Blumen umwunden waren, die prächtigsten Kürbisse lagen orange leuchtend vor dem Eingang. Die drei Mädchen hatten sich jede einen feinen Kornkranz um den Kopf gewunden, der mit farbenfrohen Schleifenbändern, gelben Goldruten, lila Herbstastern und blauem Sonnenhut umwickelt war. Sie trugen ihre schönsten Kleider, die mit blau-rot-weißer Stickerei an den Rocksäumen versehen waren.

Nach dem Erntegottesdienst fuhren die bunten Erntewagen mit den herausgeputzten Pferden zum Marktplatz. Alle Dorfbewohner, feingemacht im Sonntagsstaat, und auch die Saisonkräfte, die teilweise aus Polen herübergekommen waren, zogen hinterdrein. Die Erntekrone wurde an einem Mast hochgezogen. Der Dorfschulze hielt eine kurze Rede, bedankte sich für die fleißige Arbeit und lobte das gute Ernteergebnis, das in diesem Jahr eingebracht worden war. »Und nun, liebe Leute, geht und feiert! Singt und tanzt, esst und trinkt! Ihr habt es euch verdient! Beim Hugo ist schon angerichtet!« Er wurde reichlich beklatscht und bejubelt.

Im Wirtshaus waren zu diesem Anlass noch weitere Tische aus der Nachbarschaft aufgestellt worden. Auf dem langen Holztisch im Festsaal lagen die fein bestickten Tischtücher, die die Frauen an langen Winterabenden hergestellt hatten. Hugo hatte wieder Liese und Berta aus dem Dorf bestellt, um beim Bedienen und in der Küche auszuhelfen. Seine Kinder waren den ganzen Sommer während der Ernte unermüdlich mit auf den Feldern gewesen und sollten sich an diesem Tag auch einmal amüsieren.

Er selbst würde sich heute auch nicht zurückhalten, sondern sich den einen oder anderen Kurzen genehmigen. Im Saal summte und brummte es vom Stimmengewirr und lautem Lachen, das immer stärker wurde, je mehr der Klare, gebraut aus Kartoffeln oder Korn, die Kehle hinunterfloss.

»Ei, Marjellchen, wie wäre es mit einem Schnapsche?« Otto versuchte auch diesmal wieder, die hübsche Wirtstochter Käthe für sich zu erwärmen. Sein rundes Gesicht war schon leicht gerötet, die Augen glänzten.

»Ach, Otto, du weißt doch, ich trinke nicht!«, wies Käthe ihn lächelnd ab. »Außerdem muss ich schnell mal nach meiner Schwester sehen.« Augenblicklich war sie ihm entwischt. Nein, Otto war nicht der Mann, nach dem sie sich sehnte. Sie hielt nach einem anderen Ausschau. Wo Carl nur blieb?

Carl war an diesem Tag schlecht aus Locken fortgekommen, denn auch in seinem Dorf wurde das Erntedankfest gefeiert. Also hatte er erst am Nachmittag losfahren können, um am Abend in Koschainen bei Käthe zu sein.

Immer wieder ging Käthe unauffällig in Richtung Fenster und spähte hinaus. Endlich, nach einer gefühlten Ewigkeit, hörte sie Hufgeklapper auf dem Sandweg und wusste sofort: Carl!

Mit klopfendem Herzen lief sie nach draußen ihm entgegen.

Carl hatte gerade den Zweispänner auf den Hof gefahren und die Pferde zum Stehen gebracht. Sein Lächeln war unwiderstehlich, und als er vom Kutschbock stieg, so groß und männlich und gut aussehend, wünschte Käthe, er würde nie wieder wegfahren.

Jetzt hör mit der Gefühlsduselei auf, schalt sie sich im Stillen selbst.

»Guten Tag, Carl«, begrüßte sie ihn etwas steif.

»Käthchen!« Er lachte. »Jetzt bitte mich doch mal rein. Aber vorher komm her und begrüße mich richtig.« Er drückte sie kurz und kräftig an seine Brust und umarmte sie dabei herzlich. »Endlich sehen wir uns wieder. Wir haben uns viel zu erzählen. Was hast du so getrieben die ganze Zeit? Und hast du mir was Schönes zu essen beiseitegestellt? Ich könnte einen Bären verdrücken!«

Sofort waren beide in ein Gespräch vertieft, als hätten sie sich erst gestern gesehen. Was der eine aussprach, dachte der andere und umgekehrt. Beide spürten: Sie waren füreinander geschaffen.

Als sie die Gaststube betraten, umfing sie lautes Lachen und Juchzen. Die ersten Lieder wurden gesungen, die Kapelle stimmte ihre Instrumente.

»Carl, Käthe!«, rief Mutter Anna, die mit Lotte, Bruno und Tuta am langen Holztisch saß, und winkte. »Kommt rüber, ich habe euch Plätze freigehalten!« Sie freute sich, dass Carl wieder da war. Sie wünschte, die beiden würden ein Paar werden, denn sie sah, wie glücklich ihre Käthe an Carls Seite aussah. Und für ihre Kinder erhoffte sie alles Glück, das man sich denken konnte.

Anna winkte der Bedienung. »Was willst du essen, Carl, du bist bestimmt ganz ausgehungert? Wir haben Schlachtplatte oder gebratene Ente? Oder lieber einen Schmorbraten?«

Carl rieb sich die Hände. Nach der langen Fahrt war ihm die Schlachtplatte mit Sauerkraut gerade recht. Dazu gab es eine Tulpche Bier und einen Klaren.

»Trink einen Kleinen mit, Käthe«, bat er sie, »allein schmeckt es mir nicht.«

Käthe zierte sich, doch sie fühlte sich heute so froh und ausgelassen, dass sie ihm diese Bitte nicht abschlagen konnte und ihre Vorsätze über Bord warf.

Am Tisch wurde gesungen und geschunkelt, und die ersten Dörfler betraten die Tanzfläche. Bei *Trink, trink, Brüderlein trink* schlug die Stimmung Wellen.

Carl nahm Käthes Hand und zog sie mit sich. Sie tanzten Walzer im schnellen Takt. Nach ein paar Runden kamen beide erhitzt mit roten Wangen zum Tisch zurück.

»Wollen wir einen Augenblick an die frische Luft gehen?« Carl sah Käthe mit einem Blick an, der ihr durch und durch ging. Er nahm einfach ihre Hand und zog sie mit sich.

»Lass uns ein paar Schritte machen, Käthchen.« Sie spazierten ein Stück in Richtung Dorfanger, wo in dem großen Teich mit den Trauerweiden die Poggen quakten.

Plötzlich blieb Carl stehen und zog sie an sich. Sie spürte durch ihr baumwollenes Kleid hindurch seinen warmen Körper, fühlte sein Herz schlagen. Oder war es ihr eigenes? Sie mochte es, wie gut er roch, wie er sich anfühlte.

»Sieh mich an, Käthe. Wir kennen uns nun schon ein ganzes Weilchen. Und noch nie habe ich eine Frau gesehen, die ich so wunderbar finde, die so schön ist, die so patent und lieb ist wie du. Ich musste in Berlin immerzu an dich denken. Ich glaube, ich hab dich ganz schön lieb. Hast du mich denn auch ein wenig gern?«

Käthe wollte in seinen Augen versinken. War dies der Moment, wovon alle immer schwärmten? Von dem sie in schnulzigen Büchern schon gelesen hatte?

»Ach, Carl, ja, ich weiß bestimmt, ich hab dich auch lieb!«

Nach einem langen Blick küsste er sie zum ersten Mal. Seine Hand berührte ihr Haar und streichelte ihren zarten Hals. Sie fühlte ein noch unbekanntes Begehren in sich aufsteigen.

»Was meinst du, Käthe«, flüsterte er, »was würde dein Vater dazu sagen, wenn ich um deine Hand anhalte?«

»Und was meinst du, Carl, wenn du erst einmal mich fragst?«, erwiderte sie schelmisch.

»Willst du meine Frau werden, Käthe?«

»Oh ja, das will ich.«

»Sicher wird das Leben mit mir nicht immer leicht, Käthe.« Carl wollte ehrlich sein. »Ein Bäcker steht schon morgens um 3 Uhr auf und fängt an, den Teig zu kneten, damit pünktlich um 6 Uhr die ersten Brötchen ausgeliefert werden können. Und ich werde die Verantwortung für alles haben, denn Vater will sich aus dem Geschäft zurückziehen. Die Bäckerei wird mir gehören und auch der Laden. So wie ihr hier verkaufen wir neben Brot und Kuchen auch Kolonialwaren. Aber ich verspreche dir ein schönes Leben, dafür werde ich alles tun. Es soll dir und unseren Kindern an nichts fehlen.«

Käthe sah verständnisvoll zu ihm auf. Er war ein Mann, der schaffen konnte, ein Mann, der Träume hatte und ein Mann der Tat. Sie würde sich mit ihm ein gutes Leben aufbauen, sie würden eine Familie gründen und Kinder bekommen, das spürte sie. Glücklich schloss sie die Augen. Es konnte nicht mehr besser werden. Könnte sie doch diesen Augenblick für immer festhalten.

4.

November 1928

KÄTHE PACKTE. In ihren Koffer kamen zwei ihrer schönsten Kleider und ein paar Spangenschuhe aus Lackleder mit kleinem Absatz, die sie ganz neu in Allenstein erworben hatte, wo sie vor ein paar Tagen mit ihrer Mutter einkaufen war. Sie wollte besonders hübsch sein zu diesem Anlass. In zwei Stunden würde sie mit Mutter und Vater mit der Eisenbahn nach Locken fahren, um dort Carls 26. Geburtstag zu feiern und ihre künftigen Schwiegereltern kennenzulernen.

Inzwischen war es kühl geworden, kräftige Herbstwinde wehten über die masurische Landschaft. Über ihr Kleid zog sie deshalb noch den warmen Wollmantel mit dem pelzbesetzten Kragen, der sie so gut kleidete. An den Füßen trug sie zierliche braune Lederstiefelchen mit kleinen lederbezogenen Knöpfen an der Seite.

»Mach hin, Käthe, Vater wartet schon draußen!«, rief die Mutter.

Käthe schnappte sich ihr kleines Lederköfferchen und trat vor die Tür. Das Pferdefuhrwerk stand schon abfahrbereit, um sie zum Bahnhof zu bringen. Paul kletterte auf den Kutschbock, und Käthe, Vater und Mutter setzten sich auf die Rückbank, wo sie sich eine warme Decke über die Knie legen konnten.

Erna und Marie standen mit den Schwestern und Bruno gedrängt auf der Treppe des roten Backsteinhauses und winkten. »Bringt ihr mir was Schönes mit?«, rief Lotte. Vielleicht gab es ja in Locken Dinge, wovon man auf ihrem kleinen Dorf nur träumen konnte.

Die Fahrt ging durch dichte Baumalleen sechs Kilometer bis zum Bahnhof Maldeuten, vorbei an den abgeernteten Feldern und inzwischen kahlen Bäumen. Sie waren überpünktlich dort und hatten noch genug Zeit, sich die Fahrkarten zu kaufen. Im Wartesaal des Bahnhofs wärmten sie sich noch etwas auf, bevor sie den Zug in Richtung Locken bestiegen.

Locken hatte keinen eigenen Bahnhof, deshalb stiegen sie im zwei Kilometer entfernten Kämmersdorf aus.

Der Knecht Fritz begrüßte sie. »Na, allet jut jegangen?«, frotzelte er, eine Pfeife im Mundwinkel, mit der er sich die Wartezeit ein wenig versüßt hatte. Er fasste Mutter und Käthe unter die Arme und half beim Einsteigen in den gut gefederten Kutschwagen. Da es schon recht kalt geworden war, legte er den Damen eine Lederdecke über die Knie, die links und rechts am Wagenverschlag befestigt wurde.

Die Bäume hatten bereits ihr Laub verloren, ein frischer Novemberwind wehte die letzten Herbstblätter fort. Auf beiden Seiten der Straße standen Eichen und Linden, ein See glitzerte. Käthe war aufgeregt, ihre Gedanken waren bei Carl. Wie würde alles sein, dort, wo sie einmal leben wollte? Mutter legte beruhigend ihre Hand auf die ihrer Tochter und streichelte sie lächelnd. »Nur Mut, mein Kindchen, es wird schon alles.«

Der Marktplatz von Locken war belebt an diesem Montag, dem einzigen Tag, an dem Familie Weiß einmal nicht an ihre Gastwirtschaft denken musste, denn es war Ruhetag in Koschainen.

Käthe sah interessante Geschäfte, einen Fleischer, einen Krämer, ein Textilgeschäft und ein großes Wirtshaus. Alles schien hier so groß zu sein. Mitten auf dem Marktplatz stand ein riesiger Kastanienbaum. Frauen gingen mit ihren Körben zum Einkauf oder standen einfach zu zweit am Straßenrand und schwatzten. Als Käthe mit ihren Eltern langsam und mit Hufgeklapper auf dem Kopfsteinpflaster vorbeigezuckelt kam, drehten sich viele Köpfe nach den Fremden um. Was könnten das für Leute sein, die die Bäckersfamilie besuchten?

Sie fuhren nun direkt auf das Gebäude mit der *Bäckerei Adolf Kühnapfel* zu. Solch ein großes Haus hatte Käthe nicht erwartet. Stattlich und weithin sichtbar stand es in der frühen Nachmittagssonne. Es war ein hell verputztes Backsteinhaus mit hohem Giebel und roten Dachziegeln. Um Fenster und Türen war der Putz ausgespart worden, sodass die sichtbaren hellroten Backsteine wie eine Zierde wirkten. Mehrere Fenster gingen zur Straße und einige zum Garten hin. Auch hier gab es hölzerne grüne Klappläden. Das Haus war ein Schmuckstück.

Das Fuhrwerk hielt an.

»Oh Mutti, schau nur, was für ein wunderbares Schaufenster!«, rief Käthe entzückt aus. Sie lief sofort zur Auslage und schaute durch die blank geputzte Scheibe. Die leckeren Törtchen, Marzipanherzen und Mohnschnecken sahen zum Anbeißen aus. Alles war auf weißen Spitzendeckchen fein dekoriert und lud zum Kaufen ein.

Carl musste sie gehört haben, denn er kam sofort aus der Backstube gelaufen. Sein Kittel war mit Mehl bestäubt, auf dem Kopf trug er eine weiße Mütze. Er strahlte. »Käthe! Schön, dass du da bist. Ich habe mich so auf dich gefreut!«

Für drei Tage konnte er sich von der Meisterschule in Berlin frei machen. Er war schon am Sonnabend angereist und würde morgen wieder zurückfahren. Die Innung hatte erlaubt, dass er zu seinem Geburtstag nach Hause fuhr. Dennoch stand er im Laden und half.

Der Streuselkuchen war noch warm und duftete nach Hefe und guter Butter. Eine Buttercremetorte mit der Zahl 26 aus Marzipan obendrauf prangte mitten auf dem Tisch, in der edlen Porzellankanne dampfte echter Bohnenkaffee. Der Esstisch in der guten Stube war mit einer weißen Damasttischdecke und dem guten, mit Blumen und Goldrand verzierten Kaffeeservice aus feinem Porzellan gedeckt. Silberlöffel lagen auf den Untertassen.

»Soso, du bist also das Marjellchen, das der Carl sich ausgeguckt hat«, schmunzelte Carls Vater Adolf, dem die Bäckerei gehörte, und ließ sich von seiner Frau ein Stück Kuchen nachlegen. »Wird ja auch langsam Zeit, dass der Carl zu Potte kommt! Ich muss sagen, er hat einen guten Geschmack.«

Käthe errötete. Sie mochte Carls Vater mit seiner direkten Art und Herzlichkeit. Aber als Mann, der es zu etwas gebracht hatte im Leben, strahlte er auch eine gewisse Autorität aus. Er trug noch den Kaiser-Wilhelm-Bart, sein Haar war schon weiß. Zur Feier des Tages hatte er sich in einen guten Tuchanzug mit geknöpfter Weste geworfen.

Carls Mutter Ida war an die zehn Jahre jünger als ihr Mann. Sie hatte einen Ansatz zum Doppelkinn und war schon etwas füllig, was auch ihr locker fallendes gemustertes Kleid nicht verbergen konnte. Ida wirkte auf Käthe sehr resolut und in ihrer Behäbigkeit etwas dominant. Ihr bereits graues Haar war in der Mitte gescheitelt und am Hinterkopf streng zu einem Knoten gebunden. Ihre kleinen Augen, die tief in den Höhlen lagen, flitzten hin und her. Ihrem Blick schien nichts zu entgehen.

Auch Alwine, Carls ältere Schwester, hatte es sich nicht nehmen lassen, die Zukünftige von Carl in Augenschein zu nehmen. Alwine war schon verheiratet. Wie ihre Mutter wirkte sie auf Käthe matronenhaft und energisch. Ihre kräftige Figur mit dem fülligen Busen hatte sie in ein bunt gemustertes Kostüm gezwängt, darunter trug sie eine weiße Bluse, die etwas spannte. Sie hatte ein rundes Gesicht, das wie bei ihrer Mutter bereits ein Doppelkinn zierte.

Alwine lebte mit ihrem Mann, Hans Kalmus, im etwa 170 Kilometer entfernten Königsberg. Die beiden hatten sich in Locken kennengelernt. Fritz Kalmus, der Vater von Hans, war der Wirt des *Gasthauses Kalmus* am Markt, in dem Adolf und Carl regelmäßig verkehrten. Zum Erntedankfest vor sechs Jahren war Alwine dorthin zum Tanz mitgegangen und hatte sich in Hans verliebt. Der hatte gerade sein Beamtenstudium in Königsberg beendet und dort auch gleich eine Stellung gefunden. Nun lebten die beiden in Königsberg. Sie hatten schon zwei Söhne, den fünfjährigen Hans und den zweieinhalbjährigen Walter.

Alwine taxierte Käthe und freute sich. Die passt gut zu uns, war sie sicher und versuchte gleich, Käthe in ein Gespräch zu verwickeln.

Während alle über dies und das schabberten, suchte Carl unter dem Tisch nach Käthes Hand und drückte sie. Verstohlen sahen sie sich an und lächelten.

Als alte Geschäftsfreunde gingen die Väter Hugo und Adolf nach dem Kaffeetrinken auf die Veranda, um eine Pfeife zu rauchen, ein Schnäpsche zu trinken und die neuesten Ereignisse zu bereden.

»Weißt du, was sie neulich am Stammtisch geredet haben?« Hugo empörte sich. »Da hat einer die *Königsberger Allgemeine* mitgebracht. Da stand, dass die neue Regierung in Berlin einen Panzerkreuzer bauen lässt. Erst war ja die SPD dagegen, und nun haben sie doch zugestimmt. Mann, wir haben gerade mal zehn Jahre Frieden. Was das nur soll? Wollen die etwa wieder aufrüsten? Und was das kostet. Vorher wollten sie wohl das Geld für Kinderspeisung ausgeben, und nun?« Eigentlich waren beide politisch nicht sehr engagiert, aber manche Themen mussten einmal angesprochen werden.

»Ich glaube, die Regierung Müller ist unfähig!«

»Und hast du schon von diesen Nationalsozialisten gehört? Diesem Hitler hatten sie ja mit seinem dussligen Gerede erst einen Maulkorb verpasst, aber nun darf er wieder seine Tiraden vom Stapel lassen.«

Beide redeten sich in Rage. »Politik ist einfach Mist«, meinte Adolf dann. »Wir sind ja zum Glück ein Stück weg und bekommen nicht alles so mit wie die im Reich.«

Man musste ja nicht immer alles schwarzmalen. Doch Adolf machte sich insgeheim Gedanken. Mit Grausen dachte er an den Spätsommer 1914 zurück, als im Krieg die russischen Armeen in Ostpreußen eindrangen. Zum Glück gelang es den deutschen Soldaten, Masuren zu verteidigen und den Feind schließlich in Tannenberg zu schlagen. Hindenburg sei es gedankt. Doch die vielen Tausend Toten! Und wie viele Dorfbewohner hatten aus Angst vor den Russen kopflos Haus und Hof verlassen und waren Richtung Westen geflüchtet. Nach dem Sieg in Tannenberg waren sie alle wieder da, nur um kurz darauf wieder evakuiert zu werden. Er, Adolf, hatte mit Bäckerei und Lebensmittelgeschäft standgehalten, schließlich hatte er ein Dorf zu versorgen, jedenfalls die Menschen, die noch da waren. Aus diesem Grund war er auch nicht zum Kriegsdienst einberufen worden. Doch finster dachte er an die schlimme Zeit zurück. Wie viele hatten ihr Hab und Gut verloren, mussten bei ihrer Rückkehr feststellen, dass ihre Häuser und ihre Existenz zerstört worden waren. Die russische Armee hatte geplündert, gebrandschatzt, das Korn verdorben. Das Vieh war verreckt. Adolf hatte mit seiner Familie Glück gehabt. Wer das Brot gibt, den erschießt man nicht. Doch die Angst, die auch er damals empfand, besonders um Ida, Carl und Alwine, ließ ihn heute noch erschauern.

In einem Zug trank er sein Glas *Meschkinnes* leer und goss sich sogleich nach.

Hugo, der nichts von Adolfs düsteren Gedanken ahnte, lehnte sich entspannt zurück und zog an seiner Pfeife. »Mal was anderes. Was hältst du denn von einem Automobil? Bei Adam Opel haben sie jetzt den *Regent* vorgestellt – mit 110 PS! Dafür könnten deine Pferde aber flitzen!« Die Männer lachten.

»Ei, ich wäre auch mit einem *Adler* zufrieden. Aber erst mal sehen, ob sich das mit den Automobilen durchsetzt, nicht wahr?«

Sie hoben die Gläser und prosteten sich zu.

Käthe indes hatte Ida und Alwine beim Abräumen des Kaffeetisches geholfen. Als sie zurück in die Stube kehrte, sah Carl ihr schon erwartungsvoll entgegen. »Komm, Käthe, ich zeige dir das Haus und den Garten.« Er nahm Käthes Hand und zog sie sanft mit sich.

Das prachtvolle Gebäude mit der Dampfbäckerei war das erste und imposanteste Haus am Dorfplatz in Locken. Adolf hatte es Anfang des Jahrhunderts errichten lassen. Vorher hatte er eine kleine, herkömmliche Bäckerei im Haus gegenüber betrieben. Doch als der moderne Dampfbackofen aufgekommen war, wollte Adolf mit der Entwicklung mitgehen und hatte neu gebaut.

Das große Gebäude war 1905 fertiggestellt worden, und stolz zog Adolf mit Ida, Alwine und dem kleinen Carl ein. Im Obergeschoss gab es die Gesindestuben und zwei Gästezimmer, wenn die Sommerfrischler aus Berlin oder Königsberg kamen. Das Haus der alten Bäckerei gegenüber diente fortan nur noch als Schuppen und Lagerplatz für Korn und Mehlsäcke.

Bei dem neuen Dampfbackofen wurde die Wärme vom Heizraum in die Backkammer mittels Dampf in einem geschlossenen System, den sogenannten Perkinsrohren, übertragen. Für Kunden war eine Dampfbäckerei der Garant für die Herstellung von Brot und Backwaren von bester Qualität. Somit hatte die *Bäckerei Adolf Kühnapfel* in Locken den besten Ruf und war weit über die Dorfgrenzen beliebt. Die Investition hatte sich gelohnt.

Die Backstube mit dem riesigen Backofen fand Käthe überwältigend. Wie gut es dort roch! Eine Mischung aus frisch gebackenem Brot, Mehl, Butter, Süßem und Hefe. Göttlich! Und warm war es hier drin. Gleich daneben befand sich der ansehnliche, blitzsaubere Verkaufsraum mit einer freundlichen Verkäuferin hinter der gläsernen Theke, die sich als Frau Schimmelpfennig vorstellte. Sie trug eine weiße Schürze und ein weißes Häubchen auf dem Kopf. Auch hier wurden neben den Backwaren allerlei Dinge des täglichen Bedarfs und Kolonialwaren angeboten.

Der Rest des Hauses war praktisch in Küche und ebenerdige Stuben unten und ein paar Kammern oben aufgeteilt. In Schlafstube und Wohnstube wohnten noch Carls Eltern, die aber bald in das Haus gegenüber einziehen wollten, sobald es für ihr Altenteil neu hergerichtet war. Nur als Lagerhaus war es eigentlich zu schade.

Die Torftoilette befand sich in einem Verschlag unter der Treppe, welche nach oben auf den Dachboden führte. Fließendes Wasser gab es noch nicht, die Magd holte es in Eimern von der Pumpe auf dem Hof. Aber das kannte Käthe von Koschainen ja nicht anders.

Die Landwirtschaft wurde hier etwas kleiner gehalten, in den Ställen gab es zwei Kühe und zwei Pferde, Hühner, Gänse und Enten.

Ein schöner Garten mit einer Wiese und abgeernteten Beeten und Obstbäumen erstreckte sich hinter dem Haus. Die letzten Winterastern leuchteten mit ihren vielen kleinen dunkellila Blüten. Dahinter floss ein kleines Flüsschen, die Locke. Darüber ging ein schmaler Steg, der zu weiten Wiesen führte. Und dort stand ehrfurchtsvoll, groß und mächtig die wunderschöne Kirche von Locken. Käthe fand es zauberhaft. Sie stellte sich vor, wie sie irgendwann auf der Gartenbank in der Sonne sitzen und auf die Kirche schauen würde.

»Carl, es ist wunderbar!« Sie lehnte sich begeistert an ihn.

»Ich hoffe, dass du dich einmal hier wohlfühlen wirst, Liebchen.« Carl war stolz auf sein Zuhause. Und er war glücklich, dass Käthe seine Frau werden wollte.

Als Familie Weiß am nächsten Tag abreiste, war die Verlobung im nächsten Frühjahr beschlossene Sache. Beide Familien waren mit der Verbindung mehr als einverstanden. Carl würde sich für die Feier ein paar Tage von Berlin freinehmen und nach Koschainen kommen.

Für die Geschwister daheim gab Carl drei Tütchen mit leckeren Marzipankartoffeln und ein großes Kuchenpaket mit.

5.

Berlin, Ende 1928

DER ZUG HIELT mit ohrenbetäubend quietschenden Bremsen am Schlesischen Bahnhof. Carl nahm seinen Hut aus dem Ablagefach im Abteil, setzte ihn auf und richtete seinen grauen Reiseanzug, der nach den sieben Stunden Fahrt leichte Knitterfalten aufwies. Noch einmal lüftete er den Hut zum Gruß, um sich von seinem Sitznachbarn im Abteil zu verabschieden, und hievte seinen Lederkoffer aus dem Gepäckfach.

Ludwig Pieske grüßte zurück. »Denn wünsch' ick Ihnen 'ne jute Weiterfahrt durch de Stadt! Und 'ne jute Zeit in Berlin!« Er war erst in Küstrin zugestiegen und hatte sich als unterhaltsamer Ur-Berliner erwiesen. »Und glooben Se mir, det *Clärchens* inne Aujuststraße is nen jutet Etablisseman!« Pieske zwinkerte mit dem linken Auge. »Da lässt sich jut schwoofen. Und lecker Buletten mit Kartoffelsalat jibt's da ooch. Oder 'ne Bockwurscht! Kenn Sie die bei Ihnen uffm Dorf?« Er hatte sich ebenfalls erhoben und seine leichte Aktentasche aus dem Gepäcknetz gehoben. Als Vertreter für Gummiwaren hatte er einige Städte auf der Oststrecke besucht.

Carl schmunzelte. Er hatte dem gesprächigen Pieske lang und breit erklärt, dass er sich bald verloben würde, aber das traf bei dem auf taube Ohren. »Berlin is zum Amüsieren da, det sollten Sie vom Lande noch mal richtich ausnutzen, bevor Se an de Kandare kommen, junger Mann!«, meinte der lachend.

Nachdem Carl versichert hatte, dass er die Berliner Bockwurst schon bei seinen letzten Aufenthalten probiert hatte und er es sich mit *Clärchens Ballhaus* überlegen würde, stiegen die Herren aus.

Die Fahrt mit dem Schnellzug D2 der Preußischen Staatseisenbahn war wie immer anstrengend gewesen, obwohl die Bahn es schaffte, in gut sechs Stunden mit Halt in einigen Dörfern von Allenstein nach Berlin durchzurasen. Aber mit Anfahrt und einmal Umsteigen hatte es doch länger gedauert. Carl reckte und streckte sich, als er den Bahnsteig betrat. Immerhin war er Zweite Klasse gefahren und musste sich nicht auf den harten Holzbänken der Dritten Klasse quälen. Zwischendurch hatte er sich im Speisewagen eine Tasse Kaffee und ein Paar Frankfurter Würstchen mit Kartoffelsalat gegönnt.

Ein Glück nur, dass sie für die Durchfahrt durch den Polnischen Korridor kein Tagesvisum mehr brauchten. Noch vor einigen Jahren war das Zugpersonal bei Dirschau durch die Wagen gegangen, hatte die Vorhänge zugezogen, sie verplombt und die Fenster und Türen versiegelt. Erst wenn man bei Küstrin ins Reich fuhr, wurden Türen und Vorhänge wieder geöffnet. Jetzt konnte man immerhin ungehindert durchfahren, es gab keine Zoll- oder Visakontrollen durch polnische Grenzschützer mehr.

Auf dem Bahnsteig unter der riesigen verglasten Dachkuppel wimmelte es von Menschen. Rufe wurden laut. »Ejon, hierher!« Eine ältere Frau von gewaltigem Umfang wedelte mit dem Taschentuch einem grauhaarigen Herrn mit Schnauzbart zu, der eilig auf sie zuging. In den Ecken lungerten finstere Gestalten, die aufmerksam die ankommenden Fahrgäste taxierten. Zeitungsjungen verkauften die *Berliner Volkszeitung* in der Abendausgabe und die restlichen Exemplare der *BZ am Mittag*. Schutzmänner mit hohen schwarzen Lederstiefeln, goldknopfbesetzter Uniformjacke, einem Tschako auf dem Kopf und dem Gummiknüppel an der Hosennaht, liefen zu zweit Streife. Die große runde Uhr auf dem Bahnsteig zeigte kurz vor 22 Uhr.

»Kann ick Ihnen den Koffa abnehmen?« Ein Dienstmann mit roter Mütze sprach Carl an und griff nach dem Gepäck. »Ja, danke. Ich nehme dann ein Taxi!« Carl wollte auf dem schnellsten Weg zu Tante Emilie und Onkel Erich.

»Allet klar, der Herr, jehn wa zum Taxistand!« Der Dienstmann setzte sich mit dem Koffer in Bewegung Richtung Küstriner Platz.

Die hölzernen Bauzäune verbargen nur notdürftig die riesige Baustelle. Direkt in den Bahnhof integriert, einen Teil der Eingangshalle einnehmend, sollte das neue *Plaza-Varieté* entstehen. Die schmucke Fassade des großen Gebäudes schien schon fertiggestellt zu sein, Carl konnte auf dem Dach des Theaters steinerne Figuren ausmachen. Wahrscheinlich war man jetzt mit dem Innenausbau beschäftigt. Er musste sich einmal erkundigen, wann die Eröffnung wäre.

Auch auf dem Bahnhofsvorplatz herrschte trotz der späten Stunde noch eifriges Treiben. Die Dienstmänner hatten auf den späten Zug aus dem Osten gewartet, der mit seinen vielen Fahrgästen ein gutes Geschäft versprach. Sie schleppten die Gepäckstücke zu den schwarzen Taxis, die seit einiger Zeit die Pferdedroschken abgelöst hatten. Eine Wurstbude hatte noch geöffnet, aber der Besitzer wischte schon die Theke ab. Heute wird es also nichts mehr mit einer Bockwurst, dachte Carl. Ihm knurrte der Magen. Aber er würde ja noch lange genug in der Stadt sein. Und Tante Emilie hatte bestimmt eine Kleinigkeit zu essen vorbereitet.

»Na, Schätzeken, wie isset mit uns beede?« Ein grell geschminktes Strichmädchen mit gewagtem Dekolleté, nicht älter als 20, hängte sich aufdringlich an Carls Arm. »Für fünf Märkerchen könnten wa 'n bisken Spaß haben!« Sie klimperte mit den langen aufgeklebten Wimpern.

»Ei, lassen Sie mal, ich möchte nach Hause«, wehrte Carl ab.

»Ach, nach Hause, na da komm ick doch mit, Süßer!« Sie ließ nicht locker und streckte die Brust heraus.

»Minna, ick hab dir schon 100-mal jesacht, du sollst nich de Jäste belästijen!« Der Dienstmann war nun lauter geworden und versuchte, die Frau mit einer Armbewegung zu verscheuchen.

»Is ja schon jut, Fritze, ick muss ooch sehn, wo ick bleibe!« Damit ließ sie von Carl ab und wandte sich rasch dem nächsten Passanten zu.

»So, mein Herr, nu sind wa am Taxistand, wenn ick bitten darf!« Fritz stellte Carls Koffer vor dem lackglänzenden Mercedes-Taxi ab und drehte seine rote Mütze in der Hand. Carl, der die Prozedur schon kannte, kramte aus seiner Hosentasche eine Mark und warf sie ihm in die Mütze.

»Und vielen Dank auch!«

»Ick danke Ihnen, der Herr, und allet Jute in Berlin!« Eilig steckte der Dienstmann die Münze in seine Joppe und lief noch einmal zur Bahnhofshalle, in der Hoffnung, noch den einen oder anderen Koffer transportieren zu können.

»Wo soll et denn hinjehen?« Der Taxifahrer hatte inzwischen den Koffer in den Kofferraum der schwarzen Limousine gelegt und Carl die Tür zum Einsteigen geöffnet. Carl ließ sich in den Sitz sinken. »Inselstraße 8«, sagte er. »Wat, na, dit is ja nich weit. Da sind wa in zehn Minütchen da!« Der Fahrer war mit der kurzen Strecke nicht so ganz zufrieden, aber man wusste eben nie, wer einstieg.

Sie fuhren die Breslauer Straße entlang, an der Jannowitzbrücke vorbei, wo die funzligen Gaslaternen in der Dunkelheit nur schwach Licht spendeten. Hier und da bettelten in den Ecken des Spreeufers ein paar Obdachlose um ein paar Pfennige, in einem Torbogen der S-Bahn gab es eine Schlägerei. Carl wusste, dass die Gegend vom Schlesischen Bahnhof bis zur Inselstraße nicht zu den besten von Berlin gehörte. Die Inselstraße jedoch war auf einmal wieder von vornehmer Schönheit. Elegante, gepflegte Jugendstilbauten mit verschnörkelten Erkern ragten in die Höhe. Carl schaute hoch. In Nummer acht brannte in der dritten Etage noch Licht.

»Macht eins achtzig!«

Carl gab dem Taxifahrer zwei Mark und ließ sich seinen Koffer geben. Er drückte auf den messingfarbenen Klingelknopf neben dem Schild »Dömnick«. Schnell wurde ihm aufgemacht, denn er wurde erwartet.

»Mein Jungchen, schön, dat de wieder da bist!« Emilie drückte ihren Neffen an ihre große Brust und zog ihn in die moderne Dreizimmerwohnung, die mit hochwertigem Mobiliar ausgestattet war. »Wie war de Fahrt?«

»Alles wie immer, Tantchen. Und schöne Grüße von Mutter und Vater. Wo ist der Onkel?«

»Na, der schläft schon. Is ja zehne durch. Er muss beizeiten uffstehn, und sich fürt Büro fertich machen. Nu komm erst mal rin inne jute Stube. Ick hab dir Stampfkartoffeln mit Julasch warmjehalten.« Emilie lachte und nahm Carl den Koffer ab. Sie wusste, dass der Junge gut und gerne aß.

In der Küche war es warm, und es roch herrlich nach Geschmortem. Carl war insgeheim froh, dass es kein Bollenfleisch gab, auch eine von Tante Emilies Spezialitäten. Aber er mochte den Geschmack von Ziege und Hammel nicht. Aber ihr Rindergulasch war einfach köstlich.

Es hatte sich seit seinem letzten Besuch nichts verändert. Alles war gemütlich, sauber und aufgeräumt, kein Krümelchen fand sich auf dem cremefarbenen Küchenbüfett.

Während Carl hungrig aß, fragte Emilie ihn über die Fahrt und die Familie aus, aber sie merkte schon, dass Carl ziemlich müde war. »Denn will ick dir man nich weiter löchern«, schmunzelte sie. »Komm man, ick hab dir im Gästezimmer dein Bett jemacht.« Sie machte eine einladende Handbewegung. Das Gästezimmer war das ehemalige Kinderzimmer von Franz, Carls Cousin. Es war ordentlich möbliert mit einem wuchtigen polierten Eichenschrank, einem bequemen Sessel und einem kleinen Tischchen vor dem Fenster. Auf dem Bett lag frische blütenweiße Bettwäsche.
Carl war wieder in Berlin angekommen.

»Komm, Jungchen, raus aus de Federn!« Energisch zog Tante Emilie die beigefarbenen Samtvorhänge auf. Ein grauer trüber Novembertag brach an.

Carl musste sich erst einmal sammeln. Ach ja, er hatte im Bett von Franz geschlafen, der schon verheiratet war und mit seiner Frau Mathilde in die Magazinstraße gezogen war. Für heute Abend war sein Besuch angekündigt worden.

Was war heute? Richtig, Montag, und er war in Berlin und musste zur Berufsschule in die Königgrätzer Straße.

Carl rekelte sich noch einmal kurz und sprang dann aus dem Bett. In der Küche duftete es schon nach frisch gebrühtem Bohnenkaffee. Tante Emilie hatte sogar beim Bäcker an der Ecke frische Brötchen geholt. Wie meine schmecken sie nicht, die Berliner Schrippen, dachte Carl, als er herzhaft hineinbiss, aber sie sind nahe dran.

Die U-Bahn-Station Inselbrücke war gleich um die Ecke. Der hohe, vollständig mit hellgrünen Fliesen gekachelte Untergrundbahnhof mit dem riesigen Korbbogengewölbe, der sechseinhalb Meter unter der Spree verlief, beeindruckte Carl jedes Mal, wenn er die Treppe hinunterging. Zahlreiche tropfenförmige elektrische Lampen flankierten, von der Decke hängend, auf gerader Linie links und rechts den Bahnsteig, auf dem sich ein ebenfalls in gleicher Farbe gekacheltes Schaffnerhäuschen befand, an dem außen ein Trinkwasserbecken angebracht war. Alle Rahmenelemente waren in Dunkelgrün gehalten, auch die vielen Werbetafeln an den Wänden links und rechts waren in dieser Farbe eingefasst. Carl war fasziniert von dem Bauwerk.

Außer ihm waren an diesem frühen Morgen, die Bahnhofsuhr zeigte kurz nach 7 Uhr, schon etliche andere Menschen unterwegs. Männer fuhren mit ihrer Aktentasche unterm Arm ins Büro, in Gedanken schon bei der nächsten Steuerabrechnung oder dem unvermeidlichen Antritt beim Chef. Aber auch einige Frauen, die arbeiten mussten, fuhren, adrett gekleidet, zu ihren schlecht bezahlten Stellen als Haushaltshilfe, Sekretärin, Fabrikarbeiterin, Verkäuferin oder Krankenschwester.

Carl fuhr mit der Linie A westlich in Richtung Wilhelmplatz in Charlottenburg und stieg am Potsdamer Platz aus. Gleich als er die Treppe hochkam, fiel ihm auf, dass die Baustelle am *Kempinski Haus Vaterland* nun endgültig geräumt worden war. Am 1. September hatte das große Haus nach dem Umbau neu eröffnet. Groß und glänzend lag es mit seiner Leuchtreklame vor ihm, ein Schmuckstück für den ganzen Platz. Carl war nach der Schule schon einmal mit anderen Gesellen dort gewesen. Ihm waren die Augen übergegangen. Unter einem Dach gab es das *Kaffee Vaterland*, mit über 2.000 Sitzplätzen das größte der Stadt, außerdem einen Palmensaal zum Schwoofen, zwölf Restaurants wie *Rheinterrasse*, *Bayerisches Löwenbräu*, *Spanische Bodega*, *Ungarische Csarda*, *Amerikanische Wild-West-Bar*, *Italienische Osteria*, *Japanische Teestube*, das *Wiener Café Grinzing* und ein *Türkisches Café*, ein Varieté-Theater sowie das Kino *Kammerlichtspiele*. Carl dachte daran, wie sie vor ein paar Wochen, es war kurz nach der Neueröffnung, zu dritt nach Unterrichtsschluss in der *Rheinterrasse* waren. Vor einem Rheinpanorama gab es hinter hohen Glasscheiben eine aufwändige Wettersimulation mit künstlichem Gewitter und Regengüssen, Regenbogen und Vogelgezwitscher. Auf dem Wasser vor dem Panorama wurden Modellschiffe gezogen. Es war faszinierend wie alles in Berlin. Eine Elektrische querte klingelnd den Platz, man musste aufpassen, nicht unter die Räder zu kommen. Carl bog in die Königgrätzer Straße ein. 100 Meter weiter war das Gebäude mit der Berufsschule der Konditoren-Innung.

Als Carl am Abend nach Hause kam, war er geschafft und ließ sich gleich in der Wohnstube auf die Chaiselongue fallen. Den ganzen Tag in der Schulbank sitzen und Vorträge über Buchhaltung, Vertrieb, Mahnwesen und Rohstoffkunde zu hören, fiel ihm schwer. Außerdem waren seine Gedanken immer wieder zu Käthe abgeschweift. War es erst zwei Tage her, dass sie ihn mit ihrer Familie in Locken besucht hatte? Ihr wunderschönes, apartes Gesicht erschien vor seinem inneren Auge, und Sehnsucht erfasste ihn. Was hatte er doch für ein Glück, dass diese hübsche Frau, dazu noch von einem lieben, sanften Charakter, ihm ihr Ja-Wort geben wollte! Sein Magen schien sich zusammenzuziehen. Oder war es das Herz? War er verliebt? Aber sie würden sich jetzt längere Zeit nicht sehen, er musste erst mit seiner Ausbildung zum Konditormeister in Berlin fertig werden. Vielleicht kann ich Weihnachten für ein paar Tage nach Hause, dachte er, spätestens im März zur Verlobung sehe ich sie wieder. Doch das war noch sehr lange hin. Ich muss ihr bald schreiben, dachte er, vielleicht heute Abend noch.

Noch bevor Tante Emilie mit einer Tasse Kaffee herbeieilen konnte, wurde die Haustür aufgeschlossen. »Ei, der Carl ist wieder da!« Onkel Erichs tiefe Stimme dröhnte von der Diele her. Er stellte seinen Regenschirm in den Ständer, denn draußen hatte es zu nieseln begonnen. »Lass dich begrüßen, Jungchen! Gut siehst du aus!« Er klopfte dem Neffen auf die Schulter. Kurz darauf klingelte es, und Franz erschien. Auch er arbeitete wie sein Vater bei der Bank, allerdings nicht bei der *Dresdener*, sondern im *Bankhaus Bleichröder*.

»Kommt man inne Küche, Männer, Essen is fertich!« Emilie öffnete die Küchentür. Ein köstlicher Duft zog heraus. Das ließen sich die Herren nicht zweimal sagen und setzten sich an den Tisch. »Berliner Eisbein mit Sauerkraut, Carl, det is doch mal wat Jenauet!« Stolz auf ihre Kochkünste legte Emilie jedem ein großes, noch dampfendes Eisbein auf den Teller. Dazu standen Schüsseln mit Sauerkraut und Kartoffeln auf dem Tisch. Die Männer, hungrig vom langen Arbeitstag, schluckten erfreut bei dem Anblick. »Haut man rein und lasst et euch schmecken!« Emilie bediente sie aus den Schüsseln, und alle langten kräftig zu.

»Erzähl mal, Carl, was gibt es Neues aus Locken? Was machen meine Schwester und Adolfche?«

»Ei, den Eltern geht es gut, die Bäckerei läuft. Jetzt, wo ich hier in Berlin so allerhand lerne, wie man feine Torten und anderes leckeres Gebäck herstellt, können wir uns vor Kundschaft kaum retten. Aber das Neueste weißt du ja noch gar nicht, Onkel Erich. Ich will mich verloben!« Den letzten Satz hatte Carl mit großem Stolz hervorgebracht.

»Verloben, soso!«, schmunzelte Erich und säbelte an seinem Eisbein herum. »Zeit wird's ja, bist nun schon 26 Jahre. Wer ist denn die Auserwählte?«

»Sie heißt Käthe und kommt aus Koschainen. Ihr Vater ist der Wirt Hugo Weiß, den kennst du ja vielleicht noch?«

»Ach, dem Hugo seine Älteste? Die Weiß'schen Kinder kenn ich. Hübsche Mädels, und ein Piefke war auch dabei. Na, Carlchen, da machste woll 'ne jute Partie!« Ein wenig hatte Erich sich das Berlinern angewöhnt. Er selber hatte 1903 seine Emilie in Berlin kennengelernt, als er hier die Banklehre absolviert hatte, und war geblieben. Aber er freute sich immer, wenn er Neuigkeiten aus Locken hörte, und gerne fuhr er mit Emilie auch mal dorthin für zwei Wochen in die heimatliche Sommerfrische.

Carl legte kurz Messer und Gabel beiseite und kramte in seiner Hosentasche nach der Brieftasche. Er zog ein kleines Foto heraus und zeigte es stolz in die Runde. »Das ist sie, meine Käthe!« Bewundernde Blicke taxierten das Foto.

»Mensch, Carl, das ist ja eine Schönheit!« Franz klang direkt ein wenig neidisch.

»Und ick dachte schon, du suchst dir ooch 'ne Berliner Pflanze!« Emilie kicherte. »Konditoreien jibt's hier ja zuhauf. Aber wenn ick det hübsche Mädel sehe, kann ick dir vastehen.«

»Tja, Carl, da kann man dir nur gratulieren!« Franz schob die letzten Kartoffeln auf seine Gabel und steckte sie in den Mund. Mit einer Serviette wischte er sich den Mostrich aus dem Schnurrbart. »Hast du trotzdem abends mal wieder Lust, 'n Gläschen trinken zu gehen? 'ne Molle und 'n Korn?«

»Ei freilich, Franz«, Carl lachte, »es muss ja außer Schule und Arbeiten auch noch was anderes geben, wenn ich schon mal hier in der großen Stadt bin. Ich muss erst mal sehen, wie ich morgen in der Konditorei eingebunden bin. Jetzt fängt bald die Vorweihnachtszeit an, da gibt's viel zu tun. Zwei Tage habe ich Schule in der Woche.«

»Na, wir werden schon zusammenkommen. Prost!« Franz hob sein Bierglas mit dem Hellen, und die anderen prosteten ihm zu.

Am nächsten Morgen brach Carl zeitig auf und fuhr mit der 5-Uhr-U-Bahn bis zur Bülowstraße. Die U-Bahn fuhr hier aus dem Tunnel heraus auf einen Hochbahnhof. Er hatte großes Glück gehabt und in der Straße einen Ausbildungsplatz bei der *Conditorei Telschow* bekommen. Telschow betrieb mehrere Filialen in Berlin mit Cafébetrieb. Die Bäckerei und Tortenmanufaktur befand sich jedoch in der Bülowstraße.

»Ach, der Ostpreuße ist wieder da!« Meister Kurt Siebert hatte die Ärmel hochgekrempelt und schon beide Hände mit Teig verschmiert. »Na, wie war der Kurzurlaub?«

»Morgen, Kurt. Danke, sehr schön. Meine Käthe war mit ihren Eltern das erste Mal bei uns zu Hause!«

»Und? Alles geritzt mit dem Mädel?«

Carl strahlte über das ganze Gesicht. »Ja, Kurt, die Verlobung ist beschlossene Sache!«

»Na, dann gratuliere ich dir. Und nun ran an den Teig. Du kannst schon mal den Biskuit für, sagen wir, erst mal zehn Torten machen. Aufschneiden dann auch. Und dann besprechen wir die Füllung.«

»Geht klar, Kurt. Aber denke dran, ich muss außer Biskuit noch andere Sachen können zur Prüfung nächstes Jahr. Baumkuchen zum Beispiel.«

»Ach, geh mir mit dem Baumkuchen. Der ist so aufwändig. Aber ab übernächster Woche beginnen wir langsam mit der Weihnachtsbäckerei, und da gehört der Baumkuchen zu. Du lernst das noch. Petit Fours hast du ja auch schon drauf!« Kurt stieß freundschaftlich mit dem Ellenbogen Carl in die Seite. Als Ausbilder war er für den Meisterschüler zuständig.

»Ei, dafür könnt ihr von mir lernen, wie man Königsberger Marzipan macht!«, lachte Carl stolz.

»Wo du recht hast, hast du recht, Calle. Und nun los, die Kunden warten auf die Torten!«

Als Carl gegen 18 Uhr zum Feierabend durch Telschows Ladentür ging, war die Stadt in abendlicher Betriebsamkeit noch immer sehr belebt. Ganz selbstverständlich schlenderten hier die Damen mit den kniekurzen Kostümen und schicken Pumps entlang, den Mantel mit Pelzkrägelchen darüber und einer eleganten Filzglocke auf dem Kopf.

Er spazierte noch ein Stück die Straßen entlang den Kurfürstendamm hinauf, der im Lichterglanz erwacht war. Riesige Leuchtreklamen blinkten und machten Werbung für *Persil*, *Schultheiss-Bier* oder *Adler*-Automobile. Hier gab es die schicksten Geschäfte, die man sich nur denken konnte, allen voraus das große *Kaufhaus des Westens* mit seinen riesigen Kristalllüstern an der Decke. Bald war Weihnachten. Carl überlegte bei einem Blick in die gläsernen Schaukästen mit modischen Handtaschen und Hüten, was er Käthe mitbringen konnte.

Der *Ufa-Palast* am Zoo warb mit einer ganzen Häuserwand für den Film *Das Girl von der Revue* mit Dina Gralla in der Hauptrolle. Ins Kino könnte ich auch mal wieder gehen, dachte Carl und gähnte. Aber nicht in solch eine Schnulze. Die würde vielleicht Käthchen gefallen. Und außerdem schlafe ich bestimmt schon beim Vorspann ein.

Kurz blieb er noch an der Litfaßsäule stehen. Im dämmrigen Licht der Laterne fiel ihm ein Plakat ins Auge, das eine Revue im *Nelson Theater* anpries. Ei, dachte er bei sich, da könnte man mit Franzen mal wieder hingehen. Er erinnerte sich mit Freude an die Show im letzten Jahr, als dort die Amerikanerin Josephine Baker mit ihrer Charleston Jazzband gastierte. Ihr halbnackter Tanz mit den Plüschbananen am Hüftgürtel, die kaum den nackten Popo bedeckten, war sensationell gewesen, das Publikum hatte getobt. Wie die Frau sich bewegen und zappeln konnte! Daheim im Wirtshaus wollte erst keiner glauben, was Carl über den freizügigen Showauftritt der Baker erzählt hatte, bis Carl ihnen das Programmheft mit den Fotos zeigte. Daraufhin waren die Herren so begeistert, dass sie dem Stammtisch beim Kalmus den Namen *Bananenklub* gaben. Bedauerlicherweise fehlte eine wie die Baker, die, mit Bananen an der Hüfte, halbnackt auf dem Tisch tanzte.

 Es fing wieder an zu nieseln. Carl fröstelte und zog seinen Wollmantel enger um sich und den Hut etwas tiefer in die Stirn. Morgen würde er einen Schal brauchen. Er lief Richtung U-Bahn-Station. Wie groß und gewaltig diese Stadt war! Er sah sich um. Schwarze Automobile fuhren umher, nur selten sah man noch eine Pferdedroschke. Er sprang zur Seite. Fast hätte er nicht aufgepasst, als er über die Straße gehen wollte. Ein beiger ABOAG[*]-Doppeldeckerbus fuhr vorbei, vorn eine lang gezogene Schnauze, hinten die Treppe zum Hochsteigen auf das Oberdeck. »Hildebrand Kakao Schokolade« stand darauf. Hier gibt's doch nichts ohne Werbung, dachte Carl. Alles ist voll davon.

 Am Fahrkartenhäuschen am Eingang der Hochbahn an der Bülowstraße löste er einen Fahrschein für 20 Pfennig. Er musste nicht lange warten. Die gelbe Bahn in Richtung Nordring kam schon nach zwei Minuten eingefahren. Müde ließ Carl sich auf dem dunkelroten gepolsterten Ledersitz nieder. Jetzt muss ich aufpassen, nicht einzuschlafen, dachte er. Inselbrücke muss ich raus. Seine Gedanken schweiften zu Tante Emilies Hausmannskost. Was hatte er schon wieder für einen Kohldampf! Sein Magen knurrte.

 Aber auf alle Fälle würde er sie heute Abend noch um einen Bogen Briefpapier bitten und endlich Käthe schreiben, dass er gut angekommen war. Er hatte Sehnsucht. Vielleicht war ja auch von ihr schon Post eingetroffen.

»Wir fahren mit der U-Bahn bis Alexanderplatz und von da mit der S-Bahn bis Friedrichstraße. Und schon sind wir mittendrin

---

[*] Allgemeine Berliner Omnibus AG

im Getümmel«, sagte Franz, als er an einem Sonnabend nach zwei Wochen wieder zu Besuch war. Emilie hatte zum frühen Abendessen Buletten mit Kartoffelsalat gemacht. »Jeht nur, Kinder, jeht nur. Ihr seid jung, ihr könnt euch amüsieren! Und det Hildchen kommt ooch mal raus.« Sie nickte ihrer Schwiegertochter aufmunternd zu, die heute ihren Mann begleitet hatte. Extra für diesen Abend hatte sie sich ein blaues, changierendes, schulterfreies Abendkleid im *Konfektionshaus Hahn* am Alexanderplatz gekauft, das sie nun heute ausführen wollte.

»Wo wollen wir denn überhaupt hingehen?« Mathilde maulte und prüfte vor dem Spiegel, ob ihre Frisur noch saß. Sie war extra beim Friseur gewesen und hatte sich in langer Prozedur eine Dauerwelle legen lassen. 20 Reichsmark hatte sie dafür bei Lienhardt berappen müssen. Sie mochte es nicht, wenn sie nicht genau wusste, was der Abend bringen würde.

»Wir gucken mal, was an der Friedrichstraße so los ist«, sagte Franz. »Da haben wir das *Metropol* oder den *Wintergarten*, oder wir gehen ins *Große Schauspielhaus* von Max Reinhardt.«

»Hier, kiekt mal!« Emilie warf die Tageszeitung auf den Tisch. »Uff Seite vier is'n großer Artikel. *Casanova* spieln se, Regie Erik Charell. Mit Musik von Johann Strauß. Det wär doch wat!« Die Zeitung wurde aufgeschlagen. Tatsächlich, die Operettenaufführung wurde vom Kritiker in den höchsten Tönen gelobt. Bereits über 75 Vorstellungen hatte es schon gegeben. Und so wurde beschlossen, ins *Große Schauspielhaus* am Schiffbauerdamm zu gehen.

»Casanova ist gut, da kannst du noch was lernen, Carl!« Onkel Erich lachte gutmütig und klopfte seinem Neffen auf die Schulter.

Sie mussten sich beeilen und zogen schnell ihre Mäntel an. Es war 18 Uhr durch, um 19.30 Uhr sollte die Vorstellung beginnen.

Als sie ankamen, stand eine Schlange an der Abendkasse, aber sie hatten Glück und erstanden drei Karten. Sobald sie saßen, hob sich der Vorhang.

Die Inszenierung hatte den dreien ausgezeichnet gefallen. Beschwingt verließen sie das *Schauspielhaus*. »Mensch, wir haben so ein Massel gehabt, dass die noch Karten für uns hatten.« Carl freute sich. »Und diese Aufführung wie eine Revue, das war richtig gut.« Die beiden Dömnicks pflichteten ihm begeistert bei und unterhielten sich lebhaft über die Show.

»Pass auf, Carl, nicht so stürmisch über die Straße. Bist hier nicht auf dem Dorf!« Franz zog eilig an Carls Ärmel, denn eine Straßenbahn kam über die Brücke gefahren, die Carl mal wieder nicht bemerkt hatte.

»Was fangen wir denn nun an mit dem angebrochenen Abend?« Mathilde war noch in Ausgehlaune. Franz überlegte. »Gehen wir doch rüber in die Auguststraße zu *Clärchen*. Ist nicht weit. Wir trinken was und drehen noch eine Runde auf dem Parkett.«

Sie setzten sich in Bewegung. Carl war immer wieder erstaunt, wie die Stadt Berlin erst am Abend richtig aufzuwachen schien. Besonders hier an der Friedrichstraße pulsierte das Leben. Menschen waren mit großem Lebenshunger unterwegs, Taxis brachten sie von einem Lokal ins andere, in Bars, die sich aneinanderzureihen schienen. Überall blinkten die Leuchtschriften in allen Farben. Die ersten Strichmädchen in kurzen Röcken lehnten lasziv an den Hauswänden und schwenkten ihr Täschchen am Handgelenk. Hier in Bahnhofsnähe waren die vielen Theater und Varietés, weiter oben an der Ecke Unter den Linden das *Café Kranzler* und Ecke Leipziger das *Moka Efti*. Musik der verschiedensten Art erklang aus den Etablissements und Kaschemmen. In der Jägerstraße kamen sie an der *Weißen Maus* vorbei, aus der Musik und Gekreische klang, sobald jemand die Tür öffnete.

»Hier könnten wir auch mal reingehen, ist aber nichts für schwache Nerven!« Franz zwinkerte Carl verstohlen zu, sodass es Hildchen nicht sah. Carl zwinkerte zurück. »Ei, das machen wir, Franzche. Noch bin ich ein freier Mann!« Er wollte mitnehmen, was die große Stadt zu bieten hatte.

In *Clärchens Ballhaus* ging es etwas gesitteter zu. Durch einen großen weinroten Samtvorhang mit goldenen Kordeln betrat man den opulenten Ballsaal, wo die Gäste an weiß gedeckten Tischen saßen. Eine Kapelle spielte gerade das Lied »Veronika, der Lenz ist da«. Sie bestellten eine Flasche Moselwein, und Mathilde drängte ihren Mann zum Tanzen.

Carl in seinem guten Anzug mit weißem Hemd und Fliege saß nun allein am Tisch und konnte sich in Ruhe umsehen. Ein riesiger Kristallleuchter hing von der Decke herab, die Wände waren vertäfelt. Männer und Frauen saßen in Gruppen oder einzeln an den Tischen. Hier und da fühlte er die Blicke einiger Frauen auf sich gerichtet. Er musste an Käthe denken. Wenn sie nur hier wäre!

»Damenwahl!« Die Kapelle kündigte sie mit einem dreifachen Tusch an und begann das Lied »Schöner Gigolo, armer Gigolo« zu spielen, ein großer aktueller Schlager. Die Frauen schauten sich nach gut aussehenden Männern um, und schon stand eine vor Carl. »Wenn ick denn mal bitten dürfte!«, lachte sie ihn verschmitzt an. Carl stand auf und verbeugte sich leicht. »Aber gern, meine Dame!« Höflich reichte er ihr den Arm und führte sie zur Tanzfläche. Bevor sie zu tanzen anfingen, stellten sie sich einander vor. »Ich bin Carl Kühnapfel aus Locken.«

»Und ick de Hulda Schierke aus Friedrichshain!«

Er drehte sich mit der Unbekannten im Takt und betrachtete sie aus den Augenwinkeln. Sie war etwa um die 20, hatte blondes kinnlanges Haar, das als Bubikopf in Wasserwellen gelegt war, und trug ein zartes Flatterkleidchen mit Rückendekolleté. Um die Stirn hatte sie einen Haarreifen mit einer Feder gelegt, was recht verwegen aussah. Carl stellte sich insgeheim Käthe mit einem solchen Kopfschmuck vor und hätte fast angefangen zu lachen.

Der Höflichkeit halber fragte Carl Hulda nach dem Tanz, ob er sie zu einem Glas Wein einladen dürfe. »Da sach ick nich nee!« Kess hakte sich die junge Frau bei Carl ein und kam mit an den Tisch, wo noch ein Platz frei war. Carl winkte dem Kellner. »Noch ein Glas, bitte!«

»Sehr wohl, der Herr.« Der Kellner eilte mit einem Glas herbei, und Carl bestellte eine weitere Flasche vom Moselwein, da die auf dem Tisch schon fast leer war.

Franz und Mathilde sahen sich vielsagend an, verwickelten aber Hulda freundlich in ein Gespräch. Es stellte sich heraus, dass Hulda die älteste von drei Geschwistern war und mit für die Familie sorgen musste, da ihr Vater Invalide war und keiner Arbeit nachging und ihre Mutter nur wenig mit Näharbeiten für den Unterhalt der Familie beitragen konnte. »Also jeh ick als Verkäuferin, aber ick hab 'ne jute Stelle im *Kaufhaus Tietz* am Alex. Nur bezahlen tun se mir schlecht.« Sie sah zu Carl. »Und wat machen Sie?«

»Ei, ich komme aus Ostpreußen und mache hier in Berlin meinen Meister als Konditor.«

Kurz blitzte Enttäuschung in Huldas Gesicht auf. Aus Ostpreußen! Weiter ging es wohl nicht! Aber es sollte ja Fälle geben, wo Männer der Liebe wegen in Berlin geblieben waren. Sie musste es nur geschickt anstellen, endlich einen Mann zum Heiraten zu finden. Sie war hübsch, und in das modische Pfauenschweifkleid, das sie trug, hatte sie bei *C&A* in der Königstraße immerhin 15 Reichsmark investiert. Das war eine Menge Geld, denn schließlich verdiente sie bei Tietz nur 110 Reichsmark im Monat und musste 70 davon Muttern geben. Aber dieser Ostpreuße da, der gefiel ihr richtig gut. Und Manieren hatte der! Da konnte sich manch anderer eine Scheibe abschneiden. Sie hob ihr Glas und prostete Carl zu. »Na denn hoffen wa mal, dass Sie noch 'n Weilchen hier in unserer scheenen Stadt sind!« Sie sah Carl tief in die Augen. Er erwiderte ihren leidenschaftlichen Blick nicht, zwinkerte ihr jedoch fröhlich zu.

Gegen Mitternacht spielte die Kapelle das letzte Lied. Es war ausgerechnet »Hochzeit bei Zickenschulze«. Hulda ergriff die Chance. »Kommse, Herr Kühnapfel, een Tänzchen noch, det könnse mir nich abschlagen.«

Carl tanzte noch einmal mit Hulda, es war bestimmt schon die vierte Runde. Doch als die Kapelle ihre Instrumente einpackte und kurz darauf alle an der Garderobe ihre Mäntel holten, verabschiedete er sich korrekt. »Wat, wir sehn uns nich wieda?« Hulda konnte es nicht fassen. Da hatte sie nun ewig mit dem Mann an einem Tisch gesessen, und Pustekuchen! Alles umsonst!

»Nein, bitte seien Sie mir nicht böse, aber ich bin schon vergeben.« Carl räusperte sich. Die Situation war ihm unangenehm. »Aber es war nett, Sie kennenzulernen! Sie sind sehr hübsch und tanzen sehr gut.« Er drückte ihr ein Küsschen auf die Wange und lächelte verschmitzt.

Hulda berappelte sich schnell. »Na, wer nich will, der hat schon. Ick danke trotzdem schön fürn Wein, und allet Jute for Sie!« Und schon war sie draußen auf der Straße. Vielleicht würde sie beim nächsten Mal im *Clärchens* etwas mehr Glück haben und endlich einen Bräutigam an Land ziehen. Einen aus Berlin.

Carl, Franz und Mathilde stiegen in das erste der vielen schwarzen Taxis, die in einer langen Schlange vor dem *Ballhaus* standen. Während der Fahrt werteten sie den Abend aus. »Mensch, Carl, noch bist du nicht verlobt. Da musst du doch nichts anbrennen lassen!« Franz stieß lachend mit dem Ellenbogen in Carls Seite.

»Ei, ich weiß nicht. Mein Käthchen …«

»Ach was, dein Käthchen weiß doch gar nicht, was du hier machst. Die weiß gar nicht, was Berlin für eine Stadt ist. Du lebst nur einmal, Calle. Wenn du erst wieder auf deinem Dorf und verheiratet bist, ist es aus mit Amüsieren!« Damit schickte er einen Seitenblick nach Mathilde hin, die empört ihren Kopf zu ihm drehte. »Was ihr Männer nur immer redet! Habt ihr nichts anderes im Kopf?«

Sie hielten erst in der Magazinstraße, wo Franz und Mathilde ausstiegen. Beim Abschied flüsterte Franz in Carls Ohr: »Das nächste Mal, ich denke, so in zwei Wochen, gehen wir beide alleine schwoofen. In die *Weiße Maus* oder in eine Nacktbar. Das muss Hildchen ja nicht wissen.« Carl nickte begeistert.

Laut sagte Franz: »Habt ihr eigentlich schon gehört, dass die Anita Berber vor ein paar Tagen gestorben ist? Das war eine heiße Wilde, die hat ganz Berlin aufgemischt!«

»Na, bei dem Lebenswandel kein Wunder!«, empörte sich Mathilde. »Jeden Tag einen anderen im Bett, dazu noch Schnaps und Koks. Und tanzen bis zum Exzess!«

»Wie ist sie denn umgekommen?«, wollte Carl wissen. »Die war doch noch so jung.« Er hatte die Berber einmal bei einem Auftritt in einer Bar erlebt, wo sie fast nackt die Männer verrückt gemacht hatte.

»Ja, gerade mal 29 Jahre ist sie geworden. Irgendwie umgekippt auf der Bühne in Beirut. Wahrscheinlich zu viele Drogen. Offiziell ist sie an Lungenschwindsucht gestorben.«

»Ihre Zeit in Berlin war aber auch vorbei«, wollte Mathilde wissen.

Sie verabschiedeten sich. Carl fuhr mit dem Taxi weiter das kurze Stück bis in die Inselstraße. Er freute sich auf den übernächsten Samstag mit Franz. Der hatte ja recht. Er war jung, warum sollte er sich vor der Hochzeit nicht noch einmal ordentlich amüsieren.

Weihnachten kam näher, und Carl hoffte immer noch, dass Telschow ihm freigeben würde, damit er nach Hause fahren konnte. Er hatte Sehnsucht nach Käthe und hätte das Weihnachtsfest gern mit ihr verbracht. Sie schrieben sich zwar regelmäßig Briefe, und er schickte ihr auch hübsche Ansichtskarten von Berlin, aber das war nicht das Gleiche wie ein persönliches Wiedersehen. Fast wollte es ihm kaum noch gelingen, das Bild ihres schönen Gesichtes heraufzubeschwören. Das Foto von ihr sah schon ganz abgegriffen aus.

»Da mach dir mal keine Illusionen«, meinte Kurt Siebert. »Ganz Berlin ist verrückt nach deinem Königsberger Marzipan. So viel kannst du gar nicht arbeiten, wie die uns das aus der Hand reißen. Da gibt der Chef dir keinen Urlaub.« Carl nickte. Da hatte er sich etwas Schönes eingebrockt. Mit seiner Herstellung des Marzipankonfektes hatte er sich bei Telschow beliebt und unentbehrlich gemacht. Plötzlich wollten alle Berliner, die es sich leisten konnten, Königsberger Marzipan auf die Bunten Teller legen. Im Gegenzug dazu hatte er jetzt seine ersten Baumkuchen selber gebacken, und sie waren sogar ganz manierlich gelungen. Sein Lieblingsgebäck würde es trotzdem nicht werden, obwohl es ihm sehr gut schmeckte. Denn daheim hätte er gar nicht die nötige Zeit, die man für die Herstellung brauchte.

Auch Lebkuchen, Dominosteine und Marzipankartoffeln mussten jetzt gefertigt werden. Sie hatten viel zu tun bei Telschow. Die Weihnachtszeit war etwas für Naschkatzen.

Es war eine Woche vor Weihnachten, als nach Schulschluss in der Berufsschule Königgrätzer Straße der Geselle Paul Wiechert rief: »Hört mal alle her! Wer hat Lust, eine Runde über den Weihnachtsmarkt zu schlendern?«

»Ja, Paulchen, ich komme mit!« Carl hatte Lust, noch einen heißen Grog zu trinken.

»Noch jemand?« Paul schaute in die Runde. Die meisten waren schon eilig aufgebrochen, weil sie noch andere Verpflichtungen hatten.

Da meldete sich Alfons. »Ich bin auch dabei! Dann mal los. Wir müssen bis zum Arkonaplatz!« Die drei rieben sich die Hände und machten sich voller Vorfreude auf den Weg. Bisher war in Berlin kein Schnee gefallen. Die Temperaturen lagen knapp über null Grad. Sie fuhren mit der Unterirdischen in Richtung Nordring.

Es dunkelte bereits, als sie den Weihnachtsmarkt erreichten. Am Eingang prangte ein Schild mit einem Weihnachtsmann obendrauf. Leute strömten zuhauf durch das Tor, alte und junge, viele mit kleinen Kindern an der Hand. Eine Kapelle spielte Weihnachtslieder. Dicht gedrängt strömten die Menschen an den Büdchen vorbei. Hier konnte man allerhand Kleinigkeiten für das Fest erstehen: Pyramiden, Christbaumschmuck, Hampelmänner, Holzpferdchen und anderes Spielzeug, Kochlöffel und Küchenbrettchen aus Holz, gehäkelte Umhangtücher und spitzenverzierte Taschentücher. Aber auch Gemüse und Obst gab es, und frische Gänse konnte man kaufen. Lebkuchenherzen in allen Größen und Verzierungen, gebrannte Nüsse und Mandeln und auch kandierte Äpfel wurden angeboten. Das Auge konnte sich nicht satt sehen.

Auch Kinder boten teilweise ihre Waren feil. Unter dem Mäntelchen verborgen holten sie handgeschnitzte Pyramiden in verschiedenen Größen oder Tiere aus Holz hervor.

»Schaun Se mal, der Herr, wie wärt mit 'ne schöne Pyramide? Nur eens fuffzich!« Ein kleiner Junge mit rot gefrorener Nase und roten Ohren öffnete seinen Mantel, an dessen Innenfutter mit Sicherheitsnadeln hübsche kleine Pyramiden hingen. »Das ist schön! Hast du die selbst gemacht, Jungchen?« Carl betrachtete erstaunt die kleinen Kunstwerke. »Aba klar doch, hab ick selba mit meen Messer jeschnitzt!« Der Junge witterte ein Geschäft. Es kam nicht oft vor, dass überhaupt jemand stehen blieb und an seinen Schnitzereien Interesse zeigte. »Koofen Se, mein Herr. Nur eens fuffzich det Stück. Zwee for zwee Märker.« Carl zückte seine Börse und kaufte dem Jungen zwei der kleinen Pyramiden ab. Sie waren zu hübsch. Eine würde er Käthchen schenken und eine Muttern. Sie hatten einen Anhänger daran, sodass man sie als Weihnachtsbaumschmuck verwenden konnte. Schnell ließ der Piefke seine zwei Mark in der Hosentasche verschwinden. Er machte einen Diener. »Dankeschön, der Herr, und frohe Weihnachten!«

»Da hat dich der Bengel aber ganz schön übern Löffel gezogen!« Paul grinste. »Zwei Mark für zwei so kleine Pyramiden!«

»Aber da hat er bestimmt lange dran geschnitzt. Und sicher braucht er das Geld. Da kann er sich vielleicht mal eine warme Mütze kaufen.« Carl war zufrieden. Die zwei Mark für den durchgefrorenen Jungen, der sich schon den ganzen Tag auf dem kalten zugigen Markt die Beine in den Bauch gestanden hatte, taten ihm nicht leid.

»Nun wollen wir uns doch erst mal stärken, Männer, was meint ihr?«

»Lasst uns erst was essen und dann einen Grog trinken.«

»Gleich da drüben ist eine Wurstbude, da gibt's Bockwurst und Buletten!«

»Na, dann mal ran!«

Beim zweiten Grog wurden die drei Männer lustig, beim dritten erzählten sie von ihren schlüpfrigen Erlebnissen. Paul und Alfons waren Berliner und schienen regelmäßig im Nachtleben unterwegs zu sein. »Und was ist mit dir, Calle?«

»Ei, ich war vor drei Wochen mit meinem Schwager in der *Weißen Maus*. Da tobte der Saal. Wir haben so wild getanzt – wie nennt sich das, ich glaube, Shimmy. Eine Kapelle mit schwarzen Musikern hat gespielt!«

»Ja, der Shimmy! Dat ist ein Gezappel, was?« Paul lachte, klatschte in die Hände und machte ein paar Tanzbewegungen mit Hüftschwung.

»Und was war noch? Haste mal probiert?«, wollte Alfons wissen.

»Was probiert?«

»Na, haste mal gekokst? Um noch 'n bisschen mehr in Stimmung zu kommen. Das verkaufen da doch schon die Toilettenfrauen für drei Märker das Tütchen!«

»Nein! Mir reicht mein Bier und 'n Korn, da komm ich schon genug in Stimmung!« Carl lachte. Mit Kokain wollte er gar nicht erst anfangen. Solang es ein Schnapsche gab, war alles in Ordnung.

»Und die Weiber?« Paul ließ nicht locker und grinste vielsagend.

Carl druckste. Eigentlich musste es keiner wissen. Aber dann erzählte er doch lachend, dass er in der *Weißen Maus* mit einer gewissen Frieda im Hinterzimmer gewesen war. Für zehn Mark und ein Glas Sekt.

Die drei johlten und bestellten noch einen Grog.

Das Weihnachtsfest verbrachte Carl bei den Dömnicks. Auch Franz und Mathilde waren gekommen. Emilie hatte die Tanne geschmückt und einen Gänsebraten mit Rotkohl und Klößen zubereitet. Gegen 22 Uhr abends gingen sie zur Mitternachtsmesse in die Nikolaikirche. Während des Gottesdienstes konnte Carl an nichts anderes denken, als dass beim nächsten Weihnachtsfest in Locken Käthe seine Frau sein und an sei-

ner Seite in der Kirche sitzen würde. Dann würden auch bald die Kinder kommen, und er hätte die Verantwortung für die Bäckerei, die Leute, seine Eltern, das Vieh, das Land.
So leicht würde es künftig nicht mehr sein. Alles wäre vorbestimmt und gediegen, ständig mit harter Arbeit verbunden. Ganz anders als in Berlin. Solang er hier war, konnte er das unbeschwerte Leben noch ein bisschen auskosten. Es würde niemandem schaden.

6.

März 1929

Käthe hustete und schniefte.
»Du wirst uns noch alle anstecken! Ab ins Bett mit dir!« Tuta fasste ihrer Schwester an die Stirn. »Und ganz heiß bist du auch!«
Der Winter war eisig kalt gewesen und zog sich zäh dahin. Inzwischen war März, und in zwei Wochen würde die Verlobung stattfinden. Käthe fühlte, wie Schüttelfrost in ihr hochkroch.
»Ach Tuta, mach mir doch eine Wärmflasche!«
Sie zitterte und kroch in ihr Federbett, wo sie immer noch fror.

»Mach ich, Schwesterchen, und einen Kräutertee bekommst du dazu!«

Hoffentlich würde sie bis zu ihrem großen Tag wieder gesund werden, dachte Käthe, bevor sie wegdämmerte. Sie freute sich so darauf, alle sollten es endlich offiziell wissen, dass Carl und sie heiraten würden.

Sie hatte ihn nun schon seit vier Monaten nicht gesehen. Zu Weihnachten musste er in Berlin bleiben und feierte mit seiner Tante Emilie und deren Familie. Er war für das Weihnachtsgeschäft in der *Konditorei Telschow*, bei der er seine praktischen Fähigkeiten erwarb, unentbehrlich. Aber er hatte ihr eine schöne Postkarte geschickt, auf der das *Café Kranzler* Unter den Linden abgebildet war. So etwas Großartiges hatte Käthe noch nie gesehen. Wenn sie doch auch einmal nach Berlin fahren könnte! Der Karte folgte dann sogar ein Päckchen mit seinem Weihnachtsgeschenk, einer wunderschönen, cremefarbenen Handtasche aus feinem Leder mit messingfarbenem Spangenverschluss. Und ganz besonders freute sie sich über die kleine handgeschnitzte Pyramide, die Carl, wie er schrieb, auf dem Berliner Weihnachtsmarkt einem kleinen Jungen abgekauft hatte. Sie bewahrte sie in ihrem Nachttischchen auf, zeugte sie doch davon, dass ihr Carl ein großes Herz für Kinder hatte.

Ach, sie hatte solche Sehnsucht nach Carl.

Sie fiel in einen unruhigen Fieberschlaf und träumte wirr von der Zukunft.

In der Woche vor der Verlobung ging es Käthe wieder besser, und sie konnte bei den Vorbereitungen zur Feier mithelfen.

Sie holte sich ihr neues Kleid von der Schneiderin, Lisbeth Kerner, ab, das nach der aktuellen Mode als Jumper geschnitten war. Frau Kerner hatte sich Schnittmuster aus Königsberg schicken lassen. Man trug die Kleider jetzt kürzer und locker fallend. Käthe fand ihr neues Kleid, das nur knapp bis unters Knie ging und eine Schluppe am Ausschnitt trug, sehr aufregend und gewagt.

Einladungen waren verschickt worden, und in der Kirche hing das Aufgebot: »Die Vermählung unserer ältesten Tochter Käthe Weiß mit Herrn Carl Kühnapfel geben bekannt: Hugo Weiß und Frau Anna, geb. Patschke.«

»Käthe, klettere mal auf den Stuhl und halte hier fest!« Mutter war dabei, den Gastraum mit Papiergirlanden zu schmücken. Blumen gab es um diese Jahreszeit noch nicht.

»Ja, Mamachen. Alles soll so richtig schön werden heute. Ach, ich bin so aufgeregt. Ein Fest nur für mich und Carl!«

»Wir sind jetzt hier fertig, mein Kind.« Mutter ließ noch einmal ihren prüfenden Blick über die hübsch eingedeckten Tische gleiten. Alles war vorbereitet. »Jetzt geh und kümmere dich um dich. Du kannst dir von Marie warmes Wasser bereiten lassen und in der Wanne ein Bad nehmen.« Käthe hüpfte fröhlich von einem Bein aufs andere. Ein Bad außer der Reihe war etwas Besonderes. In der Kammer duftete es schon so gut nach der Rosenseife, die Erna selber herstellte.

Als sie fertig war, ihr hübsches Kleid angezogen und ihr Haar frisiert hatte, lief sie schnell in die Küche.

»Na, Ernachen, klappt alles?«

»Ei, Marjellchen, wie am Schnürchen. Im Ofen brutzelt der Braten, und auf dem Herd köchelt die Suppe. In der Kühlkammer stehen die kalten Platten. Ach, ich freu mich so für dich!« Sie umarmten sich herzlich.

»Und was ist mit uns?« Tuta und Lotte standen plötzlich in der Tür, inzwischen nach getaner Arbeit auch feingemacht.

»Na kommt her, meine Lieben. Ich bin nun die Erste, die heiraten wird, aber ein Weilchen bin ich ja noch hier. Lasst uns eine schöne Zeit haben.« Käthe umarmte ihre Schwestern.

Am Nachmittag traf Carl mit seinen Eltern ein, danach kamen die Gäste. Darunter war natürlich auch Alwine mit ihrer Familie.

Was war Käthe froh, endlich ihren Carl wiederzusehen. Verwegen sah er aus, die Zeit in Berlin schien ihm gut bekommen zu sein. Zur Begrüßung nahm er sie fest in die Arme und drückte ihr einen Kuss auf die Lippen.

Für den heutigen Abend hatte Familie Weiß Frauen aus dem Dorf zum Bedienen angeheuert. Es gab ein mehrgängiges Menü, bestehend aus einer guten Kraftbrühe mit Markklößchen und Kräutern, einem feinen Kalbsbraten mit Möhren, Platten mit Pastetchen aus Blätterteig mit Füllungen aus Lebercreme und Eiersalat und zum Abschluss eine süße Schlagcreme mit eingemachten Himbeeren.

»Nun esst doch, esst! Es ist noch alles da!« Anna nötigte gutmütig die Gäste, wieder und wieder einen Nachschlag zu nehmen. Sie reichte die Bratenplatten und die Gemüseschüsseln herum. Die am Tisch Sitzenden ließen es sich nicht zweimal sagen und langten kräftig zu.

»Liebe Familie, liebe Freunde, liebe Gäste.« Hugo klingelte mit dem Löffel gegen sein Glas mit Champagner, den er zur Feier des Tages gekauft hatte. »Wir wollen auf unser Brautpaar anstoßen. Ich freue mich, die Verlobung meiner lieben Tochter Käthe mit Carl Kühnapfel zu verkünden.« Zufrieden sah er in die Runde. »Ein Hoch auf die Verlobten!«

»Sie leben hoch, hoch, hoch!«, schallte es durch den Festsaal. Laute Rufe und Glückwünsche wurden Käthe und Carl entgegengerufen. Die beiden sahen sich glücklich an. Carl legte zärtlich seinen Arm um Käthes Schultern. »Du bist die süßeste Braut, die man sich vorstellen kann«, flüsterte er. Aus seiner Hosentasche nestelte er ein kleines Schmuckkästchen. Im Berliner *KaDeWe* in der Schmuckabteilung hatte er lange vor den

Auslagen gestanden, bis er seine Auswahl getroffen hatte. Er entnahm der dunkelblauen Schatulle einen zarten goldenen Ring mit fünf eingefassten kleinen Diamanten und steckte ihn an Käthes linken Ringfinger. »Ich bin so froh, dass wir nun verlobt sind. Bald bist du meine Frau, und dann kommst du nach Locken!«

»Ja, dann bist du auch endlich wieder aus Berlin zurück. Darauf freue ich mich schon sehr.« Stolz sah Käthe auf den Ring, der im Licht des Saales funkelte.

»Berlin ist wirklich eine gigantische Stadt, Käthchen. So große Gebäude und überall Cafés und Restaurants und Bars, Theater und Opernhäuser. Und ein Verkehr, sag ich dir. Fast nur noch Automobile, alles fährt durcheinander auf großen breiten Straßen. Auch Busse, wo man oben sitzen kann. Und elektrische Straßenbahnen auf Schienen fahren mitten durch die Stadt! Sogar eine unterirdische Bahn gibt es, die nennt man U-Bahn. Und überall blinken bunte Leuchtreklamen!« Carl klang begeistert und gestikulierte beim Erzählen mit den Armen.

»Das möchte ich auch einmal sehen. Fährst du einmal mit mir hin?« Käthe hatte erstaunt zugehört. Es klang unvorstellbar, was Carl da erzählte. »Aber ja, wenn du erst meine Frau bist, fahren wir mal zu Tante Emilie und Onkel Erich nach Berlin. Und dann zeige ich dir alles. Vielleicht haben wir irgendwann auch ein Auto.«

Die Kapelle begann, einen Tusch zu spielen, danach wurde gefeiert und getanzt bis zum Morgengrauen. Carl schwenkte ausgelassen nicht nur Käthe übers Parkett, sondern auch Tuta, Lotte und die Tochter des Bauern Lorenz. Auch Erna kam um ein Tänzchen mit ihm nicht herum.

Am übernächsten Tag brachte Käthe ihren Carl gemeinsam mit dem Kutscher Paul zum Bahnhof. Der Zug von Maldeuten würde zunächst eine Station nach Elbing fahren, und von dort würde Carl wieder in die Eisenbahn nach Berlin umsteigen. Aber es würde diesmal sein letzter Aufenthalt in Berlin werden. Noch vor ihrer Hochzeit im Sommer wäre er wieder zurück. Zum Abschied drückte Carl seine Verlobte fest an sich und küsste sie zärtlich auf den Mund. »Pass gut auf dich auf, mein Käthchen. Bald bin ich mit meinem Meisterbrief in der Tasche daheim. Und dann heiraten wir.«

Die Hochzeit war auf den 11. August festgelegt worden.

7.

August 1929

KUTSCHWAGEN UND PFERDE waren mit Blumen geschmückt und auf Hochglanz geputzt, die Sonne schien vom blauen Himmel. Carl reichte seiner Käthe die Hand zum Einstieg und überreichte ihr den Brautstrauß, der üppig aus weißen Rosen und Nelken gebunden war.

»Käthchen, du siehst zauberhaft aus«, sagte er ihr leise ins Ohr. Glücklich blickte sie ihn an. Aber er hatte recht. Sie war ganz nach der neuesten Brautmode gekleidet, das Kleid nach Vorlagen aus Königsberg geschneidert. Die Braut trug demnach seit Neuestem ein weißes Kleid und kein schwarzes, und so hatte Käthe sich für ein schlichtes und doch elegantes wadenlanges Kleid aus Seidenbatist mit tief gesetzter Taille entschieden. Es hatte lange Ärmel und einen einfachen Rundhalsausschnitt. Umso mehr kam der schleppenartige zarte bestickte Brautschleier zur Geltung. Er war modisch bis in die Stirn gezogen und darüber mit einem schmalen blumenbesetzten Haarreif versehen. Käthe trug feine weiße Seidenstrümpfe und weiße Spangenpumps aus Satin. Ein zartes Goldkettchen, das Mutter ihr am Abend vorher überreicht hatte, zierte ihren schlanken Hals.

Carl war Ende Juli stolz mit seinem Meisterbrief aus Berlin zurückgekehrt. Die Fahrt war lang und anstrengend gewesen. Doch trotz der 560 Kilometer und des dreimaligen Umsteigens hatte er gleich seine Käthe in Koschainen besucht. Die Sehnsucht der beiden nacheinander war groß. Carl hatte Berlin mit seinen abwechslungsreichen Amüsements endgültig hinter sich gelassen. Ich habe mich ausgetobt, nun kann ich heiraten, dachte er froh.

Die Vorbereitungen und Planungen für die Hochzeit waren aufwändig gewesen. Es wurden Einladungen gedruckt und verschickt, ein Schwein und ein Truthahn sowie ein paar Hühner geschlachtet. Hugo hatte vom Jäger einen Rehrücken besorgt, weil er wusste, dass sein Käthchen den so gerne aß. Und sie sollte doch am Tag ihrer Hochzeit das essen, was ihr am besten schmeckte. Tagelang wurde gebrutzelt und gebacken. Erna in der Küche hatte alle Hände voll zu tun. Mehr als 20 geladene Gäste wollten bewirtet werden, und wer weiß, wer noch alles käme.

»Bist du denn schon wieder nüchtern, Carl?«, wollte Käthes Bruder Bruno mit einem Augenzwinkern von seinem künftigen Schwager wissen. Natürlich hatte man beim gestrigen Polterabend, an dem mit viel Spaß auch die Dorfjugend kräftig altes

Geschirr zerdeppert, schon einmal die Getränke verkostet, und das nicht zu knapp.

»Hör mir auf, mir brummt ganz schön der Kopf«, lachte Carl. Die beiden verstanden sich großartig. »Nur gut, dass wir heute mal ausschlafen konnten. Aber trotzdem – der letzte *Meschkinnes* war wohl schlecht!«

»Nur mal unter uns, Carl.« Bruno nahm Carl leise beiseite und sah sich um, ob auch keiner sie hörte. »Wir waren ja alle gestern ein bisschen außer Rand und Band. Aber dass du zweimal mit der Gerti getanzt und geschäkert hast, hat Käthe bestimmt nicht gefallen. Sie hat ein bisschen komisch geguckt, als sie euch gesehen hat.«

»Ach was, das war doch nur Spaß. Das hatte doch nichts mit Käthe zu tun.« Carl wunderte sich. War Käthe so empfindlich? Nachdenklich kratzte er sich am Kinn.

»Nichts für ungut, Carl, ich mein' ja nur. Sei lieb zu meinem Schwesterchen!« Bruno wollte, dass Käthe glücklich wurde.

»Das bin ich, Bruno, das bin ich!« Carl gelobte sich Besserung. Jetzt kam er schließlich in feste Hände. Nur gut, dass keiner weiß, was in Berlin los war, dachte er. Aber nun wird geheiratet. Gleich geht's mit der Frau, mit der ich leben will, zum Altar.

Zunächst ging die Fahrt am Vormittag mit den Trauzeugen zur standesamtlichen Trauung. Käthe hatte sich dafür ihre Schwester Gertrud und Carl seinen Cousin Ernst gewählt.

Pferde und Kutsche waren mit bunten Sommerblumen geschmückt.

Die kirchliche Trauung war für 14 Uhr am Nachmittag in Miswalde festgesetzt.

Der Tradition folgend, setzte sich der Zug von Koschainen rechtzeitig mit den geschmückten Kutschwagen in Bewegung, voran die Gäste und Verwandten, das Brautpaar hinterdrein. Die Glocken läuteten, als der Hochzeitszug eintraf. Auch die

Kirche war üppig mit Rosen und Nelken geschmückt. Die Zeremonie verging für Käthe wie im Rausch. Sie war so glücklich, das war ihr großer Tag. Und sie war stolz auf den stattlichen Mann im schwarzen Frack an ihrer linken Seite, mit dem sie jetzt ihr Leben teilen würde und den sie aus ganzem Herzen liebte. Sie glaubte fest daran, Carl viele Kinder zu schenken und mit ihm alt zu werden. Nichts würde sie mehr trennen, bis an ihr Lebensende wollten sie beisammen sein.

Eines nur hatte sie gestört am gestrigen Polterabend. Dass Carl anstandshalber auch Tuta und Lotte aufs Parkett führte, das gehörte sich so. Aber warum musste er ausgerechnet mit der blonden Gerti tanzen? Die Tochter vom Bauer Lorenz hatte sie noch nie leiden können, schon in der Schule nicht. Die Gerti war ein freches, recht freizügiges Weibsstück mit einem großen Busen und runden Hüften und betonte ihre weiblichen Rundungen nur zu gern. Sie warf sich jedem Kerl an den Hals, der ihr gefiel und der in Reichweite war. Und Carl war offenbar angesprungen. Aber er gehörte ihr, sie, Käthe, würde ihn heute heiraten. Und dann würde er schon wissen, wo er hingehörte.

Auf dem Rückweg in das Hochzeitshaus Weiß fuhr nun das übers ganze Gesicht strahlende Brautpaar voran – übermütig und in fröhlichem Galopp, das jubelnde und scherzende Gefolge hinter sich. Käthe blickte immer wieder stolz auf den goldenen Ring an ihrem Finger, den Carl ihr angesteckt hatte. Wie er in der Sonne funkelte! Jetzt war sie Frau Kühnapfel, was für ein ehrbares Gefühl! Immer wieder legte Carl während der Fahrt den Arm um ihre Taille und drückte ihr einen Kuss auf die Wange. Verliebt hielten sie sich bei der Hand.

»Halt mich fest, ist das schön!«, rief Käthe aus und klatschte vor Freude in die Hände, als sie, im Hochzeitshaus angekommen, die zum Bersten gedeckte Tafel im Festsaal sah. Erna und Marie hatten alles vorbereitet.

Die weiß eingedeckten Tische waren mit Kornblumensträußen dekoriert und mit Rosenblättern bestreut.

Da standen die Suppenterrinen mit der Hühnerbrühe, Platten mit gespicktem Rehrücken, Schweinebraten, Truthahnbrust, Schüsseln mit zarten grünen Erbsen, Möhren und Kartoffeln. Auf der Anrichte türmten sich die Kuchen und Torten, bei denen sich Carl und sein Vater Adolf selbst übertroffen hatten. Es gab Bienenstich und Streuselkuchen sowie eine doppelstöckige, mit Marzipanrosen verzierte Hochzeitstorte. Alles sah zum Anbeißen aus.

»Esst, liebe Gäste, esst. Ich will keine leeren Teller sehen – es ist genug da!« Mutter Anna forderte immer wieder zum Zugreifen auf. Heute würde niemand hungrig nach Hause gehen. Die Gäste ließen sich gern bitten und nahmen einen Nachschlag nach dem anderen.

»Bevor wir platzen, Käthchen, sollten wir die Kapelle zum Spielen auffordern«, scherzte Carl und gab den Musikern ein Zeichen. Mit einem Hochzeitswalzer machten sie den Auftakt auf dem Parkett, das sich sofort füllte. Die Kapelle spielte sogar die neuesten Schlager wie »Es war einmal ein treuer Husar« und »Oh Donna Clara«. Und natürlich hatte man sich Scherze und kleine Spiele ausgedacht.

Die Stimmung schlug hoch, woran wohl auch das eine oder andere Bierchen und Schnapsche beteiligt war. Etliche Flaschen *Meschkinnes* flossen die Kehlen hinunter.

Als die Uhr Mitternacht schlug, stellten sich alle in einer Reihe auf, um den Brautschleier abzutanzen.

Als Mitternachtsvesper wurden kalte Platten aufgetischt, bestehend aus Sülze, Wurst, Schweinebraten und geräuchertem Schinken, alles fein angerichtet und garniert. So konnten sie gut gestärkt bis in den Morgen hinein feiern.

Carl blieb anständig. Er hatte nur Augen für seine Käthe und schwenkte sie wieder und wieder durch den Saal. Hin und wieder forderte er, wie es erwartet wurde und es der Anstand gebot, Schwiegermutter Anna, Alwine, Tuta, Lotte und sogar seine Mutter zum Tanzen auf. Aber sein Käthchen behielt er im Blick. Es sollte ihr gut gehen. Heute war ihr Tag, seiner und Käthes. Unbemerkt von allen Gästen nahm Carl zu fortgeschrittener Stunde seine Käthe in die Arme: »Was meinst du, mein Liebchen, wollen wir uns verdrücken?«

Extra für sie beide war das Hochzeitszimmer hergerichtet worden, ein Schlafzimmer für die Hochzeitsnacht. Auf die Kopfkissen hatte man Rosenblätter gestreut.

»Nun musst du mich aber auch über die Schwelle tragen, Carl!«, kicherte Käthe. Sie war ein wenig beschwipst, aber auch aufgeregt.

Carl fasste sie lachend unter und trug sie auf das Bett. Wie wunderschön Käthe aussah, so strahlend vor Glück. Er löste ihr Haar aus den Spangen, das lang auf ihren Rücken fiel. Er küsste sie innig, und sie schloss glücklich die Augen, ganz mit ihm verbunden. Er öffnete vorsichtig die Knöpfe an ihrem Kleid, und sie half ihm beim Ausziehen. Zärtlich streichelte er sie, und voller Begehren drängte sie ihm entgegen.

»Was, noch eine Kiste?« Carl lachte. »Du willst wohl einen ganzen Hausstand mitnehmen?«

Käthe stemmte die Arme in die Hüften. »Schließlich wollen wir eine Familie gründen, da brauchen wir das alles. Und ich habe reichlich Aussteuer!« Ihre Augen blitzten fröhlich, als sie ihren Mann ansah. Mit Kribbeln im Bauch dachte sie an die letzte Nacht zurück, an die leidenschaftlichen Umarmungen und Liebkosungen, die sie das erste Mal im Leben erfahren hatte. Sie hätte hüpfen können vor Glück.

Ihre Aussteuer konnte sich tatsächlich sehen lassen. An den langen Winterabenden hatte sie gemeinsam mit Tuta und

Lotte an einem wunderschönen bunten Teppich geknüpft, ganz nach altem masurischem Muster. Mutter hatte für sie ein schönes Porzellanservice von *Rosenthal* gekauft – komplett für zwölf Personen. Und sie hatte jede Menge gute weiße Damasttischtücher und Bettwäsche sowie Handtücher im Gepäck. Dazu kamen die vielen Hochzeitsgeschenke, die Carl und sie bekommen hatten. Dabei waren echte Kristallschalen mit wunderschönem funkelndem Schliff, eine schöne Petroleumlampe mit einem bauchigen Fuß aus bemaltem Porzellan und einem Kristallglasschirm, Blumenvasen und 800er Silberbesteck aus Königsberg, auch für zwölf Personen. Der Gründung einer Großfamilie war also vorgesorgt.

»So, ich glaube, das war's!« Mit einem Rumms drückte Käthe den Deckel der letzten Holzkiste zu. Carl hievte sie auf die Kutsche zu den mindestens zehn anderen, in denen Käthes Mitgift und sämtliche persönliche Sachen verstaut waren, und band sie gut fest.

»Jetzt wird mir aber doch ein bisschen mulmig, Carl.« Käthe schmiegte sich an ihn, und er zog sie in seine Arme. Der Zweispänner war abfahrbereit. Die beiden dunkelbraunen Trakehner-Pferde scharrten schon mit den Hufen. Jetzt ging es daran, Abschied zu nehmen, Abschied vom Elternhaus, von Mutter und Vater, von den Geschwistern, von Erna, Marie und Paul. Abschied von einem vertrauten Leben und Aufbruch in ein ungewisses.

Nachdem sie jeden Einzelnen ihrer Lieben umarmt und gedrückt und die vielen guten Wünsche entgegengenommen hatte, hieß es einsteigen. »Hü!«, rief Carl auf dem Kutschbock und zog an den Zügeln. Langsam setzten sich die Pferde in Bewegung.

Noch einmal sah Käthe zurück und winkte mit einem weißen Batisttaschentuch. Da standen sie alle auf der Treppe vor dem roten Backsteinhaus mit den grünen Fensterläden und riefen: »Auf Wiedersehen, Käthchen, alles Gute! Und kommt uns bald besuchen! Ihr seid immer gern gesehen!« Mutter Anna wischte sich eine Träne aus den Augen, und auch Tuta und Lotte schauten ein wenig bedrückt aus. Sie liebten ihre große Schwester, und nun fuhr sie fort.

Bruno freute sich aber ganz besonders über seinen frisch gebackenen Schwager. Beim nächsten Besuch würden sie beide wieder ein Schnapsche trinken und ein bisschen schabbern. Der Carl war ein feiner Bursche mit dem Herz auf dem rechten Fleck, da hatte Käthe wirklich Glück gehabt.

Käthe saß hinten im Wagen zwischen ihren neuen Schwiegereltern Adolf und Ida, die sie beherzt in die Mitte genommen hatten und sogleich in ein Gespräch verwickelten. Auch Carls Schwester Alwine saß bei ihnen, zusammen mit Hans und den Jungen. So verging die lange Fahrt durch Felder, Wälder und Ortschaften kurzweilig und gut gelaunt. Man erzählte sich kleine Anekdoten aus dem Dorf, auch um Käthe das Eingewöhnen zu erleichtern.

Da verdunkelte etwas kurz die Sonne. Käthes Blick ging zum Himmel. Sie sah die ersten Störche, die ihre Nester verlassen hatten, um in einem langen Zug nach Süden zu fliegen. Afrika war ihre neue Heimat für die Wintermonate, doch wer von ihnen überlebte, würde im März oder April wiederkehren in sein idyllisches masurisches Zuhause.

Als Erstes werde ich einen Rosengarten anlegen, dachte Käthe, als sie mit klappernden Hufen das Haus in Locken erreicht hatten, ihr künftiges Heim. Die Rosen würden dem Haus und dem Ort ein wenig die Strenge nehmen, und Käthe liebte Rosen über alles. Oh wie schön würde sie alles gestalten, und dass sie freie Hand hatte, das hatte ihr Schwiegermutter Ida schon versichert.

Man hatte wohl schon in froher Erwartung aus den Fenstern geschaut, denn nun kamen sie alle zur Begrüßung gelaufen: die Mamsell Leni, Magd Lore und Knecht Fritz. Herzlich schüttelten sie dem frisch gebackenen Brautpaar die Hände und gratulierten.

»Wir freuen uns, dass der Carl so eine feine Frau gefunden hat!« Leni war ganz gerührt. »Und wir hoffen, dass Sie sich hier schnell wie zu Hause fühlen. Sagen Sie einfach Bescheid, wenn Sie etwas wünschen oder Fragen haben. Wir helfen Ihnen jederzeit gern.«

»Ich danke euch. Ich bin mir sicher, dass wir alle gut miteinander auskommen werden.« Käthe freute sich, dass ihr mit diesem Empfang der Einstieg in ihr neues Leben so leicht gemacht wurde, und fühlte sich sofort wohl.

Zunächst bezog sie mit Carl eines der vier Zimmer im Erdgeschoss, sie packte die Kisten aus und richtete sich ein.

Es war inzwischen Abend geworden. Leni hatte im Esszimmer, das mit dunklen, auf Hochglanz polierten Mahagonimöbeln, einem vergoldeten Wandspiegel, einem Kristallleuchter und schweren Teppichen ausgestattet war, bereits das gute Geschirr gedeckt. Zur Stärkung gab es eine kräftige Fleischbrühe mit Klößchen, danach eine Platte mit Sülze und Schinken und einen Korb Schwarzbrot, Butter und Dillgurken. Dazu hatte Leni eine Kanne Kräutertee gekocht.

Das erste Abendessen in der neuen Familie mundete Käthe. Die Atmosphäre war locker, man plauderte über dies und das. Auch um die Arbeit ging es.

Käthe scheute sich nicht davor, sich tatkräftig einzubringen. Schließlich hatte sie in Osterode die landwirtschaftliche Haushaltsschule besucht und alles über Kochen, Backen, Einmachen, Schlachten, Geflügelhaltung, Gartenbau, Milchwirtschaft, Wäsche und Hausarbeit gelernt.

Natürlich wurde noch einmal angestoßen. »Carl, wir haben doch unser Käthchen noch nicht richtig begrüßt.« Adolf zwin-

kerte seinem Sohn zu und zündete sich eine Zigarre an. »Du weißt doch, wo der *Meschkinnes* steht. Auf ihren Einzug müssen wir noch ein Gläschen trinken!« Und so prosteten sich alle noch einmal zu: »Auf die Gesundheit und auf ein schönes gemeinsames Leben in Locken!«
»Carl gähnte.»Was bin ich müde!« Er schaute seiner Frau tief in die Augen. »Und um 3 Uhr ist die Nacht vorbei.« Käthe verstand. »Ich gehe sowieso gern früh schlafen, Carl«, schmunzelte sie. Glücklich zog sich das junge Paar zurück.

8.

April bis Oktober 1930

DIE AMSEL BEGANN, auf dem höchsten Ast der alten Eiche ihr Lied zu trällern. Käthe wusste, dass es nun auch für sie Zeit war aufzustehen. Das Bett neben ihr war schon lange leer. Um 5 Uhr schwitzte Carl seit zwei Stunden in der Backstube. Ein feiner Duft nach frisch gebackenem Brot zog durch die Ritzen der Stubentür.

Mit einem Schwung hob sie wie immer die Beine über die Bettkante, als ein kleiner Schwindel sie befiel. Nanu?, dachte sie, mir ist ja auf einmal so duselig? Sie blieb noch einen Moment auf dem Bett sitzen und schwang sich dann in die Pantoffeln.

Lore klopfte an die Tür und brachte ihr eine Kanne frisches Wasser zum Waschen. »Danke, Lore, das ist gut, dass ich mich ein bisschen frisch machen kann. Eben war mir ein bisschen komisch zumute.«

»Wenn Sie noch etwas brauchen, rufen Sie mich nur, Frau Kühnapfel.« Lore knickste lächelnd und schloss die Tür hinter sich.

Das Frühstück nahm die Familie um 6 Uhr ein. In der Woche aßen sie am großen Tisch in der Küche, der mit einer bunten Glanzdecke bedeckt war. Das war praktisch, schon weil Carl sich dann nicht extra umziehen musste. Leni stellte eine Schüssel Glumsen und einen Korb mit frischen duftenden Brötchen in die Mitte, dazu ihre selbst gemachte Marmelade aus Erdbeeren und ein Glas Honig.

»Guten Morgen, ihr Lieben!« Mit rotem verschwitztem Kopf und breitem Lächeln betrat Carl die Küche und drückte Käthe einen Kuss auf die Lippen. »Morgen, Carl«, kam es einstimmig zurück. Auch Adolf und Ida waren inzwischen in der Küche erschienen.

Ida sprach das Frühgebet, und noch recht müde und einsilbig begann die Mahlzeit. Der Kaffee dampfte in den Tassen, die Brötchen waren knusprig und lauwarm. Wie Käthe diesen Geschmack liebte! Sie bestrich ihr Brötchen wie immer mit Butter und Honig und biss kräftig hinein. Doch irgendwie wollte ihr heute der Honig nicht schmecken. Schweiß trat auf ihre Stirn, und sie merkte, wie sich ihr Magen heben wollte. »Ich muss einmal ganz schnell an die frische Luft!« Sie schob schnell ihren Stuhl zurück und sprang auf. Sie schaffte es gerade noch so durch die Gartentür auf die Terrasse, als sie würgte und ihr Mageninhalt hinauswollte. Tief durchatmen, Käthe, sagte sie sich. Das geht gleich wieder vorbei.

Ida trat zu ihr hinaus und legte liebevoll den Arm um ihre Schultern. »Na, Marjellchen, ist es das, was ich ahne?«

Käthe guckte verdutzt. »Was?«

»Na, Carl und du seid seit letztem August verheiratet. Da wäre es doch Zeit …«

»Du meinst, ein Kindchen?« Käthe traute es sich kaum auszusprechen.

»Aber ja! Wann war denn deine letzte Monatsblutung?« Käthe rechnete nach. So genau nahm sie es damit nicht, aber Ida konnte recht haben. Als sie das letzte Mal die Baumwollvorlagen aus ihrer Kommode genommen hatte, das musste an die acht Wochen her sein. Ihr Herz machte einen Hüpfer. Sie wünschte sich doch so sehr ein Kind!

»Was hältst du davon, wenn wir einen Termin bei Doktor Kowalewski machen?« Ida war für Gewissheit.

»Ja, Mutti, das machen wir. Ach, ich wäre ja so glücklich!«

Der Arzt bestätigte kurz darauf die Schwangerschaft und gratulierte.

Als Carl davon erfuhr, war er außer sich vor Freude, hob sie hoch und schwang sie durch die Luft. »Käthchen, du machst mich zum glücklichsten Menschen der Welt«, jubelte er. »Und dass du dich jetzt ja schonst und nicht mehr so schwere Eimer schleppst! Und im Laden brauchst du jetzt auch nicht mehr stehen.«

Käthe hatte immer zu Stoßzeiten im Laden ausgeholfen, wenn besonders viele Kunden kamen und die Verkäuferin, Frau Schimmelpfennig, es allein nicht schaffte.

Es war früher Nachmittag, und Carl hatte seine Arbeit in der Bäckerei für heute getan. Sie saßen auf der Bank im Garten, und Käthe ließ ihren Blick über die Rosenpflanzen in verschiedenen Sorten und Farben schweifen, die sie selbst gesetzt hatte. Einige hatten bereits zarte Knospen und würden im Mai ihre ersten Blüten zeigen. Sie hielten sich bei den Händen und schwelgten im Glück.

»Vielleicht wird es ja ein Junge«, frohlockte Carl. »Dann hätten wir einen Nachfolger für die Bäckerei.«

»Und wenn es ein Marjellchen wird?«

»Das glaube ich nicht – aber wenn, dann habe ich es natürlich genauso lieb.«

Carl streichelte Käthes Hände. »Darauf müssen wir anstoßen!« Er sprang auf.

»Aber Carl!« Käthe zog ihn sanft wieder zu sich. »Ich sollte mich mit den Schnapschen jetzt vorsehen. Es heißt, das ist nicht gut fürs Kind?«

»So, sagt man das?«, lachte Carl. »Aber das gilt doch hoffentlich nicht für den werdenden Vater!«

Nachdem er Käthe zugeprostet hatte, holte er seine Joppe vom Haken.

»Wo willst du denn noch hin, Carl?«

»Na, zum Stammtisch! Der *Bananenklub* muss schließlich auch wissen, dass mein Nachfolger unterwegs ist!«

»Alwine hat Geburtstag, wir fahren nach Königsberg!«, verkündete Carl einige Wochen später. Der Juni versprach mit seinen langen Sonnenstunden ein herrliches Wochenende am Meer. Käthe freute sich. Sie liebte die elegante Großstadt mit ihrem schönen Schloss, dem Dom, den Straßenbahnen, Parks, Theatern und vornehmen Geschäften.

Sie nahmen den D1-Zug, der von Kämmersdorf über Schlobitten, Braunsberg und Heiligenbeil in gut zwei Stunden nach Königsberg durchfuhr. Käthe genoss die vorbeifliegende Landschaft. Wie schön der Mohn schon wieder blühte, und die herrlich leuchtenden blauen Roggenblumen davor! Am Königsberger Bahnhof Maraunenhof stiegen sie aus, in diesem Stadtteil wohnten die Kalmussens. Sie hatten es nicht weit zu laufen, nur ein Stückchen hoch am begrünten Herzog-Albrecht-Platz vorbei, dann noch ein Stückchen links und sie kämen in die Tresslerstraße. Straßenbahnen fuhren klingelnd in beide Richtungen, die Automobile in zwei Spuren links und rechts davon. Dazwischen verlor sich gelegentlich noch ein Pferdefuhrwerk, dessen Pferde Scheuklappen trugen und nicht selten scheuten und sich angstvoll aufbäumten.

Eine große laute Stadt war Königsberg geworden, dabei wohnte Alwine mit Familie schon etwas am lichteren Stadtrand. Käthe erkannte sie kaum wieder. War es tatsächlich schon acht Jahre her, da sie mit Mutter, Vater und den Geschwistern hier gewesen war? Viel hatte sich verändert.

Das Haus der Kalmussens war ein Mehrfamilienhaus, modern und vor wenigen Jahren neu gebaut im Stil des Backsteinexpressionismus. Sie wohnten im zweiten Stock.

»Ei, wir freuen uns, dass ihr uns einmal besuchen kommt! Hereinspaziert!« Alwine strahlte übers ganze Gesicht, als Carl und Käthe die Treppe hochkamen, und machte eine einladende Handbewegung in ihre Dreizimmerwohnung. Sie hatte gern Besuch und fuhr auch gern zu Besuch. Das Leben in der Stadt mit den zwei Jungen, die inzwischen fünf und sieben Jahre alt waren, war doch manchmal recht eintönig, wenn der Mann tagein, tagaus ins Büro ging. Sie hatte zwar Freundschaften in der Stadt und ging auch mit den Kindern gern am Oberteich spazieren, um die Enten zu füttern. Auch eine Badeanstalt gab es dort, wo sie öfter mit den Jungen im Sommer ein Picknick machte. Aber Familie ging über alles, und der Zusammenhalt war groß.

Käthe war aufgeregt und auch ein wenig schüchtern, denn für sie war es der erste Besuch bei ihrer Schwägerin. Alwine war ihr noch ein wenig fremd, und sie wollte sich von ihrer besten Seite zeigen. Sie hatte daheim im Garten die ersten Rosen geschnitten und drückte Alwine den Strauß in die Hand.

Die Wohnung war hell und modern eingerichtet. Stolz führte Alwine sie herum. In der Wohnstube stand ein Nussbaumbüfett im englischen Stil mit der dazugehörigen Vitrine. Über dem großen Esstisch mit den sechs passenden Stühlen im gleichen Holz prangte eine beigefarbene, mit glänzendem Stoff bespannte Lampe mit Fransen. An der Wand über der bequemen, gepolsterten Ottomane zog ein in Öl gemaltes Bild mit einem Elch vorm Tannenwald im Goldrahmen die Blicke auf sich. Käthe staunte. Alwine hatte Geschmack.

Das Beste aber an der ganzen Wohnung war das kleine Badezimmer. Käthe war begeistert, so etwas Modernes hatte sie noch nie gesehen. Eine fest installierte Badewanne, ein kleines Waschbecken aus Porzellan und als Krönung ein Wasserklosett. Man musste nur an der Schnur vom Spülkasten ziehen, und alles war sauber. Kein übler Gestank mehr, sobald man die Tür öffnete, kein Eimer musste entleert werden. Sogar Toilettenpapier gab es hier, während sie in Locken immer Zeitung benutzten. Die Wände waren weiß gefliest mit schwarzen Ornamenten dazwischen, die Bodenfliesen waren schwarz und weiß im Schachbrettmuster. »Ei, Alwine, das ist so schick!«, sagte Käthe bewundernd. Von solch einem Badezimmer konnten sie auf dem Dorf nur träumen.

Nach dem Gratulieren packte Carl den Tortenkarton aus. »Eine Schokoladen-Buttercremetorte!«, freute sich Alwine, als sie den Deckel hob, »Carl, wie die duftet! Und so hübsch verziert. Sind das etwa Marzipanrosen?« Carl nickte stolz. Gelernt war gelernt.

»Ich stelle sie erst mal in die Speisekammer, da ist es etwas kühler. Wir schneiden sie heute Abend an. Denn was haltet ihr davon, wenn wir bei dem schönen Wetter einen Ausflug nach Cranz machen?« Alwines Vorschlag traf sofort auf Zustimmung.

»Vom Bahnhof Rothenstein fährt jetzt eine Bahn hoch, da sind wir in einer Dreiviertelstunde vor Ort. Es sind ja man bloß 30 Kilometer«, meinte Hans. »Und die Kinder kommen auch mal ordentlich an die frische Luft. Den Winter über waren sie immerzu erkältet.«

Und so wurde es gemacht. Der Bahnhof Rothenstein war nach einem zehnminütigen Fußweg erreicht, und von dort waren sie schnell an der Küste.

Käthe und Carl, Alwine und Hans mit den Jungen Hans und Walter spazierten an der Promenade der Bernsteinküste entlang. Käthe liebte das Meer, das heute nur einen leichten Wellengang zeigte. Sie konnte sich gar nicht satt sehen an der Weite und dem berauschenden und gleichzeitig beruhigenden Auf und Ab der Wellen. Tief atmete sie die frische salzhaltige Luft ein. Und sie bewunderte immer wieder die Architektur der villenartigen weißen Strandhäuser.

Nach dem Spaziergang nahmen sie auf der Terrasse des Hotels *Schloss am Meer* Platz, ein Haus mit spitzem Dach in Bäderarchitektur mit den typischen, weißen geschnitzten Holzbalken. Die Terrasse wimmelte von Menschen. Carl winkte dem Kellner und bestellte vier Tassen Kaffee und für die Herren ein Schnapsche dazu. Die Jungen bekamen eine Limonade.

»Eigentlich habe ich auch Hunger!« Alwine stellte fest, dass sie ja noch gar nicht zu Mittag gegessen hatten. Die Jungen fielen sogleich ein: »Wir auch, Vatichen, wir haben großen Hunger!«

»Na, dann werde ich mal die Speisekarte bestellen.« Hans drehte sich nach dem Kellner um. »Herr Ober, bitte die Karte!«

»Sehr wohl, der Herr!« Der Kellner griff hinter sich, wo auf einem Tischchen die Speisekarten lagen. »Sehr empfehlen kann ich den Zander, aber auch der Dorsch ist sehr gut!«

Sie bestellten dreimal den Zander mit Petersilienkartoffeln und Gurkensalat und für Carl Aal grün. Das war sein Lieblingsessen. Die Kinder bekamen jeder eine halbe Portion Königsberger Klopse. Zum Essen tranken die Erwachsenen ein Glas Bier, die Kinder mussten sich mit ihrer Limonade begnügen. Die Sonne schien warm vom Himmel. Käthe und Alwine waren froh, dass sie ihre hübschen sommerlichen Strohhüte, ganz in der modischen Topfform, aufgesetzt hatten.

Käthe war glücklich. Es waren so heitere, unbeschwerte Stunden, in denen sie einmal den Haushalt, den Garten und den Laden vergessen konnte. Nur eines nicht.

»Alwine, Hans, wir möchten euch noch etwas sagen.« Zustimmung heischend sah sie Carl an.

Der zwinkerte mit dem Auge und sprach mit stolzgeschwellter Brust für sie weiter: »Wir werden Eltern!«

»Was? Na das ist ja wunderbar«, rief Alwine erfreut aus und griff nach Käthes Arm. »Wann ist es denn so weit?«

»Im Oktober!«

»Und ich habe mich schon gewundert, warum du so ein lockeres Kleid trägst! Also nicht nur wegen der Wärme!« Alwine lachte. »Wir wünschen uns ja auch noch eines. Wenn man schon zwei Jungen hat, ist auch mal ein Marjellchen fällig!«

Alwine gab Käthe schon einmal gute Ratschläge und erzählte von ihren Geburten, nicht ohne hinter vorgehaltener Hand einige schmerzliche Details zu erwähnen.

Nachdem sie bezahlt hatten, flanierten sie noch etwas die Küste auf und ab. Hans und Walter versuchten ihr Glück mit dem Bernsteinsammeln und fanden sogar ein paar kleine Steinchen.

»So habe ich mir meinen Geburtstag vorgestellt«, sagte Alwine zufrieden und hakte sich bei Käthe ein. Am späten Nachmittag fuhren sie mit der Bahn zurück in die Stadt.

Alwines Zugehfrau, Frau Gerster, war inzwischen eingetroffen und hatte ein leichtes Abendessen vorbereitet: Brot, Schlackwurst, Glumsen und Bratheringe standen auf dem Tisch. Zur Feier des Tages wurde auch Carls Torte angeschnitten, und Hans öffnete eine Flasche Sekt. »Auf Alwines Geburtstag!«

»Prost, auf Alwine und auf die Gesundheit!« Die Kinder stießen mit Limonade an.

»Es gibt noch eine Überraschung!«, verkündete Hans, nachdem er sich die Brotkrümel mit dem Handrücken vom Mund gewischt hatte. Er hielt etwas hinter dem Rücken, und alle schauten gespannt, was er da wohl hervorholen würde. »Wir gehen in die Oper!« Freudestrahlend hielt er die vier Karten hoch. Alwine klatschte begeistert in die Hände und sprang auf. »Da wollte ich ja schon lange mal wieder hin. Erbarmung, was ziehe ich nur an?« Eilig lief sie ins Schlafzimmer zu ihrem Kleiderschrank.

Auch Käthe freute sich. In ihrem Gepäck hatte sie zwar nur ein Kleid zum Wechseln, aber das machte nichts. Sie liebte die angesagten Jumperkleider in verschiedenen Variationen, die jetzt auch so gut ihr Bäuchlein kaschierten. Vielleicht konnte sie es noch mit ein paar Accessoires von Alwine aufwerten. Bestimmt hatte sie eine Brosche oder eine Perlenkette.

»Dürfen wir auch mit?« Hans und Walter sahen dem emsigen Treiben der Erwachsenen zu. »Das ist nichts für Kinder, ihr würdet euch nur langweilen«, rief Alwine, die im Schlafzimmer mit einem Kleid kämpfte. Der Reißverschluss klemmte über ihrer fülligen Figur und wollte nicht zugehen. »Aber Frau Gerster bringt euch ins Bett. Und kaum seid ihr eingeschlafen, sind wir auch schon wieder da.«

Die beiden verzogen sich ins Kinderzimmer, wo Frau Gerster schon ein Buch zum Vorlesen bereitgelegt hatte.

Eine Stunde später hatten sich die Frauen frisch gemacht und umgezogen, Carl den Scheitel und Hans den Schnurrbart gestriegelt. Froh gelaunt machten sie sich auf den Weg ins Stadttheater, das auch Opernhaus genannt wurde. »Bis zu uns hier hoch fährt ja nun auch die elektrische Straßenbahn«, sagte Alwine. »Die fährt ein paar Stationen bis zum Schloss hinunter, dort steigen wir aus.«

Käthe war begeistert. Mit einer Elektrischen war sie noch nie gefahren. Unterwegs machte sie große Augen. Was hier für hohe elegante Häuser standen, und die vielen Geschäfte in der hübschen Altstadt! Das Schloss mit dem schönen Schlosspark und dem Schlossteich, die Kirche am Steindamm, sie staunte. Das war eine schöne Gegend. Zu Fuß liefen sie das kurze Stück zum Paradeplatz hinüber, wo das Stadttheater stand.

Sie war noch nie vorher in der Oper gewesen, und das, obwohl sie Musik sehr liebte. Zu Hause in Koschainen hatten sie ein Grammofon und einige klassische Schellack-Platten besessen. Besonders liebte sie die *Zauberflöte* von Mozart, aber auch *Tannhäuser* von Richard Wagner hörte sie gern. Sie hatte ja auch Musikunterricht erhalten und konnte Klavier spielen. Heute Abend wurde *Der Fächer* von Ernst Toch uraufgeführt. In der Hauptrolle sang Walter Olitzki mit seiner wunderbaren Baritonstimme.

Carl hatte während der Aufführung mit dem Schlaf zu kämpfen. Einmal war er kurz eingenickt, und ein leises Schnarchen drang aus seiner Kehle, sodass Käthe ihn sanft anstoßen musste. Für ihn war die Oper eher langweilig. Er mochte mehr die leichtere, beschwingte Art der Kultur, wo auf der Bühne auch ordentlich etwas los war. Seine Gedanken schweiften nach Berlin zurück. Noch vor einem Jahr war er dort mit Franz im *Metropol* gewesen. Da flogen die Beine der Marjellchen in die Höhe, und die Stimmung ließ die Zuschauer von den Sitzen springen. Das war eher nach Carls Geschmack.

Aber Käthe hatte den Abend sehr genossen. In der *Theaterbar* hatten sie nach der Vorstellung noch eine Flasche Wein getrunken und sich dann ein Taxi gerufen.

Frau Gerster hatte Carl und Käthe in der Wohnstube auf der ausziehbaren Ottomane ihr Bett gerichtet.

»Hoffentlich kommt ihr öfter einmal«, sagte Alwine, als sie am nächsten Vormittag nach dem Gottesdienst am Bahnhof Abschied nahmen.

»Wenn es die Zeit erlaubt, Alwine, gerne. Aber du weißt ja, die Bäckerei – und später ist wieder die Ernte einzufahren. Dann erwarten wir Käthes Niederkunft. Ich glaube, vorher kommt ihr erst mal wieder nach Locken.« Carl dachte nüchtern und wollte keine falschen Versprechungen machen.

So wurde es schließlich verabredet. Spätestens zur Geburt des Kindes im Oktober würden die Kalmussens wieder nach Locken kommen.

Sie winkten mit dem Taschentuch dem abfahrenden Zug hinterher. Carl und Käthe hatten das Abteilfenster heruntergezogen und winkten ebenfalls.

Es wurde ein heißer Sommer, und Käthe trug stolz ihren dicken Bauch vor sich her. Sie fühlte sich trotz der Hitze wohl, dank Carl und dem Personal, das sie im Haus hatten, musste sie keine schwere Arbeit tun. Sie pflegte den Garten, goss die Blumen und schnitt von Zeit zu Zeit die vertrockneten Blüten ab. Der Phlox blühte besonders üppig in zarten Lilatönen und verströmte seinen lieblichen Duft.

Im Gemüsegarten zupfte sie das Unkraut, aber da kam sie schon mit dem Umfang ihres Leibes nicht mehr zurande. Nur gut, dass Lore ihr helfend zur Hand ging. Auch das Vieh versorgten in erster Linie Fritz und Lore, aber Käthe half beim Füttern und Stallausmisten. Das Melken übernahmen ebenfalls die beiden, und Fritz war zusätzlich für das Wohl der Pferde zuständig.

Oft saß sie träumend auf ihrer Gartenbank in der Sonne und schaute zu, wie sich in der plätschernden Locke die Forellen tummelten. In den sommerlichen Abendstunden, wo man noch bis 21 Uhr den lauen Abend genießen konnte, duftete es stark nach Nelken, die im Gewürzgarten standen. Auch der Dill verströmte einen würzigen Geruch. Wie Käthe diese Düfte liebte! Oft kam Carl dann noch zu ihr in den Garten, und sie unterhielten sich über das Tagesgeschehen, während die Sonne hinter der Kirche verschwand.

Käthe streichelte gern ihren Bauch und spürte den Kindsbewegungen nach. Was für ein schönes Gefühl, ein kleines Menschlein in sich heranwachsen zu spüren. Zu erahnen, wie es strampelte und seine kleinen Füßlein gegen die Bauchdecke stemmte. Sie konnte es kaum erwarten, ihr Baby in den Armen zu halten.

Wenn Carl nur nicht so oft ins Wirtshaus gehen würde! Sie überlegte. So zwei, drei Mal die Woche verschwand er abends zu seinem selbsternannten *Bananenklub*, um mit den Herren Karten zu spielen und zu trinken. Überhaupt, *Bananenklub*, was das wohl heißen sollte. Die Männer würden ja wohl kaum Bananen essen. Aber eines musste man Carl lassen: Pünktlich um 3 Uhr morgens kam er aus dem Bett, wenn der Wecker klingelte. Nun, sie kam ja selbst aus einer Wirtsfamilie, sie wusste, dass es Männer gab, die mehrmals die Woche zum Stammtisch kamen.

Ab und an verkaufte sie mit im Laden. Neben Backwaren boten sie Kolonialwaren und einfache Lebensmittel an – wie selbst gemachtes Sauerkraut, Dillgurken, Butter und Käse, Zucker und Mehl.

Sie war durch ihre freundliche und herzliche Art schnell beliebt bei den Dorfbewohnern und pflegte mit der einen oder anderen Nachbarin ein freundschaftliches Verhältnis. Besonders Else Fischer, die nur ein paar Häuser weiter wohnte, war ihr zu einer guten Freundin geworden.

Wenn sie in den Laden kam, schabberten sie ein bisschen, manchmal ging Käthe hinüber zu Else ins Haus, um mit ihr einen Kaffee zu trinken. Auch Else, ebenfalls frisch verheiratet, wünschte sich Kinder. Im Winter, als die Abende lang waren, saßen die beiden jungen Frauen ab und an in Elses Küche und stickten an einer Tischdecke. Dabei erzählten sie sich von ihren Erlebnissen und Befindlichkeiten. Auch Elses Mann ging zum *Bananenklub*, so hatten sie Zeit für den Austausch.

Gern ging Käthe mit dem Einkaufskorb durchs Dorf und machte ihre Besorgungen. Ein wenig schief wurde sie anfangs von der dicklichen Tochter des Fleischermeisters Schaffrin angesehen, als sie den Laden betrat und ein Viertelpfund Schlackwurst verlangte. Hilde Schaffrin gab schnippische Antworten, und auf Käthes freundliches »Auf Wiedersehen« schwieg sie.

Als Käthe dies einmal beim gemeinsamen Abendbrot ansprach, lachten alle. »Die wollte Carl heiraten«, prustete Adolf. »Die Familie meinte wohl, Bäcker und Fleischer gehören zusammen!«

»Ja, aber nicht mit mir«, erheiterte sich Carl. »Nur weil ich als Kind mal mit der Hilde gespielt habe, muss ich sie ja nicht gleich heiraten. Ich habe mir meine Braut lieber selbst ausgesucht.« Vergnügt und stolz sah er seine hübsche Käthe an und tätschelte ihr die Hand.

Von ihren Besorgungen im Dorf brachte Käthe öfter etwas für die Ausstattung ihres Babys mit. Wenn man die Straße hinunterging, kam man am anderen Ende des Marktplatzes gerade auf den schönen Laden der Familie Hoffmann zu, der alles für Kinder anbot, was das Herz begehrte. Angefangen vom Kinderwagen über kleines Spielzeug bis hin zu hübschen Kindersachen. Der Laden hatte ein großes, herrlich dekoriertes Schaufenster. Die Kinder drückten sich hier oft die Nasen platt und bestaunten Steckenpferde, Zinnsoldaten und Porzellanpuppen. Die Ladentür aus gutem Mahagoniholz war mit einer blitzblank geputzten Messingklinke versehen. Das schmucke Haus mit der darüber liegenden Wohnung gehörte der Familie Hoffmann.

Die Türglocke bimmelte, als Käthe den Laden betrat und sich umsah.

»Kann ich etwas für Sie tun? Wann ist es denn soweit?« Esther Hoffmann lächelte Käthe mit einem Seitenblick auf ihren gewölbten Bauch freundlich an. Sie war eine zierliche, aparte Frau mit grazilen Zügen, einem schmalen Gesicht und lockigem dunklem Haar.

»Anfang Oktober soll mein Kindchen kommen«, verkündete Käthe mit Stolz.

»Das ist ein guter Zeitpunkt, da ist die Ernte vorbei und alles geht wieder einen ruhigeren Gang«, sagte Esther. »Da haben Sie dann viel Zeit, um sich um das Kleine zu kümmern. Haben Sie denn schon die Erstausstattung?«

»Ja.« Käthe nickte. »Ich war schon einmal hier und habe Hemdchen und Windeln gekauft. Bei allem anderen ist meine Schwiegermutter emsig dabei zu häkeln und zu stricken. Und auch meine Familie in Koschainen hilft fleißig mit.«

»Ei, dann brauchen Sie ja nicht mehr viel für den Anfang.«

»Ich wollte mir einmal die neuesten Modelle für Kinderwagen anschauen.« Käthe sah sich um. In der hinteren Reihe standen sie in Hellgelb, Hellgrün und Cremeweiß. Sie hatten einen geschwungenen Korb aus Weidengeflecht, eine gute

Federung und ein fein gebogenes verchromtes Gestell, sehr schick. Ganz neu war das faltbare Verdeck. Käthe entschied sich für das cremefarbene Modell.

»Würden Sie mir den reservieren, bis mein Kind geboren ist?«, fragte sie. »Ich bin ein wenig abergläubisch und möchte ihn daher nicht vor der Geburt kaufen.«

»Aber ja, das machen doch die meisten so.« Esther verstand sie gut. »Und kommen Sie ja bald vorbei, wenn das Kindchen da ist. Ich bin schon sehr gespannt. Ich habe ja auch eine kleine Tochter, wissen Sie, sie ist zwei.«

Als sie Käthes fragenden Blick bemerkte, sagte Esther: »Meine Mutter wohnt hier oben mit im Haus und betreut Sarah, wenn ich im Laden bin. Mein Mann hat im Stall und auf dem Feld zu tun.«

Als Käthe heimging, hatte sie das Gefühl, sich mit Esther Hoffmann wunderbar zu verstehen. So eine patente Frau! Und so einfühlsam!

Die Geburt kündigte sich in den frühen Morgenstunden des 5. Oktober an. Carl war schon hinüber in die Backstube gegangen und heizte den Ofen an, als Käthe von einem heftigen Ziehen im Leib wach wurde. Au, tat das weh! Kurz danach fühlte sie etwas Nasses aus sich herauslaufen. Oh Gott, es geht los!, war gleich ihr erster Gedanke. Sollte das Kleine so pünktlich kommen? Aber was war das Nasse? Vorsichtig hievte sie sich aus dem Bett und ging hinüber zum Schlafzimmer der Schwiegereltern. Sie klopfte aufgeregt an die Tür: »Muttichen, hörst du mich? Ich glaube, es geht los!«

Ida, die einen leichten Schlaf hatte, war im Nu auf und zog den Morgenrock über. »Keine Sorge, mein Liebchen, beim ersten Kind dauert's meistens ziemlich lange«, beruhigte sie Käthe, die ihr das nasse Bett zeigte. »Und da mach dir keinen

Kopf, deine Fruchtblase ist geplatzt. Ein gutes Zeichen, dass das Kind bald kommt. Ich werde aber trotzdem gleich nach der Hebamme schicken.« Sie rief nach Lore, die bereits fertig angezogen mit ihren Holzpantinen eilig die Treppe herunterkam.

Nachdem Käthe sich ein wenig frisch gemacht, ein sauberes Nachthemd angezogen und die nächsten Wehen überstanden hatte, ging sie zur Backstube hinüber und machte die Tür einen Spalt auf. »Carl!«, rief sie. Der drehte sich um.

»Guten Morgen, Käthchen, du bist aber heute früh auf!«

»Ja, aus gutem Grund. Unser Kindchen kommt!«

Carl nahm sie besorgt in die Arme. »Oh, mein Liebchen, sei ganz stark. Ich bin sicher, du wirst das prima machen. Gleich nach dem Backen komme ich zu dir rüber. Ist schon nach der Hebamme geschickt worden?«

»Ja, Lore ist unterwegs ins Dorf und holt Hilda Werning.«

»Ei, die Werningsche hat bereits viele gesunde Kinder auf die Welt gebracht. Glaube mir, es wird alles gut! Ich sehe nachher wieder nach dir. Die Bleche müssen erst mal in den Ofen, und der Sauerteig ist auch noch nicht fertig geknetet.« Damit tätschelte Carl ihr den Rücken. Kinderkriegen war seit jeher Frauensache gewesen.

Bald darauf wurde Käthe vom Wehenschmerz in das frisch bezogene Bett, auf dem nun eine Gummimatte und saubere alte Laken lagen, gezwungen. Als die Werningsche eine Stunde später eintraf, war der Muttermund schon fünf Zentimeter geöffnet.

»Na, das geht doch sehr gut voran, das Kind hat auch die richtige Lage. Das wird nicht mehr lange dauern, Frau Kühnapfel.« Dann ging sie nach nebenan in die Küche, wo gerade Kleinmittag angerichtet wurde, und setzte sich mit an den Tisch. Die Beköstigung in den Familien war ein Teil ihres Lohnes.

Carl sah zwischendurch bei Käthe herein und wischte ihr mit einem feuchten kühlen Tuch die Stirn. Er war kein Mann der großen Worte, doch diese Gesten waren für Käthe ein Zeichen seiner Liebe.

Als nach etlichen Stunden die Presswehen einsetzten, wurde Carl von Hilda Werning jedoch vor die Tür gesetzt. Sein Arbeitstag war inzwischen beendet, und aufgeregt lief er hin und her. Auf der Veranda saß Adolf. »Mein Jungchen, bleib man ruhig. Bis jetzt sind die Kinder noch alle heil auf die Welt gekommen«, versuchte er, seinen Sohn zu beruhigen. »Aber weißte, wat hilft? Ein jutet Schnapsche!« Und er ging hinüber in die Wohnstube und holte aus der Vitrine die Flasche *Meschkinnes*. »Der hilft doch jejen alles!« So saßen die beiden Männer, rauchten eine Zigarre, tranken Schnaps und beruhigten sich auf ihre Art.

In der Schlafstube war ein emsiges Treiben. Käthe stöhnte laut vor Schmerz und Anstrengung und wurde von der Werningschen angefeuert, ordentlich zu pressen. Auf einmal rief sie: »Ja, das Köpfchen ist da, weiter so. Noch einmal stark pressen!« Mit dem Ellbogen drückte sie auf Käthes Bauch, während sie mit der rechten Hand am Köpfchen zog. Und mit einem leisen Quäken wurde Käthes und Carls Kind geboren.

»Ein Sohn, ich habe einen Sohn!« Carl war außer sich, als er hereingerufen wurde. »Ach Käthchen, ich bin ja so glücklich! Das hast du gut gemacht. Oh wie ich euch liebe!«

Käthe mit dem winzigen Baby im Arm war das Schönste, was Carl je in seinem Leben gesehen hatte. Ein Bild voller Frieden und Glück. Der Kleine war ein großes, feingliedriges Kind mit feinem blondem Flaum auf dem Köpfchen und schaute seine Eltern unverwandt an.

»Wir werden ihn Heinz nennen«, sagte Carl. So hatten sie es besprochen.

9.

November bis Dezember 1930

CARL WAR EIN FÜRSORGLICHER VATER. Gleich in der ersten Woche nach der Geburt hatte er bei Hoffmanns den bestellten Kinderwagen abgeholt. Die stolze Kaufsumme hatte er noch ein wenig heruntergehandelt. Statt 60 kostete er nun 50 Mark. Da konnte die Hoffmannsche schon froh sein, einen Käufer gefunden zu haben. Einen Kinderwagen konnten sich nicht viele Familien leisten. Doch er würde alles für seinen Sohn tun, so liebte er ihn. Eine nie gekannte, unbekannte, aber dafür umso größere Liebe hatte ihn gepackt. Käthe und Heinz sollte es an nichts fehlen.

Heinz war ein liebes und pflegeleichtes Baby. Nachts schlief er friedlich in seiner bunt bemalten Bauernwiege schon ein paar Stunden am Stück durch.

Wenn er weinte, legte Käthe ihn an die Brust, und sobald er satt war, schlief er wieder.

In den ersten Tagen verwöhnte Carl die junge Mutter und brachte ihr Leckerbissen und Tee ans Bett. Mal hier ein Stückchen Kuchen, mal da ein Schüsselchen Brühe oder Kompott. Es sollte Käthe gut gehen, und sie sollte bald wieder ganz bei Kräften sein.

Carl war so entzückt von Mutter und Kind – und Käthe schien wie geschaffen für das Muttersein –, dass er einen Gedanken nicht loswurde: Mit Käthe möchte ich noch viele Kinder. Es gibt nichts Schöneres.

So gut umsorgt konnte Käthe schon nach kurzer Zeit das Wochenbett verlassen und ihr alltägliches Leben wieder aufnehmen.

Ida war eine liebevolle Großmutter, die ganz vernarrt in das erste Kind ihres Sohnes war. Wo sie nur konnte, eilte sie herbei, um zu helfen. Wie gern sie den kleinen Heinz auf dem Arm trug! Er erinnerte sie an die Zeit, als Carlchen so klein war. Von den Königsberger Enkeln hatte sie ja nicht viel, die sah sie nur ein paar Mal im Jahr. Aber Carls und Käthes Kinder würde sie immer um sich haben, als wären es ihre eigenen. Ida blühte auf in ihrer Rolle.

Zur Taufe im November wurden alle Verwandten und Freunde geladen, natürlich auch Hugo, Anna und die Geschwister aus Koschainen. Auch Alwine kam mit ihrer Familie aus Königsberg. Sie reisten alle am frühen Vormittag mit der Bahn an, und Fritz hatte ordentlich zu tun, sie alle nach und nach mit dem Zweispänner vom Bahnhof Kämmersdorf abzuholen.

Lore hatte die oberen Gästekammern im Haus hergerichtet, denn es würde abends beim Feiern spät werden.

Carl hatte eine große Tafel im Festsaal des *Gasthauses Kalmus* eindecken lassen. Sein Söhnchen, sein Stammhalter, musste ordentlich gefeiert werden.

Die Glocken der Lockener Kirche klangen weithin, als Carl und Käthe mit dem Täufling in seinem weißen Spitzenkleidchen, warm in eine weiße Wolldecke gewickelt, voranschritten, die Gäste hinterdrein. Der Weg war kurz, sie konnten die Kirche ja unmittelbar von ihrem Garten aus sehen und brauchten nur einmal um die Straßenecke zu gehen.

Käthe trug ein neues Kostüm, das sie sich extra von Adam Kemski, dem Schneidermeister im Dorf, hatte nähen lassen. Das gute Tuch dafür hatte sie in ihrer Aussteuer gehabt. Die Rocklänge, eine Handbreit unter dem Knie, fand Käthe sehr gewagt, aber auch sehr modern. Der Bund spannte etwas in der Taille, denn so ganz hatte Käthe noch nicht ihre schlanke Figur zurück. Herr Kemski hatte vorsichtshalber zwei Knöpfe und

Knopflöcher zum Verstellen angebracht. Da es Ende November doch recht kalt war, hatte Käthe ihren pelzbesetzten Wollmantel darüber gezogen und trug einen hübschen Topfhut mit kleiner Krempe dazu.

Die Kirche war festlich geschmückt, und das jahrhundertealte Taufbecken aus Messing stand vor dem Altar. Käthe hielt den schlafenden Heinz in den Armen, als der Taufspruch gesprochen und das geweihte Wasser über Heinz' Köpfchen gestrichen wurde. Der wachte kurz auf und wollte leise quäken, aber Käthe hatte einen Schnuller parat, und schon schlief er wieder.

Als die Zeremonie beendet war, schritt die Taufgemeinschaft aus der Kirche. Vor dem Tor wurde Heinz in seinen cremefarbenen Kinderwagen gelegt und mit einem Daunenkissen warm eingepackt. Nur sein Näschen schaute heraus.

»Darf ich ihn mal schieben?« Tuta, die eine der Taufpaten war, hatte sich sofort in den Kleinen verliebt.

»Aber danach ich!« Auch Lotte wollte nicht nachstehen. Ein Baby in der Familie, endlich! Beide waren ja in dem Alter, wo man an Heiraten und Kinder dachte, aber sie hatten bis jetzt noch keinen Verehrer.

Die Kaffeetafel im *Gasthaus Kalmus* bog sich unter den vielen Kuchenplatten. Adolf und Carl hatten um die Wette gebacken, was das Zeug hielt. Es waren wieder an die 20 Personen, die zum Fest erschienen waren. Gleich nach dem Kaffeetrinken kam man zu den stärkeren Sachen, und mit einem »Prost auf unseren Heinz« wurden die Schnapsgläser gehoben.

Auch Carl und Käthe prosteten sich zu. Sie waren so stolz auf ihren Erstgeborenen!

»Ach, Käthe, du hast es gut«, Tuta schaute sehnsüchtig ihrer Schwester zu, die sich zum Stillen in eine ruhige Kammer zurückgezogen hatte. »Du hast einen lieben Mann und nun auch ein süßes Baby. Da könnte man glatt neidisch werden!«

»Ach, mein liebes Schwesterherz, warte man ab, das Gleiche wirst du eines Tages auch erleben.« Käthe lächelte Tuta aufmunternd zu. »Und wer weiß, eines Tages haben wir hier vielleicht eine richtige Kinderschar.« Beide lachten.

Der Duft von Pfefferkuchen und Zimtplätzchen zog in der Vorweihnachtszeit von der Backstube hinüber in die Wohnräume. Käthe bekam Appetit und ging hinüber. »Hast du etwas zum Naschen für mich, Carl?«, schmeichelte sie. Carl freute sich und reichte ihr mit der Zange einen braunen, mit Mandeln verzierten Lebkuchen.

»Hmmm!«, machte Käthe mit vollem Mund. »So gut wie du kann keiner backen!«

»Dann probier doch erst mal ein Stück von meinem Marzipankonfekt. Augen zu!« Käthe gehorchte, und Carl steckte ihr die Köstlichkeit in den Mund. Wie sie es liebte! »Ich habe den richtigen Mann geheiratet«, schwärmte sie und sah ihn verliebt an.

Carl formte für sein Königsberger Marzipan aus gemahlenen Mandeln und Puderzucker winzige Herzchen und Törtchen und beträufelte sie mit Rosenwasser. Mit einer Nadel ritzte er feine Verzierungen in die Ränder und flämmte sie kurz im Ofen. Dann wurden sie mit Orangeat, Zitronat oder Teilchen von kandierten Kirschen bestückt – kleine Kunstwerke.

Und seine große Leidenschaft galt den Torten, er fertigte feinste Buttercremetorten mit kunstvollen Verzierungen. Die *Bäckerei Kühnapfel* hatte den besten Ruf im Dorf, an manchen Tagen konnte sich Carl vor Aufträgen kaum retten. Auch die Dorfkrüge der Stadt bestellten bei ihm. Mit Stolz betrachtete Carl seinen Meisterbrief als Bäcker und Konditor, der in einem Goldrahmen im Laden prangte. Ich habe viel erreicht, dachte er zufrieden. Es könnte nicht besser laufen, das Leben.

»Ich gehe lieber wieder rüber, sonst nasche ich den ganzen Laden leer. Aber dein Königsberger Marzipan ist das beste weit und breit.« Käthe leckte sich die Lippen.
»Das denken auch die Kunden. Sie reißen es uns jetzt zur Weihnachtszeit förmlich aus der Hand.« Carl grinste zufrieden und ging wieder an die Arbeit.

Draußen war seit Wochen Schnee gefallen, Kälte und Frost hielten das masurische Land hart im Griff.

Aber bei Kühnapfels im Haus war es warm, die Öfen bullerten, und der Dampfbackofen in der Backstube strahlte Hitze aus.

»Die Gänse wärn denn fertig jerupft.« Mamsell Leni war stolz auf ihr Werk.

»Ei, dann können wir sie ja gleich morgen früh mit Erbsen füllen und in den Ofen schieben.« Ida war zufrieden mit den Weihnachtsvorbereitungen. »An den Kartoffelsalat für heute Abend kommt noch ein bisschen gebratener Speck, dann ist er auch fertig.«

Käthe hängte die letzten bunten Kugeln an die Tanne. Auch die kleine geschnitzte Holzpyramide, die Carl ihr letztes Jahr geschenkt hatte, kam an einen Zweig. Er hatte ihr erzählt, dass er sie auf dem Berliner Weihnachtsmarkt einem kleinen Jungen abgekauft hatte, der dort frierend seine kleinen Schnitzereien angeboten hatte. Carl hatte so ein gutes Herz! Andere wären wohl achtlos vorbeigelaufen. Sie liebte es, Heiligabend den Baum zu schmücken.

In der Wiege nebenan schlummerte Heinz. Wie froh doch Weihnachten erst ist, wenn die Familie mit einem Kindchen gesegnet ist, dachte sie glücklich. Nur schade, dass ihre Familie aus Koschainen nicht dabei war. Denn sie hatten in ihrem Gasthaus an Weihnachten viel zu tun. Außerdem war der Weg

auf den zugeschneiten und vereisten Wegen und Bahngleisen zu beschwerlich.
Auf dem Tisch standen schon die Platten mit Honigkuchen und Stollen. Wenn Carl und Adolf in der Backstube fertig sind, werden wir zur Kirche gehen und es uns anschließend gemütlich machen, dachte Käthe.
Mit viel Freude hatte sie die Geschenke für das Personal eingepackt und mit bunten Bändern versehen. An langen Abenden hatte sie mit Ida Socken und Handschuhe gestrickt, Taschentücher mit rotem und blauem Garn umhäkelt und Kissenbezüge bestickt. Das Schönste für alle Beschenkten war jedoch das Tütchen mit Königsberger Marzipan, das jedem zuteilwurde, und ein Zehnmarkschein extra.
Die Standuhr in der Ecke schlug sechs Mal, als sich abends alle in der Stube versammelten. Die Kerzen am Baum waren angezündet worden, man sang »Es ist ein Ros' entsprungen« und »Stille Nacht, heilige Nacht«. Mit einem Glas Glühwein wurde auf Weihnachten angestoßen. Heinz, auf Käthes Arm, schaute mit blanken Augen aufmerksam um sich.
Am ersten Weihnachtsfeiertag kamen Alwine und Hans mit den Jungen zum Besuch. Für Hans und Walter hatte der Weihnachtsmann natürlich auch bunte Päckchen unter den Weihnachtsbaum gelegt. Nachdem sie ihr Weihnachtsgedicht vorgetragen hatten, durften sie auspacken, und das bunte Papier flog in die Ecken.
Alwine wirkte noch runder als sonst und bewegte sich schwerfällig. Ida sah ihre Tochter mit scharfen Augen an: »Du bekommst ein Kind!«
»Ja, Mutti, und ich freue mich so. Erst wollte ich es gar nicht glauben, aber der Arzt sagt, in drei Monaten ist es schon so weit!«
Ida drückte ihre Tochter: »Das ist schön, mein Liebchen. Ich weiß doch, dass du dir noch ein Kindchen wünschst.«

Die kleine Margret wurde im kommenden März geboren. Sie war Alwines Sonnenschein.

10.

September 1931

DIE SONNE BRANNTE noch kräftig vom Himmel, und bei der Ernte wurde jede Hand gebraucht.

Die polnischen Saisonkräfte schnitten das Korn im Akkord, aber auch Käthe half mit, die Garben zu binden, und lief damit hinter den Heuwagen her. Dazu griff sie immer einen Arm voller Halme und verband sie mit anderen Halmen in der Mitte mit einem Knoten.

»Los, Lore, ein bisschen flott!«, feuerte sie lachend die Magd an.

»Du bist so schnell, ich komme ja kaum hinterher«, schnaufte Lore.

Käthe war stolz auf sich. Sie war in Höchstform, obwohl sie wusste, dass sie wieder guter Hoffnung war. Aber sie war jung, gesund und kräftig. Mit einem Tuch wischte sie sich den Schweiß von der Stirn. Normalerweise arbeitete sie nicht so hart, aber es war Erntezeit, und somit herrschte Ausnahmezustand. Bald hatten sie die Ernte eingefahren, das Korn gedroschen und die Säcke gefüllt, dann ging es wieder ruhiger zu.

Zum Kleinmittag gegen 10 Uhr kam Ida mit dem fast einjährigen Heinz auf dem Arm und brachte einen Korb Brote, dick mit Schmalz oder Leberwurst geschmiert, dazu frische, knackige grüne Kläräpfel und einen Krug Malzbier zum Durstlöschen.

Für die Pause setzten sie sich am Feldrand nieder, um zu essen.

Heinz streckte die Ärmchen nach seiner Mama aus. Käthe lachte, nahm ihn auf den Arm und kitzelte ihn mit einer Roggenblume, die sie gerade abgepflückt hatte, unterm Kinn. »Ei, mein Süßerchen, wie geht es dir bei der Oma? Bist du auch schön lieb?« Heinz krähte vergnügt und freute sich über die Späße. Er wollte nach der blauen Blume greifen und sie in den Mund stecken.

»Sei ganz brav, mein Kleiner, wenn ich heute Nachmittag nach Hause komme, spielen wir beide zusammen.« Käthe drückte ihn noch einmal an ihre Brust, bevor es wieder an die Arbeit ging. Heinz strahlte.

Das Erntedankfest wurde wieder üppig gefeiert. Die Frauen hatten ihre schönsten Trachtenkleider mit den bunt bestickten Rocksäumen angezogen. Die Pferde waren mit Blumen geschmückt, als sie die Erntewagen zum Marktplatz zogen.

Abends im *Gasthaus Kalmus* wurden die Maßkrüge gehoben und reichlich gutes Essen genossen. »Wir haben es mal wieder geschafft und die Kornkammer des Reiches gefüllt!«, rief Egon Gericke, der Müller. »Nur gut, dass wir unsere Ernte haben, da müssen wir wenigstens nicht Hunger schieben wie die vielen Arbeitslosen drüben!«

»Prost!«

»Es sollen inzwischen an die sechs Millionen sein, man spricht von einer Weltwirtschaftskrise!«- Rufe wurden laut.

»Ja, und die Nationalsozialisten versuchen, sich mit aller Macht gegen die Sozis zu behaupten, an der Spitze Adolf Hitler!« Alle redeten durcheinander und kamen in Hitze. Der eine oder andere Schnaps trug sein Übriges dazu bei.

Man lebte doch eigentlich gut in Ostpreußen, führte seine Landwirtschaft, und die Geschäfte florierten. Das Reich mit seiner Politik war weit weg und sogar noch durch den polnischen Korridor von Ostpreußen abgegrenzt. Aber Anteilnahme an dem Leben der Menschen dort hatte man schon. Es waren schließlich auch Deutsche.

Käthe saß mit Carl, Adolf und Ida an einem der Tische. Auch Alwine und Hans waren gekommen. Die Kinderschar wurde zu Hause von Lore betreut. Während Käthe dem Lamentieren still zuhörte, machte Carl brummig den einen oder anderen Zwischenruf. Auch sein Gesicht war gerötet. Heute hatte er nicht nur dem *Meschkinnes*, sondern auch dem *Pillkaller* zugesprochen, einem klaren Doppelkorn mit einer Scheibe Leberwurst obendrauf. Er hob das Glas und sah Käthe frohgemut an: »Eine Scheibe Leberwurst, Mostrich nach Bedarf, legt man auf ein Glas voll Schnaps, und dann wird man scharf.« Carl lachte laut, nachdem er diesen Spruch aufgesagt hatte, klatschte mit der Hand auf Käthes Schenkel und zwinkerte ihr lüstern zu.

»Ei, Carl, wo du nur immer deine gute Laune herhast!« Käthe lachte zurück. Sie konnte seinem Charme nicht widerstehen.

Zwei Männer spielten Ziehharmonika, und Hans forderte Alwine zum Tanzen auf. Der Schlager »Wenn die Elisabeth nicht so schöne Beine hätt« zog die Gäste von den Stühlen. »Komm, Käthe, wir beide auch.« Carl nahm Käthe bei der Hand. »Aber nicht so doll, Carl, in meinem Zustand ...« Carl lachte. »Da

wird unser Süßerchen eben mal ein bisschen durchgeschaukelt!«
Käthe wollte sich trotzdem nach zwei Tänzen wieder hinsetzen. Ihr war schwindlig und leicht übel. Widerwillig brachte Carl sie an den Tisch und bestellte ihr noch eine Limonade. Schnaps wollte sie ja auch nicht trinken. Kein Wunder, wenn sie nicht in Stimmung kam. Hans und Alwine hatten sich gerade wieder hingesetzt, als die Kapelle »Oh Donna Clara« anstimmte.
»Willst du wirklich nicht mehr tanzen, Käthe?«

»Erst mal nicht, Carl, es ist ja auch schon spät …«

»Ei, dann hast du doch bestimmt nichts dagegen, wenn ich mal mit Alwine tanze?«

»Aber nein, Carl, warum denn nicht?«

Nach dem Anstandstanz mit Alwine holte Carl Else und Hilde auf die Tanzfläche.

Muss er denn nun ausgerechnet mit der Hilde tanzen?, dachte Käthe ärgerlich und sah zu den beiden hinüber. Er weiß doch, dass die Hilde ihn immer noch anhimmelt. Und was für ein kurzes Kleid die anhat mit solch einem Rückenausschnitt! Jetzt schmeißt die sich meinem Carl an den Hals! Und er hat seine Hand auf ihrem nackten Rücken!

Alwine hatte Käthes Unmut bemerkt. »Lass man, Käthe, der amüsiert sich nur ein bisschen. Männer sind eben so.« Mit einem Seitenblick sah sie zu Hans, der neben ihr saß und mit Vater palaverte. »Hanschen kommt manchmal sehr spät aus dem Büro. Ein paar Mal war es schon Nacht. Da weiß ich auch nicht, wo er steckt.« Vielsagend sah sie ihre Schwägerin an. »Du meinst …?« Käthe wollte es nicht glauben. »Ich weiß nichts, aber vorstellen könnt ich's mir.« Alwine zuckte die Schultern. »Aber was sollen wir Frauen dagegen tun? Das ist wohl das Naturell der Männer. Wir können froh sein, unsere Kinder zu haben. Du glaubst nicht, wie viel Freude mir meine kleine Margret macht. Wenn sie mich anlacht, geht mir das Herz auf.«

Käthe nickte. Auch sie fand Erfüllung im Muttersein. Doch auch ihren Mann liebte sie über alles.

Als Carl zurück an den Tisch kam, ließ sie sich nichts anmerken. Hilde schaute scheel von ihrem Tisch herüber, aber Käthe setzte ein Lächeln auf. Du kannst gucken, wie du willst, der Mann gehört zu mir, dachte sie und schmiegte sich an Carls Arm. Käthe fand bald, dass es spät genug war, und drängte darauf heimzugehen. Sie selber konnte ja in ihrem Zustand beim Trinken nicht mithalten. Aber Carl machte keine Anstalten zu gehen. Inzwischen hatten sich alle im Saal untergehakt und schunkelten zu dem neuen Lied »Nach Hause, nach Hause, nach Hause geh'n wir nicht, bis dass der Tag anbricht, beim Kalmus brennt noch Licht …«. Dazu wurden die Gläser gehoben. Noch zweimal mussten die Musiker das Lied wiederholen.

Dank Hans und Alwine konnte Carl mit Mühe kurz danach endlich zum Heimgehen bewegt werden. Die beiden nahmen ihn in die Mitte, Käthe hakte sich bei Ida ein, die wiederum Adolf untergefasst hatte, der auch leicht schwankte.

Nur gut, dass morgen Sonntag war und nicht in wenigen Stunden der Backofen angeheizt werden musste.

11.

April – Oktober 1932

DORIS SCHRIE. Wahrscheinlich hatte sie wieder Blähungen. Sie war ein aufgeregtes kleines Mädchen, und nicht gerade das, was man auf den ersten Blick ein hübsches Baby nannte. Ihr linkes Auge rutschte zur Seite weg, sodass sie ein wenig schielte. Käthe seufzte. Sie hatte sich sehr ein Mädchen gewünscht, aber ihre kleine Doris würde sich im Leben durch andere Eigenschaften als äußerliche Schönheit hervorheben müssen.

Käthe nahm Doris aus der Wiege hoch und klopfte ihr leicht auf den Rücken, damit sie ein Bäuerchen machen konnte. Sie ging mit ihr ans Fenster und schaute hinüber in den Garten. Endlich war der Schnee abgetaut. Es war ein langer Winter gewesen. Die Wiesen und Felder waren noch aufgeweicht vom Schmelzwasser, aber spätestens in der nächsten Woche würde die Saat ausgebracht werden müssen. Drüben auf dem Dach der Krolls hatte sich wieder ein Storchenpaar in seinem Nest niedergelassen. Einer der beiden flog emsig hin und her, oft mit einer kleinen Pogge im langen Schnabel.

Käthe war optimistisch. Auch in diesem Jahr würde auf dem Feld alles wieder wie am Schnürchen klappen. Aber zehn Hektar mussten erst mal bestellt und abgeerntet werden. Für die gröbste Arbeit hatten sie ja Helfer aus dem Dorf, die sie gut bezahlten. Im letzten Jahr kamen auch zwei Arbeiter aus Polen herüber. Carl hatte unter Anleitung von Vater Adolf alles im Griff.

Mehr Sorgen machte sie sich um Doris. Würde die Kleine gut gedeihen? Es war eine schwere Geburt gewesen im März.

Doris hatte in einer Beckenendlage gelegen, das hatte die Werningsche schon beim Einsetzen der Wehen festgestellt, als sie gerufen wurde. Das Kind ließ sich nicht mehr drehen, und so wurde Doris unter schwierigsten körperlichen Gefahren und mithilfe einer Zange geboren. Zwischendurch hatte Hilda Werning immer wieder besorgt mit ihrem hölzernen Hörrohr nach den Herztönen gelauscht, und die waren zeitweise sehr schwach gewesen. Nur gut, dass die Kleine nicht die Nabelschnur um den Hals hatte! Da sollte es schon Todesfälle gegeben haben. Wie glücklich war Käthe, als sie nach den Strapazen den ersten Schrei hörte! Ihr Kind lebte, Gott sei Dank!

»Ei, was machen denn meine beiden Marjellchen?« Carl war mit dem anderthalbjährigen Heinz auf dem Arm eingetreten und drückte Käthe einen Kuss auf die Wange. Er setzte Heinz ab, der mit tapsigen Schritten zu einer kleinen Holzente auf Rädern lief, die, wenn man sie an einem Band hinterherzog, mit dem Kopf wackelte.

Carl hatte Feierabend gemacht und ließ sich auf das Sofa sinken. Er klopfte auf den Platz neben sich, und Käthe setzte sich mit Doris im Arm neben ihn.

»Wie liefen die Geschäfte heute, Carl?« Käthe schmiegte sich an ihren Mann, der wie immer ein wenig nach Backstube und seiner Zigarre roch.

»Bis auf ein paar Stückchen Kuchen und zwei Brote alles weg.« Carl war zufrieden. »Ich werde nach Ostern einen Gesellen und einen Lehrling einstellen«, sagte er. »Dann haben wir endlich auch wieder jemanden, der morgens die Brötchen ausfahren kann. Das sichert uns Kunden. Und Vater zieht sich immer mehr aus der Backstube zurück. Für mich allein ist das nicht zu schaffen.«

Inzwischen hatte Heinz aus seiner Spielkiste ein Stehaufmännchen hervorgeholt. Vergnügt stupste er es immer wieder an und freute sich über die klingenden Töne, die aus dessen Bauch kamen, wenn es hin und her schaukelte.

»Ein Jungchen und ein Marjellchen, das haben wir doch gut hinbekommen, Käthchen, was?« Carl legte den Arm um Käthes Schultern.

»Ich könnte nicht glücklicher sein, Carl. Aber hoffentlich stimmt auch mit unserer Doris alles. Wenn ich sie mir so ansehe – ich weiß nicht. Hoffentlich hat sie keinen Schaden durch die schwere Geburt genommen.«

»Ei, das wird schon, mach dich mal nicht bange. Das ist doch nur das Auge, das verwächst sich. Und wenn sie ein gutes Herz hat, wird sie auch so mal einen Mann finden.« Carl schmunzelte und drückte seine Frau und seine Kinder noch einmal, bevor er aufstand.

»Ich geh jetzt rüber zum Kalmus auf ein kleines Schlubberchen! Mal hören, ob er Neuigkeiten von Hans und Alwine hat.«

»Aber Carl, nur ein kleines!«

»Versprochen!«

Carl nahm seine Jacke vom Türhaken. Der *Bananenklub* wartete schon.

Am nächsten Morgen blinzelte die Sonne vorsichtig in die Stube, wo die Familie beim Frühstück saß. Käthe hatte Doris gestillt, und Heinz saß in seinem hölzernen Kinderstühlchen mit am Tisch, ein Butterbrot in der Hand und das Fläschchen mit Milch in Reichweite.

»Das Wetter scheint heute herrlich zu sein, ich werde mit den Kindern eine Runde spazieren gehen«, verkündete Käthe.

Sie zog Doris ein von Oma Anna gestricktes weißes Jäckchen an und setzte ihr ein wollenes Mützchen auf, legte sie in den Kinderwagen und bedeckte sie mit einem Daunenkissen. Heinz bekam eine lange Hose und ein warmes Mäntelchen angezogen. Er war jetzt der große Junge und durfte mit seinen noch etwas wackligen Beinchen an Mamas Hand neben dem Wagen herlaufen. Wenn er nicht mehr konnte, wurde er einfach oben mit in den Kinderwagen gesetzt.

Der Weg führte sie – wie so oft – in den Laden zu Esther Hoffmann, der nicht weit am Ende ihrer Straße am Dorfplatz lag. In der Auslage hatte Käthe vor Wochen hübsche neue Kindersachen entdeckt, die ihrem Heinz ganz wunderbar passen würden.

Die Ladenglocke klingelte, als sie eintraten. Den Kinderwagen mit der schlafenden Doris hatte Käthe vor dem Schaufenster abgestellt.

»Guten Morgen, Käthe«, rief Esther erfreut und streichelte Heinz über das Blondhaar. »Wie geht es euch? Was macht das Baby? Darf ich es einmal sehen?«

»Es ging gerade noch mal alles gut, die Geburt war nicht leicht. Eine Steißgeburt! Aber ein Mädchen, wie ich es mir gewünscht habe. Nur leider hat Doris einen ziemlichen Silberblick.« Käthe führte Esther besorgt zum Kinderwagen, in dem auch Heinz gelegen hatte.

Doris schlief jedoch selig und hatte die Augen geschlossen, sodass Esther nur ein niedliches winziges Baby mit rosiger Haut bestaunen konnte. »Aber Käthe, das hat doch überhaupt nichts zu sagen mit den Augen«, tröstete sie die junge Mutter. »In ein paar Monaten wirst du wissen, ob sie gut sehen kann. Und dann gibt es bestimmt auch später spezielle Untersuchungen. Das wird alles. Komm doch herein. Möchtest du eine Tasse Tee? Es ist gerade nicht so viel los im Laden.«

»Gern, aber wir müssen Doris draußen im Auge behalten.«

»Das machen wir. Und Heinz auch!«

Der Kleine sah sich inzwischen interessiert ein kleines Holzpferdchen an. Da lugte ein dunkelhaariger Lockenkopf hinter der Ladentheke hervor.

»Guten Tag, Sarah, komm mal her, mein Marjellchen.« Käthe kramte in ihrem Korb und zauberte einen Keks hervor. Schnell kam die Fünfjährige herbeigelaufen und bedankte sich artig. Dann wandte sie sich Heinz zu, der sogleich interessiert nach ihrem Keks greifen wollte. Aber Käthe hatte vorgesorgt. Als Ehefrau des Bäckermeisters hatte sie immer ein Tütchen in der Tasche. Nachdem sie Sarah und Heinz versorgt hatte, bot sie auch Esther von den leckeren Makronen an.

»Aber sag einmal, Esther, du siehst heute etwas betrübt aus. Du hast doch was. Was ist los?« Durch Käthes Niederkunft im März hatten sich die beiden Frauen schon mehrere Wochen nicht gesehen.

»Ei, Käthe, mir ist ganz mulmig. Hast du es mitbekommen? Seit der Gründung der NSDAP mit Adolf Hitler an der Spitze hört man immer wieder, wie rassistisch der sich über die Juden äußert. Wir werden bald gar keine Rechte mehr haben. Ich verstehe das nicht. Wir sind doch genauso Deutsche wie alle anderen auch. Und sind noch nicht einmal besonders religiös. Wir betreiben unseren kleinen Textilladen und tun niemandem was. Und Leo hat sogar im Krieg an der Front gestanden!«

»Meinst du wirklich, ihr müsst euch Sorgen machen? Ich kann mir nicht vorstellen, dass der Hitler mit seiner Partei die Wahlen gewinnt.«

»Nun, die sind ja bald, wir können nur hoffen. Aber wo jetzt in Berlin der Reichstag gebrannt hat und daran die Kommunisten schuld sein sollen, glaube ich sicher, dass die Nazis die Wahlen gewinnen. Selbst bei uns im Dorf gibt es einige. Was soll nur werden?«

»Wir können nichts machen, nur abwarten.« Käthe ließ sich von den Befürchtungen anstecken. So weit hatte sie noch gar nicht gedacht. Selten schaute sie in die *Königsberger Allgemeine*, wenn Carl sie mal mitbrachte. Ansonsten redeten sie in

der Familie nicht viel über Politik. Sollte durch die Nazipartei wirklich eine Gefahr auf die Juden zukommen?
Die beiden Frauen umarmten sich tröstend, und Käthe sprach Esther Mut zu. So schlimm würde es schon nicht werden.
Dann kaufte sie für Heinz ein hübsches Höschen für die sommerlichen Tage, die bald kommen würden, und für Doris einen rosafarbenen Strampelanzug.
Beim Abschied hingen beide Frauen ihren Gedanken nach.

Ida hatte den Abendbrottisch gedeckt. Es gab Schwarzbrot, Butter und eine Platte mit Eisbeinsülze und Leberwurst, dazu ein paar hart gekochte Eier und eingelegte Salzgurken.
Die Familie saß zusammen in der Stube, die Standuhr mit dem goldfarbenen Uhrwerk in der Ecke hatte soeben sechs Mal geschlagen.
Carl ergriff das Wort, während er sein Brot dick mit Butter bestrich: »Was haltet ihr davon, wenn wir uns einen Fernsprecher einbauen lassen?« Erwartungsvoll sah er in die Runde.
»Einen Fernsprecher? Einen Telefonapparat? Meinst du, das funktioniert?« Adolf war skeptisch dem Neumodischen gegenüber und griff nach der Sülze.
Ida hingegen war begeistert. »Dann könnte ich endlich mit Erich und Emilie in Berlin telefonieren. Die haben auch schon einen Anschluss. Und wir wären nicht mehr so abgeschnitten vom Reich.«
Die Dömnicks hatten bei ihrem letzten Besuch zu Weihnachten in Locken erzählt, dass sie jetzt ein Telefon hatten. In fast ganz Berlin wurden nach und nach Telefonmasten aufgestellt. Telefonistin war unter den Frauen ein begehrter Beruf, besonders jetzt, wo es so viele Arbeitslose gab. Schließlich mussten alle Gespräche vom »Fräulein vom Amt« verbunden werden.

»Und unsere Kunden könnten telefonisch Bestellungen aufgeben, auch die von weiter her.« Carl dachte praktisch.

»Ei, und ich könnte hören, was in Koschainen los ist«, frohlockte Käthe.

»Genau, aber dafür müssen die sich auch einen Fernsprechapparat einbauen lassen«, schmunzelte Carl, an seinem Brot kauend. »Mal sehen, was Hugo dazu sagt.«

Die Sache war beschlossen, Carl wollte sich gleich am nächsten Tag darum kümmern und den Einbau in Auftrag geben. Wenn sich ein paar Nachbarn beteiligen würden, käme der Bau eines Telefonmastes vielleicht nicht so teuer.

Die Krolls und die Fischers wurden schnell überzeugt, die Kosten kalkuliert.

Der Einbau des Fernsprechers wurde bei Familie Kühnapfel in den nächsten Monaten umgesetzt. Der Telegrafenmast wurde gesetzt, die Kabel verlegt. Sie hatten Glück gehabt. Kurze Zeit später sollte es nicht mehr so einfach werden, sich ein Telefon legen zu lassen, denn den Nationalsozialisten war es ein Dorn im Auge, wenn sich die Menschen von hier nach da frei austauschen konnten.

Stolz hing der Apparat im Oktober an der Wand in der Diele, nachdem die Fernmeldeleitungen gelegt worden waren. Und auch in Koschainen klappte es einige Wochen später.

Käthe freute sich. Sie hatte sich von ihrer Familie schon sehr abgeschnitten gefühlt. Doch nun konnte sie ab und an ein Gespräch nach Koschainen anmelden und mit ihrer lieben Mutter und ihren Schwestern telefonieren. Dieser Austausch hatte ihr sehr gefehlt.

12.

Oktober 1934 – 1935

KÄTHE STAND IN DER KÜCHE und dämpfte in einem großen Kochtopf Schweinekartoffeln. Die waren als Schweinefutter aussortiert worden und hatten meist ein paar angefaulte Stellen. Leni und Lore halfen auf dem Hof mit beim Korndreschen, und so blieb die Küchenarbeit an Käthe hängen.

Der Geruch, der ihr sonst nichts ausmachte, verursachte ihr heute Übelkeit. Immer wieder musste sie schlucken und dagegen ankämpfen. Sie öffnete das Fenster und ließ frische Luft herein. Versonnen blickte sie in den Garten hinüber, wo die letzten Herbstastern bunt um die Wette leuchteten. Hier und da blühte sogar noch eine Rose.

Seit ein paar Monaten wusste sie, dass sie das dritte Kind unter dem Herzen trug. Es sollte im Januar zur Welt kommen.

Sie freute sich, denn Heinz wurde ja in ein paar Tagen schon fünf Jahre alt, und die kleine Doris war drei. Die beiden waren zauberhaft und unzertrennlich. Es machte Käthe glücklich, sie zusammen spielen zu sehen. Sie harmonierten gut und zankten selten. Heinz war der Besonnenere von beiden und ließ seiner kleinen Schwester so manches durchgehen.

Heinz war für sein Alter groß und schlaksig, und Doris hatte immer noch ihr leicht schielendes Auge, womit sie wohl würde leben müssen.

Der Arzt im Dorf glaubte nicht, dass sich das bessern würde. Sie hatten deshalb einen Augenspezialisten in der Klinik in Allenstein aufgesucht. Doch auch der konnte ihnen wenig

Hoffnung machen. Doktor Schwarze hatte zwar von einer Augenmuskel-Operation an der *Charité* in Berlin gehört, aber hierbei gab es keinerlei langfristige Erfahrungen. Die Operation wäre sehr teuer und das Risiko hoch. Aber wer weiß, wie sich die Forschung weiterentwickeln würde. Vielleicht konnte Doris eines Tages geholfen werden. Umso mehr herzte Käthe ihr kleines Marjellchen mit dem besonderen Blick.

Das dritte Kind war zum richtigen Zeitpunkt unterwegs. Heinz und Doris waren den Windeln entwachsen und recht selbstständig. Sie konnten sich allein an- und ausziehen, und beim Essen wurde immer weniger gekleckert.

Wenn Käthe viel zu tun hatte in Haushalt, Garten und im Laden, kümmerte sich Ida rührend um ihre Enkel. Sie selber war ja nur mit zwei Kindern gesegnet, aber Käthe wünschte sich noch eines oder zwei. Ein Kleeblatt, das wäre doch schön. Sie liebte es, wenn das Kinderlachen durchs Haus schallte.

Als Ida und Adolf vom dritten Kind erfuhren, setzten sie ihre Pläne um und zogen in das kleine Haus gegenüber ein, das früher Wohnhaus und Bäckerei gewesen war. Es lag direkt neben dem Garten. »Wir machen euch Platz, Kinder. Außerdem wird es uns hier bei euch zu unruhig. Vater ist nicht mehr der Jüngste und kann das Kindergeschrei nicht mehr vertragen!« Ida hatte es sich genau überlegt. »Schaut mal, das Haus drüben dient ja derzeit nur als Lager für die Mehlsäcke. Die können künftig auf dem Boden über der Backstube liegen.«

Auch Adolf war überzeugt: »Und wenn ihr uns braucht, sind wir jederzeit hier.«

Und so gingen Ida und Adolf, nachdem sie das Mehlhaus gründlich gesäubert, renoviert und praktisch eingerichtet hatten, auf ihr Altenteil nach gegenüber.

Carl und Käthe hatten nun mehr Platz. Auch im Haus wurde renoviert und umgebaut. Ein Schlafzimmer war frei geworden und würde als Kinderzimmer dienen. Auch Laden und Backraum konnten vergrößert werden.

Das Telefon klingelte und klingelte. Käthe war in der Küche beim Einwecken von Apfelmus, da konnte sie nicht sofort den Löffel fallen lassen. »Lore, bist du da?«, rief sie. Doch die schien sich draußen im Stall aufzuhalten, die Kinder im Schlepptau. Leni war unten im Keller und holte gerade Gläser herauf. Unwirsch wischte sich Käthe die Hände an ihrer Schürze ab und lief zur Diele.

»Ein Gespräch aus Königsberg«, teilte die freundliche Stimme des Telefonfräuleins mit.

Alwine war am Apparat und völlig in Tränen aufgelöst.

»Alwine, so beruhige dich doch, was ist denn passiert?«, sagte Käthe erschrocken.

»… kann nicht mehr … gestorben … zu Ende …« Sie hörte nur Fetzen von Alwines Gestammel. Immer wieder wurde sie von Schluchzern geschüttelt.

Ida, die in der Küche mitgeholfen und gehört hatte, wer am Telefon war, kam herbeigeeilt und nahm Käthe den Hörer aus der Hand. »Alwine, ganz ruhig, mein Kind. Du erzählst mir jetzt sofort, was los ist!«

Der Klang der energischen Stimme ihrer Mutter brachte Alwines Gewimmer zum Stillstand. Und fast sachlich teilte sie dann mit: »Margret ist tot, Mutti. Der Arzt hat gesagt, es waren die Masern, sie hatte überall Ausschlag und hohes Fieber. Sie hat die Nacht nicht überstanden.« Darauf weinte sie wieder hemmungslos.

»Erbarmung!«, rief Ida aus und ließ den Hörer fallen. Der baumelte an seiner langen Schnur herunter und pendelte hin und her. »Warum Margret, dieses unschuldige hübsche Kind?« Sie rang die Hände gen Himmel.

Aus dem baumelnden Hörer war wieder das Schluchzen von Alwine zu hören. Käthe nahm ihn auf und versuchte, sie zu trösten. »Ei, Alwine, das tut mir so leid. Das mit den Masern ist wirklich schlimm. Auch hier im Dorf hat man schon gehört, dass Kinder daran gestorben sind. Versuche, stark zu sein, hörst du, Alwine, du hast doch noch Hans und Walter. Die beiden brauchen dich!«

Alwine ließ sich nur schwer beruhigen. »Ich sage euch noch Bescheid, wann die Beerdigung ist«, sagte sie stockend. Unter Schluchzen legte sie auf.

Ida und Käthe waren fassungslos. Die niedliche kleine Margret mit dem runden Gesichtchen, den Kulleraugen und dem gelockten Blondschopf. Gerade einmal anderthalb Jahre alt war sie geworden.

Wenn es doch nur für alles eine Medizin gäbe! Nun war das kleine Marjellchen viel zu früh im Himmelreich.

Fünf Tage später fuhren sie alle mit dem Zug nach Königsberg. Ein kalter Oktoberwind zog um die Ecken der hohen Häuser, der Tag war grau und regnerisch. Plötzlich kam Käthe die Stadt gar nicht mehr so schön vor.

»Mamachen, wann gibt's Mittag, ich hab Hunger!« Heinz hatte immer Hunger und aß für sein Leben gern. Anzusehen war es ihm nicht, rank und schlank schien er in die Höhe zu schießen.

»Gleich, mein Jungchen, erst sind die Tiere dran und dann wir.«

Die Kinder mussten lernen, dass auch Tiere Hunger hatten und zuerst versorgt werden mussten.

»Du darfst mir aber helfen, den Schweinen ihr Futter in die Tröge zu kippen.«

»Ei, fein, Mamichen!« Heinz freute sich. Er mochte es, wenn die Schweine sofort gelaufen kamen, sobald ihr Futter bereitstand. Dann fingen sie an zu schmatzen und zu grunzen, und das war lustig.

Leni kam mit Doris am Schürzenzipfel in die Küche. »Gerade ist etwas Ruhe im Laden. Frau Schimmelpfennig packt weiter die Ware aus, die heute Morgen geliefert wurde. Ich setze schon mal den Eintopf auf.« Die beiden Frauen arbeiteten Hand in Hand, und so funktionierte der Haushalt sehr ordentlich.

Am großen Küchentisch saß die Familie zusammen mit Leni, Lore und Fritz hungrig Punkt 12 Uhr. Leni legte zunächst jedem die gekochten Kartoffeln auf den Suppenteller und gab dann den Wirsingkohleintopf mit dem geräucherten Schweinebauch darüber. Dazu stand ein Korb mit frisch gebackenem Kümmelbrot auf dem Tisch, das wie die Suppe würzig duftete.

Doris patschte mit dem Löffel in der Suppe herum und machte lange Zähne. Wirsingkohleintopf gehörte nicht zu ihrem Lieblingsessen. Lieber kaute sie am Kümmelbrot.

Als am Abend die Kinder in den Betten lagen, ging Käthe zu Carl hinüber in die Stube. Er hatte die funzlige Tischlampe angezündet und saß über den Büchern mit der Abrechnung.

»Ei, Carl, du arbeitest so viel«, Käthe umarmte ihn von hinten und drückte ihm einen Kuss auf die Wange, »und bei dem Licht wirst du dir noch die Augen verderben.«

Die Tür knarrte ein wenig. Adolf und Ida waren herübergekommen.

Carl packte zusammen. »Ihr habt ja recht, es reicht für heute«, sagte er lächelnd und zündete sich eine Zigarre an. Sie hatten sich um den großen Wohnzimmertisch gesetzt. Inzwischen war elektrisches Licht gelegt worden, sodass Carl die Petroleumlampe, die er in der Schummerstunde gern benutzte, herunterdrehen konnte. Er stand auf und drehte den Lichtschalter an. Helles Licht fiel aus der weißen Glaslampe, die mit schmiedeeisernen Verzierungen eingefasst war.

Ida stellte eine Kanne mit heißem Kräutertee auf den Tisch und rieb sich die Arme. »Es ist ein wenig schubberich«, fröstelte sie.

Auch Käthe hatte ihre dicke wollene Strickjacke übergezogen. »Ich denke auch, wir sollten anfangen zu heizen. Abends haben wir manchmal nur noch zehn Grad draußen und nachts sogar noch weniger. Der Herbst ist da.«

»Aber ich habe doch die Tür von der Backstube aufgelassen«, meinte Carl.

»Ei, aber bis abends hält das nicht.«

Die Frauen waren sich einig.

»Gut, dann fangen wir morgen an zu heizen. Frieren muss hier keiner.«

Adolf machte ein ernstes Gesicht und nahm einen Schluck aus der Teetasse. »Frieren könnte man höchstens, wenn man hört, was sich im Reich zuträgt«, meinte er besorgt. »Gestern Abend war ich auf eine Tulpche Bier beim Kalmus und habe da mitbekommen, was die Herren so reden. Da haben manche ein neues Parteiabzeichen am Revers. Einige waren ziemlich begeistert vom Hitler, der sich jetzt ›Führer und Reichskanzler‹ nennen darf. Seit der mit seiner NSDAP die Reichstagswahlen gewonnen hat, und erst recht nach Hindenburgs Tod passieren doch unglaubliche Dinge. Stellt euch mal vor, der will das deutsche Heer um das Dreifache aufstocken. Warum? Der will doch nicht etwa Krieg? Und warum lässt er Konzentrationslager bauen, irgendwo bei München und Berlin?«

»Was ist das denn?« Käthe runzelte die Stirn.

»Keine Ahnung. Vielleicht so eine Art Zuchthaus?«

»Seltsam. Wozu denn nur? Gibt es so viele Verbrecher?« Käthe lief ein Schauer über den Rücken.

»Das Verrückte ist aber, dass das Volk dem Hitler zujubelt, sobald er seine Reden schwingt. Ganz begeistert, scheinbar ohne nachzudenken!« Carl blickte entrüstet. Auch er hatte im Wirtshaus an den Diskussionen teilgenommen. »Da stehen sie zu Tausenden, schwingen die Fahnen und jubeln. Das macht mir Angst.«

»Aber hört mal, das ist nicht nur im Reich so, sondern auch bei uns in Ostpreußen. Erinnert euch mal, als der Hitler vor ein paar Jahren in Hohenstein das Tannenberg-Denkmal besucht hat. Da gab es doch kaum einen Masuren, der nicht am Straßenrand stand und seine Fahne geschwenkt hat«, warf Adolf ein.

»Vielleicht will Hitler aber auch Gutes fürs Volk. Sonst wären doch nicht alle so begeistert?« Ida stützte den Kopf auf ihren Arm und blickte nachdenklich auf das Muster der Tischdecke.

Alle schauten sich besorgt an.

»Wir bekommen in der Provinz zu wenig mit. Nur wenn mal einer was im Gasthaus erzählt oder wir eine Zeitung kaufen, erfahren wir etwas Neues. Die Zeitung sollten wir uns regelmäßig im Abonnement zuschicken lassen. Und dann soll es doch diesen Volksempfänger geben, einen Radioapparat, wo man immer alle Neuigkeiten hört. Den sollten wir uns anschaffen, jetzt, wo sich die Politik so seltsam entwickelt.« Käthe hatte das von ihrer Freundin Else erfahren, die sich solch ein Gerät gekauft hatten.

»Hm, was soll denn der Apparat kosten?« Ida war skeptisch.

»Else meint, so an die 70 bis 80 Reichsmark, sie haben ihr Gerät in Königsberg gekauft.«

»Puh, das ist viel Geld. Aber ich denke, wir sollten das investieren. Ein Apparat bei uns in der Wohnstube reicht erst mal. Mutter und Vater können rüberkommen, um mitzuhören.« Carl nickte zustimmend, und so war die Sache beschlossen.

Man schrieb den 19. Januar 1935. Draußen war es, wie immer um diese Zeit, eisig, ab und an schneite es. Eine dicke Schneedecke lag auf Straßen und Hausdächern. An den Fensterscheiben wuchsen innen die Eisblumen. Die Kohlen glühten im Kachelofen und hielten die Stuben halbwegs warm. Doch trotz der Kälte musste die Wäsche gemacht und das Vieh versorgt werden.

Lore und Käthe hatten Waschtag, während sich Ida um die Kleinen kümmerte. Sie schaffte es mit ihren inzwischen schmerzenden Knochen nicht mehr, die schweren nassen Wäschestücke aus der Zinkblechwanne zu nehmen, wo sie seit Stunden in bleichendem *Henko*-Soda einweichten.

Auch Käthe griff sich von Zeit zu Zeit in den Rücken, der seit Stunden schmerzte. Sollte sich das Kind anmelden? Nach ihrer Rechnung war es so weit. Aber erst musste sie mit Lore noch Laken, Kittel und Handtücher in die Wringmaschine hieven.

Als sie endlich das Wasser mit der Kurbel aus Bettbezügen, Laken, Kitteln, Schürzen und Handtüchern gedreht hatten, brachten Käthe und Lore die schweren Körbe die Stiege hinauf auf den Dachboden. Dort war eine lange Leine zum Wäschetrocknen angebracht. Hoffentlich gefror die Wäsche bei der Kälte nicht gleich.

Käthe bückte sich nach einem Kissenbezug und schrie auf. Das war eindeutig eine Wehe, sie erinnerte sich, wie es bei den letzten Geburten war. »Lore«, stöhnte sie keuchend, »hol die Hebamme. Es geht los!«

Lore ließ den weißen Kittel fallen, den sie gerade aufhängen wollte, und fasste Käthe stützend unter die Arme. »Erbarmung! Ganz ruhig, Käthe, erst mal gehen wir ganz langsam die Treppe runter und machen dir dein Bett!«

Käthe krümmte sich. Schon wieder eine Wehe, das ging aber schnell diesmal.

Ida wurde sogleich alarmiert und bereitete das Bett vor, während Lore sich auf das Fahrrad schwang und so schnell sie konnte auf der vereisten Straße zur Werningschen fuhr. Die hatte immer noch kein Telefon. Aber eine Verbindung bei diesem Wetter herzustellen, hätte sowieso zu lange gebraucht.

Aus Sorge, dass sie auch diesmal eine Steißgeburt haben könnte, hatte Hilda Werning in den letzten Wochen Käthes Bauch abgetastet, aber es war alles in Ordnung gewesen. Dieses Kind lag richtig, und wenn sie Glück hatten und Gott wollte, würde alles gut gehen.

Da es ein Samstag war, hatte Carl schon Feierabend gemacht und sprach seiner Frau Mut zu. »Du schaffst es, Käthe, du machst es ganz wunderbar.«

Käthe wand sich vor Schmerzen in ihrem Bett. Die Wehen kamen in kurzen Abständen.

Endlich klingelte es an der Tür. Lore kam mit der Werningschen im Schlepptau, die sich ebenfalls trotz der Witterungsverhältnisse auf ihr Fahrrad gewagt hatte. »Schnell, schnell«, rief Carl ungeduldig der Werningschen zu, die den Schnee von ihrem Mantel klopfte und ihm das nasse Stück in die Arme drückte.

»Nu lassense mich mal machen, junger Mann!« Energisch schob sie ihn beiseite und wies Lore an, eine Schüssel mit heißem Wasser zu bereiten. Saubere Handtücher lagen im Schlafzimmer bereit. »Und lejen Sie man ein paar Stückchen Kohle nach in der Stube bei Ihrer Frau. Das Kindchen friert ja sonst gleich, wenn's auf de Welt kommt!«

Carl wies Lore an, den Ofen in der Schlafstube nachzuheizen. Dann verkrümelte er sich in die Wohnstube und versuchte, ein wenig mit Heinz und Doris zu spielen. »Was hat Mamachen?«, fragte Doris mit ängstlicher Stimme. Sie hatte ihre Mutter jammern gehört, und das war neu für sie.

»Mama wartet auf den Klapperstorch, und manchmal beißt der ein bisschen«, wusste Carl nicht anders zu erzählen. »Kommt, ihr beiden, wir gehen in die Backstube und gucken, ob wir da nicht noch was Süßes für euch finden. Und wenn ihr ganz lieb seid, kommt nachher euer Geschwisterchen.« Die Backstube lag am anderen Ende des Hauses, und somit würden die Kinder nichts mehr von Käthes Qualen mitbekommen.

In den Nachmittagsstunden wurde Käthes und Carls drittes Kind geboren, ein Junge. »Er ist wunderschön!« Carl war ganz verzückt von dem Kleinen mit seiner zarten rosigen Haut, dem blonden Haarflaum und den winzigen Fingerchen, während Käthe ihr Kindchen erschöpft, aber glücklich in den Armen hielt.

Hilda Werning hatte Mutter und Kind gut versorgt. Sie war zufrieden. Alles war glatt gegangen, der Bub hatte ein strammes Gewicht und war in gutem Zustand. Nun wollte sie vor dem Dunkelwerden wieder zu Hause sein. Schnell ließ sie sich von Carl ihren Mantel geben, der inzwischen am Ofen getrocknet war, und band sich ihr wollenes Tuch um den Kopf. Er drückte ihr ein paar Mark und einen Korb mit Streuselkuchen in die Hand.

»Ich danke schön, und alles Jute für den Kleenen!« Die Werningsche freute sich. In dieses Haus kam sie gern, die Kühnapfels waren großzügig. Die Käthe konnte ruhig noch mehr Kinder gebären, wenn es nach ihr ginge. Sie zog die Handschuhe an und öffnete die Tür. Die Kälte, die ihr entgegenschlug, raubte ihr fast den Atem. Sie stieg auf ihr Fahrrad und fuhr, so schnell es die vereisten Straßen erlaubten, heimwärts.

Carl saß auf einem Stuhl neben Käthes Bett. Nun kam auch Ida mit Heinz und Doris an der Hand ins Zimmer, um das Brüderchen in Augenschein zu nehmen.

»Ist der Klapperstorch schon wieder weg? Hat der dich doll gebissen, Mutti?« Doris war zunächst besorgt um ihre Mama, bevor sie das kleine Bündel betrachtete, aus dem nur das Köpfchen hervorschaute.

Heinz strich ehrfurchtsvoll über den zarten Haarflaum. »Wie heißt es denn, Mutti?«

»Das ist euer Brüderchen Rudolf«, sagte Käthe, und Carl nickte dazu.

»Das ist ein schöner Name.« Heinz küsste zart Rudolfs Köpfchen.

»Nun muss sich Mama aber erst einmal ausruhen und ein wenig schlafen«, sagte Carl und nahm die Kinder an der Hand.

»Und ihr beiden Lorbasse kommt mit mir und zieht euch eine warme Jacke an und die Pudelmützen auf den Kopf. Wir gehen gucken, was die Pferde machen!«

»Au ja!« Die Pferde liebten sie beide, durften aber nur sehr selten in den Stall, weil sie dafür noch zu klein waren.

Ida nahm Käthe das Baby ab und bettete es in der Wiege, in der schon Heinz und Doris gelegen hatten. Sie deckte den Kleinen mit einem warmen Daunenkissen zu. Rudi krähte ein wenig, aber durch das gleichmäßige Schaukeln schlief er sofort ein. Auch für ihn war die Geburt anstrengend gewesen.

Aus der Küche holte Ida eine Tasse Kraftbrühe, die Leni mittags frisch gekocht hatte.

»Das wird dich stärken, mein Liebchen.« Sie hielt Käthe die Tasse an die Lippen.

»Das tut gut.« Käthe ließ sich in die Kissen sinken. Nachdem sie Bettwäsche und Nachthemd gewechselt hatte, fiel sie in einen erschöpften Schlaf. Glücklich dachte sie an ihren kleinen Rudi in der Wiege. Sie hatte es gut gemacht. Ein gesundes Kind! Möge es ein schönes Leben haben.

»Stell dir vor, auf dem Dorfplatz haben sie jetzt neben unserer Ostpreußenfahne mit dem schwarzen Adler eine Hakenkreuzfahne aufgehängt!« Else war ganz außer Atem, als sie den Laden betrat. Inzwischen war der März ins Land gezogen, und der Winter wich den wärmenden Sonnenstrahlen.

»Und Hermannche Krüger hat an seinem Gasthaus eine Fahnenstange aufjestellt!« Empört starrte sie Käthe an. »Aber der soll ja schon in der Partei sein!« Die letzten Worte hatte sie leise gesprochen, man wusste ja nie, wer etwas mitbekam. Und man hatte gehört, dass es politischen Gegnern an den Kragen ging.

An der Hand hatte Else ihre inzwischen zwei- und vierjährigen Kinder Heinrich und Hannelore, die nach dem gläsernen Bonbonglas auf der Theke schielten.

Im Laden waren gerade keine weiteren Kunden, sodass Käthe mit ihrer Freundin Else leise, aber ungestört reden konnte. Seit es im Dorf immer mehr Anhänger der Braunhemden gab, konnte man nicht mehr offen sprechen, ohne schief angesehen zu werden.

Käthe hatte das Wägelchen mit dem inzwischen drei Monate alten Rudi im hinteren Ladenbereich abgestellt. Er war ein ruhiges Baby und schlummerte friedlich unter seinem dicken Federkissen, an seinem Schnuller saugend. Heinz und Doris waren bei Oma Ida in der Küche und spielten mit Holztieren, während die mit Leni Kartoffeln schälte.

Sie war blass geworden. Was Else da berichtete, klang nicht gut. »Carl war beim Stammtisch und hat erzählt, dass der neue Ortsgruppenführer für einen scharfen Wind sorgen soll. Albert Siefke heißt der wohl und sitzt im Schulzenamt. Der soll alle überprüfen und immer neue Mitglieder für die Partei anwerben. Er und seine Anhänger sind wohl abends immer im *Gasthaus Krüger*.« Käthe hatte ihre Stimme gesenkt. »Ich habe gestern im Radio gehört, dass sie die Wehrpflicht wieder einführen wollen.

Zum Glück ist Carl davon nicht betroffen, denn er muss ja die Bäckerei weiterführen. Aber unser Fritz vielleicht. Was soll dann nur werden, wir brauchen ihn doch für die Felder und das Vieh. Ei, ich wünsche mir die gute alte Zeit zurück. Irgendwie nimmt das alles kein gutes Ende, ich habe so ein mulmiges Gefühl.«

Sie war froh, dass ihr Carl sich nichts aus der Nazi-Politik machte. Stattdessen ging er zweimal die Woche zu seinem *Bananenklub* im *Gasthaus Kalmus*. Dort spielte er mit fünf Freunden am Stammtisch friedlich Karten, trank eine Tulpche Bier und ein paar Korn und redete über Gott und die Welt. Aber von Hitler hatte keiner in der Runde eine gute Meinung. Doch Carl hatte erzählt, dass im *Wirtshaus Hermann Krüger* viele Braunhemden aus dem Dorf saßen.

Die Türglocke bimmelte, und neue Kundschaft trat ein. Es war ausgerechnet Hilde Wolf, die inzwischen verheiratete Tochter des Fleischermeisters Schaffrin. Sofort gingen Käthe und Else auf Abstand. Else war eine ganz normale Kundin, und die Kinder quengelten auch schon.

»Was darf's denn sein?«, fragte Käthe freundlich.

»Ein Pfund Schwarzbrot und fünf Krempelche!«

Käthe reichte die Backwaren über den Ladentisch. »Ei, und für euch beide gibt's ein Pracher.« Sie nahm den gläsernen Deckel vom Bonbonglas und hielt es den Kindern hin, die sich ein bunt eingewickeltes Bonbon aussuchen durften.

»Dann auf Wiedersehen.«

»Auf Wiedersehen.« Die beiden Freundinnen taten förmlich, doch ihre Blicke sagten mehr als Worte. In diesen Zeiten musste niemand wissen, dass sie Freundschaft hielten, und Hilde Wolf erst recht nicht. Ihr Mann Kurt, einer der vier Krüger im Dorf, war nämlich unter den Ersten gewesen, die der Nazipartei beigetreten waren.

Der unheilvolle Brief lag nach dem Einbringen der Ernte Anfang September vormittags im Briefkasten. Er trug den Absender »Reichswehrminister« und war an Herrn Carl Kühnapfel gerichtet. Käthes Hände zitterten, als sie die Aufschrift sah. Das konnte doch nicht wahr sein! Ihr Carl! Soldat? Er hatte doch die Bäckerei und war für die Versorgung eines Dorfes zuständig!

Sofort stürmte sie in die Backstube und wedelte mit dem Brief: »Carl, Carl – schau mal. Bitte lass nicht wahr sein, was ich vermute!«

Carl wischte sich den Teig von den Händen und nahm ihr den Brief ab. »Nun bleib ganz ruhig, Käthchen. Jetzt schauen wir mal, was drinsteht.« Ihm war selber unwohl, als er mit einem Messer, an dem noch Teig klebte, den Umschlag aufriss. Hastig überflog er die Zeilen: »Einberufungsbefehl. ... werden Sie gebeten, sich am Montag, dem 16. September 1935 ... Sammelplatz ... Uniform abzuholen. ... voraussichtlich zweimonatige Kurzausbildung ... gezeichnet ...« Carl ließ den Brief sinken. Alle Farbe war aus seinem Gesicht gewichen.

Käthe, die ihm beim Lesen über die Schulter geschaut hatte, konnte die Tränen nicht mehr zurückhalten. »Was soll denn nun werden, Carl? Unsere Familie braucht dich doch! Und schon so bald!«

Carl war erschüttert. »Es stimmt also wirklich, was sie seit Mai in der Zeitung schreiben. Es gibt ein neues Wehrgesetz. Hitler hat den Versailler Friedensvertrag gebrochen und zieht uns Männer wieder zum Wehrdienst heran.« Äußerlich wirkte Carl ruhig. Er stand einer Familie vor und durfte keine Angst zeigen.

»Käthe, Kopf hoch! Erst mal können wir an der Einberufung nichts ändern. Aber ich werde denen klarmachen, dass ich der einzige Bäckermeister im Dorf bin. Der Sallachsche am

Ortsende hat ja letzten Winter seine Bäckerei wegen Altersschwäche aufgegeben. Und ohne einen Bäcker kein Brot für die Leute!« Nun hatte er sich doch in Wut geredet. Er nahm Käthe in die Arme: »Alles wird gut. Ich werde das klären. Und du hast noch meine Eltern, die werden dir zur Seite stehen.«

Am 16. September 1935 sammelten sich alle einberufenen Männer von Locken auf dem Dorfplatz. Ihre Familien waren mitgekommen, um sie zu verabschieden. Es herrschte eine laute und aufgeregte Stimmung. Man hatte das Gefühl, das ganze Dorf wäre auf den Beinen.

Es war ein warmer Septembertag. Der fünfjährige Heinz trug einen weiß-blau gestreiften Spielanzug mit Matrosenkragen, Doris ein weißes baumwollenes Hängerkleidchen mit Lochstickerei. Die Kinder und Käthe machten traurige Gesichter. Vater sollte Soldat werden! Heinz war auf der einen Seite stolz, aber dass Papachen nun so lange nicht da sein würde, das konnte er sich nicht vorstellen.

Käthe schob betrübt den acht Monate alten Rudi im Kinderwagen vor sich her.

Auch Ida und Adolf hatten die Kinder begleitet. Ida schimpfte leise vor sich hin, während Adolf sagte, sie solle bloß still sein. Es musste keiner hören, was sie dachte.

Carl wirkte stattlich in seiner graugrünen Wehrmachtsuniform mit den blanken Knöpfen, die er sich zwei Tage vorher beim Bürgermeisteramt abgeholt hatte. Die Mütze mit dem Wappen hatte er sich tief in die Stirn gezogen. Er sah gut aus, ohne Frage.

Aber Käthe war weh ums Herz.

Ein Lastkraftwagen mit Holzbänken auf der Ladefläche stand bereit, um die Wehrpflichtigen mitzunehmen. Als das Kommando zum Einsteigen kam, drückte Carl noch einmal alle seine Lieben fest an sich.»Denkt daran, Kinder, Papa ist bald wieder da. Macht euch keine Sorgen. Schließlich muss er hier im Dorf das Brot backen!« Käthe bekam einen letzten Kuss, dann begab er sich zum Einsteigen.

Auch Else stand mit ihren Kindern am Straßenrand. Ihr Mann war ebenfalls einberufen worden. Die beiden Frauen sahen sich vielsagend an. Haben wir es nicht geahnt?, schienen ihre Blicke zu sagen.

Als der Pritschenwagen sich in Bewegung setzte, schwenkte Heinz traurig sein Hakenkreuzfähnchen hinterher, das alle Kinder zum Winken bekommen hatten. So richtig verstehen konnte er nicht, was da los war. Papa würde ihm sehr fehlen.

Mit schweren Schritten ging Käthe mit Ida und Adolf und ihren drei Kindern heim. Die Arbeit musste ohne Carl gemacht werden, zumal auch Knecht Fritz eine Einberufung erhalten hatte.

Nun würde ihr Schwiegervater wieder in der Backstube helfen müssen, um gemeinsam mit dem Gesellen und dem Lehrling den Backbetrieb aufrechtzuerhalten. Hoffentlich schaffte sie es mit Leni und Lore, Hof und Vieh zu versorgen. Die Ernte war zum Glück gerade eingefahren.

Aber ach, Carl würde an allen Ecken fehlen. Sie seufzte. Es half alles nichts. Sie musste stark sein, das war sie ihrem Mann und ihren Kindern schuldig.

Nach einer Woche war Carl wieder zu Hause. Er war die vier Kilometer vom Bahnhof Pulfnick zu Fuß gegangen, denn es sollte eine Überraschung werden. Er war sicher, die würde ihm gelingen.

Käthe blieb vor Schreck der Mund offen stehen, als Carl am frühen Nachmittag in der Tür stand. Beinahe hätte sie den Teller fallen gelassen, den sie gerade in der Hand hielt und abtrocknete.

»Carl!« Sie fiel ihm um den Hals. »Was ist passiert? Warum bist du wieder zu Hause?«

»Käthchen, hab ich es dir nicht gesagt? Ich bin UK!«

»Wie UK?«

»Na unabkömmlich für den Kriegsdienst. Weil ich in meiner Tätigkeit als Bäckermeister unentbehrlich bin für die Versorgung, bin ich vom Wehrdienst freigestellt worden. Die haben einen Fehler gemacht, als sie mich einberufen haben!«

Carl war energisch beim Wehrdienstkommando aufgetreten und hatte mit starkem Willen seinen Standpunkt klargemacht, sodass denen nach genauer Überprüfung der Lage nichts anderes übrig geblieben war, als ihn wieder nach Hause zu entlassen.

»Ach Carl, ich freue mich ja so! Ist das schön! Und was erst die Kinder sagen werden!«

Die hatten die Stimme ihres Vaters gehört und kamen durch die Verandatür aus dem Garten angelaufen. »Papichen, Papichen!«

Carl wirbelte erst Heinz, dann Doris durch die Luft. Rudi in der Schlafstube krähte aus der Wiege. Käthe holte den Wonneproppen und gab ihn Carl auf den Arm. »Ei, mein Dickerchen, bist du aber schwer geworden!« Er herzte und küsste seine Kinder, neckte sie und fragte, ob sie auch schön artig gewesen wären.

Eine ganze Woche, so lange waren sie noch nie getrennt gewesen. Jetzt war die Welt wieder in Ordnung.

Anfang Oktober 1935 färbte der Herbst die ersten Blätter gelb und braun. Etliche Störche hatten längst ihre Nester verlassen und waren Richtung Afrika vor dem kalten Winter geflohen.

In der Küche hatten die Frauen alle Hände voll zu tun. In den Kochtöpfen auf dem weiß gekachelten Herd köchelte es von früh bis spät. Obst und Gemüse aus dem Garten wurde eingekocht, Marmeladengläser gefüllt und die Leberwurst vom

Schlachten gerührt. Im Winter würden sie nichts Frisches mehr essen können, und so hieß es Vorräte schaffen. Es wurde eingeweckt, was das Zeug hielt.

In der Ecke dudelte der Volksempfänger vor sich hin. Plötzlich hielt Käthe inne und drehte den Lautstärkeknopf höher. »... nach dem Nürnberger Gesetz sind alle Juden als Bürger minderen Rechts zu bezeichnen ...« Das Radio knarzte.»... nach dem Gesetz zum Schutze des deutschen Blutes und der deutschen Ehre wird die Eheschließung zwischen jüdischen und nichtjüdischen Staatsangehörigen deutschen Blutes unter Strafe gestellt und mit Gefängnis geahndet ...«

Die Frauen mit ihren vom Kochen hochroten Gesichtern schauten sich betroffen an und hielten kurz in ihrer Arbeit inne.

»Erbarmung! Auch das noch! Wo soll das alles bloß hinführen!« Ida schüttelte verständnislos den Kopf.

Käthe dachte erschrocken an Esther Hoffmann. »Das geht doch nicht. Die müssen sich doch wieder besinnen. Wieso sind Juden Menschen minderen Rechts? Nur wegen ihrem Glauben? Was soll das mit dem Blut. Wir sind doch alle deutsch! Wir sind doch alle Menschen!«

Energisch griff sie nach einem Tablett mit fertigen Einweckgläsern, um sie in den Keller zu bringen. Es musste doch wieder gut werden. Das war nicht mehr normal. Die Nazis waren wohl verrückt geworden.

Aber Käthe konnte heute nicht viel nachdenken. Es wartete noch so viel Arbeit auf sie. Und Rudichen schien schon wieder einen Zahn zu bekommen und ließ sie nachts mit seinem Geschrei nicht schlafen.

Carl kam mit dem Fuhrwerk von Osterode zurück, wo er Geschäfte bei der *Dresdner Bank* in der Bismarckstraße getätigt hatte.

»Hör mal, Käthchen, so langsam reicht es mir mit der Kutscherei. Ich bin mit den Pferden wieder über zwei Stunden gefahren. Das kostet so viel Zeit!« Er zog die Joppe aus und hängte sie zusammen mit der Schirmmütze an den Ständer. »Es wird höchste Zeit für ein Automobil. Viele Kollegen in Osterode und Mohrungen haben schon eins. Wir haben das Geld, haben gut gewirtschaftet, der Laden läuft. Jetzt wird ein Auto gekauft!«

Adolf, der auf der Veranda eine Zigarre geraucht hatte, kam herbeigeschlurft. Er war alt geworden, und sein Rücken von der jahrelangen Arbeit in der Bäckerei und auf dem Feld war krumm. Haar und Bart waren grau geworden. »Das wird aber auch wirklich Zeit!« Er schwenkte den Stumpen. »Das ist schon lange meine Rede, Carlchen. Lass uns überlegen, was für ein Modell.«

Käthe kam gar nicht zu Wort, denn Carl und Adolf redeten sich begeistert in Rage. Adolf ging hinüber zur Kommode in der Wohnstube und holte aus dem Schubfach einen Zeitungsausschnitt. »Sieh mal, Carl, jetzt, wo du endlich zur Besinnung kommst. Das habe ich vor ein paar Monaten aus der *Königsberger Allgemeinen* ausgeschnitten. Aber du hast es einfach achtlos in die Schublade gesteckt!«

Er zeigte Carl und Käthe eine Anzeige mit dem Foto eines Automobils. »Das ist ein Hanomag, ein praktisches Auto für Leute wie uns. Den haben sie prima weiterentwickelt, er hat 23 PS und fährt 84 Stundenkilometer!«

Käthe fiel ihrem Carl um den Hals. Ihre Augen glänzten vor Freude. »So ein schickes Auto, Carl. Wir könnten damit mit den Kindern nach Koschainen fahren und wären nicht mehr auf die Bahn angewiesen!«

»Und hier steht der Preis – 2.800 Reichsmark. Ganz schön teuer, aber wir haben das Geld. Ich telefoniere morgen mit dem Autohaus in Königsberg! Die Nummer steht in der Anzeige.«

Carl rieb sich die Hände. Er dachte an Berlin zurück, wo schon 1929 fast nur noch Autos fuhren. Auch in Königsberg und Allenstein hatten viele ein Auto. Nur auf dem Land waren für die meisten immer noch die Fuhrwerke aktuell. Die beiden braunen Trakehner mit der weißen Blesse auf der Stirn würden sie natürlich trotzdem behalten. Ein Fuhrwerk war für den Transport der Mehlsäcke von der *Mühle Roehr* oder für die Ernte unerlässlich.

Wirt Fritz Kalmus hatte seit zwei Jahren ein Automobil, bei ihm durfte Carl das Fahren üben. Immer, wenn er abends oder sonntags einmal Zeit erübrigen konnte, setzte er sich mit Fritz ins Auto und drehte seine Runden, bis er sicher fahren konnte.

13.

April 1936 – August 1936

KÄTHE WECHSELTE RUDI die Windeln, als das Telefon im Flur klingelte. Der Kleine konnte zwar laufen, aber mit dem Sauberwerden ließ er sich Zeit, obwohl sie ihn immer wieder aufs Töpfchen setzte. Fröhlich lachte er, auf dem Wickeltisch liegend, seine Mama an und strampelte mit den drallen Beinchen. Käthe ging das Herz auf. Was für ein Sonnenschein, der kleine

Rudi, und so hübsch und niedlich mit seinen semmelblonden, leicht welligen Haaren.

Sie hörte, wie Lore das Gespräch entgegennahm. Rudi war inzwischen fertig angezogen. Sie setzte ihn zum Spielen auf den Boden, wo sich Doris und Heinz über die Spielkiste hermachten.

»Ein Gespräch aus Königsberg, das Autogeschäft!« Lore winkte Käthe aufgeregt herbei.

»Hier spricht Käthe Kühnapfel«, meldete sie sich.

»Guten Tag. Wir haben gute Nachrichten. Ihr bestellter Hanomag kann abgeholt werden.«

»Vielen Dank, das wird auch Zeit. Wir warten ja schon lange. Ich werde meinen Mann alsbald bei Ihnen vorbeischicken.«
Käthe legte den Hörer auf die Gabel und lief sofort zu Carl in die Backstube. »Carl, endlich! Du kannst das Auto abholen«, rief sie aufgeregt.

Carl kam zu ihr, hob sie hoch und schwenkte sie einmal herum. »Ich fahre gleich morgen. Heute ist Montag, und dienstags ist normalerweise nicht so viel Betrieb bei uns. Das kann locker der Geselle schaffen, und Egon fährt aus. Vielleicht hilft Vater ein bisschen mit.«

Am Dienstagabend kam Carl stolz mit dem Hanomag aus Königsberg vorgefahren. Das Automobil glänzte in seinem nagelneuen schwarzen Lack in der Sonne. Die Sitze innen waren aus feinstem hellem Rindsleder, alles roch wunderbar neu. Die verchromten Teile blinkten. »Stell dir vor, Käthchen, ich habe von Königsberg nur anderthalb Stunden gebraucht. Mit den Pferden wären es fünf gewesen.«

»Das ist großartig, Carl. Haben die denn gesagt, warum es so lange gedauert hat?«

»Ei, das Auto musste ja erst im Werk in Hannover bestellt werden. Und die hatten eben eine Menge Voranmeldungen.«

Käthe schaute verzückt auf das Auto und öffnete die Tür zu einer Probefahrt. »Komm, Carl, eine Runde durch das Dorf müssen wir drehen!« Natürlich ließen sich Adolf und Ida nicht zweimal bitten und stiegen hinten ein. Sie hatten noch nie in solch einem Fahrzeug gesessen und waren zunächst etwas verunsichert, weil es knatterte und puffte. Ida kreischte lachend, als Carl hupend um die Ecke sauste. Empört gackernd rannten die Hühner zur Seite. Doris und Heinz standen mit Lore vor dem Haus und sahen staunend hinterher. Aber sie mussten sich noch gedulden.

Die große Ausfahrt fand am kommenden Sonntag nach dem Kirchgang statt. Käthe hatte mit Koschainen telefoniert und ihr Kommen mit dem Automobil angekündigt. Vater Hugo und Mutter Anna freuten sich. Ein Auto! Käthe hatte wirklich ins Glückstöpfchen gegriffen.

Das Wetter war sonnig und warm, auf den Feldern blühte bereits der Mohn, am Rande standen die ersten Kornblumen. Von Weitem wirkte es wie ein rot-blau-gelbes Feld.

An diesem Tag sollte Lottes 25. Geburtstag gefeiert werden. Sie war inzwischen mit Max Wittholz aus Wirsitz bei Posen verlobt, auch darauf wollten sie anstoßen.

Nur Tuta, deren Hochzeit mit Gottlieb Kuhn sie vor anderthalb Jahren gefeiert hatten und die mit ihrer jungen Familie in Lötzen lebte, würde leider nicht kommen können, denn sie wurde vor Kurzem von ihrem ersten Kind entbunden.

Wie Käthe sich freute, nach Monaten endlich ihre Familie wiederzusehen!

Auf den beiden vorderen Sitzen nahmen Carl und Adolf Platz, Käthe mit Ida, Heinz und Doris hinten. Den kleinen Rudi nahm sie auf den Schoß. Die Fahrt führte durch grüne Baumalleen, alles sauste so schnell vorbei, dass einem schwindlig wurde. Käthe staunte, dass sie wirklich nach einer guten Stunde schon ihr Ziel erreicht hatten.

Mit lautem Gehupe trafen sie vor dem Gasthof ein, sodass alle gleich angelaufen kamen. Rudi war durch das gleichmäßige Brummen und leichte Schaukeln zu Beginn der Fahrt in Käthes Armen eingeschlafen und rieb sich nun verwundert die Augen.

»Ei, Kinder, ist das schön, dass ihr da seid!« Anna winkte lachend und lief mit offenen Armen auf sie zu. »Heinz, Doris – ihr seid ja schon wieder gewachsen. Und mein kleines Rudichen, komm auf meinen Arm!« Sie küsste Käthe auf die Wange und nahm ihr den Jungen ab. Dann erst wurde ehrfürchtig das Auto bestaunt.

Hugo, Bruno und Lotte machten große Augen. Carl und Käthe waren die Ersten in der Familie, die sich ein Auto geleistet hatten.

Während die Frauen mit den Kindern ins Haus gingen, um die Taschen auszupacken und letzte Hand an das Mittagessen zu legen, führte Carl stolz seinen Hanomag vor, zeigte Gangschaltung und Kupplung und hob für Hugo die Motorklappe. Der strich mit der Hand über den glänzenden Lack und klopfte Adolf auf die Schulter. »Weißt du noch, als wir beide mal von einem Auto geschwärmt haben?«, fragte er.

Adolf nickte. »Aber dazu sind wir nun zu alt. Wir müssen das Autofahren der Jugend überlassen«, schmunzelte er.

Bruno, der inzwischen 27 Jahre zählte und immer mehr die Gastwirtschaft der Eltern übernommen hatte, war ebenfalls begeistert vom neuen Auto. »Carl, lass uns doch nach dem Mittag eine Runde drehen!«

»Ich fahre mit!« Auch Hugo wollte sich das nicht nehmen lassen.

In der guten Stube war der Tisch mit dem feinen Porzellan und dem Silberbesteck gedeckt. In den Schüsseln dampften Salzkartoffeln mit Petersilie und Königsberger Klopse.

»Unsere Tuta ist vor vier Wochen Mama geworden. Schade, dass es von Lötzen so weit ist«, sagte Anna, »sie fühlte sich noch nicht kräftig genug für eine Reise.«

»Ja, ich habe gleich nach der Geburt mit ihr telefoniert. Ihr kleiner Dieter wog ja gute acht Pfund! Heinz, nicht schmatzen! Und Doris, leg mal deine Hand hübsch neben den Teller!« Käthe achtete auf Tischsitten. Während die beiden Großen gelernt hatten, sauber und selbstständig zu essen, musste Rudi auf ihrem Schoß gefüttert werden. Dabei kam sie selbst kaum zum Essen.

»Du siehst ein wenig erschöpft aus, mein Töchterchen«, sagte Anna. »Komm, gib mir den Rudi, damit du in Ruhe essen kannst!«

Käthe strahlte ihre Mama an. Wenn sie zu Hause bei ihrer Familie in Koschainen war, fühlte sie sich so glücklich und geborgen wie als Kind.

»Muttichen, es ist schön, drei Kinder zu haben, aber auch anstrengend. Daneben sind das Haus, die Bäckerei, das Vieh, Garten und Land.«

»Wem sagst du das, Käthchen, wem sagst du das.« Anna lächelte milde. »Ich weiß doch, wie das war, als ihr viere klein ward. Von früh bis spät ackern und nebenbei die Kinder, aber so ist das nun mal. Da fragt einen keiner, ob's einem schwerfällt und abends der Rücken wehtut. Ausruhen kann man sich nachts im Bett, aber die Nacht ist oft kurz.«

»Nun macht mir man nicht bange.« Lotte verzog das Gesicht. »Schließlich bin ich verlobt und möchte nach der Hochzeit mit Max auch Kinderchen haben.«

»Ach lass mal, Schwesterherz, Anstrengung hin oder her,

Kinder sind etwas Schönes. Sieh sie dir doch an, sie schauen aus, als könnten sie nie ein Wässerchen trüben.« Käthe und Anna lachten wissend.

Doch plötzlich wurde Käthe nervös. Hitze stieg in ihr Gesicht und ließ sie erröten. Siedend heiß fiel ihr ein, dass sie seit Monaten keine Regelblutung mehr gehabt hatte. Sie würde nicht etwa wieder schwanger sein? Aber sie hatte doch bis vor Kurzem noch den Rudi gestillt?

Als die Mahlzeit beendet war, gingen die Männer hinüber auf die Veranda, um eine Zigarre zu rauchen und einen Verdauungsschnaps zu trinken. Die Frauen legten die Kinder zum Mittagsschlaf in die Schlafstube und machten sich dann in der Küche über den Abwasch her. Käthe schob die unruhigen Gedanken fort. Jetzt war sie hier mit ihrer Familie im Elternhaus, alles Weitere würde sich schon finden.

»Erna, wie geht es dir?« Käthe freute sich, als sie die Mamsell wiedersah, und legte die Hand auf deren Schulter. Erna war in den letzten Jahren gealtert, ihr Haar unter der weiß gestärkten Haube ergraut.

»Ei, Marjellchen, so lange ich in meiner Küche wat Leckeret kochen kann, jeht's mir jut!« Die beiden umarmten sich. »Und heute is Sonntach, da kriejen wa bestimmt Jäste in de Wirtsstube.«

Im Ofen brutzelte ein leckerer Schinken im Brotteig. Und kurz zuvor hatte sie ein großes Blech Bienenstich herausgezogen, der seinen Duft nach Honig und Mandeln verströmte.

Den Karton mit der köstlichen Buttercremetorte von Carl hatte sie einstweilen in die Kühlkammer gestellt und würde sie zur Kaffeezeit auf den Tisch bringen.

Die Männer hatten ihre Ausfahrt mit dem neuen Automobil gerade hinter sich, schwärmten und fachsimpelten über Motor und PS. Das war schon ein ordentlich schnelles Gefährt!« Nachbarn waren auf die Straße getreten, als sie den Hanomag vorbeifahren hörten, und blickten ihm staunend nach. Kinder rannten im Staub, den die Räder aufwirbelten, und im Auspuffnebel dem Wagen hinterher. Hier, im kleinen Dorf Koschainen, war ein Auto eine Seltenheit.

Nach dem Kaffeetrinken ging man zum gemütlichen Teil des Tages über. Hugo holte den Korn aus der Gaststube, die Frauen bekamen ein Gläschen Johannisbeerlikör, beides von Hugo selbst gebrannt und angesetzt. Bruno sah zwischendurch in der Gaststube nach dem Rechten, ob jemand eingekehrt war und etwas bestellen wollte. Dann bediente er den Ausschank oder gab die Essenwünsche an Erna in der Küche weiter.

»Ein Hoch auf Lottes Geburtstag und ihre Verlobung mit Maxen vor drei Wochen!« Hugo hob das Glas. »Leider kann er heute nicht hier sein, der Weg von Wirsitz ist einfach zu weit. Er kann im Moment seine Mutter nicht allein lassen, die hatte einen Hirnschlag und liegt im Bett.«

»Erbarmung! Einen Hirnschlag! Das ist ja furchtbar!« Ida schlug die Hand vor den Mund.

»Ja, kurz nach der Verlobungsfeier ist es passiert. Sie waren gerade zurück in Wirsitz, da ist sie plötzlich umgefallen und war nicht mehr ansprechbar. Sie sind dann mit ihr ins Krankenhaus gefahren, aber die Ärzte konnten nichts für sie tun und haben sie wieder mit nach Hause geschickt. Sie ist gelähmt und spricht nicht mehr. Aber sie ist man schon 68 Jahre alt. Wenn sie Glück hat, holt Gott sie bald zu sich.«

Sie hoben die Gläser. Jeder hoffte bei sich, dass ihn ein solches Schicksal niemals treffen möge.

Käthe und Carl hatten an der Verlobungsfeier nicht teilnehmen können, da Doris mit Scharlach das Bett hüten musste.

Lotte strahlte und zeigte allen stolz ihren goldenen Verlobungsring.

»Bist du glücklich, Lottchen?«, fragte Käthe ihre Schwester leise.

»Und wie! Ich glaube, ich bekomme den besten Mann der Welt! Er ist so fürsorglich und lieb.«

»Ei, das wünsche ich dir!« Käthe legte lächelnd ihre Hand auf Lottes und drückte sie.

Nach dem Abendessen wollte Käthe mit den Kindern gleich nach Hause, aber Carl konnte sich noch nicht von der fröhlichen Runde trennen. Es tat so gut, mal alle Sorgen und die Arbeit daheim hinter sich zu lassen und mit Hugo, Bruno und Adolf zu schabbern und ein Gläschen zu trinken.

»Carl, vielleicht solltest du vorsichtig sein mit dem Trinken. Du musst doch noch Auto fahren«, mahnte Adolf seinen Sohn. Der belächelte ihn. »Keine Angst, Vater, ich bin voll Herr meiner Sinne!«

Als sie endlich aufbrachen, schlug die Standuhr in der Stube achtmal. Es war bereits dunkel geworden. Der Abschied fiel herzlich aus, und alle stiegen vergnügt in das Auto ein.

Anna und Hugo winkten von der Haustreppe hinterher.

Carl hatte seine Scheibe heruntergekurbelt und fuhr los. Er winkte aus dem Auto heraus mit der linken Hand und hielt mit der rechten das Lenkrad fest. Er versuchte noch zurückzublicken, wie die beiden da vor ihrem Haus standen. Da kam das Auto ins Schlingern – und krachte in den Straßengraben.

Käthe, Ida und die Kinder schrien auf vor Schreck und wurden durch den Aufprall gegen die Vordersitze geschleudert. Sie weinten und jammerten. Carl, der sofort den Motor abgewürgt hatte, versuchte, auf seiner Seite die Autotür zu öffnen. Auf Adolfs Seite hatte sich ein Baumast verhakt, sodass er bei Carl mit hinauskrabbeln musste. Er fluchte und war wütend. »Das hast du nun von deiner Sauferei, du Kumstkopp!«, schimpfte er. »Du hättest besser ein paar Schnapse weniger getrunken und an deine Kinder gedacht!«

Anna und Hugo kamen angerannt und halfen, die Kinder aus dem Auto herauszuheben. Die Türen klemmten, aber schließlich gelang es ihnen. Heinz und Doris weinten, sie hatten beide eine Beule an der Stirn, Doris zusätzlich eine Platzwunde, die blutete. Rudi schrie mehr vor Schreck, denn Käthe hatte ihn fest an sich gepresst. Ihr selber tat von dem Aufprall der Hals schrecklich weh.

»Unser schönes Auto, Carl«, weinte sie. »Es war doch noch so neu!« Wie konnte er sich nur so überschätzen! So ein Leichtsinn! Traurig starrte sie ihren Mann an.

Carl schwieg betreten. Was hatte er getan? Er hatte doch gar nichts vom Alkohol gemerkt und gedacht, das bisschen Autofahren würde er, beschwingt wie er war, mit Leichtigkeit schaffen. Man durfte doch wohl mal ein bisschen fröhlich sein.

»Ei, nun kommt erst mal wieder mit ins Haus!« Anna fasste sich als Erste ein Herz und dachte praktisch. »Marie wird euch ein Zimmer herrichten, ihr schlaft heute Nacht hier. Und morgen bei Tageslicht sehen wir weiter, was mit dem Auto ist. Müssen wir einen Arzt rufen?« Skeptisch sah sie auf Ida.

Doch die schüttelte nur den Kopf, nahm Heinz und Doris bei der Hand und redete beruhigend auf die beiden Kinder ein. Ihr Herz schlug schnell in der Brust, und sie humpelte, weil sie mit dem Knie heftig an den Vordersitz geschlagen war. Aber das würde wieder vergehen. Mit schmerzverzerrtem Gesicht tröstete sie die weinenden Kinder. »Ei, hört uff zu plinsen, Kinderchen, hört man uff. Mit en paar Penunsen kriegt euer Vater dat Autochen wieder hin.« Auch wenn er jetzt von mir einen Mutzkopp verdient hätt!, dachte sie bei sich. Es war das erste Mal, dass ihr Sohn sie enttäuscht hatte.

Heinz war als Erster wach. »Mamichen, was ist denn nun mit unserem schönen neuen Auto?«, flüsterte er ängstlich. Er hatte sich so über das Auto gefreut.

»Das werden wir nach dem Frühstück sehen, Heinz. Ich hole erst mal einen Lappen, um eure Beulen am Kopf zu kühlen.« Aus der Küche holte Käthe eine Blechschüssel mit kaltem Wasser und machte den Kindern kühlende Umschläge.

Plötzlich spürte sie ein Ziehen im Unterleib und fühlte Feuchtigkeit zwischen den Beinen. Sie ging hinaus zum Plumpsklo auf dem Hof. Trotz des grauen Morgens konnte sie den Blutfleck in ihrer Unterhose ausmachen. Oh nein! Entweder sie bekam jetzt ihre Regel – oder doch nicht etwa einen Abort? Auch das noch!

Erna hatte die Milchsuppe auf dem Kochherd und den Frühstückstisch gedeckt. Anna war gerade fertig mit dem Füttern der Tiere. Marie hatte mit Paul gemolken. Ein Morgen wie jeder andere, und doch waren heute alle bedrückt. Das schöne neue Auto! Und Käthe hing ihren eigenen Gedanken nach.

Nach dem Frühstück gingen die Männer sofort hinüber zum Straßengraben, wo der Hanomag eine Schräglage hatte. »Wir werden ihn mit dem Fuhrwerk rausziehen!«, schlug Bruno vor. So wurde es gemacht. Starke Stricke und die beiden Pferde schafften es, das Auto aus dem Graben zu holen.

Und sie hatten letztendlich Glück gehabt. Bis auf einen tiefen Kratzer im Lack auf der rechten Seite und einer verbogenen Stoßstange war alles heil geblieben. Der Motor sprang an.

Erleichtert konnte Familie Kühnapfel ihre Fahrt nach Hause antreten. Carl hätte heute Morgen in der Backstube stehen müssen, aber er hatte noch am gestrigen Abend mit Locken telefoniert. Geselle Alfred und Lehrling Egon würden eine Notration backen, bis Carl eintraf.

»Machen Sie sich keine Sorgen, Frau Kühnapfel.« Hilda Werning hatte ihre Untersuchung beendet. »Sie haben zwar eine kleine Blutung bekommen, wahrscheinlich wegen dem Schreck mit dem Automobil. Aber wenn Sie sich ein paar Tage schonen, werden Sie in ein paar Monaten wieder ein Kindchen in die Wiege legen können.«
Käthe wusste nicht, ob sie stöhnen oder sich freuen sollte. Das vierte Kind kam doch schnell hinter Rudi hinterher. Jetzt wusste sie, warum ihr Rock so in der Taille spannte. Sie hatte nicht zu viel vom Kuchen genascht. Sie würde Acht geben müssen, dass sie Rudi bald den Windeln entwöhnte, denn für zwei Kinder Windeln waschen, das wollte sie nicht.

Gleich als sie heimkam, setzte sie den Kleinen aufs Töpfchen. Ein paar Monate hatte sie ja noch, um ihn sauber zu bekommen.

»Carl, hast du schon gesehen, die Störche sind wieder da!« Sie schaute ihren Mann verschmitzt am Abendbrottisch an.

»Ach was, Käthchen. Die kommen doch jedes Jahr.«

»Auch die Klapperstörche?«

Er schaute verdutzt. »Wie? Du meinst ... Käthe!«, jubelte er. »Was für ein Segen! Wir bekommen wieder ein Kindchen?«

Heinz und Doris machten große Augen. »Hoffentlich beißt dich der Klapperstorch nicht wieder, Mamachen!« Doris war besorgt um ihre Mama. Und Heinz forderte: »Aber bitte ein Brüderchen, damit wir Pferd und Kutscher spielen können!«

Die Schwüle an diesem Augusttag war unerträglich. Die Fliegen schwirrten wie trunken um einen alten Knochen auf dem Misthaufen, den Falko, der zehn Jahre alte treue Hofhund, zuvor säuberlich abgenagt hatte. Falko selbst lag schläfrig im Schatten und wedelte nur ab und zu träge mit dem Schwanz. Er blinzelte mit einem Auge, als Käthe den vollen Eimer Schmutzwasser auf den Haufen goss. Die Fliegen schwirrten auseinander, nur aber, um sich kurz darauf wieder niederzulassen. Ein starker Duft nach reifen Kläräpfeln und Pflaumen lag in der Luft. Käthe spürte, wie ihr der Schweiß von der Stirn über das Gesicht und über den Rücken floss.

Ich werde Carl heute Nachmittag bitten, einmal die Bücher beiseitezulassen und mit Heinz, Doris und Rudolf zum Baden an den nahe gelegenen Korwecksee zu fahren, dachte Käthe. Sie selber hatte noch zu viel Arbeit zu erledigen, bevor das Baby kam. Sie rechnete jeden Tag damit. Ihr Bauch war riesig und ihre Gelenke, Finger und Beine dick angeschwollen.

Die Kartoffelernte stand zum Glück erst ab der nächsten Woche an.

Mit behäbigem Gang, der ein bisschen wie Watscheln aussah, lief sie mit dem Zinkeimer zurück ins Haus, in dem es ein wenig kühler war, da die Tür zur Backstube geschlossen war. Dort mussten allerdings wohl an die 50 Grad herrschen.

Die Böden und die Toilette hatte sie gewischt, alle Ausgussbecken gescheuert. Als Nächstes würde sie die Betten beziehen, damit sie morgen waschen konnten.

Zum Glück war Leni schon in der Küche mit der Zubereitung von Kirschsuppe und Klunkermus beschäftigt, sodass sie sich darum nicht kümmern musste. Eine kalte erfrischende Suppe war an diesem heißen Tag genau das Richtige, und die Kinder liebten es.

Lore kümmerte sich derweil draußen um das Vieh, mähte mit einer Sense das Gras und erntete die reifen Pflaumen vom Baum. Dort hinaufzusteigen, traute sich Käthe in ihrem Zustand nicht mehr.

Sie ging zur Pumpe und hob und senkte den Schwengel hoch und runter, bis endlich Wasser in den Eimer lief. Gleich danach füllte sie die Gießkanne. Es hatte lange nicht geregnet, und der Garten war trocken. Sie schleppte das Wasser hinüber und goss die Tomaten, Gurken und Bohnen.

Im Frühjahr hatten sie ein Feld mit Kartoffeln angelegt, die jetzt reif sein müssten. Da es wochenlang nicht geregnet hatte, hoffte Käthe, dass die Ernte nicht verdorben war. Die Blätter der Pflanzen sahen welk aus, waren aber wenigstens nicht vom Kartoffelkäfer befallen. Sie würde Carl bitten, morgen hinauszufahren und nach dem Rechten zu sehen. Notfalls müssten sie das Feld notdürftig mit dem Wasser aus der Zisterne bewässern oder mit der Ernte beginnen.

Am Nachmittag konnte sie Carl tatsächlich davon überzeugen, kurz mit den Kindern an den Korwecksee zu fahren. Er war nach der Arbeit sehr erhitzt gewesen und freute sich auch auf eine kleine Erfrischung, zumal Käthe die Tasche mit den Badesachen und einer großen Flasche Zitronenlimonade schon gepackt hatte.

Mann und Kinder setzten sich ins Auto und fuhren los in Richtung Pulfnick. Es war nicht weit, aber da die Kinder keine Fahrräder hatten, ging es so am schnellsten.

Käthe indes wollte die Zeit nutzen und ein paar Besorgungen machen.

Auch wenn ihr mittlerweile, und schon gar bei der Hitze, jeder Schritt schwerfiel – aber bis zum Textilladen von Esther Hoffmann war es nicht weit. Käthe hatte beim Durchsehen der Babysachen festgestellt, dass sie dringend ein paar leichte weiße Hemdchen und neue Windeln für das Baby brauchte.

Als sie in Richtung des Marktes kam, war die staubige Straße menschenleer. Durch die große Hitze blieben die Leute lieber in ihren kühleren Häusern. Inzwischen flatterten etliche Hakenkreuzfahnen hochgezogen an Fahnenstangen auf dem Platz.

Als sie *Hoffmanns Textil- und Gemischtwarengeschäft* betrat, konnte sie jedoch aus dem Augenwinkel drüben hinter der Scheibe vom Fleischer das Gesicht von Hilde Wolf erkennen, die gelegentlich im Laden ihres Vaters aushalf. Hilde schaute interessiert zu ihr herüber.

Das Schild im Fenster »Kauft nicht bei Juden« übersah Käthe geflissentlich. Sie mochte Esther, die ein feiner Mensch war. Sie fand es schlimm, dass die Boykottierung von jüdischen Geschäften bis nach Locken gedrungen war. Und was sollte dabei sein, wenn sie hier wie alle Jahre zuvor einkaufte? Es gab hübsche Sachen zu kleinen Preisen, die sich oft verhandeln ließen, und mehr wollte Käthe nicht. Mit den vielen Kindern war es nicht leicht, zum Einkaufen extra nach Osterode zu fahren.

»Guten Tag, Käthe, das ist aber schön!« Esther freute sich über Käthes Besuch. »Wir haben ja kaum noch Kundschaft. Schön, dass du uns die Treue hältst!«

»Ei, aber wo werd ich denn!« Käthe entrüstete sich. »Ich lasse mir doch nicht vorschreiben, wo ich einzukaufen habe. Meine Kinder brauchen etwas zum Anziehen, also: Hier bin ich.«

»Jetzt, wo wir so wenig Kunden haben, müssen wir ganz schön rechnen«, sagte Esther. »Zum Glück sind wir nur zu dritt, haben nur die eine Tochter. Unser Omachen liegt seit dem letzten Jahr auf dem Friedhof. Ei, irgendwie kommen wir über die Runden. Wir haben gehört, dass einige Juden ihre Heimat verlassen, weil wir so geächtet werden. Aber wir sind doch hier zu Hause, hier haben wir uns immer wohlgefühlt. Leo redet mir ins Gewissen, dass wir nach Amerika gehen, aber ich möchte nicht weg. Vielleicht ist der braune Spuk bald vorbei.«

»Solang es noch genug rechtschaffene Leute wie mich und meinen Mann gibt, wird es euren Laden weiter geben«, tröstete Käthe und entschied sich für einen größeren Einkauf. Zu hübsch waren die Sachen in der Auslage. Sie kaufte zwei Kleidchen für Doris, einen bunten leichten Kurzarmpullover für Heinz und einen ebensolchen für Rudi.

Als sie mit schweren Schritten heimging, war ihr nicht wohl zumute. Die armen Hoffmanns! Es musste schlimm sein, so im Dorf gemieden zu werden und den Gedanken hegen zu müssen, die Heimat zu verlassen. Das war kaum vorstellbar.

Die Niederkunft kündigte sich drei Tage später an. Die Kinder wurden diesmal ins Haus gegenüber zu Ida und Adolf geschickt, damit sie nichts von den Qualen ihrer Mama mitbekamen.

Die Werningsche schaffte es gerade noch rechtzeitig. Die Geburt ging schnell vonstatten an diesem 13. August des Jahres 1936. Der kleine Werner war ein zartes Wesen und brachte ein Gewicht von nur 2950 Gramm auf die Waage.

»Willkommen im Leben, mein Kleiner.« Carl freute sich und küsste seinen dritten Sohn aufs Köpfchen. »Wir werden dich schon aufpäppeln!«

Käthe wollte nur eins: schlafen, schlafen, schlafen. Sie fühlte sich erschöpft und ausgelaugt. Am liebsten würde ich gar nicht mehr aufstehen, dachte sie.

Ida kam herein und strich ihr mit einem kalten feuchten Lappen über die von der Anstrengung und Hitze schweißnassen Haare und das Gesicht. »Mach dir keine Sorgen, Marjellchen, wir schaffen das.« Sie hatte Käthes Resignation bemerkt. »Du bist eine gute Mutter, und wir werden dich alle unterstützen.«

Käthe lächelte zaghaft. »Meinst du, Ida?«

»Aber sicher. Andere haben noch mehr Kinder. Nun gib mir mal den kleinen Schreihals. Ich nehme ihn im Kinderwagen mit hinüber, damit du ein paar Stunden schlafen kannst. Dann bringe ich ihn dir zum Anlegen.«

»Danke, Ida, du bist die Beste!«
Und Käthe fiel in einen erschöpften Schlaf.
Ida zog mit dem Kinderwagen ab ins Haus nach nebenan. »Guck dir den kleenen Lorbass an, Adolfche«, schmunzelte sie. »Noch kaum zu sehen, aber zu hören. Ich werd ihm man einen Lutschpungel mit Zucker zerechtemachen, da hat er zu tun und schläft bei ein.«

»Schreien kräftigt die Lungen!« Ida war resolut. Auch nach Wochen wollte Wernerchen keine Ruhe geben. »Dat Jungchen hat ja nun getrunken und ist satt. Ein Bäuerchen hat er auch gemacht, also!« Sie legte den schreienden Werner in den Wagen. »Ich werde ihn mit rüber in den Garten nehmen, da bekommt er frische Luft. Und nicht lange, und er schläft ein.«

Käthe war erleichtert, dass Ida ihr so viel abnahm. Zum Glück spielten die größeren Kinder schön miteinander, wobei man auf Rudi mit seinen anderthalb Jahren noch ein besonderes Auge haben musste. Aber Heinz und Doris gingen sehr liebevoll mit ihrem Brüderchen um.

Lore hatte sich vor einigen Tagen von ihnen verabschiedet. Bei einem Besuch ihrer Familie in Hohenstein hatte sie einen Mann mittleren Alters kennengelernt, den sie nun heiraten wollte. Lore ging auf die 30 zu, es wurde höchste Zeit für sie, wenn sie noch unter die Haube kommen wollte.

Demnächst würden sie ein junges Mädchen zur Unterstützung des Haushaltes bekommen. Sie würde ihren *Reichsarbeitsdienst* bei ihnen ableisten. Hans Kalmus, der in Königsberg einen Beamtensitz hatte, hatte sie auf diese Möglichkeit hingewiesen und sich gleich um eine Anmeldung gekümmert. Käthe freute sich über jede helfende Hand. Sie führte ihren Haushalt sehr sauber und ordentlich, und auch Carl liebte es, wenn alles blitzte. Aber manchmal hatte sie das Gefühl, dass ihr alles über den Kopf wuchs. Und es war fraglich, ob das RAD-Mädel wusste, wie man mit dem Vieh umging oder das Korn schnitt.

Carl saß oft bis spät abends über den Büchern, nachdem er auf den Feldern nach dem Rechten gesehen hatte. Auch wenn Fritz nach seinem Wehrdienst zu ihnen zurückgekommen war, schien die Arbeit immer mehr zu werden. Carl rechnete ab und machte Bestellungen für den Laden. Oft raufte er sich dabei die Haare, weil er sich nach einem harten Arbeitstag kaum noch konzentrieren konnte.

Die Ernte von Kartoffeln und Getreide war vor Kurzem eingebracht, die Garben in die Scheune geladen worden. Wenn sie trocken genug waren, würde er die Ähren mit Fritz zum Bauer Fischer zum Dreschen bringen, danach das Korn in die Mühle. Viel Arbeit wartete auf ihn.

Da war eine gesellige Runde abends beim Kalmus im *Bananenklub* die beste Entspannung.

Doch das Weckerklingeln um 3 Uhr in der Frühe hatte er noch nie verschlafen.

Das Pflichtjahrmädchen hieß Luise Borgwardt und kam im September aus dem Rheinland zu ihnen. Sie war 16 Jahre alt und selbst die älteste von drei Geschwistern. Sie trug ihr glattes, braunes Haar kinnlang, so wie es modern war. Nachdem Fritz sie vom Bahnhof abgeholt und sie in ihrer Kammer, es war die frei gewordene von Lore, oben den Koffer ausgepackt hatte, wusch sie sich am Ausguss in der Küche die Hände und band sich eine Schürze um. »Sie können mir gleich alles zeigen, Frau Kühnapfel«, sagte sie aufgeschlossen und eilfertig. »Ich kann Ihnen in der Küche helfen oder mit den Kindern, ganz wie Sie wünschen. Auch mit Tieren kenne ich mich ein bisschen aus, meine Großeltern haben auch einen Hof.«

Käthe freute sich. Das schien ein patentes Marjellchen zu sein, gleich so hilfsbereit. »Dann komm mal mit, Luise. Ich stelle dir erst mal unsere vier Kinderchen vor. Das ist Heinz, unser Ältester mit fast sechs Jahren, das ist Doris, sie ist vier. Unser Schlumske Rudi ist anderthalb, und draußen auf der Veranda schläft unser Jüngster in seinem Wagen. Werner ist erst ein paar Wochen alt und war ein bisschen schwach bei der Geburt, aber er hat ganz ordentlich aufgeholt und ist schon fast ein kräftiges Kerlchen. Aber er schreit viel.«

Die Kinder umkreisten Luise sofort. »Spielst du etwas mit uns, Luise?«

»Na freilich, zieht nur eure Pantoffeln an, dann gehen wir hinaus in den Garten.«

»Die brauchen wir nicht«, rief Heinz. »Wir laufen hier immer barfuß im Sommer!« Luise lachte und schnappte sich den Kinderwagen. »Na dann los, ihr Räuber, zeigt mir mal alles. Ich bin gespannt.«

»Was willst du zuerst sehen? Unseren Falko?«

»Freilich, auch den Falko!«

Käthe atmete auf. Jetzt hatte sie endlich Zeit, nach den acht neugeborenen Ferkeln zu sehen, die die Sau vor drei Tagen geworfen hatte. Und in der Küche wartete ein Topf mit eingeweichten Windeln zum Auskochen. Die könnte Luise nachher im Garten aufhängen.

14.

Ostern 1937

HEINZ KONNTE ES KAUM ERWARTEN. Dass der Osterhase kam, interessierte ihn nur am Rande. Aber er war ja nun ein großer Junge, und nach dem Ostermontag würde er mit seinem neuen Tornister aus braunem Rindsleder in die Schule kommen. Immer wieder nahm er ihn zur Hand und betrachtete ihn voller Stolz. Er schaute hinein, wo außer einer Schiefertafel mit Griffel und einem Schwämmchen nichts drinnen war, und probierte immer wieder das Auf- und Zuschnappen des silberfarbenen Verschlusses. Hach, der Ranzen roch so gut nach Leder!
An den Osterhasen glaubte er sowieso nicht mehr. Als er vor ein paar Tagen sah, wie Mama in der Küche Eier mit Zwiebelschalen und Rote-Beete-Saft einfärbte, dachte er schon, dass die doch sehr verdächtig nach denen aussahen, die sonst der Osterhase brachte. Aber seinen jüngeren Geschwistern zuliebe sagte Heinz nichts.
Hell läuteten die Glocken der Lockener Kirche, die zum Gottesdienst am Ostersonntag einluden. »Geht nur schon vor, ich komme gleich hinterher«, rief Käthe. Carl lächelte ihr zu und zwinkerte, er wusste Bescheid.
Als die Familie um die Ecke gebogen war, holte sie schnell die vorbereiteten Osternester aus dem Schrank und versteckte sie in den Büschen im Garten. Zum Glück schien heute die Sonne nicht so kräftig, sodass die Schokolade nicht gleich schmelzen würde.
Die Kinder waren fein herausgeputzt. Für Heinz hatte Käthe im Bekleidungsgeschäft bei Esther Hoffmann einen schicken

neuen Matrosenanzug mit weißem Kragen gekauft. Aus dem alten war der Junge herausgewachsen, den würde sie für die jüngeren Brüder aufbewahren. Doris hatte ein rosafarbenes Kleidchen mit einer Spitzenschleife am Ausschnitt bekommen. Eine solche Schleife trug sie auch in ihrem kinnlangen Haar, von beiden Seiten zum Oberkopf gebunden. Der kleine Rudi trug eine kurze Latzhose aus Ziegenleder und dazu weiße Kniestrümpfe. Von Werner im Kinderwagen schaute nur das kleine Gesichtchen unter der hellblauen Wollmütze hervor.

Noch vor dem Kirchentor hatte Käthe die Familie eingeholt. Sie wurden am Portal freundlich von Pfarrer Erdmann begrüßt und schritten hinein. Die gesamte dritte hölzerne Bankreihe auf der rechten Seite direkt vor dem Altar war jederzeit für die Familie Kühnapfel reserviert. Aber der Platz wurde langsam eng, je größer die Familie wurde. Adolf, Ida, Käthe, Carl, die vier Kinder. Das Personal setzte sich auf die hinteren Plätze der Bankreihen. Vorn stand das Taufbecken aus Messing, an dem alle vier Kinder ihre Taufe erhalten hatten,

»Ob der Osterhase schon da war?« Doris hüpfte vor Aufregung auf dem Weg nach Hause.

Heinz lachte: »Ganz bestimmt, Doris, der kommt doch immer, wenn wir gerade in der Kirche sind.« Käthe schob den Kinderwagen, den kleinen Rudi, der schon gut lief, an der Hand. Als sie kurz danach den Garten durch das hübsche schmiedeeiserne Tor betraten, war kein Halten mehr. Die Kinder liefen los, und nach einigem »Heiß« und »Kalt« hatten sie ihre Osternester gefunden.

»Oh, guck mal, Muttichen, was der Osterhase mir gebracht hat.« Doris strahlte übers ganze Gesicht. »Bunte Eier und sogar Entchen aus Marzipan und einen bunten Schokoladenhasen!«

In der Küche machte sich gleich Leni daran, den Ofen im Herd anzuheizen, um den Entenbraten knusprig zu braten.

Dazu gab es Salzkartoffeln und Rotkohl, den sie im letzten Herbst eingekocht hatten.

Am Dienstag nach Ostern war es so weit. Heinz hatte seinen ersten Schultag. Ausgestattet mit seinem neuen dunkelblauen Matrosenanzug, braunen Schnürschuhen und Kniestrümpfen, dem braunen Tornister auf dem Rücken und einer kleinen braunen Brottasche vor der Brust lief er an der Hand von Käthe zur Schule. Er war ein kluger Junge und hatte schon zu Hause Buchstaben und Zahlen schreiben geübt. Zum Abschied hatten alle vor der Tür gestanden und gewunken. »Alles Gute zum ersten Schultag, Heinz!« Mama und Papa hatten ihm eine bunte Schultüte mit Süßigkeiten geschenkt, darauf war Heinz besonders stolz.

Die Dorfschule lag nur einen Fünfminutenfußweg entfernt. Direkt gegenüber der Kirche stand der zweietagige hell verputzte Bau mit spitzem Dach. Die Tür stand für die Erstklässler einladend geöffnet. »Muttichen, hoffentlich sind die Kinder nett.« Heinz wurde nun doch etwas bange, und er umklammerte Käthes Hand ganz fest.

»Aber ja, Heinzchen, sei nur zu allen freundlich und lass dir nichts gefallen, dann wird das schon klappen.« Nein, gefallen lassen würde sich Heinz nichts. Schließlich war er der älteste von vier Geschwistern, da wusste er sich zu behaupten.

»Pass nur schön auf, was dein Lehrer sagt, und mach gut mit. Und nicht mit dem Nachbarn schwatzen.« Damit hatten sich Käthes Ratschläge erschöpft. Sie betrat mit Heinz den Klassenraum, an dessen Tür auch andere Eltern ihre Sprösslinge abgaben.

Der Lehrer, Herr Pokojewski, war ein ernst blickender Mann Mitte 50 im dunklen Anzug und versah seit vielen Jahren hier seinen Schuldienst. Er trug eine randlose Brille und das

Parteiabzeichen am Revers. Er begrüßte jedes Kind freundlich mit Handschlag und wies ihm einen Platz zu.

»Ah, du bist der Heinz Kühnapfel. Du bist ja ein ganz großer Junge. Schau mal, du kannst dich dort nach hinten neben Alfred setzen.«

Alfred, ein blonder Lockenkopf mit runden Backen, hängte gerade seinen Tornister an die Seite der Schulbank an einen Haken und reichte Heinz die Hand.

Das Schulzimmer war groß und mit festen Holzbänken versehen. Jeweils zwei Kinder saßen in einer Bank. In der Mitte eines jeden Tisches war ein Tintenfass angeschraubt.

Herr Pokojewski verschaffte sich mit dreimal Händeklatschen Gehör. Sofort verstummte das Stimmengewirr der Kinder, und der Unterricht begann.

Das Telefon in der Diele schrillte. Käthe, die gerade aus dem Kühlkeller frische Butter für den Laden hochholte, musste sich beeilen, die steilen Stufen hinaufzusteigen. Sie schloss die Klappe, setzte schnell die Butter in der Küche ab und ging an den Apparat.

»Käthe Kühnapfel«, meldete sie sich.

»Erbarmung, Käthe, bleib ganz ruhig, aber stell dir vor, ihr hängt am Schwarzen Brett!« Else war außer sich und schnappte nach Luft.

»Else, beruhige dich. Wieso hängen wir am Schwarzen Brett?« Gemeint war der verglaste Kasten für Bekanntmachungen auf dem Dorfplatz. Gleich daneben wehten die Hakenkreuzfahnen.

»Du musst es dir selber anschauen kommen, Käthe. Ihr werdet denunziert, dass ihr bei Juden kauft!«

Käthe erschrak. Sie wusste seit Längerem, dass es nicht mehr gern gesehen war, wenn man bei Juden einkaufte. Aber der Laden war so hübsch, die Hoffmanns hatten so entzückende Kindersachen, und Esther war eine wirklich nette Person. All die Jahre, die sie in Locken lebte, kaufte sie hier ein. Was sollte auf einmal falsch daran sein?

Als sie eingehängt hatte, lief sie sofort hinüber zu Carl in die Backstube. Er zog gerade ein Blech mit frischem Mohnplunder aus dem Ofen. Sie störte ihn nicht gern bei der Arbeit, doch dies war ein Notfall. Aufgeregt berichtete sie ihm, was vorgefallen war.

»Das kann doch nicht wahr sein!«, donnerte Carl mit hochrotem Gesicht. Selten hatte sie ihn bisher so wütend gesehen. »Diese Idioten von Nazis. Na warte, das werde ich mir ansehen. Die sollen mich kennenlernen. Du bleibst hier«, ordnete er an.

Er warf seinen weißen Kittel und seine Mütze auf den Tisch, zog sich die Joppe an und machte sich mit energischen Schritten auf den Weg zum Dorfplatz.

Und dort, im Kasten mit den Anzeigen zu Hochzeiten, Todesfällen, Geburten und den nächsten Versammlungen der NSDAP, prangte ein Aushang: »Familie Kühnapfel kauft bei Juden!«

Carl fluchte und sah sich zornig um. Wutentbrannt nahm er einen Pflasterstein und schlug damit die Scheibe des Kastens ein, die splitternd zerbrach. Er riss das Papier ab und zerriss es in kleine Schnipsel, die er auf die Straße rieseln ließ. »So! Nicht mit mir, Freunde«, schimpfte er und machte sich auf den Heimweg.

Käthe empfing ihn zitternd. »Ach, Carl, das tut mir so leid. Ich wollte nicht unserem Ansehen schaden, aber ich bin immer so gerne im Laden von den Hoffmanns gewesen.« Sie weinte.

Carl, der sich inzwischen beruhigt hatte und nun über seine eigene Courage erschrocken war, nahm sie tröstend in die Arme. »Ist schon gut, Käthchen. Warum solltest du nicht dort einkaufen, das ist gar nicht einzusehen. Und lass man, mich hat keiner gesehen, ist schon fast dunkel. Und wenn doch, werde ich es wieder geradebiegen. Es gibt im Dorf zum Glück auch noch anständige Leute. Und wir sind schließlich wer, da soll uns mal einer kommen.«

Käthe war trotzdem nicht wohl zumute. Sie machte sich Gedanken. Würde man sie auch meiden so wie die Hoffmanns? Das Anprangern im Schaukasten war ein eindeutiger Affront gewesen. Würde ab morgen ihr Laden leer bleiben und keiner mehr bei ihnen Brot und Kuchen kaufen? Auch am nächsten Tag konnte sie sich nicht beruhigen. Sie grübelte. Wer konnte sie nur angeschwärzt haben? Hegte jemand einen Groll gegen sie? Die Kuppelweiber auf dem Markt werden getratscht haben. Hilde Wolf kam ihr in den Sinn. Oder war es die unsägliche Nazipolitik, die die Menschen so veränderte?

Über die eingeschlagene Scheibe des Schaukastens gab es am nächsten Abend im *Wirtshaus Kalmus* Gerede. Carl saß am Stammtisch mit seinem *Bananenklub* und spielte Karten, als er merkte, dass ab und zu ein lauernder Blick zu ihm hinüberflog.

Ortsgruppenleiter Albert Siefke, in hellbrauner Uniform mit der roten Armbinde und dem schwarzen Hakenkreuz an einem Tisch gemeinsam mit Kurt Wolf und einigen anderen Braunhemden sitzend, verkehrte sonst immer im *Gasthaus Krüger* ein paar Straßen weiter, aber heute Abend war er hier. Er rief provozierend in Richtung Carl: »Was sagen Sie denn dazu, Herr Kühnapfel?«

Carl tat verdattert und ahnungslos.»Ich weiß gar nicht, wovon Sie reden, Herr Siefke. Eine eingeschlagene Scheibe, soso. Die kann man doch sicher schnell ersetzen, das sollte keine Mühe machen. Gibt es einen Grund, sich darüber aufzuregen? Aber ich habe gehört, dass unsere Feuerwehr im Dorf nicht genug Leute hat. Vielleicht sollte man sich darum einmal kümmern, statt um dumme Aushänge! Wer weiß sonst, was passiert, wenn es einmal brennt!« Er paffte an seiner Zigarre und trank einen großen Schluck Bier. So hatte er doch geschickt das Thema auf ein anderes Problem umgelenkt. Dem Siefke sah er stur und direkt in die Augen. Im Gastraum war es plötzlich still geworden, niemand sprach. Einige Männer schmunzelten bewundernd, andere sahen erschrocken in ihre Biergläser. Das war allerhand, was sich der Kühnapfelsche da zu sagen traute. Dem Siefke die Stirn zu bieten, wagte sich sonst kaum einer.

»Nun denn, Herr Kühnapfel, wie wäre es denn gleich mit Ihnen, der Freiwilligen Feuerwehr beizutreten?«, konterte Siefke lautstark. »Auch unsere Partei braucht noch Mitglieder!«

»Aber klar, auf Feuerwehr hatte ich immer schon mal Lust«, rief Carl und bestellte beim Kalmus einen Schnaps. »Wann beginnt der Lehrgang? Und weitere Freiwillige vor!«

»Und die Partei?« Siefke ließ nicht locker.

»Das überlege ich mir noch!« Jetzt bloß ruhig bleiben. Carl hatte ein gutes Gespür für brenzlige Situationen und hatte eine ausweichende Antwort parat.

Schon mit der Freiwilligen Feuerwehr hatte er sich was Schönes eingebrockt! Neben all der Arbeit nun auch Brände löschen! Aber das würde ihm hoffentlich die Haut retten. Sein Ansehen war wiederhergestellt. Er musste es nur noch Käthe beibringen.

⁌⁍

Für die Sommerfrische hatte sich Alwine mit Hans und ihren Kindern Hans und Walter angemeldet, die mal wieder aus der Stadt herauskommen wollten. Auch sie hatten sich inzwischen ein Auto angeschafft, sodass sie von Königsberg in zweieinhalb Stunden in Locken waren.

Sie kamen gleich am ersten Ferientag und waren diesmal drüben im Haus von Ida und Adolf untergebracht, die dafür eine Stube freigemacht hatten.

Mit lautem Geschwätz packten sie ihre Taschen aus. Tante Alwine hatte Apfelsinen und Bananen dabei, die gab es nur in Königsberg. Jedes Kind bekam eine Tafel Schokolade, Käthe und Ida Pralinen und Carl und Adolf einen mit dunkler Schokolade überzogenen Baumkuchen von Schwermer, dem bekanntesten Chocolatier in Königsberg. Baumkuchen war für Carl faszinierend, er wusste von seiner Meisterschule, wie aufwändig dieser zu backen war.

»Und für die Herren ein paar schöne Zigarren.« Hans kramte ganz unten in der großen Tasche.

»Die kannst du mit Carl alleine rauchen, ich darf ja nicht mehr«, hustete Adolf. »Hat der Arzt mir verboten. Ich bekomme in der letzten Zeit immer schwerer Luft.«

»Ei, unser Vaterche ist alt jeworden«, seufzte Ida. »Viel machen kann er nicht mehr. Es geht ihm nicht gut. Er ist recht klabastrig, mit dem Laufen geht's auch nicht mehr so. Nur das Schnapsche schmeckt noch!«

»Na, eine Freude braucht der Mensch doch.« Adolf lächelte gequält und hustete wieder. »Unser *Lorbass* ist doch die reine Medizin. Wir sollten uns gleich zur Begrüßung einen genehmigen!«

Alwine ließ sich auch nicht zweimal bitten. Nachdem sie ihr Glas geleert hatte, hielt sie es ihrem Vater gleich zum Nachfüllen hin.

Käthe hatte den Eindruck, dass ihre Schwägerin immer frustrierter und niedergeschlagener wurde. Sie war fülliger geworden. Seit dem Tod ihrer kleinen Tochter Margret vor einigen Jahren hatte man sie kaum lachen gesehen.

Heinz, Doris und Rudi nahmen ihre inzwischen zwölf- und zehnjährigen Cousins Hans und Walter zum Spielen mit auf den Hof. »Wollt ihr unsere jungen Entchen sehen?«, fragte Rudi. »Die sind ganz niedlich, kommt mit!« Die Entenfamilie war in einem extra eingezäunten Gatter mit etwas Auslauf und einem kleinen Teich zum Planschen, nicht viel größer als eine Pfütze, untergebracht. Die fünf Küken waren possierlich anzusehen. Sie watschelten hin und her, immer in der Nähe der Mutter, und badeten in dem eigens für sie angelegten Tümpel.

»Kann man eines mal anfassen?« Für die Stadtjungen war der Ausflug in das Dorf mit seinen vielen Tieren ein Erlebnis.

»Da müssen wir erst Mutti fragen.« Doris wusste, dass Käthe mit den Enten vorsichtig war.

Sie ging ins Haus und kam mit Käthe wieder, die das Gatter aufhakte. »Ihr bleibt draußen. Sonst bekommt die Entenmama Angst!« Schnell ging sie hinein und schloss die Tür des Gatters hinter sich. Mit geschickten Bewegungen schnappte sie sich ein Entenküken und hielt es vorsichtig in ihren Händen.

»So, ihr Lieben, nun darf jeder einmal das Küken streicheln.« Das Küken wand ängstlich sein Köpfchen hin und her und schnappte mit dem winzigen Schnabel. Nachdem alle es einmal gestreichelt hatten, setzte Käthe es vorsichtig wieder in den Käfig, wo es gleich zu seiner Familie watschelte.

»Wir könnten auch Poggen fangen!« Diese Idee hatte Heinz.

»Aber nicht piesacken! Wollt ihr nicht ein bisschen mit Falko spielen? Oder geht schaukeln. Holt euch den Ball aus dem Schuppen. Oder den Ziehwagen. Aber geht mir nicht so nah an den Fluss!« Das kleine Flüsschen Locke plätscherte am Rande ihres Gartens vorbei. Zahlreiche Frösche tummelten sich hier. Doch Käthe hatte Angst, dass eines der kleinen Kinder ins Wasser fallen und nicht mehr herauskommen würde.

Hans und Walter hatten schon ein Fahrrad und liebten es, damit im Dorf herumzukurven. Die beiden Jungen hatten darauf bestanden, ihre Räder mitnehmen zu dürfen. Vater Hans, der ihnen nur schwer etwas abschlagen konnte, hatte deshalb widerstrebend die Räder mit starkem Seil im Kofferraum ihres Opel Kadett festgebunden. Die Heckklappe ging nicht mehr zu und stand während der Fahrt offen, sodass sie langsamer fahren mussten. Alwine hatte geschimpft, weil sie nun einige ihrer vielen Körbe und Taschen vorn zwischen die Sitze schieben mussten.

Außerdem waren Hans und Walter als große Jungen schon Pimpfe im *Deutschen Jungvolk* und hielten Ausschau, wo sich die hiesige Jugend zu Sportwettbewerben oder Ähnlichem traf. Gern fuhren sie hinüber zum großen Sportplatz, wo in regelmäßigen Abständen die Körperertüchtigung der *Hitlerjugend* stattfand. Sie schauten zu und wurden manchmal zum Mitmachen aufgefordert.

Oft tummelten sich die Jungen und Doris auf der Dorfstraße. Gemeinsam mit den Nachbarskindern spielten sie Verstecken, Fangen oder Hopse.

Alwine und Hans saßen derweil gemütlich im Garten. Sie tranken mit Muttern und Vatern Kaffee, aßen Carls Bienenstich und spielten mit dem knapp einjährigen Werner, der auf einer Decke das Krabbeln übte.

─✦─

Die Sommerferien waren lang gewesen, und vor einigen Wochen war die Schule wieder losgegangen. »Mutti, schau mal, ich habe eine Eins im Schreiben gekriegt!« Stolz hielt Heinz das Heft mit den ersten Buchstabenreihen vor Käthe hin, gerade als er aus der Schule gekommen war. Sie nahm es ihm ab und bewunderte lautstark die schöne Sütterlinschrift mit den zahlreichen Schnörkeln.

»Das hast du aber gut gemacht, Heinz«, lobte sie ihn. »Gehst erst drei Monate zur Schule und schreibst schon so schön sauber ohne zu klecksen.« Schnell war Heinz Schiefertafel und Kreide überdrüssig geworden. In der Schule fing man langsam damit an, denn der mühsame Umgang mit Federhalter und Tintenfass musste erst gelernt werden. Viele der Bauernkinder hatten vor dem Schuleintritt noch nie einen Stift in der Hand gehalten. Aber Heinz war ihnen voraus.

»Hab kein Kriggelkraggel gemacht, Muttichen! Das kommt, weil ich vorher mit Papas Feder und Tinte üben durfte«, sagte Heinz stolz. Käthe strich ihm über das Haar, das in der Stirn lang zur Seite gekämmt und hinten in Fasson geschnitten war. Als großer Junge durfte Heinz einen ähnlichen Haarschnitt wie sein Vater tragen.

»Nun zeig mir deine Brottasche, Heinz, ob du alles aufgegessen hast.« Kein Krümelchen war von den zwei Leberwurstbroten übrig geblieben.

»Dann geh dir jetzt die Hände waschen, wir essen gleich Mittag!«

Neben dem Ausgussbecken in der Küche stand die Seifenschale mit der herrlich duftenden Kernseife, die Leni selbst herstellte. Für die ganz schmutzigen Hände nach der Garten- oder Feldarbeit gab es einen extra Napf mit Sand, mit dem man die Hände richtig schrubben konnte. Aber heute fand Heinz seine Hände fast sauber, nur ein kleiner Tintenfleck befand sich an seinem rechten Zeigefinger.

Punkt 12 Uhr saß die Familie mit Leni, Fritz und Luise um den großen Küchentisch. Die Standuhr im Wohnzimmer hatte zuverlässig geschlagen. Da Heinz so einen kurzen Schulweg hatte, konnte er pünktlich mit am Tisch sitzen. Carl sprach ein kurzes Tischgebet, dann begannen alle zu essen. Es gab Keilchen mit ausgebratenem Speck und Zwiebeln. Die Kinder liebten das Essen und langten kräftig zu. Käthe hatte dazu grünen Kopfsalat mit Zitrone angerichtet. Es war nicht so leicht, Südfrüchte auf dem Markt zu bekommen, aber sie hatte noch ein paar Zitronen, die Alwine in den Ferien aus Königsberg mitgebracht hatte, in der Kühlkammer liegen.

»So, Heinz macht jetzt seine Schularbeiten. Doris, du kannst im Hühnerstall nachsehen, ob Eier in den Nestern sind. Füttern kannst du das Federvieh auch gleich.«

»Au ja, Mamichen. Aber hoffentlich ärgert mich der olle Hahn nicht wieder!« Der hatte manchmal die Angewohnheit, sich lautstark mit Gegacker zu ereifern, wenn jemand sein Revier betrat. Auch vor den Truthähnen musste man sich in Acht nehmen. Es konnte vorkommen, dass einen einer mit seinem Schnabel ins Bein zwicken wollte. Aber die waren in einem extra Gatter untergebracht.

Doris und Heinz trollten sich und gingen ihren Aufgaben nach.

»Nimm den Korb mit, Doris!«

»Ja, Mama!«

»Der Eimer mit Mengsel steht im Schuppen!«

»Weiß ich doch, Mamachen!«

Luise stand auf und räumte das Geschirr ab. Sie fühlte sich wohl in der Familie.

»Ich bringe Rudi und Werner zum Mittagsschlaf in die Kinderstube und wasche dann gleich ab, Frau Kühnapfel.«

»Danke, Luise!«

Das Radio dudelte. Luise hob plötzlich den Kopf und lauschte. »Darf ich kurz lauter machen, Frau Kühnapfel?«

»Aber ja, was gibt es denn?«

»Hören Sie doch mal: … kornblumenblau … ist der Himmel

am herrlichen Rheine … kornblumenblau …« Luise sang leise mit. »Das ist ein bekannter neuer Schlager von Willy Schneider. Bei uns im Rheinland haben sie den wochenlang im Radio gespielt, und auch in der Tanzstunde habe ich ihn gehört.« Käthe lauschte. Was für ein schönes Lied. Es ging sofort ins Ohr. Gemeinsam mit Luise sang sie aus vollem Hals und fühlte sich auf einmal froh und beschwingt. Sie griff nach Luises Hand. »Komm, wir drehen eine Runde!« Die beiden lachten und wiegten sich im Walzertakt auf den Küchenfliesen. »Das müssen wir auf dem Klavier und der Ziehharmonika nachspielen«, sagte Käthe zu Luise.

Dann nahm sie Rudi und Werner, die große Augen gemacht hatten, die bekleckerten Lätzchen ab und wischte ihnen mit einem feuchten Lappen die Gesichter sauber. Die Jungen drehten empört die Köpfe beiseite, denn den kalten nassen Lappen mochten sie nicht leiden.

Dann nahm sie ein Küchentuch und säuberte die bunt geblümte Glanzdecke. Auch unter dem Tisch lagen allerhand Essensreste, denn Rudi fiel einiges vom Löffel, und auch bei Werner traf beim Füttern nicht jedes Löffelchen den Mund.

Die Essensreste vom Boden und aus den Schüsseln kamen zum größten Teil in den Schweineeimer, aber auch Falko freute sich am Abend über einen vollen Napf.

Luise würde sich nun um die Kinder kümmern, und Käthe sah auf dem Kartoffelfeld nach dem Rechten.

Gegen 14 Uhr machte Carl Feierabend in der Backstube. Dann ging er zu Käthe und Fritz aufs Feld, die dabei waren, Kartoffeln zu pflanzen. Auch zwei Frauen aus dem Dorf halfen mit, die Carl dafür gut entlohnen würde. Bereits am Morgen hatten sie mit der Arbeit begonnen, aber es lag ein großes Stück vor ihnen. Sie hatten im letzten Jahr festgestellt, dass sich der Sandboden auf ihren Feldern gut für den Kartoffelanbau eignete. So hatten sie immer einen vollen Keller und mussten nichts kaufen. Einen Teil verwendeten sie zum Brennen für Kartoffelschnaps, den *Lorbass*. *Lorbass* war eigentlich »der kleine Schelm«. Aber wenn man den trank mit seinen 40 Prozent, wurde man wohl selbst zum Lorbass.

Todmüde sanken Carl und Käthe abends ins Bett. Ihre Rücken schmerzten, und die Hände waren schwielig vom Bodenaufhacken. Die Kinder und Luise schliefen schon lange.

»Du, Carl?« Käthe drehte sich zu ihrem Mann um. Dem waren fast die Augen zugefallen. »Hm, was ist denn, Käthchen?«, brummelte er.

»Ich muss an Esther Hoffmann denken. Ich habe so ein schlechtes Gewissen, weil ich dort nun nicht mehr einkaufe. Und nach diesem Vorfall, wo man uns so angeprangert hat im Schaukasten, geht auch kein anderer mehr hin.«

Carl drehte sich zu Käthe um. Das Bett knarzte. »Aber was sollen wir denn machen, Käthe. Das ist diese verrückte Politik von Hitler. Offenbar will der die Juden ausrotten.«

»Was haben ihm denn die Juden getan? Nur weil sie einen anderen Glauben haben, werden sie geächtet.«

»Im Radio haben sie gesagt, dass sie die Juden systematisch zerstören wollen. Da geht's wohl nicht so sehr um den Glauben. Die Juden haben Geld, waren immer gute Geschäftsleute. Und das Geld will der Hitler haben. Fürs Vaterland oder was auch immer. Und erzählen tut er uns, es ist, weil sie nicht arisch sind. So ein Blödsinn. Nur ein Vorwand.«

»Aber was wird aus Hoffmanns?«

»Ich weiß es nicht. Bestimmt haben sie gespart und können davon erst mal leben. Die Geschäfte gingen ja früher immer sehr gut. Und vielleicht ist der Nazi-Spuk eines Tages vorbei, dann geht wieder alles seinen Gang.«

»Hoffentlich hast du recht, Carl.« Käthe gähnte. »Aber darf

ich Esther, wenn sie zu uns einkaufen kommt, ab und zu ein Mohnhörnchen für die kleine Sarah schenken? Sie müssen sich bestimmt im Moment alles vom Munde absparen.«

Carl legte seinen Arm um Käthes Bauch. »Aber jedes Mal! Ei, mein Marjellchen«, flüsterte er, »jetzt weiß ich mal wieder, warum ich dich so liebe. Du hast so ein gutes Herz!« Mit einem zärtlichen Gutenachtkuss schliefen sie ein.

15.

1938

BEREITS ZU NEUJAHR hatte eine dicke Schneedecke das Land bedeckt. Der Winter war klirrend kalt, lange Eiszapfen hingen von den Hausdächern. An den Innenseiten der Stubenfenster hatten sich Eisblumen gebildet. Die Öfen bullerten, aber sie schafften es kaum, gegen die Kälte anzuheizen.

Die Kühnapfelschen Kinder liefen alle mit Husten und Schnupfen herum, auch Käthe hatte sich einen dicken Schal um den Hals gebunden, der seit Tagen wie Feuer brannte. Ihre Glieder schmerzten, jeder Schritt fiel ihr schwer.

Besonders hatte es den Jüngsten, Werner, erwischt, der mit Fieber das Bett hüten musste. Immer wieder greinte er, wenn er aus seinen Fieberträumen aufwachte. Käthe verabreichte ihm abwechselnd Holunder- und Lindenblütentee, der ihm nicht schmeckte. Nur mit viel Zucker und guten Worten war er löffelweise in Werner hineinzubekommen.

»Wir fahren dann mal los, Käthe!«, rief Carl aus der Diele.

»Darf ich mit?« Heinz, der Einzige, der einigermaßen gesund war, griff schon nach seiner dicken Jacke.

»Na gut, etwas frische Luft wird dir guttun. Aber vergiss die Mütze nicht!« Käthe war einverstanden. Sie wusste, dass Heinz so gerne Schlitten fuhr und es als Ältester genoss, mit den erwachsenen Männern ins Eis fahren zu dürfen.

Als sie die Haustür öffneten, schlug ihnen eine Wand aus Kälte entgegen. Schnell stiegen Carl, Fritz und Heinz in den Schlitten, den Fritz schon vorbereitet hatte. Den Pferden hatte er warme Decken umgehängt, und auch im Schlittenwagen konnte man sich eine Felldecke über die Knie legen.

Es ging zur Eiserte an den Eißingsee. Der Frost hatte dafür gesorgt, dass die Eisdecke inzwischen 20 Zentimeter dick war. Das genügte fürs Erste, dicke Brocken davon für den Eiskeller auszusägen. Der Eiskeller war eine tiefe, mit Feldsteinen ausgekleidete Grube nahe dem Haus. Ein paar Stufen führten hinunter, oben war eine kleine eingemauerte Tür. Hier hinein wurden die Eisblöcke gebracht, die monatelang zum Kühlen der leicht verderblichen Lebensmittel dienten.

Auch andere Familien bedienten sich am Eis des Sees. Die ausgeschlagenen und ausgesägten Stellen froren über Nacht bei der extremen Kälte sofort wieder zu.

Heinz bestaunte die Schlittschuhläufer, die, mit ihren bunten Pudelmützen auf dem Kopf, ihre Runden drehten. Das wollte er auch einmal. »Papachen, sieh nur, das Schlittschuhlaufen scheint richtig Spaß zu machen! Das möchte ich auch gerne!«

»Na warte ab, Heinzchen, wenn du artig bist, bringt dir vielleicht in diesem Jahr der Weihnachtsmann welche.« Carl schmunzelte.

Heinz freute sich mit roten Bäckchen. Einstweilen übte er das Schlittern mit seinen Schnürstiefeln aus gefüttertem Rindsleder.

Es war Doris' sechster Geburtstag am 14. März 1938, als Carl morgens die frisch gedruckte Zeitung auf den Küchentisch knallte. Die Geburtstagskerze auf dem mit Puderzucker bestreuten Napfkuchen flackerte.

»Das sieht nicht gut aus, das sieht gar nicht gut aus!«, rief er wütend. »Hitler ist mit seinen Soldaten in Österreich einmarschiert und hat einfach den Anschluss Österreichs ans Deutsche Reich erklärt. Ich sage euch, der will auch noch Polen und dann die ganze Welt, und das ...«

Er sah Käthe vielsagend an, die ihm warnende Blicke zuwarf. Schließlich saßen die Kinder mit am Frühstückstisch, und es war Doris' Geburtstag. Die Kleine war heute besonders hübsch gemacht und guckte ihren Vater erschrocken an.

»Wir reden nachher weiter, Käthe!«, sagte Carl. »Jetzt werden wir erst ein leckeres Stück Geburtstagskuchen essen. Hoch lebe unsere Doris!«

»Hoch soll sie leben!«, stimmten Käthe und die Kinder ein.

»Auspusten, auspusten!« Heinz und Rudi feuerten Doris an, die kräftig die Kerze ausblies. Dann stärkten sich alle an frischen, knusprigen Brötchen, Butter, Marmelade, Käse und Schlackwurst. Auch Glumsen fehlte nicht. Für die Kinder gab es süßen Kakao, Carl und Käthe genehmigten sich eine Tasse echten Bohnenkaffee. Zur Feier des Tages gab es für jedes Kind eine kleine Tafel Schokolade.

Doris hielt stolz ihre neue Puppe mit dem Porzellangesicht

und dem langen geknüpften Echthaar auf dem Arm, die sie heute bekommen hatte.

Käthe wusste auch so, was Carl sagen wollte: Die Zeichen standen auf Krieg. Eine kalte Hand griff ihr in den Nacken, die Härchen auf ihren Armen stellten sich auf. Panik ergriff sie. Das durfte nicht wahr sein! Sie wurde von einem Hass auf Hitler ergriffen. Was machte dieser Mensch nur aus Deutschland? Sie hatten so schöne friedliche Jahre gehabt. Sollte es damit nun vorbei sein?

Käthe würgte und sprang auf. Sie rannte zur Torftoilette unter der Treppe und übergab sich keuchend. Vom üblen Geruch der Toilette, die nur alle zwei Tage geleert wurde, wurde ihr noch schlechter. Schweiß stand auf ihrer Stirn. Auch das noch!, dachte sie. In dieser Zeit sollten einem wenigstens weitere Kinder erspart bleiben.

Mit Carl wollte sie über ihren Verdacht noch nicht sprechen. Nach der Arbeit in der Backstube war er jeden Tag ab dem frühen Nachmittag mit der Drillmaschine auf dem Feld und brachte die Saat aus. Wenn er abends zurückkam, redete er kaum ein Wort und schlief fast beim Abendessen ein.

Am 19. April, Dienstag nach Ostern, brachte Käthe nun auch das erste Mal Doris in die Schule. Heinz als Großer lief nebenher. Er kannte sich aus und konnte Doris alles zeigen. Die neue erste Klasse wurde im Schulzimmer nebenan unterrichtet. Doris bekam einen jungen Lehrer, Herrn Max Riemke. Er hatte zwar eine jugendliche Ausstrahlung, aber durch den dunklen Anzug und die Krawatte zum weißen Hemd wirkte er sehr seriös. Auch bei ihm fehlte nicht das Abzeichen der NSDAP am Revers. Käthe war sicher, ohne in der Partei zu sein, durfte heute kein Lehrer mehr unterrichten. Schließlich sollte den jungen Menschen, so klein sie waren, die Ideologie von Adolf Hitler eingeimpft werden. Dagegen waren alle Eltern machtlos, und sie durften sich nicht auflehnen, sonst gab es Sanktionen für Kinder und Eltern.

Käthe winkte von der Klassenzimmertür den beiden zu. Hauptsache, ihre beiden lernten in der Schule ordentlich lesen, schreiben und rechnen. Was es heißt, ein guter Mensch zu sein, das würde ihnen die Familie beibringen.

Sie verließ das Schulgebäude und machte sich auf den Weg zu Doktor Kowalewski. Obwohl sie manchmal nahe daran war, hatte sie Carl tatsächlich nichts von der eventuellen Schwangerschaft erzählt. Sie wollte sich erst mit dem Arzt beraten, da sie gelegentlich leichte Blutungen hatte.

»Ich gratuliere, Sie sind wieder guter Hoffnung, Frau Kühnapfel! Ich schätze mal, zehnte Woche.« Der Arzt half Käthe von der Liege herunter und schrieb etwas in die Krankenakte.

Nachdem sie sich angezogen hatte, setzte sie sich ihm gegenüber an den Schreibtisch.

»Herr Doktor Kowalewski ...«, druckste sie herum, »ich habe doch schon vier Kinder. Vielleicht ist das mit den Blutungen ein Zeichen, dass dieses Kind nicht bleiben will? Eine beginnende Fehlgeburt?« Sie sah ihn vielsagend an in der Hoffnung, er würde verstehen, was sie meinte.

Doktor Kowalewski sah Käthe streng an. Er war seit 1934 in der Nazipartei und großer Anhänger des Gauleiters Erich Koch. »Das mit den Blutungen bekommen wir vielleicht in den Griff, wenn ich Ihnen in einer kleinen OP die Mutterbänder festnähe.« Seine Blicke durchbohrten sie. »Sie wissen doch, der Führer freut sich über jedes arische Kind, das geboren wird. Er schätzt und fördert die deutsche Mutter. Da sollten wir alles dafür tun, dass dieses Kind auf die Welt kommt! Sie könnten das Mutterkreuz in Gold erwerben!«

Ach, Käthe hatte es ja gewusst. Alle Frauen sollten dem Führer Kinder über Kinder schenken. Auch wenn sie dazu kaum noch Kraft hatten. Sie liebte ja ihre Kleinen über alles, aber vier waren eigentlich genug. Und unter den Zeichen eines Krieges ein Kind in die Welt setzen, das fühlte sich einfach nicht gut an.

»Natürlich, Herr Doktor, mein Mann und ich freuen uns ja. Sollte es schlimmer werden, mache ich einen Termin für die OP bei Ihnen. So lange versuche ich, mich zu schonen«, beeilte sie sich zu sagen.

»Das will ich hoffen, Frau Kühnapfel, das will ich hoffen!« Mit einem kräftigen Händedruck war sie entlassen.

Käthe ließ den Kopf hängen und machte sich resigniert auf den Heimweg. Die Bäume schlugen aus, es fing an zu grünen. Amseln und Drosseln sangen um die Wette. Doch Käthe sah und hörte es nicht.

Was hatte sie denn erwartet? Dass Doktor Kowalewski ihr das Kind abnehmen würde? Das fünfte in acht Jahren? So dumm war sie nicht. Er würde sich ja strafbar machen. Aber sie hatte gedacht, dass mit dieser Schwangerschaft etwas nicht stimmte und sie irgendwie erlöst werden würde. Sie seufzte. Sie war eine Frau, aber ihr Bauch gehörte ihr nicht. Er war als Gebärmaschine gedacht. Und Carl wollte offenbar eine ganze Fußballmannschaft.

Als sie ihrem Haus näherkam, hörte sie von Weitem das Lachen von Rudi und Werner, die mit Luise und Falko auf der Wiese herumtollten. Sie warfen für Falko einen Gummiball weit fort, den der japsend mit Gekläff im Maul zurückbrachte und brav vor ihre Füße legte. Seine langen Schlappohren flatterten beim Laufen im Wind. Als Deutscher Jagdterrier lag es ihm im Blut zu jagen, und er hatte sichtlich Spaß daran.

Nun musste Käthe doch schmunzeln, und ihr wurde warm ums Herz. Sie schob die trüben Gedanken beiseite. Nun, das

Schicksal wollte es so. Ein kleines bisschen freute sie sich auch. Wer weiß, vielleicht würde es nach drei Jungen ein Marjellchen werden. Eines, das ihr später im Haushalt helfen konnte. Ein Püppchen mit blonden Löckchen und einem lieben Lächeln wäre schön. So ein süßes Mädchen, wie Alwine es gehabt hatte. Wehmütig erinnerte sie sich an die kleine Margret. Ihre Doris war auch so lieb und pflegeleicht. Ach ja, das wünschte sie sich. Und Carl würde sowieso Luftsprünge machen, das wusste sie. Käthe gab sich ihrem Schicksal hin. Eine andere Möglichkeit hatte sie nicht.

Sie verkündete die Neuigkeit beim Abendbrot. Carl sprang wie erwartet auf: »Ach, Käthchen, das ist ja wunderbar! Darauf müssen wir einen trinken!«

»Carl, du weißt doch ... Ich sollte nicht in meinem Zustand ...«

Aber Carl holte die Flasche mit dem *Lorbass*. »Auf unseren neuen Lorbass in der Familie!«, rief er übermütig strahlend.

Käthe prostete ihm mit ihrem Lindenblütentee zu. Auch Luise gratulierte ihr. »Leider werde ich im November nicht mehr hier sein, Frau Kühnapfel. Meine Zeit ist dann um. Aber Sie können sich ja auf die Liste für ein neues Pflichtjahrmädchen setzen lassen.«

»Ja, das werde ich wohl tun, Luise. Hoffentlich ist die auch so lieb und fleißig wie du!«

Als die Kinder im Bett waren, trat Käthe vor die Verandatür. Carl hatte sich seine Feierabendzigarre angezündet und las im Licht der Hauslaterne die *Königsberger Allgemeine*. Die Luft war frisch und roch würzig nach Frühling und verbranntem Laub. Drüben auf dem Dach des Gasthofes war das Storchennest wieder besetzt. Frau Störchin brütete emsig über den Eiern. Da geht's ihr fast wie mir, dachte Käthe ironisch. Jedes Jahr schlüpft was Neues. Aber zum Glück muss ich nicht danach mein Nest verlassen, sondern darf hier bleiben in meinem schönen Zuhause. Ich habe eine Heimat und muss nicht fort in jedem Spätsommer. Eine Heimat, in der ich glücklich bin. Alles andere werde ich schaffen.

Sie legte Carl die Hand auf die Schulter, der sie sogleich ergriff. Er schaute sie liebevoll an: »Wann immer es dir zu viel wird, sag Bescheid, Käthe. Wir werden alle helfen! Es soll dir und den Kindern an nichts fehlen. Das habe ich dir einmal versprochen, und dazu stehe ich.«

Sie gab ihm einen Kuss. »Ich weiß, Carl. Gemeinsam schaffen wir es. Daran glaube ich ganz fest.« Und waren nicht die Kinder das schönste Zeichen ihrer Liebe?

Es hatte sich seit Wochen angekündigt. Ida war verzweifelt und weinte viel. Mit Adolf schien es zu Ende zu gehen. Er konnte inzwischen das Bett nicht mehr verlassen. Jeder Schritt war ihm zu viel und Luftholen eine Qual. Der Arzt versuchte, ihm mit feuchten Brustwickeln und Inhalationen mit Kamillenblütensud Linderung zu verschaffen, aber vergeblich.

Ida saß auf seiner Bettkante, wo er aufrecht sitzend, die Kissen im Rücken, mit jedem Atemzug rang. Er war aufgedunsen, sein Gesicht fahl und grau.

Sie versuchte, ihm löffelweise etwas Kraftbrühe einzuflößen, aber es schmeckte ihm nicht mehr. »Ei, nun jeht's wohl zu Ende, Idachen«, röchelte Adolf und zwickte ihr in die beleibte Hüfte. Seinen feinen Humor hatte er nicht verloren.

»Erbarmung, Adolfche, red doch nicht so! Du wirst bestimmt wieder gesund! Soll ich den Doktor noch mal holen?« Ida zwang sich, in der Gegenwart ihres Mannes die Tränen zu unterdrücken und hoffnungsvoll zu klingen.

»Nee, mein Liebchen, bleib einfach hier bei mir ein bisschen sitzen. Ich bin nun 73 Jahre, das ist ein stolzes Alter, kann man sagen. Was hatten wir es doch immer schön. Ich habe viel geschafft im Leben mit dir, meine Gute. Den Aufbau des schönen neuen Hauses mit der modernen Dampfbäckerei, und unsere beiden Kinder, Alwine und Carl. Die sind was geworden. Alwine hat mit dem Kalmus eine gute Partie gemacht. Der Hans verdient gutes Geld da im Stadtamt Königsberg. Und Carl erst! War lange in Berlin, um Bäcker- und Konditormeister zu werden, und führt die Bäckerei und den Laden mit Bravour. Auch die Landwirtschaft kriegt er hin.« Adolf hustete. Der lange Redeschwall bekam ihm nicht. Es dauerte lange, bis er zu Luft kam und leise sagte: »Und dat Käthche, dat ist so eine Liebe. Und so feine Enkelchen hat sie uns geschenkt. Pass mir immer schön auf alle auf, Ida, versprichst du mir das? Ich merke doch, den Kindern fällt es schwer, und ist sie nicht schon wieder guter Hoffnung?«

»Ja, Adolfche, das ist sie. Das fünfte kommt.« Ida tätschelte die Hand ihres Mannes.

»Hilf ihnen, Ida. Dann hast du eine sinnvolle Aufgabe, wenn ich nicht mehr bin.« Es waren seine letzten Worte. Adolf Kühnapfel schloss am 1. Juni 1938 für immer seine Augen.

Die Trauer in der Familie war groß. Carl weinte um seinen geliebten Vater, der ihm so vieles beigebracht hatte. Und der ihn nicht zuletzt Stolz und Willensstärke gelehrt hatte.

Man inserierte eine Todesanzeige in der Zeitung. Zur Beisetzung erschienen über 100 Menschen, denn Adolf war über Locken hinaus bekannt und beliebt gewesen. Er wurde auf dem Lockener Kirchhof beerdigt.

Carl hatte seine Mutter untergehakt, als sie zum Leichenschmaus in die *Wirtschaft Kalmus* gingen. Den ganzen Saal hatten sie gemietet und ließen sich mit Speis und Trank nicht lumpen.

»Mutterchen«, sagte Carl und legte tröstend seinen Arm um Ida, »du bist nicht allein. Du bist ein Teil unserer Familie. Wir schätzen es immer sehr, wenn du bei uns drüben bist.«

»Vielleicht kann ich mich wieder ein bisschen einbringen, wo Vater mich nicht mehr braucht.« Ida schnäuzte sich energisch in ihr Taschentuch.

»Ja, das wäre schön, Mutter. Ich habe sowieso gehört, dass Leni die Küche nicht mehr machen kann. Sie will zum Jahresende aufhören und zu ihrer Schwester nach Allenstein ziehen, die ist älter und kränkelt. Da muss Leni sie pflegen. Und du kannst so wunderbar kochen, Mutterchen.«

Ida sah zu ihrem Sohn auf. Ja, das konnte und wollte sie. Es war doch gut, dass man Familie hatte!

Für ein paar Tage war Alwine noch da, um ihr über die schlimmste Zeit zu helfen.

⁓☙⁓

Der Busfahrer Alfons Dudeck machte eine Sonderfahrt. Dazu hatte er seinen Bus, mit dem er sonst zwischen den Dörfern bis nach Osterode und zurück pendelte, heute vor das Schulhaus gestellt.

Es war der vorletzte Tag vor den Sommerferien, und die erste und zweite Klasse der Lockener Grundschule machten gemeinsam mit ihren Lehrern einen Ausflug.

»Nun mal alle einsteigen, Bowkes und Marjellchens! Jenug jeschabbert!«, rief Dudeck lautstark, nachdem er die Türen geöffnet hatte. Fröhlich kichernd stürmten die Jungen und Mädchen den Bus. Die Jungen, die etwas in der Mehrheit waren, trugen kurze Hosen bis zum Knie und ein helles Hemd, manche einen Pullover darüber oder Hosenträger. Die Mädchen hatten ihr hübschestes Sommerkleid mit weißem Spitzenkragen angezogen. Es war ein schöner, warmer Sommertag.

Natürlich waren ihre Lehrer, Herr Pokojewski und Herr Riemke, auch dabei.

Der Bus fuhr mit ihnen nach Cadinen. Die Fahrt ging zwei Stunden und war für die Kinder ein großes Erlebnis. Viele von ihnen waren noch nie so lange mit dem Bus gefahren, einige gar nicht.

Heinz saß neben seinem Freund Alfred. Er hatte den Fensterplatz ergattert. Dafür, so war es abgemacht, durfte Alfred auf der Rückfahrt am Fenster sitzen.

Auch Doris hatte eine Freundin in ihrer Klasse gefunden. Sie hieß Gisela, wohnte in der Nachbarschaft und hatte lange Zöpfe. Doris dagegen trug das volle Haar kinnlang. Die beiden kicherten die ganze Fahrt über, wobei Doris manchmal ein schlechtes Gewissen hatte. Durfte sie fröhlich sein und lachen, jetzt, wo ihr Großvater gestorben war? Aber war er nicht alt gewesen, und mussten nicht sowieso alle alten Leute einmal sterben?

Cadinen war ein Badeort am Frischen Haff. Zunächst hielt der Bus jedoch am Kaiserlichen Schloss, das sie aber nur von außen besichtigen durften. Dann ging die Fahrt weiter, der Bus hielt an einem Waldrand.

»Was machen wir denn hier?«, »Weshalb steigen wir hier aus?« Die Kinder waren verwundert.

Herr Riemke räusperte sich und machte sich mit lauter Stimme bemerkbar. »Ei, meine Lieben, wir machen eine schöne Wanderung durch den Wald. Und am Ende des Weges werdet ihr etwas Wunderbares erblicken. Eine Überraschung. Mehr verrate ich noch nicht!«

Die Kinder schauten sich fragend an. Was das wohl sein mochte?

Der Weg durch den Wald führte zu einer Lichtung, und in Zweierreihen, ordentlich hintereinander weg, marschierten die Mädchen und Jungen geradeaus. Als sie den Wald verließen, sahen sie einen riesigen Baum vor sich – so gewaltig, wie sie noch nie einen gesehen hatten. Der Stamm musste wohl einen Umfang von zehn Metern haben. Und er war so riesig, dass Doris sich beim Hochschauen fast den Hals verrenkte. Es war die *Tausendjährige Eiche*. Niemand wusste so genau, ob es tatsächlich 1.000 Jahre waren, aber der Baum musste sehr, sehr alt sein. Die Kinder staunten.

»Und nun, meine Herrschaften«, Herr Pokojewski musste nicht laut werden. Sobald er sprach, wurden die Kinder still. »Und nun fahren wir mit Herrn Dudeck an den Strand.«

»Ja!«, »Oh wie schön!« Die Kinder jubelten und klatschten in die Hände. An den Strand! Ans Meer! Das war etwas Besonderes.

Nach kurzer Weiterfahrt dort angekommen, bestaunten sie das Meer und den wunderbaren Strand. Dann packten sie für das Picknick ihre mitgebrachten Brote aus. Fast alle hatten dazu hart gekochte Eier, ein Stück Gurke oder ein paar Radieschen dabei. In kleinen Flaschen aus Glas mit Schnappverschluss oder in Feldflaschen führten sie ihre Getränke mit sich.

Doris und Heinz hatten von Käthe selbst gemachte Zitronenlimonade mitbekommen. Und beide hatten in ihrem Rucksäckchen ein Bonbon gefunden. Muttichen war so lieb!

Nachdem sie im weißen Sand spielen durften, ging die Fahrt wieder heim. Es war ein erlebnisreicher Tag gewesen. Doris' Kopf wurde durch das gleichmäßige Brummen des Busses nach einer halben Stunde schwer, und sie schlummerte tief und fest, bis er in Locken hielt.

Mit den Zeugnissen von Heinz und Doris waren Eltern und Oma Ida sehr zufrieden. »Sogar in Musik eine Eins!« Käthe freute sich.

»Wenn ihr so gut singen könnt, wie wäre es denn mit einem Instrument?« Carl und die Kinder löffelten ihr Klunkermus zum Abendbrot, das Käthe vortrefflich zubereiten konnte. Sie machte neben Milch, Zucker, Mehl und Eiern abgeriebene Zitronenschale daran, sodass es einen intensiven Geschmack bekam. Zu dieser Jahreszeit gab sie ein paar Birnenstückchen dazu.

»Oh ja, oh ja, Papichen, bitte, bitte!« Heinz und Doris liebäugelten schon länger mit dem Gedanken, ein Instrument lernen zu dürfen. Mutti spielte ja Klavier, und das stand in der Wohnstube. Dabei durften ihr die Kinder oft zusehen, und gern sangen sie dabei.

Käthe wurde sogleich melancholisch und ging hinüber zum Klavier. Sie begann zu spielen und sang dabei ihr Lieblingslied, das sie gelernt hatte, als sie ein junges Mädchen war:

Zogen einst fünf wilde Schwäne,
Schwäne, leuchtend weiß und schön.
Sing, sing, was geschah?
Keiner ward mehr geseh'n, ja.
Sing, sing, was geschah?
Keiner ward mehr geseh'n.

Wuchsen einst fünf junge Birken,
grün und frisch am Bachesrand.
Sing, sing, was geschah?
Keine in Blüten stand, ja.
Sing, sing, was geschah?
Keine in Blüten stand.

Zogen einst fünf junge Burschen,
stolz und kühn zum Kampf hinaus.
Sing, sing, was geschah?

Keiner kehrt mehr nach Haus, ja.
Sing, sing, was geschah?
Keiner kehrt mehr nach Haus.

Wuchsen einst fünf junge Mädchen,
schlank und schön am Memelstrand.
Sing, sing, was geschah?
Keines den Brautkranz wand, ja.
Sing, sing, was geschah?
Keines den Brautkranz wand.

»Aber Muttichen, das Lied dürfen wir nicht mehr singen!« Doris war aufgeregt und empörte sich. »Herr Riemke hat gesagt, das ist ein olles Lied aus dem Krieg, und der Führer mag es nicht und hat es verboten. Weil doch jetzt so viele junge Männer Soldat werden sollen, die für unser Vaterland marschieren.«

»So, hat das Herr Riemke gesagt?« Käthe fühlte Ärger in sich hochsteigen und hätte am liebsten mit einem Knall den Klavierdeckel herunterfallen lassen. Aber vor den Kindern riss sie sich zusammen. »Was dürft ihr denn dann singen?« Aber sie wusste es bereits. Natürlich hatten sie gleich in der ersten Klasse das Ostpreußenlied »Land der dunklen Wälder« und auch »Ännchen von Tharau« oder »Der Adebar, der Adebar« gelernt. Diese Lieder mochte sie selbst und hatte sie mit Heinz und Doris das eine oder andere Mal geübt und gesungen.

»Dann werden wir nach einem Musiklehrer Ausschau halten, der euch beiden Klavierunterricht gibt«, schaltete Carl sich ein, der selbst Geige und auch etwas Klavier spielte. »Gleich nach den Sommerferien, wenn das neue Schuljahr anfängt, sollte es losgehen! Wir fangen mit dem Klavier an, das ist das einfachste. Und es steht schließlich schon da.« Heinz und Doris hüpften vor Freude.

»Aber jetzt wird zu Ende Abendbrot gegessen.« Alle versammelten sich wieder am Tisch. »Wer möchte noch ein Schinkenbrot?« Heinz und Rudi wollten. Werner war vom Klunkermus satt.

⁓☙⁓

Das herrliche Juliwetter hielt in den nächsten Tagen an. Auch Alwine war mit Familie aus Königsberg zur Sommerfrische angereist. Sie wohnten so lange drüben bei Ida im Haus. Sonntag nach dem Gottesdienst packten sie einen Picknickkorb und fuhren alle zusammen mit den Kindern zum Korwecksee zum Baden. Käthe hatte dicke Leberwurststullen, gekochte Eier, ein Stückchen Käse und Mettwürste eingepackt. Dazu ein Glas mit eingezuckerten Johannisbeeren aus dem Garten. Die Männer spazierten, eine Zigarre rauchend, am See entlang, die kleinen Kinder planschten im flachen Wasser. Käthe und Alwine saßen auf einer Decke in der Nähe und hatten sie gut im Blick. Alwines große Jungen konnten schwimmen und waren weit draußen auf dem grün schimmernden klaren Wasser.

»Sag mal, Käthe«, Alwine musterte ihre Schwägerin kritisch. »Du bist en bissel druschlich jeworden. Bist du etwa wieder in anderen Umständen? Oder hast du zu viel Kuchen genascht?« Sie plinkerte Käthe mit einem Auge zu.

»Ei, du hast richtig geguckt!« Käthe stöhnte und streckte sich auf der Decke aus, wobei ihr Bauch sich wölbte. »Unser Fünftes ist unterwegs. Erst dachte ich ja, es geht wieder ab, aber nun merke ich, dass es bleibt.«

»Erbarmung, fünf Kinder! Das ist eine stolze Leistung. Du hast es gut, wirst immer schnell schwanger. Wir versuchen es schon lange wieder, aber es klappt nicht.« Alwine guckte trübe. »Mein kleines Marjellchen war so eine Süße!« Sie war den Tränen nahe. »Ich kann Margrets Tod einfach nicht verwinden. Warum schenkt mir das Schicksal nicht noch einmal ein Mädelchen?«

»Na warte mal ab, du bist jetzt 37, das kann doch noch werden. Außerdem – vielleicht ist es ganz gut in diesen Zeiten, wenn man nicht schwanger wird.«

»Wie meinst du das?« Alwine sah Käthe skeptisch an.

»Na, so wie die Politik sich entwickelt, da kann einem schlecht werden. Die Zeichen stehen auf Krieg, und da kann man doch eigentlich keine Kinder in die Welt setzen.«

»Das glaube ich nicht. Der Führer hat gesagt, es wird keinen Krieg geben. Und er tut so viel für unser Vaterland. Allein die vielen Arbeitslosen – fast allen hat er Arbeit gegeben. Autobahnen werden gebaut. Junge Leute sind im *Reichsarbeitsdienst* beschäftigt. Die Wirtschaft ist in einem Aufschwung. Und hier auf dem Land in der Provinz – ihr habt doch auch von dem Steuererlass profitiert. Und habt sogar ein Pflichtjahrmädchen bekommen.« Alwine redete sich in Rage.

»Und seine Weltpolitik? Und was er mit den Juden macht?«, konterte Käthe.

»Ja, aber das geht uns nichts an. Wir haben ein gutes Leben, und das ist die Hauptsache. Der Führer macht alles für Deutschland. Hans wird demnächst in die Partei eintreten. In seiner Funktion als Finanzbeamter im Stadthaus wurde ihm das nahegelegt. Es wird höchste Zeit.«

Käthe war entsetzt. Die Jahre in Königsberg unter dem Regime von Gauleiter Erich Koch schienen Alwine und Hans nicht gutgetan zu haben. Sie schwieg. Offenbar musste man in der eigenen Familie aufpassen, was man sagte, ohne schief angeguckt zu werden. Künftig würde sie vorsichtig sein.

Alwine blieb mit Hans und Walter noch zwei Wochen. Käthe verhielt sich freundlich, aber innerlich hielt sie Abstand und äußerte nicht mehr frei ihre Gedanken. Auch Carl hatte in den Gesprächen festgestellt, dass Alwine und Hans die Thesen von Erich Koch unterstützten.

So vergruben sie sich tagsüber in der Arbeit und hatten wenig Zeit. Alwine war somit mehr drüben bei Ida, die sich über die Gesellschaft ihrer Tochter und Enkelsöhne freute. Besonders jetzt, wo sie sich nach dem Tod von Adolf einsam fühlte.

—⁂—

Am Donnerstag der ersten Schulwoche nach den Ferien begann Herr Kurth mit dem Klavierunterricht für Heinz und Doris. Er kam aus Liebemühl mit dem Fahrrad herübergefahren und war ein freundlicher, aber auch strenger Mann. Den Grundunterricht mit einfachen Fingerübungen hielt er für beide Kinder gleichzeitig ab. Heinz war aufgrund seines Alters natürlich im Vorteil mit dem Verständnis von Noten und Takten. Aus den Notenheften bekamen beide Hausaufgaben für die nächste Stunde auf. Auch wenn sie sich als talentiert erwiesen, ohne viel Üben ging es nicht. Das machte er ihnen sogleich klar.

Wenn Herr Kurth mit seiner Klavierstunde fertig war, bekam er sein Entgelt und ein kleines Päckchen Streuselkuchen mit.

Fortan war in der Wohnstube fast täglich Geklimper zu hören, denn die Kinder liebten es, auf dem Klavier zu spielen. Rudi stand gern daneben und staunte, was seine Geschwister da trieben. Wenn einmal so etwas wie eine Melodie zu hören war, wackelte er mit den Beinchen im Takt, als wolle er tanzen.

—⁂—

Der August und der September waren trocken gewesen, es hatte viel zu wenig geregnet. An diesem Abend saß Carl gegen

20.30 Uhr noch über den Büchern. Die Tage wurden kürzer, es begann bereits zu dämmern. Carl schaltete das elektrische Licht an. Die Buchhaltung war ihm jedes Mal ein Gräuel, aber es half nichts, die Zahlen mussten stimmen. Präzise trug er Einnahmen und Ausgaben ein, jede Ware war penibel aufgeführt.

Er zuckte zusammen, als plötzlich die Sirene der Feuerwehr ohrenbetäubend zu schrillen begann. Bisher war Carl nur zu Übungen erschienen, auch hatte er im Mai mit Käthe am Ausflug der Freiwilligen Feuerwehr zur *Försterei Pupken* im Ramtener Wald teilgenommen, wo es gebratenes Wild und Johannisbeerwein gab. Aber nun schien es ernst zu sein. Und jetzt nahm er auch den Brandgeruch wahr, der durch die Fensterritzen drang. Er sprang auf. Jede Minute zählte.

Carl riss die Tür auf, und Käthe kam schon angerannt. »Schnell, meine Feuerwehrsachen!«, schrie Carl ihr zu.

Sie eilte zum Schlafzimmerschrank und holte die schwarze Uniform und den Helm hervor. In Windeseile hatte Carl sich umgezogen und rannte aus der Haustür. Der Qualm kam aus dem Haus vom Bauern Ernst Fischer und seiner Familie gleich auf der anderen Straßenseite unweit des Hauses von Ida.

Käthe raufte sich die Haare. Das Haus ihrer Freundin Else! Was für ein Unglück!

In wenigen Minuten erreichte Carl das eine Straße weiter liegende Spritzenhaus der Freiwilligen Feuerwehr. Hier hatten sich schon andere Kameraden eingefunden, die sich sofort in das Fahrzeug schwangen und losfuhren. Als sie beim Haus der Fischers ankamen, wurde ihnen bange. Der Heuschober brannte lichterloh. Die Familie hatte sich mit wenigen Habseligkeiten aus dem Wohngebäude retten können und starrte auf das Haus. Aus den Fenstern schlugen die Flammen. Die Kinder hatten sich an den Rock der Mutter geklammert und vergruben ihr Gesicht darin. Else Fischer weinte. Wie konnte das nur passieren? Die Flammen loderten bereits hoch, Carl bekam Angst, dass sie sogar auf die Bäckerei übergreifen könnten. Das Vieh in den Ställen schrie. Auch das neben dem Hauptgebäude stehende Insthaus war betroffen. Sie begannen sofort mit den Löscharbeiten und kümmerten sich als Erstes um die Ställe, um die Tiere zu retten.

Das Feuer war schwer in den Griff zu bekommen, sie brauchten vier Stunden, bis sie das letzte Fünkchen besiegt hatten. Bis auf die nun schwarzen Grundmauern war vom Haus der Fischers nichts übrig geblieben. Aber die Bewohner und ihr Vieh lebten.

Carl war völlig erschöpft, als er gegen 1 Uhr wieder nach Hause kam. Sein Gesicht war rußverschmiert, er hustete. Zu viel hatte er vom Qualm eingeatmet. Käthe, die angstvoll auf ihn gewartet und bis jetzt kein Auge zugetan hatte, kam angelaufen.

»Ach, Käthe, das war schrecklich«, sagte Carl. »Mit anzusehen, wie von einer befreundeten Nachbarsfamilie das ganze Hab und Gut verbrennt, das tut weh! Aber wir konnten alle retten. Auch das Insthaus neben der Schmiede steht noch, das kann man wieder herrichten. Bei Krolls ist zum Glück alles in Ordnung.« Hedwig und Paul Kroll gehörten zur Verwandtschaft, da hatte sich Carl ganz besonders gesorgt.

Käthe machte auf dem Herd in der Küche Wasser warm und brachte Carl eine Schüssel, Handtuch und Seife zum Waschen. »Nun mach dich erst mal frisch, Carl. Es ist nicht mehr zu ändern. Wenigstens sind die Familie und die Tiere mit dem Leben davongekommen. Vielleicht hat sich das trockene Heu auf dem Boden entzündet, oder sie waren mit dem Herd nicht vorsichtig. Oder vom Schmied sind Funken hinübergeflogen.«

»Oder der Ernst ist mit seiner brennenden Zigarre eingeschlafen«, gab Carl zu bedenken. Sie würden es wohl nie erfahren.

Käthe holte zur Beruhigung die Flasche *Lorbass* aus dem Büfett.
»Komm, jetzt trink erst mal ein Schnapsche, Carl, damit du schlafen kannst. Bist ja ganz aufgedreht, und in ein paar Stunden ist die Nacht vorbei.«
»Ja, du hast recht. Und was ist mit dir?« Carl kippte das Gläschen Klaren hinter, das Käthe ihm eingegossen hatte.
Sie hielt die Hand auf ihren großen Bauch. »Ich glaube, unser Kindchen hier drin möchte keinen Schnaps. Ich mache mir einen Baldriantee.«
Aufgewühlt gingen sie zu Bett. Was würde nun aus der Familie Fischer werden? Fürs Erste waren sie im Pfarrhaus untergebracht, aber dann würde man eine Lösung finden müssen.

Im letzten Jahr hatte es sich angedeutet, in diesem Jahr war es eindeutig. Das Erntedankfest war ganz klar ein nationalsozialistisches. Der Festumzug wurde zwar wie üblich von zwei Reitern angeführt, die, auf ihren braunen Trakehnern sitzend, die riesige mit Wiesenblumen bunt geschmückte Erntekrone aus Kornähren trugen, die mit Stoffbändern umwickelt war. Doch dahinter ging es fast militärisch zu. Zunächst folgten strammen Schrittes die Nazis im Braunhemd mit der Hakenkreuzarmbinde am linken Oberarm, einer Kappe auf dem Kopf und in schwarzen Reithosen und Stiefeln. Danach kamen die etwa 20 Marjellchen vom *Bund Deutscher Mädchen* mit dunklem knielangem Rock, weißer Bluse und dunkler Krawatte, gefolgt von den vielen jungen Burschen von der *Hitlerjugend* in ihren Uniformen. Alle waren aus dem Ort und marschierten im Gleichschritt. In der ersten Reihe jeder Abteilung wurde eine Hakenkreuzfahne getragen.

Viele waren es geworden. Käthe schüttelte insgeheim den Kopf und hatte gar keine Lust, sich dem Zug anzuschließen. So stand sie mit etlichen Nachbarn nur am Rand des Marktplatzes, wo der Bürgermeister seine halbstündige Rede hielt. Aber nicht nur vom Fleiß der Bewohner und der Bauern, die für eine volle Kornkammer des Reiches sorgten, sprach er diesmal. Sondern auch davon, dass nebenan in Kämmersdorf an der Grenze zu Locken ein *Reichsarbeitsdienst*-Lager erbaut wurde mit dem Namen »Lutter von Braunschweig«. Käthe sah Carl fragend an. Der zuckte die Schultern. Davon hörte er auch zum ersten Mal. Wo sollten die das denn gebaut haben? Hinter dem Ramtener Tannenwald auf der großen Wiese? Bürgermeister Schulze erklärte, dass dort in drei großen Baracken die jungen Burschen vom *RAD* untergebracht würden, gerade mal 16 Jahre alt. Die würden im Straßenbau, auf dem Feld und beim Bau von Entwässerungsgräben helfen, damit das deutsche Land blühe und gedeihe.

Die Erntedankrede, sonst immer auch ein wenig lustig, klang in diesem Jahr wie ein Appell. Und natürlich, Siefke kam auch nach vorn, um etwas zu sagen. Aha, es sollten noch mehr Leute in die NSDAP eintreten, um den Führer in seinem Kampf zu unterstützen. Sah er Carl dabei an? Die Rede endete mit einem frenetischen »Heil Hitler«, und tatsächlich brüllte das Dorf größtenteils »Heil Hitler« zurück.

Die Braunhemden kehrten zum Glück im *Gasthaus Krüger* ein. Käthe und Carl holten Ida ab und machten sich auf den Weg zum *Kalmus*. Die Kinder betreute Luise daheim. Sie würde mit ihnen spielen, mit ihnen Abendbrot essen und sie dann ins Bett bringen. Ida wollte eigentlich gar nicht mehr mit, aber Carl hakte sie unter. »Komm man, Mutterchen, raus aus de Schlorren! Wir gehen nur auf ein, zwei Schnapschen und eine Scheibe Backschinken! Du musst mal wieder auf andere

Gedanken kommen.« Er hakte seine Mutter unter, die nach Vaters Tod keine rechte Lebensfreude mehr zu haben schien. »Ei, aber nur ein Schlubberchen, Carl!«, sagte Ida und ließ sich bitten. »Ich bin auch schon klabastrig, so wie Vatern war. Schwoofen is wat für euch Jungche. Et jeht nich mehr so wie frieher.« Sie hinkte ein wenig beim Laufen. Seit dem Autounfall vor einigen Jahren, als sie sich beim Aufprall das Knie verletzt hatte, war es nie wieder in Ordnung gekommen, und sie hatte immer Schmerzen beim Auftreten.

Sie kehrten ein und fanden bei den Krolls und den Amlings an der Tafel Platz, wo einige geleerte Gläser standen. Carl winkte dem Kellner: »Bringen Sie mal vier *Meschkinnes*, vier Tulpche Bier und viermal den Schinken im Brotteig mit Kumst!«

Noch während sie aßen, spielte die Kapelle auf. Und tatsächlich, es war »Kornblumenblau« von Willy Schneider, Käthes Lieblingslied. »Komm, Carl, es ist zwar keine Damenwahl, aber da möchte ich gerne tanzen. Das Lied kam schon öfter im Radio, das ist so schön.« Carl ließ wie Käthe seinen halb leer gegessenen Teller stehen, stand auf, verbeugte sich leicht vor seiner Frau und führte sie aufs Parkett. Obwohl ihr Leib ordentlich rund war und sich deutlich unter dem weiten, kaffeebraunen Kleid abzeichnete, schwelgte Käthe beim Walzer und fühlte sich beflügelt. Nun schien es doch noch ein schöner Abend zu werden. Mit einem Rundblick hatte sie festgestellt, dass Hilde Wolf nicht hier war. Die war wohl mit ihrem Mann in Anhängerschaft von Ortsgruppenleiter Albert Siefke in das *Gasthaus Krüger* schräg gegenüber gegangen. Beim *Krüger* fanden seit Langem auch alle Versammlungen der Partei statt. Käthe erinnerte sich an das laute Gejohle im April, das dort aus den offenen Fenstern drang, als die Reichstagswahl ein fast einstimmiges Ergebnis für die Nazipartei und Adolf Hitler sowie den Anschluss Österreichs an Deutschland erzielt hatte. »Ein Volk, ein Reich, ein Führer« mit schwarzem Adler und Hakenkreuz war riesig auf Siefkes Auto gemalt.

Hier beim *Kalmus* ging es etwas unpolitischer zu. Käthe und Carl kamen zum Tisch zurück und widmeten sich wieder ihrem Schinken. Das Sauerkraut war leider kalt geworden.

Es gab in Locken zwei jüdische Familien, die jede ein Textilgeschäft führten. Das eine war am Ende des Marktplatzes, das der Familie Hoffmann gehörte und wo Käthe immer so gerne einkaufen gegangen war. Das andere befand sich am Ortsausgang und gehörte der Familie Morgenroth.

Käthe, die sich seit der Denunziation nicht mehr in den Laden von Esther Hoffmann getraut hatte, pflegte nur noch gelegentlich Kontakt zu ihr, was sie sehr bedauerte. Sie plauderte ein wenig mit ihr, wenn sie sich auf dem Markt beim Einkaufen begegneten oder wenn sie zufällig gemeinsam eine Schulaufführung besuchten. Aber Käthe hatte schon gemerkt, dass sie die Einzige war, die überhaupt noch mit Esther sprach. Die wurde gemieden, als hätte sie eine ansteckende Krankheit.

Wenn Esther aber in ihren Laden kam, meist mit der kleinen schwarzlockigen Sarah an der Hand, hielten sie immer einen freundlichen Schwatz. Dabei merkte Käthe wohl, dass Esther ihr nicht alles erzählte und dass sie sehr über die Ausgrenzung im Dorf bedrückt war. Als Juden war die Familie mit einem gelben Stern an der Jacke gekennzeichnet. Früher waren sie mit allen Menschen gut, und jetzt wurden sie von den meisten gemieden oder angefeindet.

Offen konnten sie auch nie sprechen, denn es kam immerzu Kundschaft in die Bäckerei. Hier ein Brot, da ein halbes Pfund Butter und dort ein Pfund Sauerkraut. Aber die kleine Sarah bekam von Käthe oder Frau Schimmelpfennig immer ihr

Mohnhörnchen auf die Hand und, wie alle Kinder, ein in buntes Papier gewickeltes Pracher-Bonbon aus dem Glas.

Dann kam die Nacht vom 9. zum 10. November. Die Schergen der SS tobten im ganzen Deutschen Reich, so auch in Locken. Grölend marschierten die Braunhemden des Dorfes durch die Straßen, auch an der Bäckerei der Familie Kühnapfel vorbei. Carl und Käthe, die schon im Bett gelegen hatten, waren aufgesprungen und schauten ängstlich hinter der Gardine aus dem ebenerdigen Fenster der Schlafstube. Viel sehen konnten sie nicht, als die Männer vorbei waren, aber Lärm und Gebrüll waren weithin zu hören.

»Carl, ich habe Angst. Was machen die? Wo wollen die hin?« Käthe zitterte ängstlich und hielt schützend die Hand auf ihren hochschwangeren Bauch. Das Kind war sehr lebhaft und schien einen Kobolz zu machen. Ihr war innerlich und äußerlich eiskalt, und das lag nicht nur an ihrem dünnen Nachthemd und ihren nackten Füßen auf dem blanken Boden.

»Ich habe keine Ahnung, Käthe. Die benehmen sich jedenfalls, als wären sie verrückt geworden, diese Dämlacks! Das kann doch einfach nicht rechtens sein, hier so zu randalieren.« Carl legte schützend seine Hand um ihre Schulter. Er fühlte sich ohnmächtig in seiner Wut. Jeder wusste inzwischen, was geschah, wenn man sich der SS in den Weg stellte. Der Querulant wurde geschlagen, verhaftet, und man sah ihn nie wieder.

Da hörten sie es von Weitem klirren, Holz krachte und splitterte, Scheiben gingen zu Bruch. Und noch lauter grölte es: »Juden raus, Juden raus!« Das war ganz deutlich zu vernehmen.

Die Nazis warfen die Scheiben der Ladentüren und der Schaufenster ein. Sie rissen die Waren aus den Regalen und von den Ständern, gossen schwarze Tinte darüber und verdarben alles. Mit dem Rest der Tinte schmierten sie an die Wand: »Judas verrecke!«

»Muttichen, was ist das für ein Krach?« Rudi stand plötzlich barfuß in seinem Nachthemdchen in der Tür. Käthe nahm ihn auf den Arm und küsste sein verschlafenes Gesicht. »Ei, du träumst noch, Rudichen, komm, es ist nur ein böser Traum. Du darfst heute bei Mama und Papa im Bett schlafen, da ist es schön warm.«

Käthe schielte zur Tür, aber nebenan im Kinderzimmer blieb es ruhig. Wahrscheinlich war Luise bei Heinz, Doris und Werner.

Sie nahmen Rudi in die Mitte, und Käthe streichelte ihn sacht, bis er wieder eingeschlafen war. Doch Carl und sie lagen noch so lange wach, bis der Lärm verklungen war. Was war nur aus Deutschland geworden? Sie hatten es doch so gut und friedlich gehabt! Schwere Gedanken quälten sie.

Als Käthe am nächsten Morgen zum Markt ging, sah sie die Bescherung. Scherben lagen auf der Straße, alles im Hoffmannschen Laden war verwüstet. Das Ladenschild hatte man versucht abzureißen, es hing schief herunter, das Schaufenster kaputt, die Wände beschmiert. Die Leute gingen vorbei, als sähen sie nichts, manche blieben aber auch stehen und gaben abfällige Kommentare von sich.

Kalte Angst packte sie. Wie war nur so etwas möglich? Sie waren doch einmal so ein friedliches Dorf gewesen? Was hatten die armen Hoffmanns und Morgenroths den Menschen getan? Auch sie waren Deutsche. Die Welt war aus den Fugen geraten.

Käthe schaute zu den Fenstern des Hauses empor. Alles wirkte tot und verlassen. Hier wohnte niemand mehr. Tränen traten in ihre Augen.

War es Esther und ihren Lieben noch rechtzeitig gelungen zu fliehen? Esther hatte einmal so etwas erwähnt. Käthe wünschte sich von ganzem Herzen, dass die jüdischen Familien ein Land finden mochten, in dem sie wieder ein freies, unbeschwertes Leben führen konnten. Ein Land, in dem es wie in Ostpreußen und im ganzen Deutschen Reich einmal war, bevor Hitler an die Macht kam.

∽☙∾

Es war ein nasskalter, trüber 19. November, als Käthe mit ihrem fünften Kind, dem kleinen Martin, niederkam. Wieder kein Mädchen, dachte sie enttäuscht. Ein Marjellchen wäre für sie in vielerlei Hinsicht besser gewesen. Mädelchen waren leichter zu erziehen, und man konnte sie später gut im Haushalt gebrauchen.

Die Geburt war schmerzhaft, aber dauerte nicht endlos lang. Als Mehrfachgebärende hatte sie es nach zwei Stunden geschafft, die Werningsche hatte nicht viel Arbeit gehabt. Das kleine rosige Bündel Mensch lag nun in Tücher gewickelt in ihren Armen und schaute sie mit großen Augen an.

Carl war natürlich glücklich, dass er wieder einen Sohn hatte. »Käthchen, das hast du großartig gemacht. Du könntest mir ein ganzes Dutzend schenken!«, rief er aus.

Oh nein!, dachte Käthe, welche Frau soll das denn aushalten? Fünf Kinder sind doch wohl mehr als genug. Aber sie sagte nichts und lächelte ihren Mann nur erschöpft und müde an. Auch ein wenig Resignation lag in ihrem Blick.

Ida, die während der Geburt wieder an ihrer Seite gewesen war, strich ihr wissend über das schweißnasse Haar und wischte ihr mit einem feuchten Lappen über Gesicht und Hals. Sie selbst hatte ja nur ein Mädchen und einen Jungen zur Welt gebracht, und das hatte ihr gereicht. Eigentlich gab es ja Mittel und Wege, nach Möglichkeit eine Schwangerschaft zu verhüten. Aber Carl wollte davon offenbar nichts wissen.

Der kleine Martin öffnete sein winziges Mündchen und suchte unter Käthes Nachthemd nach der Brust. Gierig fing er an zu saugen. Das Saugen beruhigte ihn, machte ihn aber nicht satt, da der Milchfluss erst in den nächsten Tagen einsetzen würde. Er begann zu schreien.

»Ei, komm mal her, mein kleines Scheißerchen.« Ida nahm ihn resolut auf den Arm. »Du musst natürlich kraalen, so wie dein Bruder es schon konnte. Jetzt wollen wir doch mal sehen, ob du ein bisschen Zuckerwasser trinken willst.« Sie hatte vorsorglich ein Fläschchen mit abgekochtem Wasser vorbereitet und darin etwas Zucker aufgelöst. Das machte den Babymagen voll, bis es in ein paar Tagen die sättigende Muttermilch gab.

Martin trank ein paar Schlucke von der Flasche und schlief dann auf Idas Arm ein. Sie legte ihn in die Wiege, in der schon seine vier Geschwister gelegen hatten.

In diesem Moment kam Carl, der in der Zwischenzeit Heinz, Doris, Rudi und Werner vom Spielen auf der Straße geholt hatte, wieder in die Schlafstube.

»Pst, nur flüstern«, sagte er leise zu den Kindern. »Euer Brüderchen möchte schlafen.«

Die Kinder standen ehrfurchtsvoll um die Wiege herum und bestaunten das kleine zarte Wesen. »Das wird noch dauern, bis wir mit ihm spielen können«, sagte Heinz. Für ihn war ein neues Geschwisterkind nichts Besonderes mehr. Ein niedliches Wesen, das zur Familie gehörte. Aber bis man mit ihm etwas anfangen konnte – da würden einige Winter und Sommer ins Land gehen.

Ida schickte Carl und die Kinder wieder hinaus. »Mutti und der kleene Bowke brauchen jetzt ganz viel Ruhe!«, bestimmte sie. »Ihr lasst euch von Leni Abendbrot machen, noch ist sie ja da. Ich komme auch gleich rüber und hole für eure Mutter etwas zu essen.«

Sie krempelte die Ärmel hoch und holte frische Bettwäsche aus dem Schrank. »Versuch mal aufzustehen, Käthe. Wir wollen dir das Bett frisch beziehen. Dann bringe ich dir was Gutes, und du versuchst ein wenig zu schlafen.« Dankbar sah Käthe ihre Schwiegermutter an und tat, wie ihr geheißen.

Nach einem Leberwurstbrot und einer Tasse Kräutertee konnte sie endlich schlafen. Das Zimmer lag im Dunkeln. Es waren nur Käthes tiefe und Martins leichte, schnelle Atemzüge zu hören. Doch schon nach drei Stunden wurde er wieder wach und fing aus Leibeskräften an zu schreien. Carl teilte während des Wochenbettes nicht Käthes Bettseite. Da er früh hinausmusste, hatte er sich ein Lager in der Gästekammer gemacht.

Ida wollte schnell zu Hilfe sein und hatte sich auf das Sofa im Wohnzimmer nebenan zur Ruhe gelegt. Sofort war sie bei Mutter und Kind. »Willst du ihn anlegen?« fragte sie.

»Ja, die Milch muss ja in Fluss kommen. Gib ihn mir«, sagte Käthe und gähnte erschöpft. Wie gerne würde sie einmal durchschlafen. Aber da immer ein Kleinkind in der Familie war, war dieser Wunsch nach acht Jahren schier abwegig.

Nachdem Martin gesaugt hatte, bekam er eine frische Windel und wurde in die Wiege gelegt.

»Wenn er wieder kraalt, schieben wir die Wiege in die Küche!« Bei Ida gab es keine Widerworte. »Wir brauchen alle unseren Schlaf. Und wie man weiß – Schreien kräftigt die Lungen und ist gesund!«

Am nächsten Tag kam die Hebamme Hilda Werning vorbei und schaute nach dem Rechten bei Mutter und Kind.

»Frau Kühnapfel, ich weiß nicht, ob sie es schon gehört haben ...«, begann sie. Die Werningsche schabberte gern und viel. Da sie in vielen Haushalten herumkam – geboren wurde immer und überall –, wusste sie von diesem und jenem viel zu berichten und war über den neuesten Klatsch und Tratsch des Dorfes informiert. Keine Neuigkeit machte vor ihr halt.

Ida hatte ihr eine Tasse Bohnenkaffee und ein Stück Mohnkuchen angeboten. Da blieb sie doch gern noch ein halbes Stündchen in der gut geheizten Küche sitzen, während es draußen trübe nieselte.

»Da soll so ein neues Gesetz kommen«, sprach sie wichtig mit vollem Mund, sodass die Krümel flogen. »Also die wollen demnächst so eine Art Volkszählung für die Statistik machen. Da muss man alle Personen der Familie angeben. Und die muss man nachweisen. Ich habe jetzt bei vielen Familien hier in den Dörfern schon gehört, dass die es alle damit nicht so genau nehmen. Also mit dem Führen eines Familienstammbuches. Das muss man dann vorweisen können!« Sie trank einen Schluck vom guten Kaffee und schob sich die heruntergefallenen Streusel in den Mund.

Käthe erschrak. Ein Familienstammbuch? Daran hatten sie überhaupt noch nicht gedacht! Erbarmung, wie sollten sie das denn bewerkstelligen?

Sie dankten der Werningschen für die Information. Ida begleitete die Hebamme zur Tür.

»Wenn es Probleme gibt, rufen Sie mich gerne an, Frau Kühnapfel. Ich habe jetzt auch ein Telefon«, rief die zum Abschied in Richtung Schlafstube, wo Käthe krampfhaft überlegte, was zu tun sei.

Als Carl am Nachmittag bei ihr hereinsah, berichtete Käthe ihm, was Hilda Werning erzählt hatte. Carl behielt ja immer einen klaren Kopf. »Ich werde mich darum kümmern, Käthe. Noch ist ein solches Gesetz nicht erlassen worden.«

»Aber wenn es morgen schon kommt? Was ist, wenn wir nichts nachweisen können, weder unsere Eheschließung noch unsere Kinder? Das kommt doch wieder von der SS, weil sie damit genau Arier von Juden unterscheiden wollen. Was soll das sonst für einen Hintergrund haben?«

»Ja, da wirst du recht haben, Käthe. Und außerdem sind durch den Anschluss die Österreicher dazugekommen. Da haben die gar keinen Überblick mehr. Und den wollen sie haben, über jeden einzelnen Deutschen. Deshalb sollen wohl alle ihre Herkunft mit den Familienbüchern nachweisen.«

»Ei, Carl, immer wieder Schwierigkeiten. Wie sollen wir das nur alles schaffen?« Käthe seufzte tief.

Aber Carl ließ sich nicht bange machen. »Lass gut sein, Käthchen, und kümmere du dich um den Kleinen. Und wenn du wieder auf den Beinen bist, um die ganze Kinderschar. Muttern hilft dir. Ich rufe morgen im Standesamt an und frage, wie wir das am besten machen.« Er gab ihr einen Kuss auf die Stirn. »Denk an was Schönes, mein Liebchen, damit du wieder zu Kräften kommst. Und dann regeln wir alles.«

Carl wählte am nächsten Vormittag am Telefon die Nummer des Standesbeamten im Bürgermeisteramt Locken und schilderte sein Anliegen.

»Da sind Sie nicht der Erste, der fragt«, sagte der ältliche Herr, der sich mit Goetz vorstellte. »Zuerst wird die Eheschließung ins Buch eingetragen, dann die Kinderchen. Wo haben Sie denn geheiratet?«

»In Miswalde.«

»Ei, also, dann werden Sie dort vorstellig. Die haben ein Familienstammbuch da und machen Ihnen den Eintrag. Dann kommen Sie mit dem Buch zu mir und wir tragen alle Kinder ein. Die sind ja wohl alle hier zu Hause geboren.«

Carl bejahte und atmete auf.

»Noch eins«, Herr Goetz war noch nicht fertig. »Im Familienstammbuch müssen auch noch die Taufen eingetragen sein. Die Religion ist für die Statistik ganz wichtig.« Eine bedeutungsvolle Pause entstand.

Also doch wegen der Juden, dachte Carl still bei sich. »Sie gehen also zu Pfarrer Erdmann und lassen die evangelischen Taufen bestätigen. Damit haben Sie alles beisammen.« Nun, das würde ja doch eine ganz schöne Lauferei werden. Aber das musste wohl oder übel gemacht werden. Bestimmt wurde es streng geahndet, wenn man keine Nachweise vorzuzeigen hatte. Doch Carl war in allen Belangen gewissenhaft, er würde sich um das Buch kümmern.

Es war der erste Advent. Käthe und Carl hatten nach dem Gottesdienst mit den Kindern Mittag gegessen. Ida und Leni hatten zwei Tage zuvor eine Pute geschlachtet, gerupft und ausgenommen. Schon gestern hatte die im Ofen gebrutzelt und ihren köstlichen Duft verströmt. Nun war nichts mehr von ihr übrig geblieben.

Nach dem Essen zogen sich alle zurück. Käthe machte mit dem zwei Wochen alten Martin ein kleines Mittagsschläfchen, auch Werner und Rudi wurden hingelegt. Die beiden Großen beschäftigten sich mit ihren Schulheften, malten oder lasen. Draußen war es kalt geworden, es war ein grau verhangener Tag. Im Kachelofen prasselte ein Feuer. Nur der erste Schnee ließ auf sich warten.

Ida, die drüben in ihrem Ausgedinge nicht mehr so gern allein sein mochte, kam kurz vor der Kaffeezeit herüber. Der Kummer über Adolfs Tod hatte sie altern lassen. Sie hatte abgenommen, und ihr Haar war weiß geworden. Sie schien auch in der letzten Zeit stärker zu humpeln.

Heute würden sie das erste Mal in diesem Jahr einen Mohnstollen anschneiden, den natürlich Carl mit guter Butter gebacken hatte. Die Streusel waren extra mit Zuckerguss bestrichen.

Auch das Nachbarsehepaar war eingeladen. Hedwig Kroll war Adolfs Cousine. Deren Mann Paul war Schmied, fertigte Nägel, Schlösser, Beschläge, Messer und andere nützliche Gegenstände aus Eisen. Da ihr Haus schräg gegenüberstand, konnten sie das Hämmern und Klingen des Schmiedehammers den ganzen Tag hören, aber man hatte sich daran gewöhnt. Paul hatte damals ihr hübsches, ins Auge fallendes Gartentor mit den schmiedeeisernen Ranken und Ornamenten kunstvoll hergestellt.

Die Krollschen waren etwa in Idas Alter, 65 und 66 Jahre alt. Ihre drei Söhne hatten eigene Familien gegründet und waren in andere Dörfer gezogen. Kühnapfels und Krolls pflegten die freundschaftliche Verwandtschaft seit Jahren, hin und her lud man sich zu Geburtstagsfeiern und Taufen ein und half sich aus, wenn einer Hilfe brauchte. Hedwig hatte Ida tröstend über die erste schlimme Trauer nach Adolfs Tod hinweggeholfen.

Heute kamen sie zum Adventskaffee herüber. Sie hatten gerade in der Diele ihre Mäntel abgelegt und am fein gedeckten Kaffeetisch Platz genommen.

Martin im Schlafzimmer schrie schon wieder lautstark, und Käthe legte ihn an die Brust. Als er genug getrunken hatte und in der Wiege lag, ging sie hinüber ins Kinderzimmer, um Werner und Rudi zu wecken. Rudi blinzelte unter der Bettdecke hervor. Ob er überhaupt geschlafen hatte?

»Kommt, ihr beiden, es gibt heute leckeren Mohnstollen zum Kaffee!«, lockte Käthe die Kinder. Rudi sprang sofort aus dem Bett. Mohnstollen war sein Lieblingskuchen! Werner war nicht wach zu bekommen, so ließ Käthe ihn noch vor sich hindämmern.

»Tante Kroll, Tante Kroll!« Fröhlich lief Rudi auf Hedwig zu, die ihn gleich auf den Schoß nahm und an sich drückte.

»Ei, mein Jungchen, wie wäre es mit einem Stückchen Mohnstollen?«

»Au ja! Hat Papa fein gebacken!«
Als der Stollen verzehrt und das Geschirr abgeräumt war, schlug Carl vor, doch ein wenig zu musizieren. Käthe setzte sich sogleich ans Klavier, und er holte seine Geige aus dem Schrank. Sie spielten gemeinsam ein Stück von Tschaikowsky. Die Noten dazu lagen aufgeschlagen im Heft auf dem Notenständer. Die Kinder lauschten gebannt. Alle klatschten, als die Eltern fertig waren. »Doris, da müssen wir noch lange üben, nicht wahr«, meinte Heinz, der gebannt zugehört hatte, zu seiner Schwester.

»Wir haben ja auch erst angefangen, Heinz. Nächstes Jahr können wir bestimmt schon ein Stück spielen«, war Doris sich sicher.

Ida und Hedwig strickten Mütze und Handschuhe. Der kalte Winter stand vor der Tür, und die Kinder brauchten etwas Warmes.

Die Herren zündeten sich eine Zigarre an, und Carl holte die Flasche *Meschkinnes* aus der Vitrine. Die Kinder wurden ins Kinderzimmer zum Spielen geschickt, aus dem nach kurzer Zeit Lärm und Gezanke drang. »Es wird Zeit, dass wir ein neues Kindermädchen bekommen!«, stöhnte Käthe. »Unsere Luise ist schon eine Weile weg, aber ein neues haben sie uns noch nicht geschickt, obwohl wir den Antrag rechtzeitig abgegeben haben. Lore fehlt auch an allen Ecken und Enden, und bald will uns Leni verlassen. Ich weiß nicht, wie ich alles schaffen soll!«

»Ich gehe nächste Woche zum Amt und frage nach«, versprach Carl und tätschelte ihr den Arm. »Mutterchen hilft ja, vielleicht kann Tante Kroll mal mit rüberkommen?« Er blickte auf seine Tante, die wohlwollend nickte.

Dann wechselte Carl das Thema. »Ihr habt doch bestimmt mitbekommen, was sie mit den Läden der Hoffmanns und der Morgenroths gemacht haben«, begann er. Die Krollschen waren vertrauenswürdige Freunde, mit denen man offen sprechen konnte.

»Erbarmung! Hör mir auf!«, erzürnte sich Paul. »Das ist doch alles nicht mehr menschlich. Aber offensichtlich konnten sie sich noch retten, sie sind jedenfalls fort, ganz still und leise über Nacht. Niemand hat etwas mitbekommen.«

»Ich glaube, Esther hatte mal erwähnt, dass sie vielleicht nach Amerika fliehen wollten. Jedenfalls möglichst weit weg von Deutschland. Sie hätten dort Verwandtschaft. Hier werden Juden geschlagen, verschleppt oder eingesperrt, nur weil sie nicht arisch sind. Sie haben nichts gestohlen, nichts verbrochen, niemanden ermordet. Einfach aus Willkür. Da kann man ja nur versuchen, hier rauszukommen«, meinte Käthe.

»Und jetzt stand in der Zeitung, dass sie ihr Vermögen abgeben müssen. Alles! Geschäfte auflösen, Gelder auf ein Depotkonto einzahlen, wo sie nicht mehr ran dürfen. Wahrscheinlich müssen sie demnächst auch noch ihren Schmuck und ihre Gemälde abliefern. Nichts dürfen sie mehr behalten. Wovon sollen die denn leben?«

»Das ist ungerecht. Sie sind Menschen wie wir. Und das nur, weil Hitler für einen Krieg Geld braucht, da nimmt er einfach den Juden alles weg! Es gibt keine Gerechtigkeit mehr.«

»Ich glaube immer noch nicht, dass er Krieg will!« Das durfte nicht sein, fand Käthe. Und hörte sie nicht immer wieder im Radio von seinen Friedensbekundungen?

»Was ist das bloß für eine Zeit!« Carl goss allen nach und blies den Qualm der Zigarre von sich. »Ich hoffe, dass nicht das Schlimmste eintritt.«

Die Adventskerze auf dem Tisch flackerte bei seinen Worten und drohte zu verlöschen.

16.

1939

Das neue Pflichtjahrmädchen wurde von Fritz gleich am 2. Januar vom Bahnhof Pulfnick abgeholt. Sie hieß Helga, hatte mittelblondes, welliges kurzes Haar und kam aus Hamburg. Wie ihre Vorgängerin Luise würde sie hier ein Arbeitsjahr vom *Bund Deutscher Mädchen* ableisten. Helga war 18 Jahre alt. Sie konnte gleich die Kammer von Luise beziehen, die Anfang November abgereist war.

Köchin Leni hatte noch die Weihnachtsfeiertage mit ihrer geliebten Familie Kühnapfel verbracht, die ihr über all die Jahre ans Herz gewachsen war. Der Abschied war für alle bedrückend. Doch Leni war nicht mehr die Jüngste. Mit ihren 63 Jahren fiel ihr die Arbeit zusehends schwer. Außerdem musste sie ihre kranke Schwester in Allenstein pflegen. Sie wollte in deren Wohnung mit einziehen und dort ihren Lebensabend verbringen.

Alle würden die warmherzige Leni vermissen, die eine so patente Hilfe im Haushalt und in der Küche gewesen war.

»Macht's gut, ihr Lieben, es war eine schöne Zeit. Vermissen werd ich euch, ward's doch meine Familie die ganzen Jahr'. Kommt her und lasst euch noch mal drücken. Ei, aber ich freu mich auch auf mein Ausgedinge!« Sie verabschiedete sich von jedem mit Handschlag und Umarmung.

»Was sollen wir nur ohne dich tun, Leni«, seufzte Käthe und drückte die Mamsell ein letztes Mal. »Du warst eine echte Perle. Komm uns doch mal besuchen!« Leni versprach es.

Dann hievte Carl ihren Koffer ins Auto, und sie stieg ein. Carl ließ den Motor an, und als er auf die Hupe drückte, winkte die ganze Familie hinterher.

Von nun an war es Idas Aufgabe, für alle das Mittagessen zu kochen. Aber Käthe hatte das Sagen, denn es war ihr Haushalt und ihre Familie. Sie erstellte den Speiseplan und den Einkaufszettel. In vielen Dingen berieten sie sich jedoch gemeinsam und wechselten sich mit der Arbeit ab, sowohl in der Küche als auch mit den Kindern. Auch Ida hätte gern über alles bestimmt, so wie sie es ihr Leben lang gewohnt war. Doch um des Friedens willen gab sie oft nach und fügte sich. Gern zog sie sich am Abend in ihr gegenüberliegendes Haus zurück.

Der Juni war heiß. Die Hitze war durch alle Ritzen des Hauses gekrochen und erfüllte jeden Winkel. Lediglich im Keller konnte man etwas Abkühlung finden.

Käthe kam mit einer Schüssel Kartoffeln und Zwiebeln hoch in die Küche. In der Kühlkammer hatte sie von einer geräucherten Speckschwarte ein Stückchen abgeschnitten. Sie wischte sich mit einem feuchten Tuch, das über dem gusseisernen Ausgussbecken hing, über Stirn und Hals.

Kurz nach ihr kam Ida angehumpelt. Sie brachte einen Korb Sauerkirschen aus dem Garten mit. »Aber Muttichen, du sollst doch nicht mehr auf die Leiter klettern in deinem Alter«, schimpfte Käthe sanft. »Du könntest abrutschen und dir die Knochen brechen.«

»Ei, so alt bin ich nun auch wieder nicht«, schmunzelte Ida. »Das bisschen Obst ernten werde ich ja wohl noch schaffen. Und du weißt doch, wie die Kinderchen bei der Wärme eine kalte Kirschsuppe lieben.«

»Ei, ja, da werden sie schmatzen. Wollen wir vorher trotzdem noch Keilchen mit Speck machen? Oder lieber Flinsen?«
»Die Männer wollen doch was Herzhaftes. Schließlich arbeiten sie hart, da bekommen wir sie nicht mit Kirschsuppe und Flinsen satt.« Die beiden waren sich einig.

Käthe begann, die Kartoffeln zu schälen, während Ida die Kirschen entsteinte.

Im Radio quäkte eine Stimme: »… nachdem Deutschland im April den deutsch-polnischen Nichtangriffspakt gekündigt hatte … jedoch einen Nichtangriffsvertrag mit Estland und Lettland …« Die Frauen hörten mit halbem Ohr zu. Solcherart Berichte und Kommentare gab es tagein, tagaus.

»Ich kann es schon nicht mehr hören«, sagte Ida. »Aber eines macht mir wirklich Sorgen. Hitler hat sich auf Danzig festgebissen. Und dass Polen eine Aneignung Danzigs an Deutschlands ablehnt und Schwierigkeiten mit dem Korridor nach Deutschland macht, macht den verrückt. Ich sage dir, das bringt nichts Gutes!«

»Mit Böhmen und Mähren hatte er dagegen leichtes Spiel«, warf Käthe ein, während sie den Speck schnitt. Von den Zwiebeln tränten ihr die Augen. »Nun, wir werden es erleben. Wir müssen zusehen, wie das Unglück auf uns zurollt.«

»Mir reicht es schon, wenn Hitler mit seinen Konsorten durch unser Locken rollt, wenn er nach Königsberg fährt«, ächzte Ida. »Und Hunderte stehen an der Straße und winken und jubeln, wenn es bekannt ist …«

»Pst, die Kinder kommen«, mahnte Käthe. Sie wollte, dass die Kinder unbeschwert aufwuchsen und nichts von ihren Sorgen mitbekamen.

Lautes Lachen erfüllte die Diele, als Helga die drei Kleinen hereinbrachte. Sie waren im Garten gewesen, Rudi und Werner hatten in einer Zinkwanne geplanscht. Hinterher sahen sie aus wie die Modderkrebse, sodass Helga sie erst einmal unter den Pumpenschwengel zum Abspülen gestellt hatte. Nun hob sie Martin aus dem Kinderwagen, der gleich in Richtung Küche krabbelte. Sie schnappte sich ein Handtuch und trocknete die größeren Jungen ab.

Martin wehrte sich vehement gegen das Säubern mit einem nassen Lappen und fing an zu schreien.

Käthe seufzte. »Na komm her, mein kleiner Lorbass«, sagte sie. »Du bekommst zuerst etwas, und dann geht's ins Bettchen.« Sie zog sich auf einen Stuhl in der Ecke zurück und legte Martin an die Brust, wo er gierig zu trinken begann.

Inzwischen zog ein köstlicher Duft von gebratenem Speck und Zwiebeln durch die Küche. Die Klöße waren fertig, die mit Mehl angedickte Kirschsuppe stand zum Kühlen im Wasserbad.

Gerade als der Tisch in der Küche gedeckt war, kamen Heinz und Doris aus der Schule nach Hause.

»Hände waschen!«, mahnte Ida die beiden Großen. »Und dann, Heinz, gehst du rüber in die Backstube und holst Vater. Essen ist fertig.«

Nun musste Heinz sich beeilen und konnte sich nicht ausgiebiger der wohlriechenden Seife widmen.

Während Carl sich die Klöße mit Spirkel und Zwiebeln schmecken ließ und in Gedanken bei seinem angesetzten Hefeteig war, den er gleich nach dem Mittagessen ausrollen und zu einem Blech Kirschkuchen verarbeiten wollte, ergriff Käthe das Wort. »Ei, Carl, unsere Runde hier am Tisch ist bis auf die wachsende Kinderschar klein geworden. Wir sind alle froh, dass sich Helga so gut um die Kinder kümmert, aber trotzdem – Leni und Lore fehlen, Vater ist nicht mehr da. Mutterchen ist auch nicht mehr so gut auf den Beinen. Die meiste Arbeit mit dem Vieh und auf dem Feld bleibt an Fritzche hängen.« Sie sah zu Fritz hinüber, der mit großem Appetit aß, bei ihren Worten jedoch anfing zu husten. Er war es nicht gewöhnt, dass man ihn extra erwähnte. »Bald sind wieder die Kartoffeln fällig«, fuhr Käthe fort, »da können wir ein paar der Bauern bitten zu helfen. Aber im Haus schaffe ich es mit Mutti nicht mehr allein. Denk einmal allein an die viele Wäsche.« Carl kaute weiter an seinen Keilchen, die vorzüglich schmeckten. Sie waren genau richtig abgeschmeckt und hatten eine gute Konsistenz. »Aber im Laden habt ihr Frau Schimmelpfennig vergessen«, wandte er ein und langte nach der Schüssel mit der kalten Kirschsuppe. »Ei, sie ist aber nur stundenweise da.« Ida beeilte sich, Käthe beizupflichten. »Das meiste machen Käthe und ich allein.«

Carl war nun satt und hatte sich lange genug das Lamentieren der beiden Frauen angehört. »Ich merke schon, ihr gebt keine Ruhe! Jetzt hört auf, einen Flunsch zu ziehen«, schmunzelte er. »Wir werden uns umhören, woher wir ein neues Dienstmädchen bekommen. Eine, die zu uns passt.« Die letzten Worte hatte er vielsagend in Richtung Käthe und Mutter gesagt. In Gegenwart von Helga versuchten sie, möglichst wenig über Politik zu reden. Und in diesen Zeiten musste man aufpassen, was man sagte.

Die Ernte des Sommerweizens wurde im August eingefahren. Nachdem das Korn gedroschen worden war, hatte Carl einen Teil zur Mühle gefahren, um die Speicher mit den Mehlsäcken aufzufüllen. Das Wichtigste für einen Bäcker war, dass Korn- und Mehlkammer immer gut gefüllt waren.

Am Abend des 1. September, die Kinder waren bereits zu Bett gegangen und Helga wachte über den Schlaf der Kleinsten, saß er mit Käthe auf der hölzernen Gartenbank. Die Hausmauer im Rücken strahlte Wärme ab.

Carl zündete sich eine Zigarre an. Sie liebten beide diese kurze gestohlene Stunde im Garten nach getaner Arbeit, bevor die Sonne unterging und bevor es noch dies oder das aufzuräumen galt oder Carl Geschäftliches zu erledigen hatte. Oft genug hatte er Versammlungen der Freiwilligen Feuerwehr oder traf sich mit dem *Bananenklub* im Wirtshaus.

Käthe schaute auf ihre Rosen, die zum zweiten Mal in diesem Jahr üppig in verschiedenen Rottönen blühten, und lehnte sich an ihren Mann. Sie mochte seine starke Schulter und den männlichen Duft nach Zigarre. Und obwohl Carl hart arbeitete, war er stets ein gepflegter Mann, immer gut gekleidet, sauber rasiert und ordentlich frisiert. Er hielt auf sich.

Der nahe Hühnerstall, der Schweine-, Kuh- und Pferdestall verströmten ihre eigenen Gerüche nach Land. Die warme Luft duftete nach reifem, süßem Obst und ein wenig nach Dung und Mist. Irgendwie roch es friedlich. Hier und da sang ein Abendvogel, am Ufer der Locke quakten die Poggen.

Die Schwalben kreisten im Tiefflug über den Feldern. Würde das Wetter umschlagen?

Quietschend öffnete sich das schmiedeeiserne Gartentor.

Ida kam mit Hedwig und Paul Kroll heran, sie machten alle drei finstere Gesichter. Ida führte das Taschentuch an die Augen. Hatte sie etwa geweint? Was hatte das zu bedeuten? Carl und Käthe sahen sich erschrocken an.

»Was ist denn los, was macht ihr für Gesichter an solch einem schönen Sommerabend?«, versuchte Carl, sie aufzumuntern. Aber der Scherz blieb ihm im Halse stecken.

»Erbarmung! Sie haben es in den Nachrichten verkündet«, sprach Ida mit Grabesstimme. Ihre Hände zitterten. »Hitler hat Polen beschossen. Angeblich hätten polnische Soldaten den Rundfunksender Gleiwitz überfallen. Das soll der Grund sein, pah! Von einem Schiff haben sie geschossen, direkt auf Danzig. Erbarmung! Und dann fielen Bomben!«

Mit Idas Fassung war es gänzlich vorbei. Sie schluchzte

ungehemmt.« Wir haben Krieg! Das, was wir schon die ganze Zeit geahnt und befürchtet haben, ist jetzt eingetreten.«

Carl und Käthe waren bestürzt aufgesprungen. Alle Farbe war aus ihren Gesichtern gewichen. Ida wurde links und rechts von Hedwig und Paul gestützt. Käthe fasste sich ans Herz. Ihre Knie wurden weich.

»Kommt alle mit rein, das muss ich selber hören!«, entschied Carl.

Eine Wolke hatte sich vor die Sonne geschoben. Schlagartig wurde es dunkel.

Alle hatten sich um den Volksempfänger in der Wohnstube geschart. Wohl zum wiederholten Male an diesem Abend ertönte die Stimme des Führers: »Polen hat heute Nacht zum ersten Mal auf unserem eigenen Territorium auch mit bereits regulären Soldaten geschossen. Seit 5.45 Uhr wird jetzt zurückgeschossen! Und von jetzt ab wird Bombe mit Bombe vergolten!«

»Nun hat er Danzig«, sagte Käthe matt. »Aber das wird ihm nicht genügen. Wir können nur hoffen, dass nach Polen Schluss ist.«

Hedwigs Stimme bebte, als sie sagte: »Das bedeutet Krieg. Und wir haben doch schon einen Krieg erlebt. Erbarmung! Der war so furchtbar. Denkt nur an die Schlacht bei Tannenberg 1914 gleich hier in der Nähe. Es gab 150.000 tote Deutsche. Und viele Leute mussten ihre Häuser und ihr Land verlassen, um vor den Russen zu fliehen. Die haben alles niedergemetzelt.«

»Nun wartet erst mal ab.« Carl versuchte wie immer, die Ruhe zu bewahren, obwohl es ihm in diesem Moment schwerfiel. »Vielleicht geht es diesmal nicht um Russland. Der will bestimmt nur das polnische Land in Deutschland wiederhaben.«

Alle wollten es nur zu gern glauben. Zu nah wohnten sie an Russlands Grenzen. Carl stand auf und holte die Flasche

Korn aus dem Büfett in der Wohnstube, die halb voll war. Auf diesen Schreck leerten sie sie bis zur Neige, sonst hätten sie in dieser Nacht kein Auge zugetan.

Das Wochenende verbrachten Carl und Käthe in ungläubiger Starre. Sie funktionierten so wie immer, doch kein Spaß, kein Lächeln wollte ihnen gelingen. Angst umgab sie wie ein unsichtbarer Schleier.

Das Telefon klingelte.

»Käthe, was sagst du dazu«, fragte Anna besorgt ihre Tochter.

»Ach, Muttichen, wir können nur hoffen und zum Herrgott beten, dass es nicht so schlimm wird und bald vorbei ist!«

»Ja, mehr bleibt uns auch gar nicht übrig. Nur Hoffen und Beten.« Anna klang traurig. »Wir sollten uns bald wieder sehen. Kommt doch nach Erntedank mal vorbei. Ich lade Tuta und Lottchen mit ihren Familien auch ein.«

»Oh ja, Mutti, das machen wir. Die Kinder werden sich auch freuen!« So verabschiedeten sie sich.

Pfarrer Erdmann erwähnte in seinem Gottesdienst am Sonntag so etwas wie »deutsche Verwirrungen« und dass »der friedliche Gedanke siegen« würde. Aber ein richtiger Trost war das für die wenigsten.

Auch am nächsten Montag rührten beim Frühstück alle trübe in ihrem Kaffee. Käthe hatte den Tisch wie immer gedeckt und die Schulbrote für Heinz und Doris in die Brottaschen gepackt. Mit einem Abschiedskuss verabschiedete sie die beiden an der Tür. Sie war nicht in der Lage, etwas vom Krieg zu erwähnen. Es schnürte ihr die Kehle zu. Die Kinder sollten ihr schönes friedliches Leben behalten. Die Lehrer in der Schule und auch die Mitschüler würden schon dafür sorgen, dass Heinz und Doris über alles informiert nach Hause kämen.

Die drei Kleinen waren fröhlich wie immer. Nur Helga war

ebenfalls bedrückt. »Frau Kühnapfel, ich habe Angst, dass daheim etwas geschehen könnte. Darf ich dann nach Hause fahren?«

»Natürlich, Helga. Aber wir warten erst einmal ab. Vielleicht wird ja alles gar nicht so schrecklich. Oder es ist in vier Wochen wieder vorbei.« Hoffentlich behalte ich recht, dachte Käthe. Sie nahm das junge Mädchen in die Arme, das in diesen Zeiten so weit von zu Hause fort war.

»Du kannst mit allem zu mir kommen, Helga, gehörst doch fast zur Familie. Hier auf dem Land bist du wahrscheinlich zurzeit sogar besser aufgehoben als in Hamburg.« Helga schluckte ihre Tränen hinunter und nickte. Sie fühlte sich wohl bei den Kühnapfels, und es gab ein Telefon. Ihre Mutter hatte schon einige Male angerufen.

»Ruf mal Jette. Wir werden uns in die Arbeit stürzen. Gleich setzen wir einen Kessel mit Wasser auf und machen Wäsche! Das Wetter ist schön, sodass wir draußen auf der Wiese bleichen können.« Jette, ein junges Mädchen aus Worleinen, war seit einem Monat ihr neues Dienstmädchen. Sie kam aus einem großen Haushalt mit Bauernhof und konnte Fritz in der Viehversorgung unterstützen. Sie konnte melken und kannte sich mit frisch geschlüpften Enten, Hühnern, Gänsen und Kaninchen aus. Auch in der Küche war sie unentbehrlich geworden.

Die Sonne schien warm und freundlich vom Himmel, als wäre die Welt in Ordnung.

In Locken merkte man, dass sich eigentlich zunächst durch den Krieg gar nichts änderte. Alle gingen ihrer Arbeit nach, die Kinder in die Schule, sonntags war Gottesdienst. In den vier Gastwirtschaften trank man abends seine Tulpche Bier oder ging zur Versammlung. Dass dort an den Tischen überwiegend Braunhemden saßen mit der Hakenkreuzbinde am Ärmel – an diesen Anblick hatte man sich längst gewöhnt. Dabei waren es an den Tischen weniger Männer geworden, denn einige waren zum Kriegsdienst eingezogen worden oder hatten sich freiwillig gemeldet.

Wären nicht die Nachrichten im Radio, hätte man den Krieg verdrängen können. Der fand anderswo statt, nur nicht in Deutschland, und schon gar nicht in Ostpreußen.

»Käthe, am Sonnabend ist Erntedankfest«, erinnerte Carl am Mittwoch seine Frau.

»Ach ja, Carl. Da müssen wir hingehen. Am Schwarzen Brett steht, dass alle Mütter mit vielen Kindern in den Krug vom Kalmus eingeladen sind. Ich kann mir denken, warum.«

Carl nahm sie in die Arme. »Du bekommst eine Auszeichnung, weil du fünf Kindern das Leben geschenkt hast!«, sagte er stolz.

Käthe zog ihr neues Kleid an, das sie sich im Sommer in Osterode im *Konfektionsgeschäft Thiel* von der Stange gekauft hatte. Es war tannengrün und hatte einen plissierten Rock, der bis zum Knie ging. Carl wäre es zwar lieber gewesen, sie wäre in Locken zum Schneider gegangen, aber der nahm inzwischen zu viel Geld. Seitdem er keine Sparpreise mehr mit den fahrenden Juden aushandeln konnte, musste er zu viel für die Stoffe ausgeben. Das legte er auf die Kunden um.

Die Auszeichnung in Form des Mutterkreuzes wurde den 18 aufgerufenen Frauen auf einer improvisierten Bühne von Ortsgruppenführer Siefke umgehängt. Ausgerechnet der, dachte Käthe leicht verärgert, als sie nach vorne ging. Die Sache mit der Denunzierung im Schaukasten vor ein paar Jahren hatte sie nicht vergessen.

Auch Mutter Ida hatten sie dazu bewegen können, untergehakt mit ihnen ins Wirtshaus zu gehen. Die Auszeichnung von Käthe wollte sie sich nicht entgehen lassen.

Käthe bekam das Mutterkreuz in Bronze. Es wurde von einem dicken blauen Hakenkreuz geziert. Auf der Rückseite stand eingraviert: »16. Dezember 1938«, darunter prangte der Namenszug von Adolf Hitler. Als Käthe mit dem Kreuz am blauen Band um den Hals an ihren Tisch zu Carl und Ida zurückkehrte, kam sie sich vor wie auf dem Pferdemarkt in Osterode, wo die besten Zuchtstuten mit einem Preis ausgezeichnet wurden.

Carl drückte stolz Käthes Arm, während der Saal klatschte. Zum Glück fing in diesem Moment die Kapelle an zu spielen, sodass er Käthes Worte nicht mehr vernahm: »Das ist doch bloß wieder eine Masche von Hitler, um die Frauen fürs Muttersein zu ködern, damit sie noch mehr Kinder kriegen!« Sie sah auf das blaue Band hinunter. Es passte überhaupt nicht zu ihrem schicken tannengrünen Kleid.

~⊕~

Die Autotür flog zu. Knatternd ließ Carl den Motor an. Aufgeregt schabbernd saßen die Kinder hinten im Fond. Carl und Käthe, die den einjährigen Martin auf dem Schoß hielt, vorn. Inzwischen war es schwierig geworden, dass alle sich gemeinsam ins Auto quetschten.

»Ich freue mich so auf Oma und Opa«, rief Rudi fröhlich.

»Ja, aber mach dich mal nicht so dick hier«, konterte Heinz, mit seinen neun Jahren der Große, und verteidigte seinen Platz mit den Ellenbogen.

Zum Glück dauerte die Fahrt nach Koschainen nur eine gute Stunde. Sie waren alle zum Schlachtfest eingeladen.

Als der Hanomag hielt, atmete Käthe auf. Sie öffnete die Wagentür und stieg mit Martin aus. »Ei, wie schön ruhig es hier doch ist!«, rief sie. Ein paar Hühner liefen laut gackernd über die Straße. Die Kinder kicherten und stritten, wer als Erster aus dem Auto klettern durfte.

Anna, die hinter der Gardine gewartet hatte, kam sogleich angelaufen. »Käthchen, endlich! Lass dich drücken, mein Marjellchen! Und ihr kleinen Scheißerchen seid aber groß geworden!« Sie herzte und küsste die Kleinen.

»Kommt nur herein, ihr Lieben! Zum Glück ist der Schlachter mit der schwierigsten Arbeit fertig. Die Schweine hängen schon.« Zufrieden führte sie die Gäste hinein.

»Dürfen wir zugucken, Omichen?« Rudi war neugierig. Es interessierte ihn, was mit den Schweinen geschah.

»Aber nur kurz, Kinder. Wir dürfen den Schlachter nicht stören. Er hat noch eine Menge zu tun, da muss jeder Handgriff sitzen.« Anna führte Heinz, Doris und Rudi in die Waschküche nach unten, wo es blutig herging. Die kleinen Kinder brachte Käthe zum Spielen in die Stube. Sie mussten das grausige Handwerk des Schlachters noch nicht mitbekommen.

Tatsächlich war Franz Bräsicke gerade dabei, ein Schwein auszunehmen. Er hatte die Gedärme herausgenommen und in eine Zinkwanne zum Ausspülen gelegt und machte sich dann an Leber, Lunge und Nieren. Der Fleischbeschauer war da und untersuchte die Organe mit einem Mikroskop nach Krankheiten und Seuchen, zum Beispiel auf Trichinen. »Kommt mal her, ihr kleinen Racker. Ihr dürft durch das Mikroskop schauen.« Aber viel zu sehen war für die Kinder nicht.

Als der Bräsicksche die Säge ansetzte, mussten sich Rudi und Doris die Augen zuhalten. Doch Heinz guckte fasziniert zu, wie das Fleisch samt Knochen zerteilt wurde.

Interessanter war, was mit der Schweinsblase geschah, die wie ein Luftballon aufgeblasen wurde. Das sah lustig aus, und alle lachten. Da hinein würde später die Sülzwurst kommen.

Hugo und Anna hatten einige Frauen und Männer zum Helfen aus dem Dorf geholt. Bruno, der inzwischen die Oberhand über den Gasthof und die Landwirtschaft hatte, bereitete gerade den Fleischwolf vor und hatte wenig Zeit, die Gäste zu begrüßen. Auch Hugo rief nur von Weitem eine Begrüßung. Er trug wie alle anderen eine weiße blutbespritzte Gummischürze und Gummistiefel.

Nach jedem Arbeitsgang gab es zwischendurch ein Schnapsche. Das hob die Stimmung.

In der Küche begann Erna sofort mit der Fleisch- und Wurstverarbeitung. Frisches Wellfleisch, Blut- und Leberwurst standen heute Abend auf der Speisekarte in der Wirtschaft.

»Und bekommen wir auch Schwarzsauer?« Rudi hatte in der Küche den leckeren Duft nach Gewürzen und Zwiebeln wahrgenommen, die diese Suppe ausmachten.

»Aber ja, Rudichen, das gehört doch dazu! Und ihr dürft so viel Zitronenlimonade trinken, wie ihr nur wollt!« Anna nahm ihren Enkel auf den Arm und küsste ihn zärtlich auf das Blondhaar. »Schwer bist du geworden, kleiner Lorbass.«

»Ei, Omichen, ich bin ja auch schon vier!« Der Rudi war ein besonders aufgeweckter und hübscher Junge.

Während in der Küche gewerkelt wurde, saß die Familie bald am Mittagstisch. Auch wenn das Schlachten mit dem köstlichen Essen hinterher eine fröhliche Angelegenheit war – diesmal konnten sie sich dem nicht unbeschwert hingeben.

Die dunkle Wolke des Krieges schwebte über ihnen.

Nach dem Essen wurden Heinz und Doris zum Spielen nach draußen geschickt. Sie machten sich gleich auf die Suche nach anderen Dorfkindern. Rudi, Werner und Martin wurden zum Mittagsschlaf in die Schlafstube gebracht.

Hugo, Carl, Bruno, Anna und Käthe setzten sich in den Garten auf die Holzstühle. Es war Anfang Oktober und recht kühl.

»Ich werde mir eine Jacke holen, Muttichen.« Käthe ging schnell hinein und holte ihre Strickjacke aus dicker Schafswolle.

Die Herren pafften eine Zigarre, das Glas Bier vor sich.

»Man kann nur hoffen, dass die anderen Länder Hitler kräftig entgegentreten und er den Krieg bald beenden muss«, eröffnete Hugo das leidige Thema.

»Er hat doch hier und da Nichtangriffspakte geschlossen. Die kann er nicht einfach umgehen.« Auch Carl versuchte, ihnen Mut zu machen.

Anna und Käthe wollten nicht mehr über den Krieg reden. Das Leben musste schließlich weitergehen. Es gab viel zu tun. Die Gastwirtschaft, die Bäckerei, die Läden, das Land, das Vieh und die Kinder forderten ihr tägliches Recht. Da musste man schaffen und konnte sich keinen trüben oder gar ängstlichen Gedanken hingeben.

Vor dem Haus ertönte lautes Gehupe. Da kam Tuta mit ihrer Familie angefahren. Kurze Zeit später traf auch Lottchen mit ihren Lieben ein. Beide hatten inzwischen einen kleinen Sohn bekommen.

Die Begrüßung der drei Schwestern war herzlich.

»Wir haben uns lange nicht gesehen«, rief Käthe glücklich aus, als sie die beiden in die Arme nahm.

»Ja, große Schwester, du hast so viel mit der Bäckerei und den Kindern zu tun!«

»Wie viele sind es inzwischen, fünf? Oder habe ich das sechste verpasst?«, scherzte Tuta. »Man kommt bald mit dem Zählen nicht hinterher. Wenn ihr so weitermacht, könnt ihr eine ganze Schulklasse mit dem Namen Kühnapfel benennen.«

Ei, so waren sie, ihre Schwestern. Käthe musste schmunzeln. »Und stellt euch mal vor, Tuta, Lotte. Was haben sie mir zum Erntedank um den Hals gehängt?« Sie rollte mit den Augen.

»Das Mutterkreuz!«, kam es wie aus der Pistole geschossen. Alle lachten und prusteten. Käthe seufzte. So schön und unbeschwert war es nur zu Hause. Es erinnerte sie an die glückliche Kindheit, als sie alle gemeinsam in Koschainen aufgewachsen waren.

17.

1940

»Au!« Käthe hatte sich am heißen Bügeleisen verbrannt. Instinktiv nahm sie ihren Zeigefinger in den Mund, lutschte daran und pustete. »Carl, ich glaube, meine Augen wollen nicht mehr so. Bei diesem Funzellicht schon gar nicht!«

Carl, der über seinen Büchern am Tisch saß, sah zu Käthe hinüber, die sich am Bügelbrett mit seinen Kitteln und Hemden abmühte. »Es ist aber auch schon wieder spät geworden, mein Liebchen. Der Tag war lang. Kein Wunder, dass du vor Erschöpfung nichts mehr siehst.«

»Ich habe es gleich geschafft. Nur noch diese zwei Schürzen hier, dann ist genug für heute. Aber schön, dass die Kinder schon schlafen. Und nicht einer ist heute noch mal rausgekommen!« Käthe lächelte.

»Ich mache auch gleich Feierabend. Aber diese Bestellungen hier müssen unbedingt morgen raus. Die reden zwar von einem Blitzkrieg, der bald wieder zu Ende sein soll, aber ich traue dem nicht. Deshalb mache ich eine Großbestellung an Kolonialwaren und Backzutaten. Reis, Kaffee, Zucker, Tabak, Kakao, Zigarren, Tee – was wir haben, haben wir. Wer weiß, ob wir noch etwas bekommen, wenn die Welt bald nicht mehr gut auf Deutschland zu sprechen ist.«

»Das ist sehr weitsichtig von dir, Carl! Hast du auch an Gewürze gedacht? Salz, Pfeffer, Kümmel, Anis?«

»Hab ich. Auch die Mandeln, die Rosinen und den Mohn habe ich nicht vergessen!«

Käthe war froh, dass sie so einen fleißigen und vorausschauenden Mann hatte.

Im Kachelofen knackten die letzten Holzscheite für diesen Tag, die Kohlen waren verglüht. Draußen hingen die Eiszapfen an den Fensterläden. Es war ein kalter Februar.

»Morgen ist Sonnabend. Hast du nicht Lust, nach der Arbeit den Schlitten anzuspannen? Wir könnten eine Runde drehen. Die Kinder würden sich freuen.«

»Ja, du hast recht. Das haben wir in diesem Winter noch gar nicht geschafft. Nun lass uns aber erst in die Federn kriechen, denn du weißt ja, um 3 Uhr klingelt der Wecker!«

Käthe räumte noch schnell das Bügelbrett und die Wäsche weg. Carl machte seine Bestelllisten fertig für den Postversand. Dann huschten sie leise ins Schlafzimmer, wo der einjährige Martin in seinem Kinderbettchen schlief.

»Wenn sie schlafen, sind sie die Liebsten«, flüsterte Käthe.

»Ja«, entgegnete Carl, »keiner kraalt, keiner streitet, keiner macht Dummheiten. Herrlich!« Sie kicherten und ließen sich in die Kissen sinken. Carls Hand wanderte unter Käthes Bettdecke.

Als er am nächsten Tag um 12 Uhr den Laden abgeschlossen hatte, ging er gleich hinüber zu Fritz und bat ihn, die Pferde anzuspannen und den Schlitten mit Fellen und Decken auszustatten. Die Kufen hatte Fritz schon zu Winterbeginn vom Rost befreit, nun würde er sie noch einmal nachfetten.

»Heinz, Doris!« Carl ging ins Kinderzimmer, wo die Kinder spielten. »Wir fahren heute nach dem Mittagessen mit dem Schlitten aus. Ihr dürft euch anziehen und schnell in der Nachbarschaft Bescheid sagen. Wer von euren Freunden einen Schlitten hat, darf ihn an unseren dranhängen und mitfahren.«

»Ei fein, Papichen«, jubelte Heinz und lief gleich zur Diele, wo seine Jacke, Schal und Mütze hingen.

»Nimm Doris mit!«, rief Carl ihm hinterher. »Die Kinder sollen um 14 Uhr vor dem Haus sein!«

Nach dem Mittagessen und anschließendem Abwaschen und Aufräumen machten Käthe und Helga die Kinder fertig und zogen sie warm an. Es war ein klarer, kalter, aber freundlicher Wintertag. Als sie alle gemeinsam vor das Haus traten, hatte sich eine kleine, aufgeregt schnatternde Kinderschar mit ihren Schlitten versammelt. Carl hatte inzwischen den großen Schlittenwagen begutachtet und letzte Handgriffe angelegt. Die Kufen glänzten. Dann hieß er seine Familie einsteigen. Fritz half allen dabei, sich die warmen Decken umzulegen.

»So, ihr kleinen Lorbasse!«, wies Carl die Nachbarskinder an. »Jetzt gibt mir jeder das Seil von seinem Schlitten, ich binde ihn hinten an unserem an, und dann haltet euch gut fest!«

Die Kinder jubelten voller Vorfreude. Auch die beiden Fischer-Kinder waren dabei. Ihrer Familie ging es nach dem Brand inzwischen wieder gut. Nachdem sie zuerst einige Zeit bei Ernsts Bruder untergekommen waren, hatten sie nun im letzten Jahr ein eigenes, kleines neues Haus errichten können.

Sie hatten zum Glück einige Ersparnisse auf der Bank gehabt. Das Korndreschen brachte etwas ein.

Kaum saßen sie alle bereit auf ihren Schlitten, ging die Fahrt los.

Carl saß mit Fritz vorne auf dem Kutschbock. Käthe, Ida, Helga und die fünf Kinder hatten gerade so im großen Schlitten Platz.

Die Krollschen winkten lachend hinterher.

Die Fahrt führte zunächst die Landstraße Richtung Worleinen hinunter, dann bogen die Männer rechts in Richtung Wald ab. Die Pferde, mit ihren Glöckchen um den Hals, liefen in einem gemächlichen Trab durch die verschneite Winterlandschaft, die Kinder hinten auf ihren angebundenen kleinen Holzschlitten lachten und jubelten. Sie mussten sich ordentlich festhalten, um in einer Kurve nicht abgeworfen zu werden.

»Vielleicht sehen wir einen Elch«, sagte Käthe zu ihren Kindern. »Passt nur gut auf, ob einer hinter den Bäumen hervorschaut!« Die Kinder machten große Augen.

Als es um 15 Uhr langsam begann, dunkel zu werden, kehrte der Schlitten um und hielt alsbald vor der Bäckerei. Das Haus war schon beleuchtet und strahlte wohlige Heimeligkeit aus.

Während sich die Kinder den Schnee von den Kleidern klopften, band Carl die Schlitten los.

Da trat Jette mit einer großen Kanne Tee vor das Haus und bot den durchgefrorenen Kindern einen Becher zum Aufwärmen an. Dazu durften sie sich noch ein paar Butterplätzchen aus der Keksdose nehmen.

Artig gaben die Dorfkinder Carl zum Abschied die Hand und bedankten sich. Dieser Ausflug hatte allen viel Spaß gemacht, und sie würden ihn so schnell nicht vergessen.

Bereits im Juni war es wieder heiß. Die Störche in ihren Nestern hatten eifrig zu tun, ihre drei bis vier Jungen zu füttern. Frösche fanden sie an den feuchten Seegebieten und auf den Feldern reichlich. Es sah lustig aus, wenn ein Storch über ein Feld stakste, das gerade ein Pflug bearbeitet hatte. Immer hinterher hüpfte der Storch in den frischen Furchen, denn hier konnte er sich schnell eine Feldmaus schnappen.

Käthe stand mit hochgekrempelten Hosen in der Locke und spülte die Wäsche. Danach wrang sie die Betttücher und Handtücher kräftig aus und legte sie auf die Wiese. Nach ihrer Erfahrung hatte die Rasenbleiche die Wäsche immer noch am besten weiß bekommen.

»Doris«, rief sie hinüber zu den Kindern, die an der Schaukel spielten. »Hol dir die Gießkanne und fülle sie an der Pumpe. Sobald die Wäschestücke trocken sind, besprengst du sie vorsichtig mit Wasser!«

»Ja, Mutti!« Doris kannte den Vorgang, der sich jeden Sommer wiederholte, sobald die Sonne heiß vom Himmel schien.

»Und Rudi und Werner, ihr holt euch einen Stock und jagt mir die Gänse fort. Nicht, dass die auf meiner frischen Wäsche einen Kacks machen!« Rudi und Werner rannten in den Schuppen, wo sie ihre Stecken vorbereitet hatten. Sie waren stolz auf diese Aufgabe. Die Gänse watschelten schließlich überall auf dem Hof herum, und wenn man nicht aufpasste, konnten sie die saubere Wäsche verderben.

Nachdem sie einen Teil der Kinder beschäftigt hatte, bekam Heinz die Aufgabe, sich um den Jüngsten, den anderthalbjährigen Martin, zu kümmern.

Sie selber band sich eine bunt gemusterte Schürze um und ging hinüber zum Feld, um Jette und Helga beim Buddeln der Frühkartoffeln zu helfen.

Zum Abendbrot stand eine große Schüssel mit Rührei auf dem Tisch, bestreut mit jungem Schnittlauch. Dazu gab es das frisch gebackene Kümmelbrot aus Sauerteig, das alle so mochten. Ida hatte für die Kinder natürlich auch wieder Klunkermus zubereitet, es war unentbehrlich.

Sie langten kräftig zu, die frische Luft hatte hungrig gemacht. Draußen ratterte plötzlich lautstark eine Kolonne Autos vorbei. Es waren schwere Fahrzeuge der Wehrmacht, die die Durchfahrtstraße nutzten, die direkt am Wohnzimmerfenster der Familie Kühnapfel vorbeiführte. Die Fensterscheiben vibrierten. Heinz und Rudi sprangen vom Küchentisch auf.

»Papi, dürfen wir schnell mal rüber zum Fenster laufen und gucken?«

»Ja, geht nur!« Carl war selber neugierig geworden und ging mit den Kindern hinüber in die Wohnstube und schaute hinaus. Etwa 15 Fahrzeuge der Marken Wanderer und Mercedes fuhren vorbei, mittlere Pkw und auch Lkw, alle mit mehreren Männern besetzt.

»Wo die nur hinwollen?«, fragte Käthe erstaunt. Die Sache war ihr nicht geheuer.

»Vielleicht nach Königsberg? Oder ich habe noch eine Idee. Da sollen doch in Rastenburg die *Chemischen Werke Askania* gebaut werden. So stand es in der Zeitung. Vielleicht schauen die da nach dem Rechten«, glaubte Carl zu wissen.

»Meinst du? Die haben mit dem Krieg zu tun, warum sollten sie sich für den Aufbau eines Werkes interessieren?« Käthe wunderte sich. Irgendetwas war an der Sache seltsam.

Carl rieb sich das Kinn. Morgen früh würde er sich dringend rasieren müssen. »Irgendwas ist da im Busch, Käthe. Umsonst fährt die Wehrmacht nicht in den östlichen Norden. Ich werde vorsichtig im *Bananenklub* nachfragen, ob die was gehört haben.«

»Willst du nicht erst zu Ende essen, Carl?« Käthe seufzte. Es gab immer einen Grund für ihren Mann, ins Wirtshaus zu gehen. »Und ihr auch, Kinderchen, zurück an den Tisch!« Sie klatschte in die Hände.

Carl setzte sich wieder. Es war besser, sich vor einem Schnapsche am Stammtisch ordentlich zu stärken. Und das Rührei hatten die Frauen sehr gut zubereitet, ordentlich mit Spirkel und Zwiebeln, so wie er es mochte. Die Kinder schabberten aufgeregt durcheinander. »Habt ihr die großen Wagen gesehen? Papa, was waren das für welche?« Rudi war ganz aufgeregt.

»Ich glaube, die Marke heißt Wanderer. Die nehmen sie fürs Militär. Aber nun esst, Kinder, es ist noch genug da!«

Als die Sommerferien begannen, packten Heinz und Doris ihre Rucksäcke. Sie durften mit der Eisenbahn nach Koschainen zu Oma und Opa fahren. Stolz verabschiedeten sie sich von ihren jüngeren Geschwistern.

»Och Mutti, ich möchte auch mitfahren«, quengelte Rudi.

»Vielleicht im nächsten Jahr. Du musst erst noch ein bisschen wachsen«, sagte Käthe und strich ihm über den Blondschopf.

»So, meine beiden Großen, auf geht's! Einsteigen bitte!« Carl hielt für Heinz und Doris die Wagentür auf. Die beiden kletterten auf die Hintersitze, und Carl gab Gas. Die Kinder winkten aus dem Fenster des Hanomag, solang, bis Mutti und die Geschwister nicht mehr zu sehen waren.

Am Bahnhof Kämmersdorf wartete Carl mit den beiden, bis der Zug mit dampfender Lok einfuhr. Er gab jedem seine Fahrkarte in die Hand.

»Denkt daran, schön aufpassen und in Maldeuten aussteigen! Dort holt euch Oma Anna ab!«, ermahnte er die Kinder.

»Guckt bei jeder Station aus dem Fenster, wo ihr seid!«

»Ja, Papichen, machen wir«, sagte Doris. Sie war für ihre acht Jahre schon sehr vernünftig.

»Und grüßt mir die Großeltern schön!«

»Machen wir, Papa!«

Als der Zug sich mit einem lauten Tuten in Bewegung setzte, winkte Carl noch mit dem Taschentuch hinterher. Es war das erste Mal, dass Heinz und Doris allein nach Koschainen fuhren. Hoffentlich würde alles klappen.

Die Kinder indes schauten aus dem Fenster des Abteils. Die Landschaft flog an ihnen vorbei. Allein zu verreisen, war ein neues, großartiges Gefühl. Sie fühlten sich schon sehr erwachsen.

»Wollen wir etwas essen, Heinz?« Doris kramte in der Vordertasche ihres Rucksackes. Von Mutti hatten sie einen kleinen Proviant mitbekommen. Jeder hatte ein Päckchen mit einem Butterbrot und einem gekochten Ei dabei. Sie packten beide aus, pellten umständlich die Eier ab und begannen zu essen.

»Die Fahrkarten bitte!« Der Schaffner erschien.

Heinz und Doris rutschten aufgeregt auf den Holzbänken herum. Wo hatten sie nur die Fahrscheine hingelegt?

»Na, ihr beiden? Wo sind denn eure Fahrkarten?«, fragte der Schaffner, als er bei ihnen angekommen war. Doris war ganz blass geworden und wurde unruhig. Wo hatte sie nur die Fahrkarten gelassen? Heinz hatte ihr seine auch anvertraut.

Aber ein Glück, da lagen sie ja – unter der hölzernen Sitzbank. Durch das Herumkramen im Rucksack waren sie heruntergefallen. Der Schaffner lochte die Karten mit seiner Zange. »Na, dann esst mal schnell auf, ihr beiden. Nach zwei Stationen müsst ihr aussteigen!«, wies er die Kinder an.

Bald hatten sie Maldeuten erreicht und kletterten aus dem Zug.

»Ei, Omichen, Omichen!« Freudig rannten sie auf Anna zu, die ihre Enkel in die Arme schloss. Sie hatte es sich nicht nehmen lassen, mit Paul und dem Fuhrwerk zum Bahnhof zu fahren, um sie persönlich abzuholen.

Sie freute sich, dass sie in den Ferien Heinz und Doris betreuen durfte. So kamen die Kinder mal raus. Anna war inzwischen weit über 60 und wollte sich nun mehr auf ihr Ausgedinge zurückziehen. Seit Bruno die Wirtschaft führte, hatte sie wenigstens hier weniger Arbeit.

»Ei, meine beiden Rackerchen«, rief sie aus, »da seid ihr ja endlich! Lasst euch drücken. Und gewachsen seid ihr auch schon wieder. Nun erzählt doch mal, wie war die Fahrt? Und was macht die Schule?«

Heinz und Doris erzählten.

Zu Hause im Gasthof in Koschainen angekommen, griff Anna zum Telefon. »Jetzt müssen wir erst der Mutti Bescheid geben, dass ihr gut angekommen seid. Das habt ihr nämlich sehr gut gemacht, meine beiden Großen. Ich bin sehr stolz auf euch«, sagte sie.

Als sie eine Verbindung nach Locken hatte, war Käthe am anderen Ende erleichtert. »Endlich! Da fällt mir ein Stein vom Herzen, Mama«, seufzte sie. »Ich bin schon die ganze Zeit um das Telefon herumgeschlichen und habe auf euren Anruf gewartet. Irgendwie kommt man zurzeit wohl nicht mehr so gut durch. Aber nun ist ja alles gut. Sind beide wohlauf?«

»Ja, Käthe, alles in Ordnung. Mach dir keine Sorgen. Die Kinder werden eine schöne Zeit hier haben!« Zufrieden beendeten sie das Gespräch, nicht ohne die besten Wünsche und Grüße hinterlassen zu haben.

In der ersten Ferienwoche hatten sich Heinz und Doris mit den Kindern des Dorfes angefreundet. Von früh bis spät spielten sie draußen auf den Höfen oder im Wald. Sie halfen mit, die Tiere zu versorgen, und freuten sich besonders über die jungen Kätzchen oder die winzigen Entenküken. Oft gingen sie für Oma im Wald Heidelbeeren pflücken oder Brennholz sammeln.

»Ei, Kinderchen, wir machen morgen einen Ausflug«, sagte Anna eines Abends, während sie ihr Klunkermus aßen. »Der Opa kommt mit.« Hugo nickte bedächtig. Er war schon ein Weilchen nicht mehr herumgekommen.

»Wo fahren wir denn hin?«, wollte Heinz neugierig wissen.

»Ja, wohin, wohin?«, rief auch Doris.

Anna machte ein geheimnisvolles Gesicht. »Wir fahren zum Oberlandkanal. Da gibt es Schiffe, die können nicht nur im Wasser, sondern auch auf dem Land fahren!«

Ungläubig starrten die Kinder sie an. »Ei, was, das gibt es doch gar nicht. Omichen, du flunkerst!«, rief Doris. »Ihr werdet schon sehen, Kinderchen!« Anna plinkerte und freute sich über die erwartungsfrohe Spannung.

Am nächsten Morgen nach dem Frühstück ging es los. Das Fuhrwerk stand bereit. Mit einem lauten »Hüh!« von Kutscher Paul starteten sie in Richtung Elbing. Es war ein heißer Sommertag, die Luft flirrte. Sie hielten an einer Schiffsanlegestelle, wo ein kleines weißes Schiff zum Einstieg bereitstand.

Als alle Fahrgäste ihre Plätze eingenommen hatten, legte der Kapitän ab. »Aber hier ist doch nur Wasser«, wunderte sich Heinz und runzelte die Stirn. Hatte Oma etwa doch geflunkert?

»Ei, wartet es nur ab«, schmunzelte Anna.

Das Schiff fuhr und fuhr viele Kilometer den Kanal entlang, vorbei an hohen, dichten Wäldern und blühender Landschaft. Grün plätscherte das Wasser, hier und da schwamm ein Entenpaar. Seltene Vögel sangen im Wald.

Als sie etwa eine Stunde gefahren waren, passierte auf einmal etwas Seltsames. Mitten auf dem Kanal türmte sich im

Wasser ein Berg vor ihnen auf. Dort hielt das Schiff kurz an, es gab ein Ruckeln. Heinz sah vorn aus dem offenen Fenster und erkannte, dass das Schiff auf Schienen geschoben wurde, und so ein paar Kilometer über diese mehr als 20 Meter hohe Landebene gezogen wurde. Ein Wunder! Den Kindern blieb vor Erstaunen der Mund offen stehen. »Jetzt fahren wir auf Schienen wie bei der Eisenbahn!«, Doris war begeistert.

Als das Schiff die Landebene auf der Höhe bei Buchwalde verlassen hatte, glitt es von den Schienen und schwamm im Wasser weiter. Das Gleiche wiederholte sich, jedes Mal wurde eine weitere Höhe erreicht. Nach dieser zweiten Höhe stiegen sie aus und fuhren auf der gegenüberliegenden Seite mit einem anderen Schiff die Strecke zurück zur wartenden Pferdekutsche, wo auf dem Bock Paul seine Pfeife schmauchte. Die Fahrt hätte bis zum Frischen Haff weitergeführt, aber das hätte noch viele Stunden gedauert.

Heinz und Doris schrieben später darüber in der Schule einen Aufsatz als ihr schönstes Ferienerlebnis.

In Locken waren die Kartoffeln reif. »Heinz, Rudi, Werner, holt eure Freunde. Alle sollen mit aufs Feld kommen und beim Ernten helfen. Als Belohnung darf jeder so viel Kuchen essen, wie er kann!«, wies Carl die beiden Jungen an.

»Au ja, da werden ganz viele kommen, Papi!« Rudi und Heinz flitzten los und klingelten in der Nachbarschaft. Werner hatte Mühe, seinen Brüdern zu folgen.

Im Nu hatten sich zwölf Kinder versammelt. Jeder bekam einen Korb.

»Mir nach, Bowkes und Marjellchen!«, rief Carl. »Jetzt zeige ich euch erst mal, wie es gemacht wird.« Als sie das Feld erreicht

hatten, schritt er es zunächst der Länge nach ab und steckte gleich große Rechtecke ab, in dem sie immer zu zweit die Kartoffeln auflesen sollten. »Ich fahre mit dem Pflug voraus, und dann packt ihr die ausgeworfenen Kartoffeln in euren Korb, und wenn der voll ist, bringt ihr ihn hier zur großen Kiepe!«
Die Kinder machten sich an die Arbeit. Der Krollsche passte auf, dass sie ordentlich arbeiteten, und fuhr den schweren Wagen auf den Hof und leer zurück.
»Und denkt daran«, rief Carl lachend, »wer die meisten Körbe erntet, bekommt die größten Kuchenstücke.«
Eifrig sammelnd und lachend machten sich die Dorfkinder über die Kartoffeln her. Doch nicht nur die Kinder halfen. Auch Fritz, Käthe, Jette und Helga halfen mit, damit sie recht schnell vorankamen. Ida konnte sich mit ihren alten schmerzenden Knochen nicht mehr bücken und war, mit Martin im Schlepptau, für die Verpflegung zuständig. Mit einer großen Kiepe belegter Brote, einem Krug Bier und einem mit Limonade fuhr sie mit dem Krollschen bei einer Leerfuhre mit aufs Feld.
Die Arbeit hatte hungrig gemacht, und mit schmutzigen Händen machten sie sich über die Leberwurst- und Schinkenbrote her und bissen herzhaft in eine saure Gewürzgurke.
Zur Belohnung am späten Nachmittag standen mehrere Bleche mit Streusel- und Mohnkuchen bereit. Hungrig ließen sie es sich schmecken.
Ein großer Teil der Kartoffeln wurde kühl und dunkel eingelagert. Er musste ein Jahr bis zur nächsten Ernte reichen. Den anderen Teil würde Carl zum Kartoffelschnaps *Lorbass* brennen. Eigens dafür hatte er sich vor Jahren ein Destilliergerät angeschafft.
Vom Graben in der Erde waren alle von Kopf bis Fuß schwarz wie die Raben. Während die Familie die Feldarbeit

verrichtete, hatte Carl, der nach seiner Arbeit mit dem Pflug auf dem Feld in die Backstube zurückgekehrt war, die Bleche mit Kuchen zu Ende gebacken. Es war noch gemütlich kuschlig darin, und der Dampfbackofen gab warmes Wasser her, das man zum Mischen mit dem kalten verwenden konnte. Nun hieß es Baden für alle! Die große Zinkwanne wurde gefüllt. Nur gut, dass sie schon vor einigen Jahren Wasserleitungen ins Haus hatten legen lassen. Das kalte Wasser kam inzwischen aus dem Hahn in der Küche über dem gusseisernen Becken und musste nicht mehr mühselig von der Pumpe im Hof hereingeschleppt werden.

Zuerst kamen die kleinsten Kinder an die Reihe, danach die Großen. Zwischendurch wurde das Wasser gewechselt, aber wenigstens zwei badeten in einer Wannenfüllung. Käthe hatte ein Fläschchen Badesalz, sodass die Kinder sich über ein herrliches Schaumbad freuten. Es machte solch einen Spaß, mit dem Badeschaum herumzuspritzen. Die Backstube war rundum gekachelt, sodass die Wasserspritzer kein Problem waren.

Diesen Badetag gab es an jedem Sonnabend, aber heute hatte es sich besonders gelohnt.

»Rraarr, Rraarr, Rraarr …!« Die Nebelkrähe umkreiste den Kirschbaum und setzte sich auf einen Ast. Doch ihre flinken Augen suchten vergeblich nach den roten Früchten, die waren längst abgepflückt und eingekocht.

Der Sommer war seit Mai heiß und trocken, sodass in diesem Jahr die goldenen Getreidefelder schon Ende Juli die Ernte ankündigten. Zuerst wurden Gerste und Hafer geerntet, danach der Roggen und zum Schluss der Weizen. Die ersten Bauern hatten mit der Ernte begonnen, sodass auch Carl eines Abends, neben Käthe auf der Gartenbank sitzend, sagte: »In drei Tagen werden wir ins Korn gehen.« Er zog an seiner

Zigarre. Die Poggen, auf der immer leicht feuchten Wiese am Flüsschen sitzend, gaben zusammen mit den Grillen ein Konzert.

Ein bunter Strauß mit Korn- und Wiesenblumen, die Doris am Vormittag gepflückt hatte, stand auf dem Gartentisch.

»Ja, Carl, ich habe schon gesehen, dass es Zeit ist. Müssen wir noch etwas vorbereiten?« Käthe lehnte ihren Kopf an Carls Schulter und atmete die etwas kühlere Abendluft tief ein. Ihre Hände ruhten kurz in der Emailleschüssel, in der sie mit einem spitzen Messer Pflaumen entsteinte. Carl wollte morgen Pflaumenkuchen backen.

»Ei, ich muss noch die Sensen schärfen, und dann kann es losgehen.«

Am Sonnabend, mit dem ersten Sonnenstrahl, war es dann so weit. Carl hatte das Nötigste gebacken, alles Weitere würde der Lehrling Egon erledigen. Danach würde auch er zum Helfen kommen. Jede Hand wurde gebraucht.

Carl erhob sich nach ihrem zeitigen Frühstück um 6 Uhr vom Küchentisch und rieb sich die Hände. »Dann wollen wir mal. Der frühe Vogel fängt den Wurm. Auf geht's! Die Großen dürfen auch mithelfen!«, wies er seine Kinder an. Heinz und Doris hatten noch Ferien, waren aber vorgestern aus Koschainen zurückgekommen. Und auch Rudi konnte schon versuchen, das Korn zu binden. Käthe verknotete ihr Kopftuch unterm Kinn und knöpfte die Schürze zu. Es konnte losgehen. Es fing gerade an, hell zu werden.

»Und ich komme gegen 10 Uhr vorbei und bringe euch Kleinmittag«, sagte Ida.

Die Arbeit auf dem Feld ging zügig voran. Carl und Fritz schnitten das Korn, die Frauen und Kinder banden es zu Garben, die dann mit einer langen Forke hoch auf den Heuwagen geworfen wurden. Ida erschien pünktlich um 10 Uhr mit einem Bollerwagen, auf dem sie einen großen Korb Essen und auch Bier und Limonade mitgebracht hatte.

Es war um 17 Uhr nachmittags, als sich plötzlich die Sonne verzog und der Himmel sich verdunkelte. Dicke schwarze Wolken verhießen ein Unwetter. Die Schwalben segelten im Tiefflug um die Wette. Ein Sturm kam auf. »Macht schneller!«, rief Carl. »Es sieht nach einem Gewitter aus. Wir müssen vorher fertig werden! Das Korn darf nicht nass werden!« Alle arbeiteten im Akkord. Als die letzten Halme endlich hoch oben auf dem Wagen lagen, donnerte und blitzte es.

»Fertig!«, rief Carl. »So, schnell ab mit euch nach Hause. Ich komme mit dem Wagen hinterher. Macht schon mal das Scheunentor auf!« Alle setzten sich rasch in Bewegung, nur Rudi blieb stehen und zupfte seinen Vater am Hemd.

»Vatichen?«, druckste er. »Was ist, mein kleiner Lorbass? Du hast heute fein mitgeholfen!«, lobte Carl den Fünfjährigen, während er eilig die letzten Handgriffe an das Fuhrwerk legte.

»Vatichen, darf ich als Belohnung mit dir auf dem Heuwagen heimfahren?« Rudi wollte einmal ganz hoch oben sitzen.

Carl schmunzelte. Ach, sein Rudichen war doch ein aufgewecktes Jungchen. Und fleißig war er gewesen, ohne schlappzumachen, das musste man sagen. Auf den Rudi konnte man wirklich stolz sein. »Na dann, hoch mit dir, Rudichen. Warte, ich mache dir eine Räuberleiter!« Und Carl hob Rudi auf den meterhohen Heuwagen. Als er sich selbst vorn auf den Kutschbock setzte, fielen die ersten Tropfen.

»Hü!«, trieb Carl die Pferde an. Nun aber schnell, das Korn durfte auf keinen Fall Regen abbekommen, sonst würde es auf dem Heuboden schimmeln und wäre verdorben.

Schon war das Scheunentor in Sicht. Carl hatte nur noch die Einfahrt im Blick und die Gedanken daran, dass das Korn nicht nass werden durfte. Er gab den Pferden die Peitsche.

Da passierte das Unglück. Carl hatte vergessen, dass Rudi hoch hinter ihm auf dem Wagen saß und somit höher als die Einfahrt war. Als er mit einem viel zu schnellen Tempo in die Scheune einfuhr, blieb Rudi mit dem Kopf an der eisernen Toreinfassung hängen. Das scharfe Eisen riss dem Kind einen Teil der Kopf- und Gesichtshaut ab. Rudi kam ins Wanken und stürzte hinab. Seine Schreie gellten weit bis ins Dorf hinein.

Sofort kamen Käthe und Ida angerannt. »Mein Rudi, mein Rudi«, schrie Käthe voller Entsetzen. »Erbarmung!« Ida war außer sich. »Das arme Kind! Carl, was hast du nur getan, du Kreet! Wie kannst du vergessen, dass der Rudi hinten drauf sitzt!«

Carl war kreideweiß geworden. Sein Rudi! Wie konnte er nur? Hätte er doch bloß das dumme Korn gelassen und auf seinen geliebten Jungen aufgepasst! Er zitterte und stand unter Schock.

Käthe hob das wimmernde und schreiende Kind auf die Arme. »Was machen wir denn jetzt? Holt den Arzt, schnell!« Carl rannte zum Telefon.

Sie brachten Rudi in die Stube und legten ihn auf die Chaiselongue. Sein blutiger Kopf sah fürchterlich aus. »Ich weiß ein Hausmittel, vielleicht hilft es«, rief Ida mit zittriger Stimme und humpelte eilig in die Küche. Rudis Gesicht war blutüberströmt, vermischt mit seinen Tränen. Käthe nahm aus dem Schrank ein sauberes Tuch und tupfte ihn sauber.

Ida kam aus der Küche mit einer Schüssel saurer Sahne. »So, die werden wir jetzt dem Rudi auf das Gesicht packen, ich glaube, das hilft!«, ordnete sie an. Käthe vertraute ihr und ließ sie gewähren. Rudi wimmerte vor Schmerzen.

Als der Arzt kurze Zeit später kam, lobte er Idas Umsicht. Sie hatten alles richtig gemacht. Der Wickel mit der sauren Sahne würde helfen, die Schmerzen zu lindern, und mit viel

Glück würde sich irgendwann die Haut darunter erneuern. Er untersuchte Rudi nach weiteren Verletzungen, aber es gab zum Glück keine Knochenbrüche. Der Arzt verabreichte dem Jungen eine Spritze gegen die unerträglichen Schmerzen und versprach, morgen wiederzukommen.

Käthe blieb auf einem Stuhl an der Seite ihres Kindes sitzen bis zum Dunkelwerden. Sie hielt Rudis Hand und streichelte sie. »Es wird alles wieder gut, Rudichen, sei nur ganz tapfer. Das wird alles wieder! Bleib nur ruhig liegen, mein kleiner Lorbass, und versuche zu schlafen.« Unentwegt murmelte sie zärtliche Worte. Das tobende Gewitter draußen nahm sie kaum wahr. Als Rudi endlich eingeschlafen war, lag auch ihr Kopf auf der Brust, aber sie wich ihm nicht von der Seite.

Sie war so erschöpft von der schweren Arbeit den ganzen Tag auf dem Feld. Ihr Rücken und ihre Beine schmerzten, ihre Hände waren schwielig und rissig. Und nun dieses Unglück! Hoffentlich würde das Kind nicht für immer entstellt bleiben. Tränen liefen über ihre Wangen.

Mit Carl sprach sie an diesem Abend kein Wort mehr.

Es dauerte Monate, bis sich die Haut in Rudis Gesicht regeneriert hatte und auch auf der lädierten Kopfseite wieder Haare wuchsen. Als sich die erste zarte Hautschicht gebildet hatte, quälte ihn ein heftiger Juckreiz, und er hätte sich am liebsten die ganze Zeit gekratzt. Käthe und Ida passten auf, dass er seine Hände unten behielt. Ida hatte ihm sogar leichte Handschuhe gestrickt, damit sie ihn daran erinnerten, nicht zu kratzen. Und sie war ständig dabei, saure Sahne zu rühren.

Anfang September ging die Schule wieder los. Heinz und Doris lernten mit Freude und übten nachmittags auf dem Klavier.

Der 5. Oktober schließlich war für Heinz ein besonderer Tag. Er wurde zehn Jahre alt. Wie an jedem Geburtstag gab es in der Familie ein Frühstück mit einem puderzuckerbestäubten Gugelhupf und Kerzen. Über sein Geschenk, eine eigene Geige, war Heinz überglücklich. Sie war extra über Tante Alwine im *Musikhaus Pieper* in der Löbenichtschen Langgasse in Königsberg besorgt worden.

In der Schule, gleich in der ersten Stunde, wurde Heinz zunächst von Herrn Pokojewski gratuliert. Dann klopfte es laut an die Tür des Klassenzimmers, und die Tür schwang auf.

»Heil Hitler!«, rief Albert Siefke und marschierte mit dröhnenden Absätzen zum Lehrerpult.

»Heil Hitler!«, riefen die Kinder mit ausgestrecktem Arm und sprangen dabei von den Bänken.

»Ich habe gehört, Heinz Kühnapfel hat heute seinen zehnten Geburtstag? Vortreten!«

Heinz, der vor Aufregung rote Backen bekommen hatte, ging mit zitternden Schritten nach vorn. »So, du bist also der Heinz?« Siefke musterte den Jungen mit strengen Augen von oben bis unten. »Groß genug bist du ja für dein Alter. Ob du auch stark genug und sportlich bist, werden wir bald sehen. Denn du darfst jetzt endlich in das *Deutsche Jungvolk* eintreten. Du weißt doch, was das bedeutet?«

Heinz sah hoch und nickte. »Jawohl. Wir haben im Unterricht schon sehr viel über das *Jungvolk* erfahren.«

»Und?« Siefke war noch nicht zufrieden. »Ich hoffe, du bist stolz und wirst mit Freude dem Führer und dem Vaterland dienen?«

»Jawohl, ich bin sehr stolz, Herr Siefke!«

»Gut, dann darfst du dir heute Nachmittag beim *HJ*-Schulführer deinen Mitgliedsausweis, deine Uniform und deinen Stundenplan abholen. Erst einmal wirst du bei den *Pimpfen* sein. Die treffen sich zweimal die Woche! Heil Hitler!« Siefke knallte die Hacken zusammen und streckte den Arm vor.

»Heil Hitler!«, brüllten die Kinder und standen stramm. Stolz trat Heinz an seinen Platz zurück und fühlte sich auf einmal sehr erwachsen.

»Mutti, Mutti!« Atemlos kam Heinz nach Hause, das Päckchen mit der Uniform unter dem Arm. »Schau einmal! Ich gehe jetzt zu den *Pimpfen*, weil ich schon zehn bin!« Stolz legte er das Päckchen auf den Küchentisch. Käthe wickelte das braune Packpapier ab. Zum Vorschein kam eine dunkle kurze Hose, Lederkoppel mit Koppelschloss, ein Braunhemd mit Armbinde, ein schwarzes Halstuch mit Lederknoten. Für Käthe kam es nicht überraschend, denn sie hatte im Vorfeld dafür einen Umschlag mit 15 Mark in der Schule abgeben müssen. Weil sie schon gehört hatte, was mit dem heutigen Tag unausweichlich auf Heinz zukommen würde, packte Käthe nun aber doch das Entsetzen, als die Sachen ausgebreitet auf dem Tisch lagen. Doch das durfte Heinz nicht spüren. »Komm mal her, mein großer Junge!« Heinz ließ sich noch drücken, aber Küssen musste nun nicht mehr sein, wo er schon zehn war. »Ich bin sicher, du wirst das sehr gut machen bei den *Pimpfen*. Du bist klug und sportlich, groß und stark«, redete sie ihm zu. Aber das sagte sie mehr zu sich selbst. Denn Heinz verkündete mit stolz geschwellter Brust: »Und eines Tages, Muttichen, werde ich ein richtig guter Soldat sein und für unser deutsches Vaterland kämpfen!«

Käthe schluckte. Sie spürte auf einmal eine Enge im Hals. Die aufsteigenden Tränen blinzelte sie schnell weg. Offenbar war Hitlers Macht nicht aufzuhalten.

»So, und nun packen wir alles beiseite und feiern erst einmal ordentlich deinen Geburtstag, Heinz. Bevor nachher deine Freunde kommen, kannst du gern ein wenig auf deiner neuen Geige üben. Herr Kurth wird dir ab nächste Woche Unterricht geben. Versuch es einfach. Und ich begleite dich auf dem Klavier.«

»Ei, fein, Mutti, darf Doris mitspielen?«
»Aber ja, sie ist ja auch gerade aus der Schule gekommen. Wascht euch die Hände, dann gibt's etwas zu essen. Und dann machen wir Musik!«
Die Königsberger Klopse hatte Oma sehr gut hinbekommen, schön mit Kapern, und die Kartoffeln ordentlich mit Petersilie bestreut. Zur Feier des Tages hatte sie sogar einen Schokoladenpudding gekocht. Die Familie saß am Tisch und ließ es sich schmecken.
Es musste doch auch noch etwas anderes geben als Krieg.

Schon nach einigen Wochen kam Heinz immer erschöpfter und mit hängendem Kopf von seinen *Jungvolk*-Nachmittagen nach Hause. Es gab Fahnenappelle, Sportwettkämpfe, Drill. Es waren Leistungen zu erbringen, die Heinz schwerfielen, obwohl er groß, schlank und sportlich war. Und es herrschte ein rauer Ton. Die Älteren schikanierten die Kleinen, wo sie nur konnten. Wer Schwäche zeigte oder sogar weinte, wurde ausgelacht und gehänselt. Die Jungchen sollten richtig abgehärtet werden. Da mussten sie schließlich selber auch vor ein paar Jahren durch.
Immer öfter schallten nun »Einigkeit und Recht und Freiheit« und das Horst-Wessel-Lied »Die Fahne hoch!« durchs Haus.
Käthe hielt sich die Ohren zu. »Heinz!«, rief sie, »Erbarmung! Kannst du nicht etwas anderes singen?«
»Nein, Mutti, ich muss das doch üben. Wenn ich es beim nächsten Mal nicht kann, lachen mich alle aus. Und dann muss ich wieder Strafrunden rennen! Bis ich nicht mehr kann und fast umfalle!«
Käthe blutete das Herz. Aber es half nichts, sie musste Heinz bestärken, denn um die *Pimpfe* kam niemand herum. »Du bist

groß und stark, Heinz. Du schaffst das, genau wie alle anderen Jungs. Und geh doch zum Singen üben hoch in die Kornkammer, da kannst du so laut singen, wie du magst.«

»Ja, Mutti. Darf ich auch was Süßes mit nach oben nehmen?«
Käthe schmunzelte und brachte Heinz eine Handvoll Karamellbonbons. »Hier, mein Junge. Und ein großes Glas Zitronenlimonade, die magst du doch so gern!«

18.

1941

»Peng, peng, peng! Du bist jetzt tot und musst umfallen!«
»Nein, ich habe ja vorher zurückgeschossen!« Die Jungen spielten Krieg mit ihren kleinen Soldatenfiguren und dem Kübelwagen aus Blech, und das unermüdlich seit Wochen. Alle drei hatten Soldaten und Panzer auf ihren Weihnachtswunschzettel geschrieben oder gemalt.

Der kleine Martin wollte immer dazwischengreifen und sich einen der Soldaten in den Mund stecken, aber seine Geschwister verscheuchten ihn. Zu ernst war es für jede Partei, den Krieg zu gewinnen. Dabei achtete Heinz sehr darauf, dass er für Deutschland kämpfte. Schließlich hatte er ja bei den *Pimp-*

fen gelernt, wie man sich als deutscher Soldat verhält. Nämlich hart und nicht zimperlich. Und auch marschieren konnte er schon recht gut. So standen auch seine kleinen *Elastolin*-Soldaten in Reih' und Glied, den Blick in eine Richtung gewandt. Käthe, die aus der Küche das Geschrei hörte, seufzte. Es war ein sonniger Wintertag, und die Kinder gehörten einmal zwischendurch an die frische Luft.

»So, meine Lieben! Die Soldaten brauchen eine Erholungspause! Ihr zieht euch jetzt warm an und dann schnappt ihr euch die Schlitten!« Murrend erhoben sich die Kinder vom Boden. »Legt das Spielzeug in die Kiste, und dann ab mit euch in den Schnee!« Käthe sprach ein Machtwort. Die Erste, die aufstand, war Doris. Sie hatte sich schon ein wenig mit ihrer Puppe gelangweilt, sie ein paarmal an- und ausgezogen und das braune Echthaar neu frisiert.

Die Kinder hatten zwei Schlitten, mit denen sie sich beim Rodeln abwechseln konnten. Es passten zwei darauf. Sie hatten einen kleinen Hang direkt hinter dem Garten. Dort ging das Gelände abschüssig hinunter zur Locke, die bereits von einer Eisschicht bedeckt war.

Ein paarmal rodelten sie hinunter, immer die gleiche Rodelbahn hinab. Auf dem gefrorenen Gewässer rutschte es so schön.

Auf einmal passierte es. Doris war gerade alleine hinuntergesaust, als plötzlich das Eis knackte und brach. Doris schrie auf vor Schreck, aber das Eis brach weiter, sodass sie schließlich mit ihrem Schlitten in die Locke rutschte. Das eiskalte Wasser drang sofort in ihre Hosen und Stiefel ein. »Heinz, Rudi, helft mir!«, rief sie. Zum Glück war das Wasser nicht tief, aber Halt fand Doris nicht. Sie klammerte sich am Schlitten fest, der aber wieder unterzugehen drohte. Heinz und Rudi legten sich bäuchlings auf die schneebedeckte Wiese und griffen nach Doris' Arm. So gelang es ihnen, die Schwester hochzuziehen.

»Erbarmung!«, rief Käthe aus und schlug die Hände über dem Kopf zusammen, als die Kinder kalt und nass vor der Tür standen. »Doris, zieh sofort die nassen Sachen aus! Und Heinz, du lässt Wasser in die Wanne! Ich setze gleich noch heißes auf. Doris muss ein warmes Bad nehmen, sonst wird sie krank!« Sie half ihrer Tochter beim Ausziehen, wickelte sie in eine Decke und setzte sie an den warmen Ofen. Es würde ein Weilchen dauern, bis das Wasser heiß war.

Sie holte die Zinkwanne aus der Kammer, die eigentlich nur für die Wäsche, samstags aber auch für alle zum Baden benutzt wurde. Aber nun wurde eine Ausnahme gemacht. Doris war sowieso schon für jede Erkältung empfänglich, und nun das! Das Mädchen zitterte wie Espenlaub und klapperte mit den Zähnen. Sofort setzte Käthe die Kessel auf den Küchenherd und machte Wasser heiß.

Eine Erkältung bekam Doris trotzdem. Sie quälte sich wochenlang mit einer Bronchitis, fast bis in den Frühling hinein.

∽◎∾

»Mutti, komme ich denn auch bald zur Schule? Die fängt doch immer an, nachdem der Osterhase da war!« Rudi wunderte sich, dass für ihn noch gar keine Schulmappe gekauft wurde.

»Ei, mein lieber Rudi.« Käthe nahm ihren Sohn in die Arme. »Natürlich kommst du in diesem Jahr zur Schule. Aber weißt du, was in der Zeitung stand und in der Schule aushängt? Dass alle Kinder, die sechs sind, ab diesem Jahr am 1. September eingeschult werden. Das ist doch schön! Da hast du vorher noch den ganzen Sommer frei und darfst mit Heinz und Doris zu Oma und Opa nach Koschainen fahren!«

Liebevoll sah sie ihren Sohn an. Wie gut seine Haut an Kopf

und Gesicht nachgewachsen war, es war kaum noch etwas zu sehen.

»Ja, ja!« Rudi jubelte. Hatte er ein Glück. Zwar freute er sich sehr auf die Schule und wollte auch endlich schreiben, lesen und rechnen lernen. Aber die Ferien vorher zu haben, das war natürlich großartig. Und er war nun schon groß und durfte mit nach Koschainen fahren! Allein mit Heinz und Doris mit der Eisenbahn!

Der Sommer in Koschainen wurde für Rudi ein schönes Erlebnis. Die beiden großen Geschwister kümmerten sich während der Bahnfahrt rührend um ihn. Sie kannten sich ja mit allem aus. Staunend saß er am Fenster und sah die Wiesen mit den Pferden und den schwarz-weiß gefleckten Kühen, die Häuser mit den Storchennestern auf den Masten und die Arbeiter auf den Feldern an sich vorüberfliegen. Und die vielen Telegrafenmasten, die an der Bahnstrecke standen! Rudi lehnte seinen Kopf an die Scheibe und begann sie zu zählen, denn das konnte er recht gut: »Eins, zwei, drei, vier, fünf ... 21 ...« Dann war er tief und fest eingeschlafen, den Kopf gegen die Scheibe gelehnt. Doris und Heinz flüsterten. Sie wussten, dass ihr kleiner Rudi gern und gut schlief. Sie mussten nur aufpassen, ihn rechtzeitig vor Maldeuten zu wecken, damit sie alle genug Zeit hatten, aus dem Zug zu steigen.

Die Wochen in Koschainen bei Oma und Opa waren genauso schön wie im letzten Jahr. Natürlich bettelten die Kinder, noch einmal zum Oberlandkanal fahren zu dürfen, besonders Rudi, der diese besondere Schifffahrt noch nicht kannte. Der Wunsch wurde ihnen auch in diesem Jahr erfüllt.

Nach den Sommerferien hieß es Anfang September die Schulranzen packen. Käthe hatte für Rudi inzwischen eine Schulmappe aus braunem Rindsleder und die dazugehörige Brottasche gekauft. An der Mappe baumelten Schiefertafel und Schwämmchen. Die bunte Schultüte, die er am Morgen bekommen hatte, würde er leider erst heute Nachmittag zu Hause auspacken dürfen.

Neben Rudi liefen links und rechts Doris und Heinz, Käthe etwas atemlos hinterher. Werner und Martin hatte sie daheim bei dem neuen Pflichtjahrmädchen Ingeborg, das aus Thüringen kam, gelassen.

Heinz hatte zum ersten Schultag seine frisch gewaschene und gebügelte Uniform angezogen. Es würde wohl vor dem Unterricht einen Fahnenappell geben. Vor der Schule wehte die Hakenkreuzfahne.

Die beiden Großen verschwanden in ihre Klassenzimmer. Käthe öffnete die Tür zum Raum der ersten Klasse. In den Bänken saßen schon einige Kinder. Vorn am Pult stand Herr Riemke und begrüßte den Schulanfänger. »Rudolf Kühnapfel, soso, du willst nun also auch in die Schule gehen?«

»Ja, Herr Lehrer!«

»Fein, dann setz' dich in die Fensterreihe zu Siegfried. Ich hoffe, du wirst ein guter Schüler!«

»Das werde ich, Herr Lehrer! Ganz bestimmt! Ich kann schon sehr gut zählen.«

Das *Photohaus Bausens* lag am Ende der Dorfstraße. Erwin Bausens war ein gestrenger Fotograf mit einem buschigen schwarzen Schnurrbart. Die Kinder hatten Respekt vor ihm, wenn er mit seiner gewaltigen Fotoausrüstung in die Familien kam. Dann dauerte es lange, bis Herr Bausens seine Kamera auf das Stativ gesetzt, die Fotoplatten aus dünnem Glas eingelegt hatte und er selbst unter einem riesigen schwarzen Tuch verschwunden war. Und dann sollten sie auch noch lächeln, wenn er »Jetzt!« rief. Und wenn sie gewackelt hatten oder einer die Augen geschlossen hatte, konnte Herr Bausens sehr ungnädig werden.

Eines Nachmittags nach der Schule wurden Heinz, Doris, Rudi, Werner und Martin nach draußen zum Spielen geschickt. Sie langweilten sich ein wenig und schlenderten durchs Dorf. Vielleicht traf man ja ein paar Freunde, mit denen man Fußball oder Verstecken spielen konnte.

Die Ladentür vom *Photohaus Bausens* stand offen. Die Kinder schauten neugierig hinein. Niemand war zu sehen. »Wollen wir mal gucken, ob wir die Fotoplatten von uns finden?«, fragte Werner. »Aber wenn Herr Bausens kommt? Da müssen wir uns beeilen!«, meinte Doris.

»Ich kann ja erst mal rufen. ... Hallo, ist jemand hier?« Keine Antwort. Die Kinder schlichen in den Laden und schauten sich um.

Da! In einer Ecke stapelten sich fast bis unter die Decke unzählige gläserne Fotoplatten, alle fein beschriftet nach Datum und Namen. »Wir müssen die obersten herunterholen«, flüsterte Rudi. »Los, Werner, steig auf einen Stuhl!« Ein in der Nähe stehender Stuhl wurde herbeigeholt. Werner kletterte darauf, kam aber immer noch nicht oben heran. »Heinz, am besten, du steigst rauf, du bist der Größte!«

»Ja, und dann klettert Werner auf meine Schultern!« So wurde es gemacht. Als Werner oben war und nach der ersten Platte greifen wollte, begann Heinz zu schwanken und danach der Stapel mit den Glasplatten. Als Kinder und Platten umfielen, gab es ein lautes Schreien und Klirren. Alle Glasplatten waren zerschlagen und unbrauchbar geworden.

Die Hintertür des Ladens wurde aufgerissen, Herr Bausens erschien mit hochrotem Kopf. »Ihr verdammte, ungezogene

Bande! Ihr Deiwel!«, schrie er erzürnt. »Was habt ihr da angerichtet! Meine schönen Fotos – alle kaputt! Na wartet, euch werd ich …!« Hektisch sah er sich nach einem Stock um, fand aber keinen. Die Kinder berappelten sich und rannten eiligst zur Tür hinaus.

»Das werde ich eurem Vater erzählen! Der muss mir den Schaden ersetzen!«, brüllte Herr Bausens den Kindern noch hinterher. Die machten, dass sie nach Hause kamen.

»Nanu, ihr seid schon wieder hier?«, wunderte sich Käthe. Die Kinder drucksten herum und verzogen sich still ins Kinderzimmer. Das würde wohl noch etwas geben heute.

Eine halbe Stunde später, Carl hatte gerade Feierabend gemacht und rauchte zur Entspannung seine erste Zigarre in der Wohnstube, wummerte es an der Haustür. Käthe öffnete, davor stand ein wutschnaubender Herr Bausens, der an ihr vorbei in die Stube stürmte.

»Herr Kühnapfel! Ihre Rasselbande hat mir soeben die Arbeit von Jahren zerstört«, rief er wutentbrannt. »Einen großen Teil meiner Fotoplatten, die im Atelier gestapelt waren, haben sie kaputt gemacht. Das werden Sie mir ersetzen. Ich kann niemandem mehr jetzt von seinem Foto einen Abzug machen. Das waren alles Originale!«

Carl stand so ruckartig von seinem Stuhl auf, dass der nach hinten fiel. Strammen Schrittes ging er ins Kinderzimmer. »So, ihr Lorbasse, einmal herkommen!« Nun war auch er zornig. Was hatten die Kinder da nur angestellt? Hatten sie keinen Verstand?

»Was habt ihr gemacht, ihr Dämlacks? Heinz, erzähle!« Heinz senkte den Kopf und druckste herum von wegen Familienbilder suchen und Stapel aus Versehen umgekippt. Die anderen Geschwister ließen ebenfalls die Köpfe hängen und schauten zu Boden.

»Na wartet, das gibt ein Nachspiel!«, rief Carl wütend. »Erst einmal ab ins Kinderzimmer!«

Und etwas ruhiger zu Herrn Bausens: »Nehmen Sie doch erst einmal Platz, Herr Bausens. Es tut mir sehr leid, und ich kann mich nur für meine Kinder entschuldigen. Was haben die nur für Flausen im Kopf!«
Herr Bausens setzte sich, Carl bot ihm eine Zigarre und einen *Meschkinnes* an. »Ei, nun trinken wir erst mal ein Schnapsche!« Nachdem die beiden Herren angestoßen hatten und dicke Rauchwolken in die Luft pafften, sagte Carl: »Ich sehe, dass der Schaden erheblich ist. Aber leider ist es passiert und nicht mehr zu ändern. Bitte überlegen Sie, wie ich Ihnen den Wert ersetzen kann.« Herr Bausens verlangte 100 Reichsmark, das war eine Stange Geld, für die Carl viele Brötchen backen musste. Zu viele Brötchen. Es war fast das Monatsgehalt eines einfachen Arbeiters.

Die Sache war ihm sehr unangenehm, aber Carl sagte: »Herr Bausens, ich verstehe ja Ihren Ärger. Aber sehen Sie mal: Viele haben sich inzwischen eine Rollfilmkamera gekauft und machen ihre eigenen Fotos. Auch ich habe seit ein paar Jahren eine *Agfa Billy*, die kam auf 36 Mark noch zu Friedenszeiten. Sie selbst entwickeln mir doch immer so gut meine Fotos. Für die alten Fotoplatten halte ich deshalb 50 Mark für angemessen, und das nenne ich viel Geld. Falls überhaupt noch jemand kommt, um Abzüge von seinen alten Familienfotos zu verlangen.«

Der Fotograf, der insgeheim wusste, dass Carl recht hatte, willigte nach einigem Zögern ein. So trank Carl mit Herrn Bausens noch ein Schnapsche und komplimentierte ihn dann hinaus.

In ihm brodelte es. Er stürmte ins Kinderzimmer, wo die Kinder von einem Fuß auf den anderen traten und nicht wagten, ihren Vater anzusehen.

Carl, der seine Kinder bisher nie geschlagen hatte, hieß Käthe den Teppichklopfer holen, und verabreichte wütend jedem seiner Schlawiner einen Teil auf den Hosenboden. »Ihr Glumsköppe, was seid ihr dusslig! Ihr habt doch nuscht nich im Kopp! Und morgen geht ihr alle gemeinsam hin zu Herrn Bausens und entschuldigt euch persönlich!«, verlangte der Vater. »Außerdem gibt es eine Woche Stubenarrest!« Heulend standen die Kinder da. »Ja, Vater!« Käthe hatte sich herausgehalten. Endlich hatte Carl mal ein Machtwort gesprochen, denn sonst überließ er die Erziehung ja fast ausschließlich ihr und Oma. Aber die Kinder eine ganze Woche mit Stubenarrest ruhig in ihrem Zimmer zu halten, diese Herausforderung würde wieder ihr überlassen sein. Auf die Ingeborg hörten sie leider überhaupt nicht. Sie seufzte und ging hinüber in die Küche. Das Abendbrot musste vorbereitet werden.

Abends, wenn die Kinder und das Kindermädchen im Bett waren, saßen Carl, Käthe und Ida oft vor der »Goebbels-Schnauze« im Wohnzimmer und lauschten, was an der Front passierte. Auch wenn es im Sommer zunächst beruhigend erschien, dass die *Deutsche Wehrmacht* Siege in der Sowjetunion bei der Aktion »Barbarossa« erzielte und Millionen russische Soldaten gefangen nahm, schien ihnen die Sache nicht geheuer. Sie konnten sich nicht vorstellen, dass es Hitler so einfach gelingen sollte, russisches Territorium zu vereinnahmen. Schon Anfang September gab es Rückschläge, besonders der russische Winter machte später den deutschen Soldaten richtig zu schaffen. Die Motoren der Fahrzeuge und Panzer froren ein, und die Männer selber waren für die eisige Kälte nicht entsprechend ausgerüstet. Der Kriegseintritt der USA Ende des Jahres bedeutete den Anfang der Wende im Weltkrieg.

Natürlich kamen aus dem Volksempfänger nur aufputschende und Sieg verheißende Reden. Nur wenn sie ab und an einmal den Radioknopf zu einem sogenannten Feindsender wie *BBC* drehten, hörten sie, was die Welt über den Krieg wirklich dachte. Doch das war unter Strafe verboten, und sie stellten den Lautstärkeregler so leise, dass sie selbst kaum etwas hörten. Außerdem verstanden sie kein Englisch und konnten sich vieles nur zusammenreimen.

»Erbarmung!«, flüsterte Ida. »Das nimmt kein gutes Ende!«

»Nein, das sagt einem doch der gesunde Menschenverstand. Es müsste ein Wunder geschehen!« Käthe war sich mit Ida einig.

Carl brummte nur. Er wollte immer, dass alles gut ging, und seinen Optimismus behalten. »Wartet erst mal ab und macht euch nicht verrückt. Es wird schon alles werden.« Er rang sich ein Lächeln ab und goss allen zur Beruhigung ein Schnapsche ein.

Von der Angst ihrer Eltern durften die Kinder nichts ahnen. Käthe wünschte sich nichts sehnlicher als eine glückliche Kindheit für die fünf. Deshalb bereitete sie das Weihnachtsfest liebevoll nach alter Tradition vor, sang mit ihnen Weihnachtslieder und backte Plätzchen.

Auch die *Schimmelreiter* ließen es sich in diesem Jahr nicht nehmen, um die Häuser zu ziehen und die Kinder zu erschrecken.

»Mutti, wann kommen die Hell Kriste?« Rudi war schon seit Tagen bange. Er konnte sich noch an die Weihnachtszeit im letzten Jahr erinnern, da hatte er sich mächtig gefürchtet.

»Hab keine Angst, Rudichen, die tun dir doch nichts!« Lachend versuchte Käthe, ihn zu beruhigen.

Doch jeden Abend, wenn es dunkel wurde, horchten die Kinder aufgeregt nach draußen.

Da, einen Tag vor Heiligabend, war es dann so weit. Man hörte die wilde Horde schon von Weitem. Es polterte lautstark vor der

Tür, jemand schlug mit der Peitsche auf den Boden, dass es nur so knallte. Der Anführer mit einer gruseligen Larve vor dem Gesicht machte sich mit einer Glocke bemerkbar und verlangte Einlass für sich und sein bunt verkleidetes Gefolge. »Dürfen wir mit dem Schimmel eintreten?«, donnerte er mit lauter Stimme.

Die Jungen unterdessen waren in ihre Stube gehuscht und hatten sich unter die Bettdecken verkrochen. Doris stand bei Käthe und umklammerte ihren Bauch.

Carl bat die *Schimmelreiter* herein. Er kannte den Spaß, seit er selber ein kleines Kind gewesen war.

Ein junger Mann aus dem Dorf hatte sich als Schimmel verkleidet. Er hatte sich vorne einen Pferdekopf, der aus mit Stroh gefülltem Stoff genäht war, vorgebunden und das Hinterteil ausgepolstert, außerdem ein weißes Laken umgehängt. Der *Schimmelreiter* hatte einen großen schwarzen Kalabreser mit breiter Krempe auf dem Kopf. Er musste in der Stube Kunststücke vorführen und über Tische und Bänke springen. Die nächste Gestalt des Zuges war mit einem alten Pelz vermummt als Bär, der von einem Bärenführer an einer Kette geführt wurde und laut brummte und brüllte. Ein anderer hatte sich als Storch verkleidet. Er versuchte, mit seiner Schnabelspitze die Frauen und Mädchen ins Bein zu piksen.

Doris lief kreischend ins Kinderzimmer und versteckte sich bei ihren Brüdern im Bett.

Als nun endlich das *Pracherweib* als einzige Frau in dem wilden Schimmelreiterzug in ihrem Korb die milden Gaben der Familie in Form von Plätzchen, Nüssen und Bonbons eingesammelt hatte, trollten sich die Gesellen.

»Dürfen wir wieder rauskommen?« Heinz lugte vorsichtig durch die Tür. »Ja, ihr kleinen Angsthasen!«, lachte Käthe, »die Gefahr ist gebannt. In diesem Jahr kommen keine *Schimmelreiter* mehr. Nur noch der Weihnachtsmann!«

Die Kinder jubelten.
An diesem Weihnachtsfest lagen keine Soldaten und Panzer unter dem Weihnachtsbaum. Der Weihnachtsmann hatte ein Steckenpferd aus Holz für den kleinen Martin gebracht. Die größeren Jungen bekamen ein Motorrad aus Blech mit Beleuchtung zum Aufziehen. Da konnten sie Wettrennen veranstalten, was sie auch sofort taten. Heinz bekam Noten für seine Geige. Doris hatte der Weihnachtsmann neue Anziehsachen für ihre Puppe und ein Buch gebracht. Auf den Bunten Tellern lagen auch in diesem Jahr Lebkuchen, Schokolade, Dominosteine und Königsberger Marzipan.
Und Tante Alwine hatte aus Königsberg sogar wieder Apfelsinen mitgebracht. Wie immer hatte sie mit ihrer Familie drüben bei Ida Logis bezogen.

19.

1942

KÄTHE SASS AN DER NÄHMASCHINE und nähte Kinderschürzen aus bunten Stoffresten für die drei kleinen Jungen und für Doris. Die *Singer*-Nähmaschine, auf deren hölzernem Deckel sie saß, ratterte gleichmäßig mit ihren schwungvollen Tritten im Takt. Sie hatte sich die Maschine in die Küche geschoben, damit sie gleichzeitig den Suppentopf im Auge behalten konnte. Käthe wollte es nicht mehr mit ansehen, wie die Kinder sich jeden Tag aufs Neue bekleckerten und schmutzig machten. Die Berge an Wäsche waren bald nicht mehr zu bewältigen. Da war für jeden eine Schürze doch hilfreich. Ab und an sah sie aus dem Küchenfenster. Der Schnee fiel an diesem Vormittag in großen Flocken vom Himmel. Es war Februar, und der Winter dachte noch lange nicht daran zu weichen.

Aus der Krollschen Schmiede drüben kam ein Klopfen und Hämmern, bei Ida gegenüber qualmte der Schornstein.

Auf dem gekachelten Küchenherd köchelte ein Wrukeneintopf mit Rauchfleisch. Die drei großen Kinder waren in der Schule, und Werner und Martin spielten mit einer hölzernen Pferdekutsche zu ihren Füßen. Käthe gähnte. Warum war sie nur in letzter Zeit so müde? Kein Wunder aber bei diesem trüben Schneewetter. Am liebsten hätte sie sich sofort für ein Stündchen hingelegt. Aber wer sollte dann die Arbeit tun? Jette musste derzeit mit im Laden aushelfen, da Frau Schimmelpfennig nur noch an zwei Tagen in der Woche kam. Und der Ingeborg musste man alles sagen, von allein kam sie nicht auf den Gedanken, wo etwas zu putzen oder zu waschen wäre. Inzwischen hatte sie aber gelernt, wie man die Ställe ausmistete, sodass nicht alles an Fritz hängen blieb.

Aus dem Kochtopf stieg der Wrasen und zog in Käthes Nase. Ihr wurde übel. War das Fleisch nicht mehr gut? Aber es war eine gute geräucherte Scheibe Schweineschulter, die doch seit dem Schlachten im November in der Eiskammer gelegen hatte. Das konnte also nicht sein. Wann war ihr das letzte Mal so übel gewesen?

Oh nein! Sie lief in die Schlafstube, wo sie in der Schublade ihres Nachttisches einen kleinen Kalender aufbewahrte. Da sah sie es schwarz auf weiß: Ihre letzte Periode hatte sie im Oktober eingetragen. Sie ließ sich auf die Bettkante sinken. Ganz ruhig Käthe, tief durchatmen!, redete sie sich selber zu. Nimm hin, was nicht zu ändern ist. – Aber es ist Krieg!, schrie eine panische Stimme in ihr. Aber es kommt, wie es kommt!, die andere.

Martin kam angerannt. »Mutti, von meinem Pferd sind die Zügel abgegangen!« Er verzog schon weinerlich sein Gesicht.

»Gib her, mein Schlumske, das kriegen wir wieder hin. Kein Grund zum Weinen!« Mit dem Kind begab sie sich wieder in die Küche, half Martin mit dem Pferdchen und setzte ihre Arbeit fort.

Den ganzen Tag über hatte Käthe ihre Vermutung für sich behalten. Doch sie grübelte unentwegt. Ein sechstes Kind! Das würde ihr schwer zu schaffen machen. Sie hatte doch mit den fünfen schon genug Arbeit. Carl war zwar ein liebender Vater, aber viel zu gutmütig. Die Erziehung überließ er ihr. Oft musste sie schimpfen, weil die Rasselbande nicht hören wollte. Aber es gab ja ein wenig Hoffnung, dass es diesmal ein Marjellchen werden würde. Mit ihrer Doris hatte sie den wenigsten Ärger.

Beim Abendessen, als alle gemeinsam am Tisch saßen und der Pfefferminztee in der Emaillekanne dampfte, verkündete sie: »Du, Carl, ich habe heute einen Termin bei Doktor Kowalewski ausgemacht. Nächste Woche kann ich vorbeischauen.« Aufmerksam sah sie ihren Mann an, der hungrig sein Klunkermus löffelte.

Carl zog die Augenbrauen hoch. »Warum? Fehlt dir etwas?«

»Ei, es könnte sein, dass unsere Familie um ein weiteres Mitglied wächst.«

»Was?« Carl sprang auf. »Käthe, das ist ja großartig! Unser Martin ist schon drei, das ist doch ein guter Abstand!«

Käthe lächelte versonnen. Sie würde wohl noch das Mutterkreuz in Silber bekommen, wenn sie so weitermachte.

Doktor Kowalewski bestätigte in der darauffolgenden Woche die Schwangerschaft. »Richten Sie sich mal auf Ende Juli ein, Frau Kühnapfel!«

Er sah sie mit kritischen Augen genauer an. »Zeigen Sie mir doch mal Ihren Hals!« Käthe rückte näher. Der Arzt betastete ihren Hals und sah mit Spiegel und Lupe hinein. »Müssen Sie sich manchmal räuspern oder haben Sie Schluckbeschwerden?«, fragte er. Käthe nickte. »Ja, woher wissen Sie das? Manchmal habe ich so einen Kloß im Hals, der sich nicht hinunterschlucken lässt. Aber ich dachte, es geht eine leichte Erkältung um in dieser Jahreszeit.«

»Nun, eine Erkältung haben Sie nach meiner Ansicht nicht. Aber Ihr Hals ist dicker geworden und scheint mir Knötchen zu bilden. Nach der neuesten Forschung sieht es nach einer Schilddrüsenerkrankung aus.«

Käthe erschrak. »Ist das schlimm? Ich fühle mich so eigentlich ganz wohl. Außer, dass ich oft müde und erschöpft bin.« Aber insgeheim musste sie dem Arzt recht geben. Schon seit einiger Zeit hatte sie immer den obersten Blusenknopf offen gelassen oder lieber weiter ausgeschnittene Kleider getragen. Alles, was am Hals anlag, beengte sie.

Doktor Kowalewski zeigte Besorgnis. »Sie haben höchstwahrscheinlich einen Jodmangel. Und nur mit Jod können wir derzeit eine Struma behandeln. Jetzt, wo Sie schwanger sind, brauchen Sie sogar noch mehr Jod, sonst kann die Krankheit auf das Ungeborene übergehen, oder es entwickelt sich nicht richtig. Ein Jodmangel könnte ernsthafte Entwicklungsstörungen nach sich ziehen, besonders des Gehirns. Auch die Gefahr einer Frühgeburt oder eines Aborts ist groß. Ich schreibe Ihnen ein Mittel auf, das bekommen Sie vielleicht in einer Apotheke in Allenstein.« Der Arzt wünschte ihr alles Gute, und Käthe war ihrem Schicksal überlassen, das Rezept für Jod in den zitternden Händen. Nun war sie wieder schwanger, aber möglicherweise stimmte etwas mit dem Kindchen nicht. Das hatte ihr gerade noch gefehlt. Den ganzen Nachmittag konnte sie an nichts anderes mehr denken.

»Carl, ich habe eine Struma!«, erzählte sie am Nachmittag ganz aufgeregt, als Carl endlich aus der Backstube kam und sich an den Sekretär setzte, um Rechnungen zu prüfen. Zweimal hatte sie sich schon am Bügeleisen verbrannt, weil ihre Gedanken immer wieder zu ihrer Krankheit schweiften und sich ihre Besorgnis um das Ungeborene ins Unermessliche steigerte. »Ei, was ist das denn? Hat das mit der Schwangerschaft zu tun?« Carl hatte noch nie davon gehört.

»Nein, das nicht. Aber weil mein Hals etwas dicker geworden ist und ich immer solche Schluckbeschwerden habe, sagt Doktor Kowalewski, es ist eine Schilddrüsenkrankheit. Struma nennt man das. Und es könnte vielleicht auf das Baby übergehen. Es könnte eine Frühgeburt oder Entwicklungsstörungen geben!« Käthe wollte weinen, riss sich aber zusammen.

»Ach was, mein Liebchen, komm her!« Er zog sie auf seinen Schoß. »Das wird schon nicht so schlimm sein, sonst hätte dich der Arzt ins Krankenhaus geschickt! Und sonst fühlst du dich doch wohl.« Er küsste und herzte sie und zwickte sie scherzhaft in die Seite. »Ich fahre morgen gleich nach der Arbeit nach Allenstein und besorge dir das Pulver! Du wirst sehen, das wird wieder. Bist doch meine gute, starke Käthe!« Er stand auf und holte das Kistchen mit den Pralinen aus dem Büfett mit der Glasvitrine. »Komm, mein Liebchen, was Süßes für die Nerven!« Er steckte ihr eine Nougatpraline in den Mund, die mochte sie doch so gern. »So, und nun muss ich an die Bücher. Ein paar Sachen von meinen Bestellungen sind tatsächlich nicht mehr lieferbar. Kakao gibt's nicht mehr und Kaffee nur noch begrenzt. Den werden wir etwas teurer anbieten müssen!«

»Das musste ja kommen«, stöhnte Käthe, »schließlich sind wir im dritten Kriegsjahr. Wenn es doch nur endlich vorbei wäre!«

»Vorbei?« Carl runzelte die Stirn. »Manchmal glaube ich, es hat für uns in Deutschland noch gar nicht richtig angefangen. Aber hoffen wir das Beste!«

Völlig geschafft kam Carl am nächsten Abend mit dem Auto aus Allenstein zurück. »Fünf Apotheken habe ich abgefahren!«, stöhnte er. »Und erst in der letzten gab es genau noch zwei Tütchen von diesem Jodpulver. Durch den Krieg sind überall die Medikamente knapp geworden, sagt der Apotheker. Aber vielleicht reicht die Menge ja aus, und du wirst wieder gesund!«

Käthe sah ihren Mann dankbar, aber skeptisch an. »Wir werden sehen, Carl. So schlimm ist es ja nicht. Mir tut nichts weh.« Sie legte die Hand auf ihren Bauch. »Und du, mein kleiner Lorbass, wirst schön gesund, hörst du?«

Seufzend griff Käthe nach dem Korb mit den Flicksachen. Martin hatte schon wieder seine Knie an den Hosen durchgescheuert, und etliche Socken mussten gestopft werden. Carl indessen setzte sich noch an seine Abrechnung.

Im Hintergrund hörten sie im Radio die Reichspropaganda: »... um Treibstoff für den Krieg zu sparen, verbietet das Reichsverkehrsministerium ab sofort private Fahrten mit dem Auto ...« Carl sprang so heftig auf, dass der Stuhl umfiel. »Das können die doch nicht machen! Diese Kumstköppe!«, schrie er wütend. So hatte Käthe ihn nur selten erlebt. Normalerweise war er die Gelassenheit in Person. »Die können doch nicht über mein Auto bestimmen. Das hat viel Geld gekostet, und jetzt soll ich es stehen lassen?« Carl war außer sich und schlug mit der Hand auf den Tisch. Diesmal war es Käthe, die versuchte, ihn zu beruhigen. »Carl, warte ab. Vielleicht ist es

nur vorübergehend. Das können die doch nicht ewig durchziehen!« Carl wollte sich nicht beruhigen. »Ich brauche frische Luft!«, sagte er und griff nach seiner Jacke und der Mütze.
»Wo willst du hin?«
»Noch auf eine Tulpche Bier und ein Schnapsche zum Kalmus«, sagte Carl.
»Aber Carl, sei vorsichtig, was du sagst!«
»Bin ich. Aber trotzdem mal sehen, ob die anderen das schon gehört haben. Die werden auch nicht lachen!« Er knallte die Tür zu.

Als Ida am nächsten Tag von Käthes Krankheit erfuhr, band sie gleich wieder die Küchenschürze ab und schnappte sich Mantel, Kopftuch und Einkaufskorb.

»Gehst du einkaufen? Sei bloß vorsichtig, draußen ist Glatteis!« Käthe war verwundert.

»Ich habe gehört, dass man bei Struma Fisch essen soll. Das erzählen sich die Frauen im Dorf. Von der Ottilie die Nichte hatte auch so was.«

»Aber Mutti, wo willst du denn jetzt im Februar Fisch herbekommen?«

»Ei, vielleicht keinen frischen, aber der Fischer hat bestimmt noch Salzheringe im Fass! Die hole ich dir. Und dann gibt's heute Mittag Schmandhering mit Bratkartoffeln!« Damit war Ida zur Tür hinaus.

Käthe verzog insgeheim das Gesicht. Hering gehörte nicht gerade zu ihren Lieblingsspeisen. Aber Ida meinte es gut.

Im Juni gab es vier sowjetische Bombenangriffe auf Königsberg. Da es auch im letzten Sommer Luftangriffe durch Fernbomber des Typs *Iljuschin* der sowjetischen Luftstreitkräfte gegeben hatte, verlängerte Alwine ihre Sommerfrische mit den Jungen in Locken. Überwiegend hielt sie sich jedoch drüben bei Ida auf und kam nur zu den gemeinsamen Mahlzeiten hinüber. Da ihre Mutter sehr besorgt über die Bombardierung war, nötigte sie Alwine, länger zu bleiben.

Der Sommer war wieder brütend heiß. In der Nacht musste man die hintere Verandatür offenlassen, damit ein wenig kühlere Luft durch die Räume zog. Die Fenster zur Straße hielten sie nachts geschlossen und die Fensterläden verriegelt, denn es fuhren immer häufiger Fahrzeuge der Wehrmacht in Richtung Rastenburg direkt an ihrem Haus vorbei. Inzwischen hatte sich hinter vorgehaltener Hand herumgesprochen, dass Hitler dort Quartier bezogen hatte und von einer Behausung im Wald aus den Krieg führte. Käthe schüttelte es, wenn sie darüber nachdachte. Den Reichskanzler und Kriegsführer so in unmittelbarer Nähe zu wissen, gefiel ihr gar nicht. Rastenburg war nur etwa zwei Autostunden von Locken entfernt.

Wenn sich einmal vorher ankündigte, dass Hitler durch Locken fahren würde, wurden die Bewohner vom Gauleiter aufgefordert, grüßend am Straßenrand zu stehen. Carl und Käthe hatten sich bisher noch nicht daran gehalten. Sie hatten zu tun.

In der Nacht zum 7. Juli 1942 setzten die Wehen ein, drei Wochen zu früh. »Carl, wach auf!« Käthe rüttelte stöhnend an Carls Arm. »Carl! Hör doch! Ruf die Werningsche an! Es geht los! Das Kind kommt!« Blitzartig war Carl wach, sprang aus dem Bett und lief zum Telefon.

»Ei, Frau Kühnapfel, bei Ihnen bin ich wirklich Stammgast!« Die Hebamme, die eine Stunde später zur Tür hereintrat, schnaufte. Es gefiel ihr nicht, dass sie um ihren Schlaf gebracht wurde. Aber seltsamerweise machten sich die meisten Babys in der Nacht auf den Weg.

Der Abstand der Wehen war schon recht kurz, und sie kamen mit großer Heftigkeit. Nach der Untersuchung meinte Hilda

Werning: »Ich schätze mal, eine halbe Stunde, dann haben wir es geschafft. Wat soll et denn diesmal werden?«
»Ein Mädchen«, keuchte Käthe. »Bei so vielen Jungs ist mal wieder ein Marjellchen dran!« Sie betete insgeheim dafür.
Der kleine Ulrich erblickte mit dem ersten Hahnenschrei das Licht der Welt. Er wirkte gleich auf den ersten Blick noch kleiner und zarter als sein Bruder Werner.
»Ei, für ein Marjellchen haben wir hier einen Zipfel zu viel! Und et is man e bissele klein und schwach, dat Jungche«, scherzte die Werningsche. »Hamse nich jenuch jejessen, Frau Kühnapfel? Wo sie doch hier an der Kuchenquelle sitzen? Naja, jut, drei Wochen isser ja man auch zu früh. Der wird schon!« Nachdem sie das Kind gewaschen und in Tücher gewickelt hatte, legte sie es Käthe in den Arm. Der Kleine schaute seine Mutter mit großen Augen unverwandt an. Diesen Blick kannte sie schon, und er berührte wie die Male zuvor ihr Herz. Sie küsste Ulrich liebevoll auf die Stirn. »Du kannst ja nichts dafür, kleines Menschenkind«, sagte sie zärtlich leise zu ihm. »Ich hoffe nur, dass ich dich groß bekomme so wie die anderen fünf.« Tränen traten plötzlich in ihre Augen. Warum hatte sie nur so ein seltsames Gefühl? Lag der Kleine nicht zu ruhig und apathisch in ihrem Arm? Nein, es musste der Krieg sein, der sie so sentimental stimmte.
Carl, der inzwischen schon in der Backstube schwitzte, begrüßte glücklich seinen fünften Sohn. »Gleich um sechse gehe ich rüber zu Mutterchen, damit sie dir helfen kommt und du noch ein bisschen schlafen kannst, Käthchen. Sie kann dann auch die Großen fertigmachen. Alwine können wir einspannen, die hilft bestimmt gern. Und heute Abend fülle ich den Antrag für ein neues Pflichtjahrmädchen aus. Ich hoffe, sie schicken uns bald eines.«

Der Alltag mit sechs Kindern, Bäckerei, Vieh und Land forderte Käthe alles ab. Zwar hatten sie ein neues Pflichtjahrmädchen, Eva aus dem Saarland, bekommen, aber die war noch recht unreif. Alles musste man ihr mehrmals sagen, und Heimweh hatte sie auch. Sie weinte viel. Fast war sie wie ein weiteres Kind, fand Käthe. Männliche Helfer, die größtenteils zum Kriegsdienst eingezogen waren, fehlten an allen Ecken und Enden.

Die Mitglieder im *Bananenklub* waren weniger geworden, wie Käthe von Carl wusste. Kam jemand auf Fronturlaub, wusste er Abenteuerliches und Grauenhaftes zu berichten oder er war schweigsam geworden und sagte gar nichts mehr. Von einigen Kundinnen hatte sie erfahren, dass deren Söhne in Polen oder in Frankreich gefallen waren. Die Zahl der schwarz gekleideten Frauen im Dorf hatte zugenommen.

Alwine war nach Ende der Sommerferien mit den Jungen heim nach Königsberg gefahren, denn am 1. September ging die Schule wieder los. Sie hatte Käthe mit dem Baby gut unterstützt. In stillen Momenten sah man jedoch, wie traurig sie wurde, während sie das Baby betudderte. Den Tod von Margret hatte sie immer noch nicht verwunden.

Und Käthes Struma war nicht besser geworden. Sie ging mit dem Jod sparsam um, weil sie wusste, dass es am Markt nicht mehr zu bekommen war. Aber vielleicht war es zu wenig. Oft fühlte sich ihr Hals eng und trocken an, und dabei war er von außen geschwollen und wölbte sich leicht nach außen. Und waren da nicht Knötchen zu ertasten?

Inzwischen hinterließ der Krieg mit seinen Einschränkungen auch im ostpreußischen Locken seine Spuren. Niemand durfte mehr privat ein Auto benutzen. Niemand durfte mehr privat mit der Eisenbahn fahren, es sei denn, er hatte triftige Gründe. Treibstoff sollte auch hier gespart werden, um die Kriegstransporte zu sichern.

Lübeck und Rostock waren im Frühjahr bombardiert worden. Juden sollten in Lager kommen, aus denen man niemanden mehr wiederkehren sah.

Aus dem Reich hörte man, dass die Lebensmittel knapp wurden. Das war jedoch in Locken nicht der Fall. Alle hatten nach wie vor genug zu essen. Von den Großbauern hatten sie erfahren, dass sie Vieh abgeben mussten, aber Carl und Käthe hatten ja nur zwei Kühe, drei Schweine und das Federvieh. Das galt als Eigenbedarf für die große Familie.

Die Ernte war eingefahren, und Carl und Käthe planten Ulrichs feierliche Taufe für den 6. September. Dazu war wie üblich die ganze Familie eingeladen. Oma Anna und Opa Hugo reisten aus Koschainen an. Auch Tuta und Charlotte kamen mit ihren Familien und Kindern. Natürlich fehlte auch Alwine nicht, die mit ihrem Mann, Hans Kalmus, kam. Die beiden großen Söhne Hans und Walter waren jedoch bei der *HJ* in einem Lager unabkömmlich.

Sie alle waren mit der Eisenbahn nach Locken gefahren. Eine Taufe war ein Grund, der eine Zugfahrt rechtfertigte. Knecht Fritz holte sie mit dem Zweispänner alle nacheinander vom Bahnhof Kämmersdorf ab.

Die Glocken der Lockener Kirche läuteten hell und laut.

Stolz machte sich die Familie auf den Weg zum Taufgottesdienst. Die Kinder waren in ihre besten Sachen gekleidet. Doris als einziges Mädchen trug ein hübsches weißes Sommerkleid und passende weiße Schleifen im kinnlangen Haar. Sie wäre ein noch hübscheres Mädchen, wenn nicht ihr Silberblick gewesen wäre. Mit ihren zehn Jahren hatte sie inzwischen dem *Jungmädelbund* beitreten müssen. Da gab es kein Wenn und Aber.

»Doris, nicht ganz so schnell«, rief Käthe ihrer Tochter zu, die den Kinderwagen etwas zu flott vorwärts schob.»Wir anderen kommen ja gar nicht hinterher!« Werner und Martin tollten schon wieder herum und balgten sich. Es fehlte noch, dass einer von beiden in eine Pfütze fiel und seine gute Hose schmutzig machte.»Und ihr beiden kommt jetzt an meine Hand!« Käthe schnappte sich einen rechts und einen links. Zappelnd und unter Protest ließen sich die beiden das widerstrebend gefallen. Rudi, der ausgeglichenste von allen Kindern, ging neben seinem Vater her. Er freute sich immer, wenn dieser einmal für die Familie Zeit hatte und er ihn mit Fragen löchern konnte. Und heute war so ein glücklicher Tag.

Der Platz in der hölzernen Kirchbank gleich in der dritten Reihe rechts war eng geworden für die Familie Kühnapfel. Sie mussten ordentlich zusammenrücken. Rudi hatte sich gleich den Sitz neben seinem Vater gesichert. Die Gäste mit ihren Familien setzten sich in die hinteren Bänke.

Käthe lehnte ihren Kopf an Carls Schulter. Nun wurde auch ihr sechstes Kind aus dem Messingbecken von Pfarrer Erdmann getauft. Ihr war schon recht feierlich ums Herz. Sechs Kinder hatte sie geboren, das sollte erst einmal einer nachmachen! Carl blickte stolz zur Kanzel, wo der Pfarrer seine Predigt hielt. Er tätschelte Käthes Hand.

Ulrich war ein ruhiges Baby und schlief fest auf Käthes Arm. Das kalte Weihwasser entlockte ihm nur ein Blinzeln, dann schlief er friedlich weiter.

Während der Taufrede des Pfarrers sinnierte Käthe über Uli. Er war ein hübsches, aber schwaches Kind, wirkte mit seinen 48 Zentimetern und einem Gewicht von 2700 Gramm noch sehr unfertig. Was Käthe wirklich zu schaffen machte, war, dass er nicht von ihrer Brust trinken konnte, es fehlte ihm die Kraft, ordentlich fest zu saugen. So musste sie mühselig die Milch abpumpen und in ein Milchfläschchen füllen, das einen Sauger mit größerem Loch hatte, aus dem es Uli leichter hatte zu trinken. Aber eigentlich hatte Käthe diese Zeit nicht, und so war sie wieder auf die Hilfe von Ida angewiesen. Manchmal gab auch das Mädchen, Eva, dem Kleinen die Flasche. Auch Doris konnte dafür schon herangezogen werden und stellte sich gar nicht mal ungeschickt an. Käthe dachte an die Worte von Doktor Kowalewski, was passieren konnte, wenn Kinder unter Jodmangel geboren wurden, und sie bekam Angst. Ihr armer Kleiner! Doch vielleicht würde der Krieg bald vorbei sein, dann könnte man wohl wieder Jod besorgen.

Der große weiße Taufengel aus dem 17. Jahrhundert schwebte an der Kirchendecke über ihnen.

Die Wohnstube bei Kühnapfels war gut gefüllt, der Mahagonitisch musste ausgezogen werden, damit alle Platz hatten. Die Kinder aßen mit Eva separat am Kindertisch.

»Ei, heute gibt es Schweinebraten mit Möhren und Erbsen!« Heinz freute sich und vollführte Luftsprünge, denn es war sein Lieblingsessen. Aber nicht nur seines. Alle hatten großen Appetit. Als Nachtisch hatte Ida eine leckere Zitronenspeise aus geschlagenem Eiweiß zubereitet. Das war nur möglich gewesen, da Alwine ein paar Zitronen aus Königsberg mitgebracht hatte. Dort war das Angebot in den Geschäften nach wie vor besser als in Locken, Osterode oder Allenstein, wo an Südfrüchte kaum zu denken war.

»Esst, Kinder, esst! Es ist genug da! Komm, Mutti, nimm noch ein Stück vom Braten. Du auch, Alwine«, forderte Käthe alle auf, ordentlich zuzulangen. Die ließen sich das nicht zweimal sagen.

Als die Frauen sich mit dem Abwasch in die Küche begeben hatten und die Kinder zum Spielen nach draußen geschickt wurden, gingen die Männer auf eine Zigarre und ein Schnapsche auf die Veranda. Es war ein warmer Spätsommertag, man konnte die Tür zum Garten offenhalten. In den Blumen summten hier und da ein paar Wespen.

»Man will es nicht glauben, dass ein paar 100 Kilometer weiter in Russland die Front steht!«, ereiferte sich Hugo.

»Ja, die Krim haben unsere Soldaten erobert, und nun sind sie in den Kaukasus vorgedrungen. Aber die Russen leisten erbitterten Widerstand!«, meinte Carl. »Ihr hört ja bestimmt auch jeden Tag den *Reichssender Königsberg*. In Stalingrad toben zähe Kämpfe.« Diese Worte waren an seinen Schwager gerichtet.

Hans Kalmus, der seit Längerem immer das Parteiabzeichen am Anzug trug, nickte. »Aber unsere Soldaten sind stark und gut ausgebildet. Die schlagen die Russen mit Leichtigkeit!«

Carl sah Hans erstaunt an und wunderte sich über so viel Gutgläubigkeit. Aber warum sollte er etwas dagegen sagen? Auch er wollte wie alle anderen nur zu gern an einen Sieg Deutschlands glauben. Denn es war nicht auszudenken, wenn das Gegenteil einträfe.

Drinnen in seiner Wiege fing Uli an zu schreien. Als ob er etwas ahnt, dachte Carl bei sich. Sonst schreit er nur selten.

Käthe, die in der Küche das Schreien gehört hatte, lief sogleich in die Schlafstube und nahm den Kleinen aus seiner Wiege. Zunächst wechselte sie ihm die nasse Windel und setzte sich dann mit ihm in den Ohrensessel. Als Uli in ihren Armen lag und ein paar Schlucke aus dem Milchfläschchen trank, kehrte friedliche Stille ein.

»Oma Anna, sag mal, dürfen wir in den nächsten Sommerferien wieder zu euch nach Koschainen?« Rudi war mit Heinz vom Spielen hereingekommen, kletterte auf Annas Schoß und kuschelte sich an seine Großmutter. »Es war immer so schön bei euch!«

Heinz mischte sich ein: »Ei, das wäre was! Und noch einmal mit dem Schiff auf den Berg fahren!« Anna nahm die beiden in die Arme. »Da müssen wir wohl warten, bis der Krieg vorbei ist. Die Schiffe auf dem Oberlandkanal fahren schon länger nicht mehr. Und ihr wisst ja, mit der Eisenbahn zu reisen, das ist inzwischen auch so eine Sache. Aber vielleicht gibt es im nächsten Sommer eine Möglichkeit, warten wir mal ab. Bis dahin kann noch viel passieren. Wenn wir ganz großes Glück haben, Kinderchen, dann gewinnen wir den Krieg, und alles ist wieder wie vorher.« So recht glauben mochte sie selber nicht, was sie da sagte. Aber die Wahrheit über Deutschland mussten die Kinder ja nicht wissen. Warum sollte man ihnen Angst machen.

»Unseren Fritz haben sie nun auch eingezogen!«, sagte Carl eines Abends, als sie beide im Garten in der Herbstsonne standen, kurz durchatmeten und auf die abgeernteten Felder schauten. Carl stellte den Rechen weg, mit dem er eben das Laub zusammengeharkt hatte.

Käthe seufzte und setzte sich mit ihrem Korb an den Gartentisch. Sie war nicht müßig und schälte ein paar Äpfel, die sie noch schnell zu Kompott verarbeiten wollte, bevor sie die Maden verderben würden.

»Er hat mir heute seinen Einberufungsbescheid gezeigt. In zwei Wochen geht es los. Dann haben wir einen weniger, der mit anpacken kann.«

»Aber er ist doch schon über 50!« Käthe war empört. »Und wir brauchen ihn hier im Stall und auf dem Feld für die Landwirtschaft! Wie sollen wir das sonst ohne ihn schaffen?«

»Das spielt keine Rolle mehr«, sagte Carl, setzte sich auf die Gartenbank und holte eine Zigarre aus der Brusttasche seines karierten Hemdes. »Die Wehrmacht braucht Soldaten, die sie in Russland verschleißen kann!« Er zog heftig an seinem Stumpen und paffte eine schwarze Rauchwolke in die Luft. »In der Backstube bin ich auch schon eine Weile alleine, seit Egon an der Front ist. Da fragt keiner, wie das weitergehen soll. Ich werde zusehen, dass wir statt Fritz nun einen Ostarbeiter bekommen, nein, am besten gleich zwei. Sonst ist hier nichts mehr zu machen, nuscht nicht. Morgen gehe ich zum Amt, um den Antrag auszufüllen. Hier im Dorf gibt es keine Männer mehr, die infrage kommen. Entweder sind sie eingezogen oder unabkömmlich.«

So kam Wojciech zu ihnen. Er wurde wie Hunderte andere Menschen aus dem polnischen Lodz zur Zwangsarbeit nach Ostpreußen geschickt. Als er an einem Novembertag vom Bahnhof gelaufen kam, den Rucksack mit seinen Habseligkeiten auf dem Rücken, und er das stattliche Haus mit der Bäckerei der Familie Kühnapfel sah, dankte er Gott, das große Los gezogen zu haben. Und als er die Familie kennenlernte, wusste er, hier war er willkommen, es waren Menschen mit dem Herzen auf dem rechten Fleck. Und nicht zuletzt: Hier würde er satt zu essen haben! Bei einem Bäcker würde es immer Brot geben, und auch Vieh war reichlich vorhanden. Und dann die Felder!

Er war ein freundlicher, wortkarger Mann um die 40 und sprach einigermaßen Deutsch. Er musste einen viereckigen gelben Stoffaufnäher mit dem Buchstaben »P« wie Pole auf seiner Joppe tragen.

Bereits im ersten Gespräch erfuhren Carl und Käthe Erschütterndes. Die Gerüchte stimmten also, in Lodz, das sich jetzt Litzmannstadt nannte, gab es ein abgegrenztes Wohngebiet nur für Juden, ein sogenanntes Ghetto, wo niemand hinein oder hinaus durfte, es sei denn, er war Jude und wurde dorthin geschickt. 100.000 Menschen sollten dort auf engem Raum leben, aber unter welchen Umständen, konnte man sich kaum

vorstellen. Nur wenig Informationen drangen nach draußen. Man konnte nur erahnen, dass sie schlecht versorgt wurden und etliche Menschen an Hunger, Erfrierungen und Krankheiten starben. »Es heißt, dass sie dort für Fabrikanten aus dem Deutschen Reich arbeiten müssen«, erklärte Wojciech. »Sie machen Soldatenuniformen, Stiefel oder Munition, aber bekommen kaum Geld oder Essen. Doch immer noch besser als KZ!« Carl und Käthe hörten erschüttert zu.
»Ja, und wir Polen sind den Deutschen nichts weiter wert als für Zwangsarbeit«, sagte Wojciech bitter. »Meine Frau arbeitet auch auf Hof, in Pillkallen.«

Carl holte die Schnapsflasche aus der Wohnstube. »Ei, nun wollen wir mal ein Schnapsche trinken, Wojciech! Du bist jetzt bei uns, und wir werden miteinander auskommen! Es hilft kein Jammern, durch diese Zeiten müssen wir alle durch!« Er klopfte dem Mann auf die Schulter. Der Kartoffelschnaps wärmte, und Wojciech nickte. Hier hatte er es gut getroffen.

Kurze Zeit später traf auch Jakub ein, er kam aus Osowiec, einem kleinen polnischen Dorf, wo seine Familie ebenfalls einen Bauernhof betrieben hatte. Mit Wojciech freundete er sich schnell an, die beiden teilten sich die Arbeit auf dem Feld, in den Ställen und in der Backstube und nicht zuletzt die Schlafkammer im kleinen Insthaus, das eigentlich überwiegend als Schuppen diente und nur gelegentlich Saisonkräften Unterkunft bot. Es war nicht erlaubt, polnische Arbeitskräfte im eigenen Haus zu beherbergen. Beide Arbeiter hatten während der Kriegsjahre in Polen schon Hunger gelitten und waren froh, bei der Familie Kühnapfel zwar hart arbeiten zu müssen, dafür aber jeden Tag satt zu werden.

Dass man Fremdarbeiter schlecht zu behandeln hatte, daran hielten sich Carl und Käthe nicht.

20.

1943

Carl stand in der Backstube und knetete Sauerteig, als es klingelte und gleichzeitig mehrere Fäuste gegen die Tür hämmerten. Er wischte sich die Hände an einem Handtuch ab und öffnete die Tür. Davor standen drei Männer in Wehrmachtsuniform und hielten ihm ein Schreiben vor die Nase. »Heil Hitler!«, rief ihr Sprecher und knallte mit ausgestrecktem Arm die Hacken seiner schwarzen, auf Hochglanz polierten Stiefel zusammen.

»Heil Hitler, was gibt es?«, fragte Carl lasch. Es war in diesen Zeiten besser, ebenfalls mit dem Hitlergruß zu antworten. Ihm schwante Unheil.

»Im Namen des Führers werden Sie aufgefordert, uns per sofort Ihren Pkw samt Papieren auszuhändigen!«

»Wie ...?« Carl war sprachlos und musste sich vor Schreck am Türrahmen festhalten. Das konnten die nicht ernst meinen, die scherzten doch. Sein Auto, seinen geliebten Hanomag? Aushändigen? War es nicht schlimm genug, dass der Wagen schon seit Langem ungenutzt in der Garage stand? Er sagte vor Schreck erst einmal gar nichts und schluckte. Sein Herz war in die Hose gerutscht.

»Ich sagte *sofort*, Herr Kühnapfel«, donnerte wieder der erste der Männer mit harter Miene und trat unaufgefordert zur Tür herein. Die beiden anderen folgten ihm und sahen sich neugierig um. Nasser Schnee fiel von ihren Stiefeln und hinterließ schmutzige Pfützen auf den hellen Fliesen. »Wenn ich also bitten darf! Ihr Auto wird im Auftrag des Reichskriegsministers für Kriegszwecke konfisziert. Oder wollen Sie sich dem Sieg Deutschlands entgegenstellen?«

»Aber Sie können mir doch nicht einfach so mein Auto wegnehmen!«, begehrte Carl auf. »Das hat mal 2.800 Mark gekostet! Es reicht doch wohl schon, dass ich nicht mehr fahren darf!« Jetzt wurde er laut und redete sich in Rage. »Das ist mein Eigentum. Seit wann wird den Leuten am helllichten Tag ihr Eigentum gestohlen?« Er war vor Wut hochrot geworden.

»Herr Kühnapfel, offenbar verstehen Sie nicht! Das ist ein Kriegsbefehl. Wenn Sie sich dem widersetzen, nehmen wir Sie fest, und Sie kommen sofort mit! Also?«

Käthe, die den lauten Tumult mitbekommen hatte, kam rasch herbeigelaufen. »Guten Tag!«, grüßte sie die Männer. »Heil Hitler!« kam es ihr stramm entgegen.

»Carl, sei vernünftig«, flehte sie ihren Mann an, der wie versteinert dastand. »Tu, was sie sagen. Vielleicht gibt es ja irgendwann eine Entschädigung.«

Carl war auf einmal in sich zusammengefallen. Er ging zum Dielenschrank, wo in der Schublade die Autoschlüssel und Fahrzeugpapiere lagen, und händigte sie den Männern aus. Dann zeigte er ihnen die Garage neben der Scheune, wo der Hanomag stand. Er wollte gerade die Haustür schließen, als einer der drei noch einmal den Fuß dazwischen stellte. »Heil Hitler!«, schrie er. »Und beim nächsten Mal, wenn wir klingeln, überlegen Sie nicht so lange! Sonst können Sie sich woanders Gedanken machen!«

Damit waren sie und das Auto verschwunden.

Carl zog den Bäckerkittel aus, nahm die Mütze ab und warf beides in die Ecke. »Käthe«, stöhnte er, »das war der schwärzeste Tag meines Lebens!« Er hatte Tränen in den Augen. »Was werden die uns wohl noch alles wegnehmen?«

Er konnte es noch nicht ahnen.

An diesem Tag war Carl zu nichts mehr zu gebrauchen. Er stellte das Backen ein. Die halbfertigen Brote machte Wojciech fertig, der sich einiges von Carl abgeschaut hatte und in den Wintermonaten schon eine ordentliche Hilfe in der Bäckerei gewesen war.

Carl setzte sich reglos an den Tisch in der Stube. Den Kopf auf die Hände gestützt, leerte er eine halbe Flasche Korn. Niemand durfte ihn stören.

Im Frühjahr, als er sich langsam von diesem Schock erholt hatte, sagte er eines Tages in den frühen Morgenstunden: »Jakub, spann an! Wenn ich schon kein Auto mehr habe und nicht mehr Bahn fahren kann, müssen eben wieder gute Pferde her. So wie früher. Meine beiden Braunen sind in die Jahre gekommen, die werde ich abgeben. Die konnten letztes Jahr kaum noch den Pflug ziehen. Wir fahren zum Pferdemarkt nach Gilgenburg!«

Nach Hause kamen die beiden mit zwei stattlichen Trakehner-Schimmeln, die freundlich mit dem Schweif wedelten. Stolz tätschelte Carl ihre Nüstern. »So, ihr beiden Hübschen, jetzt zeige ich euch euren Stall, und dann gibt's feinen Hafer!« Er konnte wieder lachen. Bitte, dann eben zurück zu alten Zeiten. Zu Pferde unterwegs zu sein, hatte doch auch immer Spaß gemacht. Es dauerte nur eben etwas länger.

Rudi und Werner kamen eilig herbeigelaufen, dann auch die anderen Kinder. »Ei, sind die schön, Papachen! Dürfen wir uns einmal draufsetzen?« Rudi brachte dem Pferd ein Stück Wruke, weil er wusste, dass Pferde die mochten.

»Aber ja, ihr Lorbasse, jeder darf aufsitzen. Hopp, hoch mit euch!« Und so bestiegen sie mit Vaters Hilfe alle der Reihe nach die Pferderücken. Rudi lachte fröhlich und klopfte dem Schimmel auf den Rücken. Nur der vierjährige Martin war noch zu klein. Und Ulrich, mit seinen acht Monaten auf Käthes Arm sitzend, staunte mit offenem Mund über die großen Tiere.

Beim Abendbrot, als die ganze Familie am Tisch saß, meinte Ida: »Sagt mal, der Herr Dudeck fährt doch noch mit dem Linienbus, oder haben sie die Busverbindung auch eingestellt?«

»Doch, doch, der fährt noch«, sagte Carl und biss in sein Schinkenbrot. »Warum fragst du?«

»Ei, mit dem Bus sind wir schneller in Osterode als mit den Pferden, auch wenn sie jung und frisch sind.«

»Was willst du denn in Osterode, Muttichen?«, fragte Käthe.

»Ei, ich habe so bei mir gedacht, wir beide sollten zum Einkaufen fahren, Käthe. Wer weiß, wo das mit dem Krieg hinführt. Wir sollten unser Geld in ein paar gute Sachen anlegen, solang es geht. Pelze vielleicht. Mein Wintermantel wärmt nicht so recht, und du hast auch keinen Pelz.«

»Oh, die sind sehr teuer, Mutti. Aber ich glaube, du könntest recht haben.«

»Dürfen wir mit?« Die Kinder bettelten alle durcheinander. »Wir waren schon so lange nicht mehr in Osterode!« Doris war ganz aufgeregt.

Käthe und Ida verständigten sich mit Blicken und nickten sich unauffällig zu. »Also gut«, sagte Käthe. »Wir fahren alle zusammen am Dienstag nach Pfingsten. Da habt ihr schulfrei. So kommt ihr mal raus aus Locken, und wir machen einen schönen Stadtbummel. Aber benehmt euch! Kein Gezanke und Geschrei! Martin und Ulrich bleiben bei Eva, solang wir weg sind.«

Martin zog einen Flunsch. »Ei, Martinchen, du bist ein bisschen klein. Nicht gleich wieder plinsen. Wir bringen dir etwas Schönes mit!«, sagte Käthe und streichelte seinen Kopf.

»Ja, fahrt nur«, sagte Carl, der über die Aufregung schmunzelte. Das war etwas für die Frauen und die Kinder. Ihm selber genügten Schneider Kemski und Schuhmacher Lehmann in Locken, wo er sich seine Anzüge und Schuhe maßanfertigen ließ. Er würde sich an dem Tag gleich nach getaner Arbeit mit seinen Freunden vom *Bananenklub* im Wirtshaus treffen.

Es war ein herrlicher Maitag, als sie an der Haltestelle auf Herrn Dudeck mit seinem Bus warteten. Die Fahrt dauerte eine gute Stunde. Ida und Käthe, die vier Kinder im Schlepptau, kannten den Weg zum Markt in Osterode gut, er war nicht weit vom Bahnhof entfernt, wo auch der Bus hielt. Auf dem Markt war geschäftiges Treiben. Leute flanierten hin und her. Im Dreikaiserbrunnen vor dem Rathaus plätscherten die Wasserfontänen um den meterhohen Obelisken aus weißem Stein, auf dem in schwarzen Marmorreliefs die Bildnisse von Kaiser Wilhelm I., Kaiser Friedrich und Kaiser Wilhelm II. dargestellt waren. Ungestüm rannten die Kinder sofort hin und tauchten die Hände hinein. Werner fing sogleich an, mit Wasser zu spritzen.

»Wollt ihr wohl aufhören!«, schimpfte Ida. »Wenn ihr nass seid, können wir wieder nach Hause fahren!« Sofort war Werner still, zog aber einen Flunsch.

Rings um den Brunnen waren bunte Marktbuden aufgebaut. Von Korn über Gemüse und Stoffe gab es alles, was das Herz begehrte. »Madamche!«, rief ihnen eine Marktfrau zu, die herrlich duftende Seife anbot. Käthe drehte sich interessiert zu ihrem Stand um. Seit Erna keine mehr selbst herstellte, war ihr Seifenbestand im Wäscheschrank knapp geworden. »Madamche, schauen Se doch, meine wohlriechende Seife. Selbst jemacht mit Rosen oder Ringelblumen!« Die Marktfrau bemerkte Käthes Interesse und hielt ihr zwei Stückchen entgegen, die in zartes Papier eingeschlagen waren. Sie witterte ein Geschäft. Jetzt in Kriegszeiten hielten viele Menschen das Geld zusammen und gaben es nicht gerade für Seife aus. Ida hielt Käthe am Arm fest. »Willste wirklich bei der Zigahnschen was kaufen, Käthe?«

»Warum denn nicht? Ist doch bloß Seife. Ich werde handeln.« Ida nickte ihrer Schwiegertochter zu und war einverstanden. Den Zigahnschen durfte man nie den geforderten Preis zahlen, das war wie früher mit den Juden.

»Ei, Mutti, wie die duftet!« Doris war aufmerksam geworden, und auch Heinz trat hinzu. Er liebte Seife über alles. Sie führten mehrere duftende Stücke an die Nasen und kauften schließlich drei. Wer weiß, ob Seife nicht auch bald knapp wurde.

Die vielen Geschäfte in den schmucken Jugendstilhäusern am Marktplatz hatten die Markisen heruntergelassen, um ihre Waren im Schaufenster vor der grellen Maisonne zu schützen. Vor dem Rathaus und vor dem Hotel *Deutsches Haus* wehten die roten Hakenkreuzfahnen. »Ich kann schon das Geschäft von Kürschnermeister Arthur Winkelmann sehen!« Idas Schritte wurden schneller, die Kinder kamen kaum hinterher. »Sieh nur Käthe!«, frohlockte sie. »Was da für schicke Pelzmäntel im Fenster hängen!«

Die Ladentür klingelte, als sie eintraten. Beflissen trat Herr Winkelmann selbst hinter dem Ladentisch hervor. »Womit kann ich den Damen dienen?«, fragte er, machte einen Diener und beäugte misstrauisch die Kinder. Nicht, dass die ihm mit ihren schmutzigen, gar klebrigen Fingern seine kostbare Ware beschmutzten.

»Ei, wir suchen etwas Schickes und Warmes für den Winter.« Ida sah sich um und bedeutete Käthe, dies ebenfalls zu tun. Herr Winkelmann schätzte die Kleidergrößen der beiden ab und zeigte auf einen Ständer. »Wenn ich bitten darf, die Damen! Hier hätten wir wunderbare, sehr schön gearbeitete Nutria- oder Fuchspelze!«

Käthe guckte skeptisch.

»Und für den gehobenen Anspruch einen feinen Nerz!« Herr Winkelmann war froh, dass sich um diese Jahreszeit Kunden in seinen Laden verirrt hatten. Es war nicht leicht, im Mai einen Pelz zu verkaufen. Aber in diesen Zeiten war alles durcheinander und nichts mehr, wie es einmal war.

Käthe fiel sofort ein graubrauner, wadenlanger Nutriamantel mit kuscheligem dickem Kragen ins Auge. Sie befühlte ihn, er war wunderbar weich. Sofort nahm Herr Winkelmann den Mantel vom Ständer. »Eine sehr gute Wahl, meine liebe Frau, probieren Sie ihn doch einmal an. Er dürfte Ihre Größe haben und Ihnen ausgezeichnet stehen.« Käthe, die schon schwitzte, zog den Mantel über ihr Sommerkleid und trat vor den körperhohen in Messing gefassten Spiegel. Der Mantel war ein kleines bisschen weit, aber das war gut so. Im Winter würde sie einen dicken Pullover und eine Jacke darunter tragen. Dann würde er genau passen. Nur die Ärmel waren etwas zu lang. Sie zupfte daran herum. »Ei, das ist überhaupt kein Problem, meine Dame, die Ärmel kürze ich Ihnen gerne ein. Das ist natürlich im Preis inbegriffen.« Käthe schielte auf das Preisschild und wurde blass. Der Mantel kostete fast 700 Reichsmark!

Ida hatte Käthes Blick bemerkt und nahm sie beiseite. »Ich bezahle!«, flüsterte sie. »Ich habe gespart. Lass mich nur machen!«

Käthe nickte ergeben und flüsterte »Danke!« zurück.

Ida selbst entschied sich für einen dicken Fuchsmantel in Rotbraun. Der Mantel machte sie zwar etwas fülliger, aber das schien Ida nicht zu stören. Hauptsache, sie musste im Winter nicht mehr frieren.

Mit Herrn Winkelmann machten sie einen Preisnachlass aus, da ja schließlich Mai war und man zurzeit gar keine Pelzmäntel bräuchte. Er würde dazu die Änderung vornehmen und dann beide Mäntel mit der Rechnung zu ihnen nach Locken liefern lassen.

Froh und zufrieden traten sie aus dem Pelzgeschäft. Die Kinder waren sehr unruhig geworden und quengelten, weil sie sich still verhalten mussten und nichts anfassen durften. »Wann gehen wir ins Spielzeuggeschäft?«, »Und wann an den See? Dürfen wir baden?«

»Ei, Kinder, wir haben doch gar keine Badesachen mit«, sagte Käthe. »Aber wenn ihr schön brav seid – wir schauen uns noch in ein paar Geschäften um. Danach darf sich jeder von euch etwas Kleines im Spielzeugladen aussuchen. Und dann gehen wir zum See.«

»Oh ja, fein, Mutti!« Rudi und Doris hüpften vor Freude.

Im Juweliergeschäft Peters erstanden Ida und Käthe jede einen dicken Goldring, einen mit Rubin und einen mit Amethyst, den sie als Wertanlage betrachteten. Tragen konnten sie den Schmuck bei ihrer täglichen Arbeit nicht.

Mit vollen Taschen und Paketen spazierten sie dann gegen Mittag zum Drewenzsee, an dessen Ufer es auf Wiesen unter Bäumen schattige Plätzchen gab. Auf der Uferpromenade spazierten Leute. Käthe, die gehört hatte, dass es in der Stadt Lebensmittelzuteilungen gab, hatte für jedes Kind ein Butterbrot und ein gekochtes Ei eingepackt. An einem Büdchen kaufte sie für jeden eine Zitronenlimonade.

Rudi ließ seinen Blick schweifen, während er sein Ei abpellte. »Ei, Mutti, schau mal da hinten! Weht da nicht eine Eisfahne?«

Käthe blinzelte gegen die Sonne. »Das kann sein, Rudi. Aber nun esst erst einmal schön eure Brote, und dann lauft und geht nachschauen!«

Rudi hatte recht gehabt. Durch das Fenster des Restaurants »Collispark« wurde Eis verkauft. Viele Leute saßen auf der Terrasse zum See hin an den zahlreichen Tischen. Sie gab jedem

Kind ein Dittchen für eine Kugel Eis. Das schleckten sie aus ihren Waffeln und schauten den Enten zu, die friedlich auf dem See gründelten.

Um 15 Uhr am Nachmittag fuhr der Linienbus mit Herrn Dudeck zurück nach Locken. Das war ein herrlicher Tag gewesen.

Martin stand mit Eva, die den kleinen Uli auf dem Arm trug, wartend vor dem Gartentor. »Muttichen, hast du mir was mitgebracht?«, fragte er sogleich. »Aber natürlich, Martinchen. Schau mal, ein kleines Spielzeugauto, das auch deine Brüder bekommen haben.« Martin war begeistert. »Und!« Käthe drückte ihn und zauberte noch etwas aus der Hand. »Ein Lutscher, ein Lutscher!« Martin trampelte mit den Beinchen und war glücklich.

»Was bekommt die Mutti dafür?«, fragte Käthe lachend und hielt ihm ihre Wange hin, auf die er einen schmatzenden Kuss drückte. Dann stob er übermütig mit seinem neuen Auto davon. »Brumm, brumm!«, hörte sie es noch von Weitem.

Alwine hatte wieder ihren sommerlichen Besuch angekündigt. Rudi und Werner durften mit Carl zum Bahnhof fahren. Als Reisegrund hatten sie Alter und Krankheit von Mutter Ida angegeben, was ein wenig geflunkert war. Aber das Gegenteil konnte niemand beweisen, und irgendwie stimmte es ja auch.

Sie kam am Bahnhof Kämmersdorf an und schleppte wieder schwere Taschen, die Carl in den Wagen des Zweispänners hievte.

»Die Apfelsinentante kommt!«

»Tante Alwine, Tante Alwine! Was hast du uns Schönes mitgebracht?« Die Jungen konnten es kaum erwarten, bis sie zu Hause waren. Eine Tante, die für die Familie die vollen Taschen auspackte, war doch das Beste. Das war fast ein bisschen wie Weihnachten.

Alwine war diesmal allein gekommen. »Hans ist ja nun eingezogen worden, er dient dem Führer im Krieg!« Alwine versuchte, stolz zu klingen, aber ihr Gesicht sprach eine andere Sprache. »Und Hans und Walter machen bei der HJ ihre Wehrertüchtigung, sie sind gerade im Reichsausbildungslager. Da werden sie auf ihren Einsatz im Krieg vorbereitet.« Während sie Apfelsinen und Bananen auspackte, sprach sie weiter. »Hans ist sogar bei den Panzern! Und den Umgang mit Waffen lernen sie alle beide!« Rudi und Werner staunten. »Schießen die mit einem richtigen Gewehr?« Da würden ihre beiden Cousins ja bald Soldaten werden und in den Krieg ziehen! Wie richtige Männer!

»Erbarmung!«, rief Ida aus und schlug die Hände über dem Kopf zusammen. »Die armen Jungs. Haben noch gar nichts von ihrer Jugend gehabt und sollen schon in den Krieg?« Sie schaute empört drein.

»Ei, Hitler braucht eben junge mutige Männer, die stark sind und sich etwas trauen. Schließlich will er einen Krieg gewinnen!«, verteidigte Alwine ihre Söhne. Insgeheim war ihr nicht wohl. Wenn Hans und Walter auch zur Panzerdivision wollten – und in einem Panzer war man ja schließlich vor den Gegenangriffen geschützt – spätestens seit der Schlacht von Stalingrad wusste jeder, der sich nichts vormachte, dass für Deutschland der Krieg kaum noch zu gewinnen war.

Sie sah betrübt zu Käthe hinüber, die ihren Jüngsten, Uli, auf dem Schoß sitzen hatte. Er war gerade ein Jahr alt geworden. Ein freundlicher kleiner Blondschopf, der jeden anlächelte. Alwine war neidisch. Käthe hatte so viele Kinder. Und sie? Ihre kleine Margret war nun schon lange tot, mit einem weiteren Kind hatte es nicht mehr geklappt. Und die beiden Jungen mussten in Kürze in den Krieg. Hans war schon weg, und sie saß allein zu Hause. Das Leben war einfach ungerecht.

Uli war ein niedlicher Junge, aber Anstalten zu laufen machte er noch nicht. Er krabbelte auch nicht durch Haus und Garten, wie es vor ihm seine Geschwister getan hatten. Er saß einfach stillvergnügt im Kinderwagen. So störte er auch am wenigsten, wenn Käthe ihrer Arbeit nachging und das Kindermädchen mit den anderen Geschwistern beschäftigt war.

»Laufen kann er sein ganzes Leben noch«, pflegte Käthe zu sagen, wenn sie auf die Trägheit Ulis angesprochen wurde. »Warum sollten wir es eilig haben. Alles kommt zu seiner Zeit.«

In stillen Minuten machte sie sich jedoch Sorgen um ihren Jüngsten. Sie war mit ihm bei Doktor Kowalewski gewesen, weil er nicht so recht wachsen wollte. Der Arzt hatte noch andere Symptome wie Muskelschwäche und Verzögerungen in der körperlichen, motorischen und geistigen Entwicklung festgestellt, die auf eine Hypothyreose, einer Schilddrüsenunterfunktion, hinwiesen. Und das alles nur, weil Käthe in der Schwangerschaft nicht genügend Jod bekommen hatte.

Es war Anfang September, und Käthe schmierte in der Frühe wieder Schulbrote. Auch Werner war inzwischen eingeschult worden, sodass sie tagsüber nur noch Martin und Uli zu Hause hatte. So konnte sie sich mehr dem Verkauf im Laden widmen. Zu fortgeschrittener Kriegszeit hatten sie nun auch etwas mit der Lebensmittelknappheit zu kämpfen. Obwohl sie sich schon vor zwei Jahren gut bevorratet hatten, wurden Mandeln, Zitronat und Mohn langsam knapp. Auch mit Zucker mussten sie sparsam sein, aber noch fiel es den Kunden kaum auf, dass der Kuchen nicht mehr ganz so süß schmeckte. Für Brot und viele andere Lebensmittel mussten inzwischen Bezugsmarken abgegeben werden.

Zum Glück warf der Hof Eier, Milch, Butter und Sahne ab. Das Mehl kam vom eigenen Korn.

Die Ladenglocke ging, und Else trat ein. »Guten Tag, Käthe!«, grüßte sie. »Guten Tag, Else, wie geht's?« Die beiden Frauen pflegten immer noch ein freundschaftliches Verhältnis. »Wie es einem so geht in diesen Zeiten«, antwortete Else ausweichend. »Krieg ist Krieg, und man weiß nicht, wie es sich entwickelt. Da kann wohl keiner leichten Herzens sagen, dass es ihm gut geht.« Käthe pflichtete ihr nickend bei.

Im Hintergrund hörten sie ein schwaches Husten. »Ist das Uli? Was hat er?«, fragte Else besorgt. »Ei, Ulichen hat mal wieder einen Husten!«, sagte Käthe. »Eigentlich sollte er ein bisschen im Wagen schlafen.« Sie ging in die Ladenecke, wo der Sportwagen mit dem festgeschnallten Uli stand. Der lächelte seine Mama an und fing wieder an zu husten.

»Das hört sich aber gar nicht gut an, Käthe!«, sagte Else. »Willst du mit ihm nicht mal zu Doktor Kowalewski gehen?«

Da sprang die Hintertür auf, und der Wirbelwind Martin kam hereingerannt. »Mutti, der Falko hat so laut gebellt, dass die Enten alle weggerannt sind!«, rief er aufgeregt. Als er sah, dass seine Mutter sich gerade über den Kinderwagen mit dem hustenden Uli gebeugt hatte, huschte er zum Senffass, hob den Deckel und steckte den Finger hinein. In diesem Moment drehte Käthe sich um. »Martin!«, schimpfte sie. »Nimmst du wohl deine dreckigen Finger aus dem Senf, du Dämlack!« Sie wollte Martin hinterher, der jedoch schneller war als seine Mutter. In Windeseile hatte er den Senf vom Finger geleckt und war lachend durch die Tür in den Garten entwischt.

»Wie soll ich das bloß alles machen mit dieser Rasselbande?«, stöhnte Käthe. »Im Moment bin ich ganz allein mit ihnen. Eva ist zu ihrer Familie ins Saarland gefahren, die Mutter ist krank. Ich glaube nicht, dass sie wiederkommt, sie war eher ein Stadtmädchen. Ihr Jahr war fast um. Jette ist ausgelastet mit Vieh, Garten und Feld. Ida hilft mir in der Küche, aber sie wird nicht jünger. Ich weiß oft nicht, wo mir der Kopf steht. Wegen dem Uliche wollte ich erst mal abwarten. Einen Husten haben Kinder ja schnell einmal.«

Else, deren Mann als Soldat an die Front einberufen war, nickte bekümmert. Sie hatte zwar nur zwei Kinder, aber seit ihr Mann nicht mehr zu Hause war, musste sie die gesamte Haus-, Hof- und Feldarbeit allein bewältigen. Für das Korndreschen, der Haupttätigkeit ihres Mannes für alle Höfe hier in Locken, hatte sie einen Ostarbeiter bekommen. Wenn die Kinder aus der Schule kamen, mussten sie mit zupacken, bevor sie sich abends an ihre Schularbeiten setzen konnten.

»Vielleicht hast du recht, Käthe«, sagte sie, »gib ihm ordentlich Kräutertee und reibe ihm die Brust ein. Hast du noch von der guten Salbei-Thymian-Salbe?«

»Ja, habe ich. Sogar selbst hergestellt mit den Kräutern aus dem Garten.«

»Und versprich mir, dass du zum Arzt gehst, wenn es nicht besser wird«, beharrte Else. Käthe versprach es und verkaufte Else noch ein halbes Brot.

Ulis Husten wurde nicht besser.

Carl warf sich in der Nacht von einer Seite auf die andere. »Käthe, ich kann bei diesem Gehuste nicht schlafen«, stöhnte er. »Um 3 Uhr klingelt der Wecker! Morgen gehst du mit dem Uli zum Arzt!« Er klang ärgerlich.

»Und was ist mit dem Laden?«, fragte Käthe.

»Dann muss eben Frau Schimmelpfennig noch mal kommen«, sagte er. »Und wenn nicht, fragen wir Mutter.«

»Gut, Carl, ich gehe morgen mit Uli zum Arzt.« Inzwischen hatte der Kleine zu weinen angefangen. »Auch das noch! Das Gekraale ist ja nicht auszuhalten!« Carl hielt sich die Ohren zu. Dann schnappte er sich seine Bettdecke, ging hinüber in die Wohnstube und richtete sein Lager auf der Chaiselongue ein.

Käthe wechselte Ulis Windel und gab ihm von dem mit Honig gesüßten Kräutertee. Auch die Brust rieb sie ihm ein und machte einen Wickel. Dann wiegte sie den Kleinen in den Schlaf. Inzwischen machte sie sich doch Sorgen. Sie wälzte sich ruhelos im Bett hin und her. Uli war warm gewesen. Und aus seiner Brust drang ein leichtes Pfeifen. Gleich morgen früh würde sie Fieber messen. Und dann musste sie Heinz zu Frau Schimmelpfennig schicken, noch vor der Schule. Nur gut, dass Wojciech und Jakub sich um das Vieh kümmerten. Sie selber würde dann den großen Kindern die frischen Kleider zurechtlegen und die Schulbrote schmieren. Und dann ... Ihre Gedanken überschlugen sich. In der Ferne aus den Wäldern hörte sie einen Wolf heulen.

Als sie im Morgengrauen endlich in den Schlaf fand, klingelte in der Wohnstube Carls Wecker.

Der Tag begann mit großer Unruhe. Käthe hatte gerade bei Uli Fieber gemessen, der seit 5 Uhr wach war. 39,8! Also höchste Zeit, den Arzt aufzusuchen. Der Kleine weinte und hustete.

Martin war widerborstig und wollte sich nicht anziehen. Und Werner bekleckerte sich beim Frühstück mit der Milch. Hochroten Kopfes hetzte Käthe die ganze Zeit von einem zum anderen. »Martin, wenn du jetzt nicht folgst, gibt es was!«, schimpfte sie. Martin dachte nicht daran zu folgen. Als Käthe ihm einen kräftigen Klaps auf das Hinterteil gab, fing er an zu heulen.

Jetzt ist es aber genug!, dachte sie erschöpft. Zum Glück spurten die großen Kinder, nahmen artig ihre Tornister und Brottaschen und trabten Richtung Schule.

»Mutti, ich habe heute noch *Pimpfen*-Nachmittag«, rief Heinz ihr zu. Er war ein guter Junge und hatte seinen Auftrag, schnell zu Frau Schimmelpfennig zu laufen, bereits erfüllt. »Ja, sei tapfer, Heinz!« Tröstend winkte Käthe ihm hinterher.

Käthe schlüpfte eilig in ihre Holzpantinen. Sie lief hinüber zu Ida und klopfte hektisch an die Eingangstür. »Ida, du musst mir heute mal den Martin abnehmen«, rief sie außer Atem. »Der spurt nicht, und ich muss dringend mit dem Uli zum Arzt. Der gefällt mir gar nicht. Der Husten wird immer schlimmer statt besser! Und Fieber hat er auch noch!«
Ida nahm ihre Schwiegertochter in die Arme. »Beruhige dich, Käthe! Mit dem Martin werde ich schon fertig. Ich komme gleich mit rüber!« Rasch nahm sie ihre Jacke vom Haken, schlüpfte ebenfalls in ihre Klotzkorken und schloss die Tür hinter sich.
Martin saß immer noch auf dem Boden und heulte. Von Anziehen keine Spur. Da sprach Ida ein Machtwort. Und siehe da: Martin setzte sich auf den Stuhl und zog seine Hose an. »So, mein Schlumske!«, sagte Ida energisch. »Nur damit du es weißt. Frühstück gab es schon vor einer halben Stunde. Und wer da nicht angezogen am Tisch saß, hat Pech gehabt!« Sofort wollte Martin wieder weinerlich sein Gesicht verziehen. Aber als er Idas strengen Blick sah, war er still.
Doktor Kowalewski horchte mit besorgtem Blick den hustenden Uli ab. »Das klingt nicht gut, das klingt gar nicht gut«, murmelte er. Käthe, den Kleinen auf dem Schoß, schaute ängstlich drein. »Sie können ihn wieder anziehen«, sagte der Arzt. »Leider hört sich der Husten an wie eine Lungenentzündung, Frau Kühnapfel.«
Käthe wurde blass. Eine Lungenentzündung! Damit war nicht zu spaßen. Das war gefährlich.
»Zu Friedenszeiten hätte ich Ihnen Penicillin verschreiben können«, sagte Doktor Kowalewski. »Aber das wird im Krieg in den Lazaretten für die verwundeten Soldaten gebraucht. Es gibt kein Herankommen. Somit hat es keinen Zweck, ihn ins örtliche Krankenhaus einzuweisen. Abgesehen davon, dass die

im Moment keine Betten frei haben, gibt's da auch kein Penicillin.« Mitfühlend sah er Käthe an. »Somit bleibt uns nichts weiter übrig, als den Kleinen mit herkömmlichen Hausmitteln zu behandeln. Machen Sie ihm Tee aus Thymian, Spitzwegerich oder Huflattich, da kann ordentlich Honig ran. Brustwickel mit Kampfer und Thymian helfen auch. Er ist noch sehr klein, aber stellen Sie ihm eine Schüssel mit kochenden Kräutern wie Kamille und Salbei ins Zimmer, die Dämpfe wirken lindernd. Und vor allem – strenge Bettruhe! Und gegen das Fieber machen Sie kalte Wadenwickel.«

Damit waren Käthe und Uli entlassen. Das Wartezimmer war voll.

Die Gedanken kreisten in Käthes Kopf, als sie im Sturmschritt mit Uli im Wagen nach Hause ging. Strenge Bettruhe! Wie sollte sie das bei einem Einjährigen bewerkstelligen? Der blieb doch nicht unter seiner Bettdecke liegen! Sie ging im Kopf ihre Kräutersäckchen durch. Thymian und Salbei hatte sie, Kamille auch. Spitzwegerich ließ sich bestimmt auf den Wiesen finden, da würde sie am Nachmittag gleich Doris losschicken.

Als Ida daheim die Diagnose erfuhr, schlug sie erschrocken die Hände vor den Mund: »Erbarmung! Eine Lungenentzündung! Dat arme Jungchen!« Sie hob das hustende Kind aus dem Kinderwagen und brachte ihn ins Haus, zog ihm seinen Schlafanzug an und legte ihn ins Kinderbettchen. »Käthe, wo hast du das Thermometer? Wir müssen noch mal messen. Dat Uliche ist ganz heiß!« Das Fieber war auf 40 Grad gestiegen.

Martin quengelte schon wieder. Ida wollte gerade böse werden, da trollte er sich lieber mit seiner hölzernen Pferdekutsche ins Kinderzimmer. Er merkte, mit Oma und Mama war heute nicht gut Kirschen essen. Alles drehte sich nur um Uli. Keiner beachtete ihn, Martin. Das war doch nicht gerecht.

Käthe indessen hatte Uli kalte Wadenwickel gemacht und Tee gekocht. »Ich werde heute zum Mittag eine Hühnersuppe zubereiten!«, sagte Ida und ging in den Schuppen, um das Hackebeil zu holen, mit dem sie dem Huhn den Kopf abschlagen würde. »Meine Hühnersuppe hat bisher noch alle gesund gemacht!«
Doch Uli brachte kaum die Kraft zum Essen auf.
Es vergingen mehrere Tage in großer Sorge und Angst. Der Zustand von Uli wurde nicht besser. Käthe hatte keine Nacht mehr richtig geschlafen. Sie hatte sich an die Anweisungen des Arztes gehalten. Uli verließ das Bett nicht mehr. Käthe machte ihm Brustwickel mit Kampfer und Thymian und versuchte, ihm den Kräutertee mit Honig einzuflößen. Aber Uli war inzwischen so schwach geworden, dass er kaum trinken und essen mochte. Er hustete sich die Lunge aus dem Leib.
Auch Carl war außer sich vor Sorge. »Da muss doch etwas zu machen sein!«, schimpfte er. »Der Arzt kann doch nicht einfach sagen, es gibt kein Penicillin, und fertig!« Er redete sich in Rage. Aber insgeheim wusste er, dass sie keine Chance hatten. Es war Krieg. Sie konnten nur beten.
Die älteren Geschwister liefen nur noch flüsternd und auf Zehenspitzen durchs Haus. »Weckt bloß den Uli nicht auf«, sagte Doris, »er muss sich gesund schlafen!« Oft standen sie um sein Bettchen herum und versuchten, das Brüderchen aufzumuntern. Ihr kleiner Uli hatte doch immer so gerne gelacht. Aber Uli quälte ein böser Husten, und er bekam schwer Luft. Apathisch lag er unter seiner Decke.
In der Nacht zum 17. September spitzte sich der Zustand des Kindes dramatisch zu. Käthe, die schon viele Nächte an Ulis Bett gewacht hatte, war vor Erschöpfung der Kopf auf die Brust gesunken. Sie war nur noch ein Schatten ihrer selbst. Im Zimmer brannte die kleine Nachttischlampe.

Gerade eben hatte sie Fieber gemessen, es lag bei 40,8 Grad. Auf einem Hocker neben dem Bett stand die Schüssel mit dem kalten Wasser, mit dem sie Uli soeben einen Wadenwickel gemacht hatte. Sie schrak hoch, als sie Uli auf einmal seltsam röcheln und glucksen hörte, sprang auf und hob den Jungen aus dem Bett. »Carl!«, schrie sie, »komm schnell! Irgendetwas stimmt nicht mit Ulichen! Schnell, schnell!« Uli auf ihrem Arm indessen hatte die Augen verdreht, die Zunge hing heraus, und Speichel lief aus seinem Mund. Sein Gesicht lief blau an. Carl kam ins Zimmer gestürzt. Käthe hob instinktiv ihren Sohn an den Füßen nach oben, klopfte ihm auf den Rücken. Dann drehte sie ihn wieder herum. Uli krampfte und zuckte mit seinem kleinen Körper. »Ein Fieberkrampf, Carl«, stöhnte Käthe. Sie tätschelte dem Kind den Rücken. Nach ein paar Minuten war es vorbei, und Uli erschlaffte.

Käthe war schweißgebadet und wiegte den Kleinen in ihren Armen. Der Atem des Kindes ging nur noch schwach. Leise sprach Käthe liebevolle Worte zu ihm. »Du wirst wieder gesund werden, mein Ulichen, nicht wahr, das wirst du? Du willst doch auch mal ein großer Junge werden und mit deinen Geschwistern spielen.«

Käthe setzte sich mit ihm auf die Bettkante des Ehebettes, Carl daneben. Er legte seinen Arm um Mutter und Kind. Die freie Hand legte er auf die winzige zarte Kinderhand seines Jüngsten. Mutter und Vater liefen still die Tränen über das Gesicht, als ihr kleiner Ulrich in dieser Nacht um 1.45 Uhr seinen letzten Atemzug tat.

»Er hat es nicht geschafft, Carl, warum nur! Ich habe doch alles versucht, dass er wieder gesund wird!« Käthe war untröstlich und weinte nun laut und hemmungslos. Von ihrem Schreien und Wimmern waren im Kinderzimmer nebenan die Geschwister wach geworden, die nun schlaftrunken ins Schlafzimmer getapst kamen. »Euer Brüderchen ist von uns gegangen«, sagte Carl mit rauer Stimme. »Er ist jetzt beim lieben Gott im Himmel.«

Die Kinder waren wie erstarrt. Doris weinte als Erste, dann fielen die anderen ein. Ihr kleines süßes Brüderchen! Nie wieder sollten sie sein liebes Lachen sehen? Nie wieder sollten seine blauen Augen leuchten, wenn er einen Keks bekam? Es war ein Verlust, den zu begreifen noch keiner vermochte.

Die nächsten Tage waren schwarz. Kaum jemand sprach ein Wort. Die Kinder gingen nicht zur Schule. Ida hatte sich mit Herzschmerzen ins Bett gelegt, Käthe funktionierte nur noch mechanisch und weinte fast unentwegt. Draußen hatte ein Dauerregen eingesetzt, als wolle auch der Himmel weinen.

Carl hatte sofort am ersten Morgen den Pfarrer angerufen, der für Ulrich die letzten Worte sprach und ihn segnete.

Carl war es auch, der die Kraft aufbrachte, zum Telefon zu greifen und alle in der Familie anzurufen, um damit allgemeines Entsetzen auszulösen. Käthe saß apathisch neben ihm und knetete ihr Taschentuch. Ihr Schmerz war unermesslich. Als Carl Alwine anrief, erinnerte sich Käthe an deren Anruf vor vielen Jahren, als die kleine Tochter Margret gestorben war. Sie selbst hatte damals versucht, tröstende Worte zu finden, aber sie verstand jetzt, wie hohl die geklungen haben mussten. Ein Kind zu verlieren, war das Schlimmste, was geschehen konnte. Es gab keinen Trost.

Carl hatte in der Zeitung inseriert. Alle sollten wissen, welches Drama sich bei Kühnapfels abgespielt hatte und in welch tiefer Trauer die Familie war. Die Bäckerei blieb eine Woche lang geschlossen.

Mit dem Zug kam Anna aus Koschainen, um ihre Tochter und die Familie zu unterstützen. Auch Alwine reiste aus Königsberg an und übernahm in diesen schweren Tagen den

Haushalt. Sie schämte sich ihrer neidvollen Gedanken Käthe und ihren Kindern gegenüber, die sie noch vor wenigen Monaten gehegt hatte. Wie grausam das Schicksal sein konnte und wie schnell es sich manchmal wendete, sah sie jetzt.
Die Beerdigung fand am Montag, dem 20. September statt. Fast das ganze Dorf, schwarz gekleidet von Kopf bis Fuß, begleitete ab 17 Uhr die Trauerprozession vom Hause Kühnapfel aus bis zur Kirche.
Die gesamte Familie war angereist, auch Bruno, Tuta und Lotte mit ihren Kindern. Die Männer der Schwestern waren im Krieg.
Der kleine weiße Kindersarg wurde auf dem Kirchhof neben der Lockener Kirche beigesetzt, gleich neben dem Grab von Opa Adolf.

Die nächsten Wochen verbrachte Käthe, als stünde sie neben sich. Sie verrichtete mechanisch ihre Arbeit, aber kein Lächeln glitt mehr über ihr Gesicht. Oft war sie den Tränen nahe. Sie machte sich unentwegt Vorwürfe. Wäre sie doch nur eher mit Uli zum Arzt gegangen! Hätten sie doch nur alle Apotheken abgelaufen, die es in den Städten der Umgebung gab! Vielleicht hätte doch eine das rettende Penicillin gehabt. Und – vielleicht war es die Strafe Gottes, dass sie sich eigentlich kein weiteres Kind gewünscht hatte. Nun hatte Gott es wieder zu sich genommen.
Aber der kleine Uli fehlte ihr so! Ihr Babychen! Ihr Fleisch und Blut! Der Duft seiner zarten Babyhaut, seines flaumweichen Blondhaares. Sein liebes Lächeln, das er allen geschenkt hatte! Er war so ein freundliches Kind gewesen. Sie würde alles dafür geben, seinen kleinen Körper noch einmal in den Armen zu halten, ihn an sich zu drücken und seinen Geruch zu atmen.
Was für ein Leben hätte er wohl vor sich gehabt?, fragte sie sich jeden Tag, wenn sie gedankenversunken in ihrem schwar-

zen Kleid an dem kleinen Grab hockte und frische Blumen darauf legte. Was wäre wohl aus ihm geworden?

An manchen Tagen musste Carl kommen und Käthe vom Grab weg nach Hause holen. Auch er trug wie alle anderen Familienmitglieder einen schwarzen Trauerflor am Jackenärmel. Dann nahm er seine Frau in die Arme und drückte sie fest. Er hatte selber Tränen in den Augen: »Käthe, weine doch nicht mehr! Wir können unseren Uli nicht zurückholen. Gottes Wege sind unergründlich, hat der Pfarrer gesagt. Wer weiß, was unserem Kleinen erspart geblieben ist. Und denke daran, mein Liebchen, wir haben noch fünf Kinder, die alle ganz doll ihre Mutti brauchen!« Käthe schluchzte umso lauter. Woher sollte sie nur die Kraft nehmen? Sie fühlte sich so unendlich traurig und kraftlos.

Als nach vier Wochen ihre Mutter Anna wieder heimfuhr, die ihr in den schlimmen Stunden so viel Trost gespendet hatte, fehlte ihr diese Stütze.

In der folgenden Zeit wurde sie schwächer. Sie hatte abgenommen, bekam immer schwerer Luft und musste oft schlucken und trocken husten. Ihre Struma war schlimmer geworden. Das Jodpulver war schon lange aufgebraucht und neues nicht zu bekommen. Carl war beim Apotheker Beimer in Osterode gewesen, der ihm ein Tütchen zurücklegen wollte, falls er eine Lieferung bekäme, aber viel Hoffnung hatte er nicht. Zwei Brote und ein Paket Kuchen hatte Carl ihm dafür versprochen. Doch es war sehr ungewiss, ob in Kriegszeiten Jodpulver einträfe.

Heinz, Doris und Rudi waren schon sehr vernünftig. Auch wenn sie sich manchmal kabbelten, auf ihre Großen konnte sich Käthe verlassen. Sie machten brav ihre Schularbeiten, und Heinz und Doris gingen zudem zweimal die Woche zum *Jungvolk*. An den Wochenenden fanden öfter auf dem Sportplatz

Wettspiele statt. Sie übten auch fleißig auf ihren Instrumenten. Rudi fiel das Lernen nicht ganz so leicht wie Heinz, aber er war fleißig und ehrgeizig und hatte eine sehr schöne saubere Handschrift entwickelt. Er hatte Glück und musste sich nicht mehr mit der verschnörkelten Sütterlinschrift quälen, die war im letzten Jahr abgeschafft worden. Rudi lernte die lateinische Schrift, schrieb fast ohne Fehler und konnte auch ganz ordentlich rechnen. Wenn Carl ihm gelegentlich über die Schulter sah oder eine Note zu unterschreiben hatte, war er stolz. Rudi war nicht so ungestüm wie seine Brüder, er überlegte, bevor er etwas verrichtete, und ging strategisch vor. Aus ihm würde mal was werden, dachte Carl so bei sich, wenn er ihn beobachtete. Vielleicht konnte er einmal die Bäckerei übernehmen?

Werner und Martin hingegen waren albern. Sie brauchten noch eine strenge Hand, denn sie stellten manchmal Dummheiten an oder waren frech. Sie stellten Käthes und Carls Geduld oft auf eine harte Probe.

Es fiel Käthe schwer, sich wieder auf das Alltagsleben mit den anderen fünf Kindern einzulassen, denn innerlich wurde sie von ihrer Trauer um Uli zerfressen. Doch auch sie hatten ihre kleinen Kümmernisse. Heinz war nach wie vor nicht gern dem Drill bei den *Pimpfen* unterlegen, Doris fiel das Rechnen schwer. Es gab aufgeschlagene Knie, Ziegenpeter und Röteln, Durchfall und Erbrechen, Erkältungen und Halsweh. Die Kinder brauchten ihre Mutti, und Käthe riss sich zusammen. Sie konnte ja auch nicht alles Ida überlassen, die ebenfalls trauerte, sich aber eher den täglichen Anforderungen beugte. Käthe liebte sie alle fünf, doch der Verlust des Jüngsten hatte ihre Seele getrübt.

Eines Abends in der Vorweihnachtszeit, die Großen waren noch in der Schule, ging Käthe so wie früher zu Carl in die Backstube, wo es verführerisch nach Pfefferkuchen duftete.

»Na, mein Liebchen, etwas naschen?« Carl freute sich, dass Käthe endlich mal wieder bei ihm hereinschaute. Sahen ihre Wangen heute nicht etwas rosiger aus, war ihr Blick nicht etwas klarer als sonst? Oder bildete er sich das ein? Das schwarze Kleid machte Käthe doch recht blass.

»Ei, Carl«, sagte Käthe und versuchte ein schiefes Lächeln. »Es ist Weihnachtszeit, und wir müssen es unseren Fünfen schön machen. Auch für sie war der Verlust von Ulichen sehr schwer. Wir wollen versuchen, ihnen trotzdem ein Weihnachtsfest wie immer zu bescheren.«

Carl atmete auf. Das war wieder seine Käthe, stark und zuversichtlich! »Ja, Käthchen, das wollen wir! An den Lebkuchen wird schon gearbeitet! Willst du einen kosten?«

Käthe biss hinein und lobte den guten Geschmack. Aber eigentlich hatte sie noch keinen Appetit, und nur Carl zuliebe versuchte sie zu essen. Der Kummer schnürte ihr den Magen zu. Sie kaute lange und würgte fast, denn ihr Hals war in letzter Zeit so eng, dass sie nur hinunterbekam, was gut zerkaut war. »Lecker wie immer, Carl. Nur das gute alte Königsberger Marzipan fehlt.« Carl zuliebe hatte sie den Lebkuchen aufgegessen.

»Ja, aber in den Dominosteinen ist Persipan drin, das schmeckt fast genauso. Und ich habe sogar einen dünnen Schokoladenüberzug aus den letzten Kakaoresten machen können«, freute er sich. Etwas unsicher sah er Käthe an. Hoffentlich würde ihr Lebensmut wirklich zurückkehren. Am Stammtisch hatten sie erzählt, dass es Frauen gäbe, die in solch einem Fall nicht mehr aus dem Bett aufstanden, weil sie schwermütig geworden waren.

Sie nahmen sich in die Arme und küssten sich. Am Abend rafften sie sich auf und brachten das Kinderbettchen von Uli, das immer noch in der Schlafstube gestanden hatte, auf den Dachboden. Doch die kleine Kuscheldecke behielt Käthe bei sich und legte sie in ihren Nachtschrank. Wenn sie daran schnupperte, hatte sie das Gefühl, immer noch ihren kleinen Sohn zu riechen.

21.

1944

IM DORF MUNKELTE man es hinter vorgehaltener Hand. Offen durfte niemand darüber reden, denn Wehrmachtzersetzung stand unter Strafe. Aber die Stimmen ließen sich nicht mehr zurückhalten. »Habt ihr gestern Abend im Radio gehört, dass sich unsere Wehrmacht aus der Ukraine zurückziehen muss?«, wisperte Hedwig Kroll Käthe über den Gartenzaun zu. Käthe, die gerade mit einer Harke das liegen gebliebene Laub des vergangenen Herbstes zusammenfegte und dabei die ersten Schneeglöckchen entdeckt hatte, erstarrte und hielt in ihrer Arbeit inne. Sie wischte die Hände an ihrer blau-rot gemusterten Schürze ab, die sie nun über ihrem schwarzen Kleid trug. Seit Ulis Tod hatte sie die Politik ausgeschaltet und nur noch für das tägliche harte Leben und ihre fünf Kinder funktioniert. Wie hatte sie das Damoklesschwert Krieg, das über ihnen allen schwebte, verdrängen können?

»Es heißt, die sowjetischen Truppen rücken vor – in unsere Richtung! Kaum einer kann sich mehr vorstellen, dass wir den Krieg gewinnen.« Hedwig machte ein kritisches Gesicht. »Was machen wir nur, wenn sie immer näher rücken? Dann gnade uns Gott! Eigentlich hilft es dann nur noch einzupacken und Richtung Westen zu fliehen!«
Käthe erschrak. »Fliehen? Aber wohin denn? Das geht doch nicht! Hier ist unser Zuhause! Wir können nicht einfach woanders leben!« Wie konnte Hedwig nur solch einen Unsinn erzählen. Niemals konnte sie ihre schöne Heimat Masuren verlassen, niemals! Hier war ihr Zuhause, hier lag auf dem Kirchhof Ulichen begraben, den sie nach wie vor regelmäßig besuchte.
Und wenn Hedwig recht hatte?
Die Angst begann in Käthe zu nagen.
Sie ahnte nicht, dass es ihr letztes Jahr daheim sein würde.

Eine Woche später spielten die Kinder draußen auf dem Hof. Sie schaukelten erst und hatten schließlich Rudi vor den hölzernen Bollerwagen als Pferdchen gespannt. Käthe war gerade im Schweinestall beim Füttern, als sie drinnen das Telefon klingeln hörte.
Es war Alwine. »Jetzt haben sie auch Hans und Walter eingezogen«, weinte sie. »Nun ist endgültig keiner meiner Männer mehr zu Hause, und ich bin ganz alleine. Ich habe solche Angst, Käthe. Von der Bernerschen, meiner Nachbarin, ist der Sohn an der Ostfront gefallen, und von ihrem Mann hat sie seit Wochen nichts mehr gehört. Und Hans hat auch schon lange nicht mehr geschrieben. Außerdem habe ich Angst, dass es wieder Luftangriffe gibt. Ach Käthe, was ist das für ein Leben!«, schluchzte sie.
Käthe bekam eine Gänsehaut. Alwine tat ihr leid. Aber war sie es nicht gewesen, die Hitler und seiner Politik gar nicht so abgeneigt gewesen war? Trotzdem konnte sie Alwines Sorgen

gut verstehen.«Alwine, versuche, nach vorn zu schauen. Nicht alle Männer bleiben im Krieg. Und sagtest du nicht, Hans und Walter gehen zur Panzerdivision? Im Panzer sind sie doch etwas sicherer als die Soldaten im Schützengraben. Außerdem kann der Krieg nicht mehr ewig dauern. Irgendwann hat er ein Ende.«
Alwine beruhigte sich etwas. »Hoffentlich hast du recht, Käthe«, sagte sie und schnäuzte sich am anderen Ende der Leitung ins Taschentuch. »Aber ich bin jetzt so allein. Und zu euch kommen kann ich auch nicht mehr, die haben den Reiseverkehr noch mehr beschränkt.«
Käthe überlegte, wie sie Alwine trösten konnte. Eigentlich gab es keinen Trost. »Alwine, wir können jederzeit telefonieren. Solang halte dich an deine Nachbarn und Freunde. Wir werden dich unterstützen und dir Pakete schicken mit Brot, Butter und Wurst. Vielleicht kommen wir dich mit dem Pferdewagen besuchen, wenn es wärmer wird. Finanzielle Unterstützung bekommst du doch von der Wehrmacht?«
»Ja, ein wenig.«
»Du wirst durchkommen. Und glaube fest daran: Eines Tages ist der Krieg vorbei, und wir führen wieder ein Leben wie vorher!«
Käthe würde so gern selbst daran glauben. Denn anders als in vielen anderen Städten schien Ostpreußen wenigstens vor Bombardierungen sicher. Todesangst hatten sie bisher keine. Und auch Hunger musste noch niemand leiden. Auch wenn Landwirtschaft und Viehhaltung stark reglementiert wurden und sogar Milch und Butter in der Meierei beim Zentrifugieren zum großen Teil einbehalten wurden, satt waren sie bisher immer geworden.
Sie räusperte sich und hustete. Wenn nur nicht ständig diese Enge im Hals und diese Kurzatmigkeit wären!

Die Pfingstrosen im Garten begannen, ihre ganze Pracht zu entwickeln. Käthe schnitt ein paar Stiele für die Vase auf dem Wohnzimmertisch, denn Pfingsten stand vor der Tür. Die dicken Maikäfer summten im Garten. Käthe mochte deren Trägheit und dicke Gemütlichkeit. Das Pfingstfest liebte die ganze Familie, denn es bedeutete zwei freie Feiertage. Carl musste nicht in der Backstube arbeiten, und somit hatten sie nur die Verrichtungen im Haushalt und mit dem Vieh zu erledigen.

»Wisst ihr was«, sagte Carl am Pfingstsonnabend, »wir rufen in Koschainen an und fragen, ob wir nicht für zwei Tage kommen können!«

»Oh ja, oh ja«, riefen die Kinder alle durcheinander. In Koschainen waren sie schon eine ganze Weile nicht mehr gewesen.

»Wojciech und Jakub können sich derweil um das Vieh kümmern und nach dem Rechten sehen, wenn wir weg sind!«, meinte Carl. »Wir sollten alle mal raus und etwas Luftveränderung haben.«

Käthe freute sich und lief gleich zum Telefon. Zu ihrer Familie zu fahren, würde sie auf andere Gedanken bringen. Auch Anna war begeistert. Der Besuch kam zwar etwas kurzfristig, aber durch die Gastwirtschaft hatten sie immer genug zu essen da.

»Ei, weißt du was, Käthchen«, sagte sie, »ich werde auch gleich bei Tuta und Lottchen anrufen. Vielleicht können die ja auch kommen.«

»Das wäre so schön, Mamachen. Bis morgen dann. Und, Mama? Der Carl isst doch so gerne Aal grün. Meinst du, das könntest du mit der Mamsell einrichten?«

»Hm, wir haben keine Aale derzeit. Könntet ihr vielleicht welche mitbringen? So drei bis vier Stück bräuchten wir schon.

Aber ich werde kochen. Erna ist vor Kurzem in ihr Ausgedinge bei ihrer Tochter gezogen. Sie war man Mitte 70, und die Arbeit fiel ihr schwer. Ist aber nicht weit von hier, du kannst sie besuchen.«

»Ei, so alt ist das Ernache schon! Muttichen, wie die Jahre vergehen! Wegen der Aale schicke ich Carl eben schnell beim Fischer Heruth vorbei. Vielleicht haben wir Glück!«

Sie hatten Glück. Carl besorgte die Aale, die noch ein wenig im Netz zappelten. Der Heruthsche hatte sie in der Frühe in der Reuse im Korwecksee gefangen.

Dann wurde gepackt.

Am nächsten Morgen ging es in der Dämmerung mit den beiden angespannten weißen Pferden Richtung Koschainen. Um 10 Uhr wollten sie pünktlich als Gäste mit Anna und Hugo zum Gottesdienst in Miswalde sein. Dort in der Kirche, wo Carl und Käthe getraut worden waren. War das jetzt wirklich schon 15 Jahre her? Käthe versank in der Erinnerung, während die Kutsche in schnellem Trab die sandige Landstraße entlangfuhr. Die Kastanien trugen weiße Kerzen, der Mohn begann zu blühen. Doch, es waren schöne 15 Jahre gewesen mit Carl und den Kindern. Auch mal schwer, die Tränen wollten aufsteigen, als sie an Uli dachte. Aber an Carls Seite war sie glücklich, und ihre fünf Kinder waren ihr Ein und Alles. Sie lebten im Wohlstand, so sollte es immer bleiben ... Die Kutsche schuckelte vor sich hin, und Käthe nickte ein bisschen ein.

Die Kinder, die gerade so alle im Wagen Platz gefunden hatten, rutschten auf ihren Sitzen aufgeregt hin und her. Sie freuten sich so auf Oma und Opa! Und sie konnten dort so viel Zitronenlimonade trinken, wie sie nur wollten! Und in dem riesigen Garten oder drinnen im Festsaal spielen. Dort, auf dem Eichenholzparkett, fuhren ihre kleinen aufziehbaren Motorräder und Blechautos noch ein bisschen schneller. Und wenn sie das Licht ausschalteten, sah man die Beleuchtung der Spielzeuge so gut!

Alle waren in freudiger Erwartung.

Die aufgehende Sonne schien vom Himmel und erfüllte die Luft mit Wärme. Käthe, aus ihrem Kurzschlaf aufgewacht, atmete tief den Duft der blühenden Natur ein. Wie herrlich die Kastanien standen! Und dort – der Holunderbusch in seiner weißen Pracht! Die Vögel machten ein Konzert!

Ach ja, sobald sie zu Hause waren, würde sie mit Heinz und Doris auch mal wieder ein Konzert geben. Gleich am Dienstag! Nicht, dass die beiden ihre Instrumente verlernten, jetzt, wo der Musiklehrer nicht mehr kam. Herr Kurth hatte sich länger nicht gemeldet und war auch telefonisch nicht zu erreichen, wahrscheinlich war er nun Soldat, sinnierte Käthe.

Aber man konnte etwas singen. »Los, Kinder, wir singen ein Lied!«, schlug sie vor. Doris war gleich zu begeistern. »Das Heimatlied, Muttichen?«

»Ja, erst das Heimatlied. Und dann alles, was ihr in der Schule so gelernt habt. Oder ein schönes Frühlingslied!«

Sie begann zu singen. »Land der dunklen Wälder, der kristall'nen Seen ...« Alle stimmten ein. Es wurde eine kurzweilige Fahrt, denn Lieder kannten sie viele. Nur der Vorschlag von Heinz, das Horst-Wessel-Lied zu singen, wurde von Käthe rigoros abgelehnt. Heute wollte sie vom Krieg einmal nichts hören.

Es wurden herrliche zwei Tage. Oma Anna war überglücklich, ihre Enkel gesund und munter zu sehen. Und ihre Tochter sah auch wieder besser aus. Endlich hatte sie das Schwarz abgelegt und trug ein frühlingshaftes Kleid in Lindgrün mit einer hübschen, weiß abgesetzten Knopfleiste. Anna hatte schon befürchtet, dass Käthe nach dem Tod von Uli in Schwermut verfallen könnte. Aber im Sinne der Kinder hatte sie sich wohl berappelt, Gott sei es gedankt.

Gleich, als sie aus Miswalde zurückkamen, hatte Ida sich zu Anna in die Küche begeben. Carl und die ganze Familie bekamen Aal grün mit Dillsoße und Salzkartoffeln vorgesetzt, und zum Nachtisch Vanillepudding mit Himbeermus. Die Kinder, die den Aal nicht mochten und sich nur an Kartoffeln, Soße und Gurkensalat gehalten hatten, langten hier ordentlich zu. Vorausschauend hatte Omchen zwei große Schüsseln Pudding gekocht.

Gäste gab es derzeit kaum im Gasthaus. Die meisten Männer aus dem Dorf waren eingezogen worden. Anna wusste von einigen Nachbarn zu berichten, wo Väter und Söhne an der Front gefallen waren.

»Ei, und unser Bruno ist jetzt auch in Russland!« Hugos Miene betrübte sich vor Sorge um seinen einzigen Sohn. Sein Schnurrbart zitterte. Anna drückte liebevoll seine Hand. »Er wird zurückkommen, unser Bruno«, sagte sie und sprach sich damit selber Mut zu.

Tuta und Lottchen hatten leider nicht kommen können, da sie keine Fahrgelegenheit hatten. Auch ihre Männer waren im Krieg. Aber so waren sie einmal ganz für sich, konnten sich viel erzählen und die Zeit miteinander in vollen Zügen genießen.

Schweren Herzens fuhren sie am Montagnachmittag nach dem Kaffeetrinken wieder nach Hause. Der Abschied war allen schwergefallen.

Der Sommer zog ins Land. Die Störche, die schon seit Wochen ihre Nester bezogen hatten, fütterten eifrig ihre Jungen, die hungrig mit den Schnäbeln klapperten.

Träge summten die Fliegen um den Misthaufen. Der Hofhund Falko blinzelte gegen die Sonne und schleppte sich zu seiner Hütte, um aus seinem Napf etwas Wasser zu trinken. Er ließ die braunen Schlappohren hängen. Der macht es nicht mehr lange, dachte Käthe bei sich und rechnete nach. Falko musste jetzt an die 16 Jahre alt sein, ein stolzes Alter für einen Hund. Sie ging zu ihm hinüber und tätschelte seinen Kopf. Falko ließ es geschehen, legte sich hin und streckte die Hinterbeine aus. Am liebsten schlief er den ganzen Tag. Hatte er früher viel mit den Kindern herumgetollt, so zog er es inzwischen vor, in seiner Hütte zu liegen und ein Nickerchen zu machen.

Tagsüber hatte Käthe bis Schulschluss nur noch Martin zu beaufsichtigen. Die anderen vier gingen zur Schule und kamen erst nach dem Mittag heim.

Klavierunterricht gab es inzwischen keinen mehr, denn der Musiklehrer, Herr Kurth, war an die Front berufen worden, wie sie inzwischen wussten. Schießen war wichtiger als Notenlehre.

Käthe hatte gerade den Toiletteneimer in die Jauchegrube gekippt, was zu ihren täglichen Pflichten gehörte – und nicht zu den angenehmsten. Sie rümpfte die Nase. An den Gestank würde sie sich wohl nie gewöhnen.

Warum lasse ich das nicht auch einmal die Kinder machen?, überlegte sie. Ich werde einen Plan erstellen, bei dem an jedem Tag ein anderer dran ist, den Latrineneimer zu leeren.

Unter Maulen und Protest wurde der Plan am nächsten Tag umgesetzt. Heinz als Ältester war zuerst dran. Er hielt sich die Nase zu, als er den Eimer nach draußen trug, ihn weit von sich haltend. Anschließend musste er unter der Pumpe ausgespült werden. Igitt! Hinterher wusch Heinz sich gründlich mit Seife die Hände und schrubbte sie mit der Holzbürste.

An einem heißen Sonntagmorgen wollte Rudi vor dem Kirchgang noch schnell dem Falko seinen Fleischknochen bringen und lockte den Hund schon von Weitem: »Falko, guck mal, was ich hier Leckeres habe! Falko, komm raus und guck doch mal.« Rudi legte den Knochen in Falkos Fressnapf. Warum kam der Hund nicht raus? Er sah ihn doch in der Hütte liegen! Rudi hatte immer solchen Spaß daran, wenn Falko schwanzwedelnd und freudig angerannt kam, um gierig an dem Knochen zu nagen. Doch heute rührte er sich nicht. Da stimmte etwas nicht. Ob er krank war? Er fasste hinein und griff Falkos Rute. Doch nichts geschah.

»Mutti, Mutti, komm schnell, der Falko rührt sich nicht!« Rudi rannte über die Verandatür zur Küche hinein, wo Käthe beim Abwasch war. Auch die anderen Kinder waren inzwischen alarmiert. Sie ließen alles stehen und liegen und rannten zur Hundehütte. Käthe fasste hinein und berührte den kalten, starren Hundekörper. Sie wusste nun, dass Falko von ihnen gegangen war. »Kinder, unser Falko war schon sehr alt. Ihr wisst ja, dass er in letzter Zeit humpelte und eigentlich nur noch schlafen wollte.«

»Und, Mutti, weckst du ihn auf?«, fragte Werner aufgeregt.

»Nein, meine Lieben, Falko können wir nicht mehr aufwecken. Er ist gestorben und jetzt beim lieben Gott im Himmel!«

»So wie unser lieber Uli?«, wollte Rudi wissen.

Käthe schluckte und fühlte die Tränen aufsteigen. »Ja, mein Lieber, so wie unser Uli«, sagte sie und wandte sich schnell ab, damit niemand ihre Tränen sah.

Die Kinder fingen an zu weinen.

Es wurde ein trauriger Kirchgang. Im Gebet wünschten alle insgeheim, dass Falko im Himmel es gut haben würde, und er immer einen guten Knochen zum Nagen hätte.

Als sie zurückkamen, holte Carl den Spaten aus dem Schuppen. Im Garten unter dem Pflaumenbaum hob er eine Grube aus, und sie legten Falko schweren Herzens hinein. Sein Herumtollen und Schwanzwedeln, sein treuer Blick aus braunen Augen würde ihnen fehlen.

Schon beim Abendbrot, das keinem so recht schmecken wollte, quengelten die Kinder: »Vatichen, dürfen wir einen neuen Hund haben!«, »Es ist so traurig ohne Hund!«, »Und keiner, der auf dem Hof den Fuchs verjagt!« Das letzte Argument von Doris zählte. »Ich werde mich umhören, wo es bald einen Wurf gibt«, versprach Carl. »Und dann werden wir sehen.« Damit waren die Kinder getröstet. Sie wussten, auf Vaters Wort konnten sie sich verlassen.

»Was ist denn heute nur los?«, wunderte sich Käthe. Sie hatte große Wäsche, die auf der Wiese zum Bleichen lag. Es war an diesem 20. Juli ein Autoverkehr wie schon lange nicht mehr. Zahlreiche Fahrzeuge der Wehrmacht fuhren auf der Durchfahrtstraße an ihrem Haus vorbei in Richtung Rastenburg.

Ida, die ihr half und die Wäsche mit Wasser besprenkelte, meinte: »Da ist bestimmt was passiert in der *Wolfsschanze*. Wer weiß, was der Hitler wieder ausgeheckt hat.«

»Kann nichts Gutes sein«, murmelte Käthe.

Am Abend erfuhren sie es im Radio. Sie saßen jetzt jeden Abend vor dem Apparat. Vorher ließ Käthe die Kinder die Fensterläden von außen schließen und ordentlich einhaken. Niemand musste hören, was sie sprachen oder welchen Sender sie eingestellt hatten.

Bevor sie den Volksempfänger leise anschalteten, wurden die Kinder ins Bett gebracht. Für ihre Ohren waren die Kriegsberichte und Meldungen von der nahen Ostfront nicht bestimmt.

»… Bombenattentat auf unseren Führer Adolf Hitler im Führerhauptquartier *Wolfsschanze* konnte verhindert werden … Hitler leicht verletzt überlebt … Verdächtig Oberstleutnant Claus Schenk Graf von Stauffenberg …«

»Erbarmung! Wenn das geklappt hätte«, flüsterte Ida. »Vielleicht hätte das endlich das Ende des Krieges bedeutet. Aber so einer hat auch noch einen Schutzengel!« Angewidert verzog sie das Gesicht. Carl holte die Flasche mit Korn. Ihnen allen saß die Wut im Bauch.

~~~

Es war drückend schwül. Alwine in ihrer Königsberger Stadtwohnung kam es an diesem 29. August so vor, als wäre es der heißeste Sommer, den sie je erlebt hatte. Erbarmungslos schien die Sonne schon am frühen Morgen in die Fenster. Ihr war nicht wohl, von einer inneren Unruhe getrieben überlegte sie, was sie mit diesem Tag anfangen sollte. Sie fühlte sich allein und unglücklich. Der Krieg und die Sorge um ihren Mann und ihre Söhne machten ihr zu schaffen. Sie hatte Angst, in der Wohnung zu bleiben. Vor zwei Tagen gab es Bombenabwürfe von britischen Fliegern auf ihre schöne Stadt, die sie in Angst und Schrecken versetzt hatten. Die auf- und abschwellenden Sirenen des Bombenalarms hatten sie nachts aufgeschreckt, und sie war gemeinsam mit den anderen Mietern des Hauses in Nachthemd und Morgenrock in den Luftschutzkeller geeilt. Seitdem es in den letzten drei Jahren immer mal wieder Bombardierungen gegeben hatte, stand ihre gepackte Tasche mit dem Nötigsten neben ihrer Wohnungstür in der Diele. Diesmal schlugen die Bomben jedoch mit ungekanntem Ausmaß in unmittelbarer Nähe ein. Die Wände ihres Hauses und des Luftschutzkellers erzitterten, Putz rieselte von der Decke und ließ ihre Augen tränen. Alwine dachte, ihre letzte Stunde hätte geschlagen. Die Hände schützend über den Kopf gelegt, hockte sie zusammen mit den Nachbarn zitternd im Keller und hörte draußen die krachenden Einschläge der Bomben. Die Kinder und Frauen weinten. Würde das ihr Ende sein? Sie wollten doch noch etwas vom Leben haben!

Erst nach Stunden, als sich draußen alles wieder beruhigt hatte, wagten sie sich aus dem Keller heraus und traten vor die Haustür. Erstaunlicherweise war in ihrer Straße alles heil geblieben, aber sie sahen es von Weitem: Zahlreiche Häuser zwischen Cranzer Allee, Herzog-Albrecht-Allee und Wallring waren zerstört worden. Menschen liefen schreiend auf den Straßen umher.

Alwine war so froh, dass ihr Haus noch stand, doch was sie sah, erschütterte sie.

Auch auf dem Tragheim, in Altroßgarten und im Südosten der Stadt waren Häuser getroffen worden und etwa 1.000 Tote zu beklagen. Aber das hatte sie erst am nächsten Tag im Radio gehört.

Den Rest der Nacht und die darauffolgenden beiden Tage hatte Alwine im Bett verbracht, die Decke über dem Kopf. Aber es half ja nichts, irgendwann musste sie aufstehen. Und es war heute so heiß und sonnig!

Sie musste noch einmal versuchen, Mutti, Carl und Käthe zu informieren, dass bei ihr alles in Ordnung war! Vielleicht funktionierte ja heute das Telefon. Raschen Schrittes lief sie zum Apparat und nahm den Hörer von der Gabel. Doch die Leitung war, wie schon seit zwei Tagen, tot, kein Rufzeichen ließ erkennen, dass man telefonieren konnte. Nun war ihre letzte Verbindung nach Locken unterbrochen. Sie würde schreiben müssen.

Schwerfällig und verzweifelt ließ sich Alwine auf den Küchenstuhl sinken. Mit dem Finger schob sie die Brotkrümel auf ihrem Frühstücksteller hin und her und grübelte. Was sollte sie nur tun? Nach Locken fahren konnte sie nicht, aber sollte sie hier sitzen und warten, bis ihr eine Bombe auf den Kopf fiel? Oder hatte sich der diesjährige Bombenangriff vor zwei Tagen erledigt, und es würde Ruhe einkehren?

Sie erinnerte sich, wie schön es mit Hans und den Kindern am Meer gewesen war. Cranz! Das war sicher noch ein Stück heile Welt! Kurzentschlossen erhob sie sich vom Frühstückstisch, ging in die Stube und packte eine kleine Tasche mit Badehandtuch und Sonnenöl. Sie würde einen Ausflug machen.

Sie lief zur Eisenbahnstation und kaufte sich eine Fahrkarte. Innerhalb der Stadt und naher Umgebung war Fahren erlaubt. Um 11 Uhr brachte sie die Samland-Kleinbahn nach Cranz an die wunderschöne Bernsteinküste.

Alwine hatte den Zug am Kleinbahnhof Rothenstein bestiegen. Sie blickte nach vorn und versuchte krampfhaft, nicht aus dem Fenster zu schauen, sodass sie von den zerbombten Häusern Maraunenhofs nur einige wenige sah. Die Gänsehaut, die sie dabei bekam, schüttelte sie ab wie eine lästige Fliege. Alle mussten eben Opfer bringen für den Endsieg, da blieb wohl kaum einer verschont. Trotzdem war es schade um die herrliche Cranzer und die Herzog-Albrecht-Allee. Und die vielen toten oder jetzt obdachlosen Menschen taten ihr leid. Sie konnten ja alle nichts dafür, dass Krieg war. Die Gedanken kreisten in Alwines Kopf.

Alwine flanierte auf der Promenade mit Hunderten anderen Menschen. Trotz der Bombennacht in Königsberg wollten erstaunlich viele an diesem schönen Sommertag dem Unheil des Krieges entfliehen und einfach Sonne und Meer genießen. Sie ging an den Strand, setzte sich auf ihr Handtuch und hielt ihr Gesicht in die Sonne. 45 Jahre war sie jetzt alt. Würde ihr das Leben jemals wieder Freude schenken? Würden ihre Lieben doch nur heil aus dem Krieg zurückkehren! Schon so lange hatte sie keine Nachrichten mehr erhalten.

Sie erinnerte sich, wie Hans und Walter hier am Strand nach Bernsteinen gesucht hatten, in kurzen Hosen im Meer watend. Immer glücklich rufend, wenn sie einen der goldenen Steine gefunden hatten. Vorbei. Und ihr kleines Mädchen, die süße Margret! Sie hatte am Strand das erste Mal mit den nackten Beinchen im Meer geplanscht. Alles vorbei. Alwines Herz wurde schwer. Es wurde Zeit, dass Hitler den Endsieg erreichte und sie alle ein normales Leben aufnehmen konnten.

Schwerfällig erhob sie sich und klopfte den Sand von ihrem Kleid. Sie war mit den Jahren noch fülliger geworden, und das lange Sitzen im Sand hatte ihre Knochen steif werden lassen. Sie streckte sich und lief den Strand hinauf in Richtung Promenade. Auf der Terrasse des Hotels *Monopol* war eine Menge los. Alwine fand einen kleinen Tisch im Schatten.

Der Kellner brachte die Speisekarte. Alwine bestellte Haffzander mit Butter, Dill, Ei und Salzkartoffeln, dazu ein Glas Bier. Zwei Reichsmark 50 für das Essen!, dachte sie bei sich. Ein stolzer Preis. Noch vor zehn Jahren konnte man den Zander für eine Mark weniger hier erstehen. Aber die guten alten Zeiten waren im Moment vorbei. Vielleicht kämen ja bald bessere, dachte Alwine bei sich, wenn sie erst den Krieg gewonnen hätten. Ganz bestimmt, da gab es gar keinen Zweifel! Wenn nur ihre Männer heil den Krieg überstehen würden! Darum kreisten ihre Gedanken unaufhörlich.

Trotz ihrer Sorgen ließ sich Alwine das Essen schmecken und nahm hinterher noch einen Kaffee und eine Portion Schlagsahne.

Am frühen Abend schlenderte Alwine zur Eisenbahnstation, um zurück nach Königsberg zu fahren. Es war ein schöner Tag gewesen, aber sie hatte niemanden zum Reden gehabt. Sie würde am modernen Hauptbahnhof in seinem mondänen Baustil aussteigen und bei ihren Bekannten, den Winterfelds, vorbeischauen. Da seit vorgestern kein Telefon mehr funktionierte, würde sie einfach an der Tür klingeln und nach dem Rechten sehen. Hoffentlich stand deren Haus noch!

Sie musste einmal umsteigen und stieg am Hauptbahnhof aus. Immer wieder staunte sie über das imposante Gebäude mit seinen vielen Bahnsteigen, Gepäckstationen und Wartehallen. Zur Straße hin die geometrisch gegliederte Backsteinfassade des Empfangsgebäudes mit hohen, schlanken Fenstern im Art-déco-Stil, die Mauern aus rotem Backstein und dahinter eine gigantische dreischiffige Halle aus Stahl und Glas. Alwine war stolz, im schönen Königsberg zu leben.

Die Winterfelds wohnten in der Artilleriestraße nahe dem Alten Pregel. Alwine schlenderte am Horst-Wessel-Park vorbei und warf einen Blick auf die vor ein paar Jahren neu erbaute *Ostpreußenhalle* in der Nähe der *Kraft-durch-Freude-Jugendherberge*. Im Winter war sie früher hier mit den Jungen zum Eislaufen gewesen. Diese Anlage mit ihren Grünflächen, Sportplätzen und der Badeanstalt faszinierte sie. Hans und Walter hatten hier viel Zeit mit der *HJ* verbracht. Sie bot viele Möglichkeiten der Körperertüchtigung.

Aber das Wichtigste war das Haus der Winterfelds, sie sah es schon von Weitem – das mehrstöckige Haus war unversehrt. Alwine atmete erleichtert auf, der Weg war nicht umsonst gewesen.

Schon nach dem ersten Klingeln wurde die Tür aufgemacht. Hermine Winterfeld riss die Augen auf, als sie Alwine sah, als wäre diese eine Erscheinung: »Erbarmung! Was für eine schöne Überraschung! Du hast den Bombenangriff überlebt! Komm herein, Alwine, komm herein. Was bin ich froh, dich wohlauf zu sehen!« Hermine umarmte ihre Freundin und wollte sie gar nicht mehr loslassen.

»Und ich erst!«, rief Alwine aus. »Ausgerechnet bei uns oben in Maraunenhof gab es diesmal Luftangriffe, gleich nebenan in der Cranzer Allee und in der Herzog-Albrecht-Allee, stell dir mal vor! Erbarmung, was habe ich gezittert im Luftschutzkeller, ich dachte, nun ist's mit mir vorbei. Aber zum Glück hat es unser Haus nicht getroffen. Ich dachte, die Bomben wären bis zu euch vorgedrungen. Da kein Telefon mehr funktioniert, dachte ich, ich komme einfach vorbei. Ich bin so froh, dass hier noch alles heil ist.«

»Wie du siehst, haben wir auch Glück gehabt. Aber Ponarth und Rosenau soll es getroffen haben. Erbarmung! Die vielen Menschen, die jetzt kein Dach mehr über dem Kopf haben. Oder gar tot sind!« Hermine schüttelte sich.

»Ei, so ist das wohl im Krieg«, sagte Alwine lapidar, »dass alle ihre Opfer bringen müssen. Aber dafür werden wir den Endsieg erringen!«

»Gar keine Frage, Alwine«, pflichtete Hermine Winterfeld der Freundin bei. »Eines Tages haben sich alle Opfer gelohnt. Unser Adolfche macht das schon!«

Inzwischen waren die Töchter der Familie erschienen, um den Gast zu begrüßen. Greta und Emma reichten Alwine die Hand und boten gleich an, den Abendbrottisch zu decken.

Es war ein schöner Abend. Der Tisch war gedeckt mit Butter, Brot und einem kleinen Stückchen Schinken, der in den Geschäften eine Rarität war. Hermine hatte lange dafür anstehen und etliche Lebensmittelbezugsscheine hergeben müssen. Dazu zauberte sie eine Flasche Johannisbeerlikör aus der Anrichte. »Noch aus Friedenszeiten!«, zwinkerte sie. »Wir haben noch eine Kiste im Keller. Prost, auf dich, Alwine! So jung kommen wir nicht mehr zusammen!«, freute sie sich über den abwechslungsreichen Abschluss des Tages. Wie recht sie haben sollte, ahnte niemand.

Erst gegen 22.30 Uhr, es war dunkel geworden und die Sperrstunde längst vorbei, verließ Alwine das Haus der Winterfelds. Sie hatten sich verplaudert und nicht auf die Uhr gesehen. Endlich hatte sie mal wieder unbeschwerte Stunden genossen, erzählt und gelacht. Aber auch die Sorgen um Ehemänner und Söhne im Krieg konnten sie einmal ausführlich besprechen. Das verschaffte ihnen Erleichterung.

    Sie würde den späten Zug vom Hauptbahnhof nehmen und wäre nach drei Stationen daheim. Um zum Bahnhof zu kommen, musste sie nur einmal die Horst-Wessel-Straße entlanglaufen. Sie schlenderte, beschwipst vom Likör, am grünen Park entlang und genoss die milde Nachtluft. Hier und da war außer ihr noch ein verliebtes Pärchen unterwegs und eilte nach Hause. Es tat gut, Freunde zu haben, dachte Alwine bei sich. Und wenn endlich der Krieg gewonnen war, würde alles so sein wie früher mit Hans und den Jungen. Die würden dann beide einen ordentlichen Beruf erlernen müssen, vielleicht sogar studieren wie ihr Vater.

    Schöne Stadthäuser säumten die Straße. Alle hatten verdunkelt, keine Laterne brannte. Aber die Nacht war klar, und das Licht des Mondes schien auf den Weg.

    Alwine war gerade fünf Minuten unterwegs, als plötzlich ohrenbetäubend die Sirenen zum Bombenalarm schrillten. Sie zuckte zusammen und erschrak zutiefst über die Lautstärke, die in die sommerliche Nachtidylle schnitt.

    Oh Gott!, war ihr erster Gedanke. Wo soll ich nur hin? Wo ist der nächste Luftschutzkeller? Zum Bahnhof waren es noch gute 15 Minuten zu laufen.

    In Panik rannte sie auf das nächste Gebäude zu, ein Miethaus mit drei Etagen, in dem die Bewohner, die meisten aus dem Schlaf gerissen, hektisch hin und her liefen und sich etwas zuriefen, was unter dem Sirenengeheul nicht zu verstehen war. In das Auf- und Abschwellen der Sirene mischten sich die lauten Motorengeräusche von herannahenden Flugzeugen.

    Als Alwine gerade das Haus betreten wollte, sah sie etwa 100 Meter vor sich den ersten Feuerball in der Dunkelheit, der ein Haus explodieren ließ, kurz danach den zweiten, den dritten. Glutrot wurde der Nachthimmel, Funken stoben in alle Richtungen. Entsetzen packte sie, sie glaubte nicht, dass dies wirklich geschah. Doch in Sekundenschnelle folgten die nächsten Brandbomben.

Das ohrenbetäubende Krachen der Phosphorbombe, die das Gebäude mit Alwine eine Minute später traf, nahm sie kaum noch wahr. Die Bomben ließen alles augenblicklich verglühen.

»Erbarmung!«, schrie Ida auf, als sie lauschend am 27. August 1944 vor dem Radio saßen. Nun war es vorbei mit der ostpreußischen Ruhe. Der Krieg war unmittelbar in ihrer Nähe angekommen. Königsberg war wieder bombardiert worden, und diesmal so schlimm wie nie zuvor! Es war vom Norden der Stadt die Rede, wohnte dort nicht Alwine in der Nähe? Die angreifenden britischen Bomber hatten sich die Zivilbevölkerung zum Ziel gemacht.

»Meine Alwine!« Idas Weinen und Wehklagen klangen durch die Stube. Carl rannte sofort zum Telefon und wählte Alwines Nummer. Der Apparat summte nur. Kein Anschluss nach Königsberg.

Die Ungewissheit, was mit Alwine geschehen war, ob ihr Haus zerstört und sie selber noch am Leben war, zerrte an den Nerven der Familie.

»Wir warten erst mal ab, ob sie sich meldet. Und wenn nicht, fahren wir am Sonntag hin, um nach dem Rechten zu sehen!« Auch Carl war unruhig, ob es seiner Schwester gut ging.

Drei Tage später meldete der Volksempfänger die schlimmste Bombardierung Königsbergs. Mit 650 Flugzeugen der *Royal Air Force* in der Nacht vom 29. zum 30. August war fast die ganze Innenstadt Königsbergs durch den Abwurf von Brandstrahlbomben zerstört worden. Der Dom, das Schloss der

Hohenzollern, Kirchen, Rathäuser, das Opernhaus, die Albertus-Universität, Zeitungsgebäude, die seit 1722 bestehende Buchhandlung Gräfe und Unzer – die historischen Gebäude wurden zu Ruinen. Die herrliche Altstadt, das malerische Speicherviertel, Löbenicht und Kneiphof waren vernichtet worden, die Hälfte aller Schulen und Kliniken gab es nicht mehr. Die Zahl der Toten wurde auf über 5.000 geschätzt, an die 200.000 Königsberger waren ohne Obdach. Die Stadt lag in Schutt und Asche, verbrannte Leichen überall.

Was war mit Alwine geschehen?

Auch Käthe war außer sich und steigerte sich mit Ida in ihren Kummer hinein. »Unser schönes Königsberg!«, weinte sie. »Das soll jetzt alles zerstört sein? Und wer weiß, vielleicht sind nach Königsberg ja wir dran! Königsberg ist nicht einmal 200 Kilometer von hier entfernt!«

Sie war laut geworden vor Angst. Vor ihrem inneren Auge zogen glückliche Bilder vorbei. Sie und Carl mit Alwine und Hans und deren Jungen beim Bummel durch Königsberg. Tagsüber mit der Kleinbahn schnell hoch zur Bernsteinküste, abends ins Theater. Königsberger Marzipan und Baumkuchen aus der *Konditorei Schwermer*. Das sollte alles im Feuerball der Phosphorbomben vernichtet worden sein, aus und vorbei? Einfach ausgelöscht – die historische Stadt mit ihrer jahrhundertealten Kultur? Und die vielen Toten, die Tausenden Obdachlosen! Aber vor allem die arme Alwine! Wenn sie auch nicht immer einer Meinung gewesen waren, so war sie doch Carls Schwester!

Sie weinte lauter. Das Unglück schien kein Ende zu nehmen. Erst Ulis Tod, und nun die furchtbare Bombardierung von Königsberg.

»Still, Käthe, die Kinder könnten dich hören!«, mahnte Carl seine Frau. »Es reicht, wenn wir uns verrückt machen. Stell dir vor, die Kinder erfahren etwas. Das darf nicht passieren!«

»Aber was können wir nur tun? Wir haben nicht einmal einen Luftschutzkeller, falls die Bomber kommen!«
»Aber einen Keller haben wir. Dann müssen wir eben dort hinunter. Wir werden ihn für den Fall der Fälle herrichten!«, ordnete Carl an. »Gleich morgen schaffen wir unten Platz und bringen Stroh und Decken hinunter. Auch ein Eimer mit frischem Wasser sollte jetzt immer unten stehen. Und die Einmachgläser haben wir zur Not auch unten.«

Ida zitterte am ganzen Körper. »Ach, mein Alwinchen«, schluchzte sie in dunkler Ahnung und rang die Hände. »Was ist dir nur geschehen? Und ich kann dir nicht helfen!« Niemand wusste Rat. Kummer und Trauer hingen bleiern in der Luft. Carl paffte hektisch an seiner Zigarre und goss Schnaps nach.

Aus dem Volksempfänger quäkte die Stimme Goebbels: »Wir glauben an den Endsieg Deutschlands ...«

Doch von nun an waren sie an keinem sicheren Ort mehr. Vorher hatte der Krieg überwiegend im Radio stattgefunden, jetzt war er bittere Realität geworden.

Den Kindern gegenüber versuchten sie, ruhig zu bleiben und einfach nicht darüber zu sprechen. Doch Heinz kam verstört aus der Schule. »Mutti, ist das wahr, was sie erzählen? Auf Königsberg sind Bomben gefallen, so schlimm, dass die ganze Stadt zerstört ist?«

»Ja, Heinz, das ist schlimm«, seufzte Käthe und nahm ihren Ältesten in die Arme. »Das ist eben im Krieg so, dass der Feind sich auch mal wehrt. Aber das heißt nicht, dass unsere Wehrmacht nicht alles tun wird, um weitere Angriffe abzuwehren. Wir müssen nur daran glauben, dass unsere Soldaten die Stärkeren sind!«, versuchte Käthe zu trösten. Wie blechern und hohl ihr ihre Worte vorkamen.

»Ei, Mutti, daran glaube ich sowieso!«, sagte der Junge im Brustton der Überzeugung. Er hatte schließlich Wehrunterricht, und die Ideologie seiner Lehrer war unerschütterlich. Dass der Führer den Endsieg erreichen würde, das stand so fest wie das Amen in der Kirche. Auch wenn das deutsche Volk dafür Opfer bringen musste. Der Glaube an den Endsieg war somit auch für Heinz unantastbar.

Es war eine knappe Woche vergangen, ohne dass sie etwas von Alwine gehört hätten. Wenn auch die Telefonleitung nicht intakt war, so hätte sie doch schreiben können. Oder sie wäre gekommen, wenn ihr Haus zerstört wäre, wie auch immer. Hier in Locken gab es immer einen Platz für sie, das wusste sie doch. Da stimmte etwas nicht, die Familie machte sich große Sorgen und war in heller Aufregung.

Nach dem Gottesdienst am Sonntag setzte sich Carl mit Ida in den Zug Richtung Königsberg. Während der Andacht hatten beide inständig gebetet, dass Alwine nichts passiert war. Niemand würde sie aufhalten können, nach Schwester und Tochter in der bombardierten Stadt zu sehen. Das war ein triftiger Grund, mit der Eisenbahn zu fahren. Die Bahnlinie war erstaunlicherweise auch in der Innenstadt Königsbergs intakt geblieben, sie mussten allerdings am Nordbahnhof aussteigen und mit einem Bus weiterfahren. Die Straßenbahnlinie, die sie sonst immer von der Innenstadt die Cranzer Allee hochgefahren hatte, fuhr nicht. Was sie ringsum an zerstörten Häusern sahen, ließ sie entsetzt frösteln. Es war das Schlimmste, was sie bisher in ihrem Leben gesehen hatten.

Sie liefen zu Fuß durch das Stadtviertel Maraunenhof bis zur Tressler Straße. »Schau nur, Carl, hier ist alles heil geblieben!« Ida war voller Hoffnung, als sie in die Straße eingebogen waren, in der Alwine wohnte.

Ringsum standen ausgebrannte, schwarze bombardierte Häuser, zerstört, ohne Dächer, ganze Wände fehlten. Es roch nach Rauch und Ruß und verkohltem Fleisch. Völlig unkenntliche schwarze Brandleichen waren schon auf einen Haufen gestapelt worden und verströmten in der Sommerhitze einen penetranten Gestank. Einige Anwohner waren dabei, mit Spitzhacke und Spaten Massengräber auszuheben.

Doch tatsächlich, das Haus Nummer fünf stand noch. Ida, die Hoffnung geschöpft hatte, klingelte bei Kalmus, doch niemand öffnete.

Eine Nachbarin schaute aus dem Fenster und wedelte mit einem Staublappen.

»Wir wollen zu meiner Tochter, Alwine Kalmus!«, rief Ida hoch in die zweite Etage. Die Frau schüttelte den Kopf. »Ich habe Frau Kalmus seit fünf Tagen nicht gesehen. Seit dem Tag der letzten Bombennacht«, sagte sie. »Hoffentlich ist ihr nichts passiert! Sie sehen ja …!« Mit einer ausschweifenden Armbewegung zeigte sie in Richtung der Ruinen.

Weiter kam sie nicht. Resolut suchte Ida in ihrer Handtasche nach dem Schlüsselbund, an dem auch ein Schlüssel zu Alwines Wohnung hing.

Die Luft in der Wohnung war heiß und abgestanden. Das Bett war gemacht, alles war aufgeräumt und stand an seinem Platz. Kein Stäubchen lag auf dem polierten Holz der Möbelstücke im Wohnzimmer. Nur in der Küche schwirrten ein paar Obstfliegen um einen Korb mit Kläräpfeln, die bereits erste braune Stellen bekommen hatten. Von Alwine keine Spur.

»Wo kann sie nur sein?« Ida schaute Carl verzweifelt an. Grauen stieg in ihr hoch.

»Wenn sie tatsächlich schon seit fünf Tagen weg ist, ist das kein gutes Zeichen, Mutter«, sagte Carl betrübt. »In der

Stadt gibt es bestimmt einen Stützpunkt vom *Deutschen Roten Kreuz*, dort werden wir nachfragen.«

Doch niemand dort hatte von Alwine Kalmus etwas gehört oder gesehen.

»Sie könnte unterwegs gewesen sein«, meinte eine Schwester in weißem Kittel und weißer Haube, die gerade einer älteren Frau einen durchgebluteten Stirnverband wechselte. »Und sehen Sie sich an, wie die Toten aussehen – sie sind völlig verkohlt. Keiner erkennt sie wieder. Aber sollten wir etwas von Ihrer Tochter hören, melden wir uns bei Ihnen.«

Betrübt fuhren Carl und Ida nach Hause. Ida schluchzte unentwegt in ihr Taschentuch. Sie wollte nicht glauben, dass ihre Tochter tot war, aber leider sprach alles dafür.

Daheim angekommen, allein in ihrem Haus, setzte Ida sich im Schlafzimmer vor die Frisiertoilette und starrte in den Spiegel. Adolf tot, Ulichen tot, und Alwinchen … Sie löste das inzwischen völlig weiße Haar aus dem Dutt, das ihr bis auf den Rücken fiel. Aus dem Nähkasten holte sie eine Schere und schnitt sich das Haar kurz.

Die Ernte war eingebracht, die Kartoffeln lagerten im Keller, das Korn in großen Säcken im Kornspeicher unter dem Dach. Das Erntefest wurde in diesem Jahr in getrübter Stimmung begangen. Alle wussten vom bombardierten Königsberg, viele sorgten sich um nahe Verwandte. Es gab keine Nachrichten über die Verschollenen. Überwiegend Frauen richteten das Fest aus und versuchten, im Garten des *Gasthauses Kalmus* mit den schön gedeckten Tischen etwas Stimmung zu verbreiten. Es gelang nicht. Einige Frauen trugen Schwarz, weil sie Mann oder Sohn oder beide im Krieg verloren hatten. Wie konnten sie da an Feiern denken? Nach dem Erntegottesdienst gingen die meisten mit hängenden Köpfen nach Hause. So auch die Familie Kühnapfel.

Der 16. September ein paar Tage später war für die Familie ein grauer Tag. Ganz in Schwarz gekleidet, begaben sie sich mit frisch geschnittenen Rosen zum Friedhof. Käthe war gleich nach dem Frühstück schon an Ulis Grab gewesen. Sobald die Kinder aus der Schule kamen, gingen sie dann alle gemeinsam ihr jüngstes Kind und Geschwisterchen besuchen, das so früh diese Welt verlassen musste.

Ach, mein Ulichen, dachte Käthe traurig und wischte die Tränen mit dem Handrücken weg. Du warst so ein süßes Kind und hast nicht länger leben dürfen. Aber wer weiß, was dir erspart geblieben ist. Diese Überlegung kam ihr immer wieder. Heute war sein erster Todestag.

Ende Oktober lasen sie in der Zeitung, was in Nemmersdorf geschehen war. Die Rote Armee war jetzt über die russisch-deutsche Grenze getreten. Die deutsche Zivilbevölkerung kam erstmals mit sowjetischen Soldaten in Kontakt. Bereits am 16. August hatte die Rote Armee mit ihrer Großoffensive ihren Angriff auf Ostpreußen mit Hunderten Panzern und mit Maschinengewehren bewaffneten Soldaten gestartet. Am 19. Oktober brach sie ins Reich ein und eroberte zunächst Goldap und Gumbinnen. Am 20. Oktober kamen die Russen nach Nemmersdorf und hielten es einige Tage besetzt. Das Grauen hielt seinen Einzug.»… lebend an die Wand genagelt …« und »Frauen reihenweise vergewaltigt« und »Das Wüten der sowjetischen Bestien …« stand im *Völkischen Beobachter*.

»Erbarmung!« Ida war kreidebleich geworden und konnte nur noch flüstern. »Es sind tatsächlich solche Unmenschen, wie Hitler sie beschrieben hat! Wehe, wenn die in unser Dorf kommen!« Sie raufte sich das weiße Haar.

Käthe fasste sich ans Herz. Ihr Hals war wie zugeschnürt, sie bekam kein Wort heraus. Ihre Stirn und ihre Hände waren schweißnass vor Angst.

Nemmersdorf musste als erster deutscher Ort die Grausamkeit und Wut der sowjetischen Besatzung erfahren. Man zählte mehr als 60 übel zugerichtete Mordopfer.

Auch wenn der Satz »… nur 48 Stunden später konnten die deutschen Soldaten Nemmersdorf wieder befreien …« ein wenig tröstlich war – gnade ihnen Gott, wenn sie den Russen in die Hände fielen!

Der Russe hatte die ostdeutsche Grenze durchbrochen! War er noch aufzuhalten?

Carl blieb stark wie ein Fels in der Brandung. »Wir lassen uns nicht verrückt machen!«, bestimmte er. »Wir müssen an unsere deutschen Soldaten glauben. Vielleicht mobilisieren sie noch Kräfte.«

Käthe wandte ihr Gesicht ab. Wie konnte Carl nur so gutgläubig sein? Tränen liefen über ihre Wangen, die sie verstohlen abwischte. Sie selber sah die Zukunft schwarz, aber sie wagte ihrem Mann nicht zu widersprechen.

Doch Ida wandte ein: »Was ist, wenn wir flüchten müssen? Es heißt, aus dem Memelland sind auch schon seit Wochen viele Menschen in Richtung Westen unterwegs. Sie mussten Haus und Hof verlassen!«

»Nein, Mutter«, entgegnete Carl. »Wir dürfen gar nicht flüchten. Gauleiter Koch hat es verboten, das weißt du doch!«

»Wir könnten nach Berlin fahren, zu Tante Emilie.« Ida ließ nicht locker. Wie sie von Telefonaten wusste, war das Haus der Dömnicks in der Inselstraße noch nicht von Bomben zerstört. »Nur so lange, bis der Krieg vorbei ist. Sie haben eine große Wohnung mit drei Zimmern und Küche. Und Erich ist in Frankreich im Schützengraben.«

»Keine Diskussion!« Carl hatte das letzte Wort gesprochen. »Flucht steht unter Strafe. Und im Moment sehe ich dazu auch gar keine Veranlassung! Und wer sollte hier im Dorf das Brot backen?«

Ja, sie wussten alle, dass Flucht unter Strafe stand. Aber das Gerücht ging auch, dass selbst Hitler Anfang Oktober die *Wolfsschanze* im nahen östlichen Rastenburg verlassen und sich nach Berlin begeben hatte. Ein schönes Vorbild war er, der Führer.

Aus weiter Ferne hörten sie leise die Detonationen der Handgranaten und das Knattern der Maschinenpistolen. Gelegentlich war es, als ob der Boden unter ihnen wankte. Sie hofften auf ein Wunder, das noch die Wende bringen würde. Mehr als beten konnten sie nicht.

Um die Familie wieder etwas aufzuheitern, brachte Carl am übernächsten Tag den kleinen Waldi mit. Der kleine Schafpudelwelpe mit seinem hellbraunen weichen, leicht struppigen Fell war ein putziger Geselle. Er kläffte freundlich zur Begrüßung und wedelte aufgeregt mit dem Schwanz. Carl hatte ihn von einem Züchter in Altfinken, der in der Zeitung inseriert hatte. Es musste doch etwas geben, das die Herzen der Familie wieder etwas aufhellte.

»Ei, was ist der süß!« Käthe nahm freudig das kleine Fellknäuel auf den Arm und liebkoste es. Sofort kamen die Kinder angelaufen. »Ei, Papichen, so ein süßes Hundchen!« Sie umarmten ihren Vater der Reihe nach.

»Ja, meine Lieben, das ist Waldi. Er freut sich, wenn er mit euch spielen darf. Er ist zwar schon drei Monate alt, aber ihr müsst noch aufpassen, dass er nicht in die Stube macht. Also geht immer schön mit ihm spazieren und zeigt ihm draußen alles. Wenn er etwas älter und größer ist, kann er dann die Hütte von unserem Falko beziehen. Aber dazu muss er noch ein bisschen wachsen.« Die Kinder streichelten Waldi reihum und nahmen den Kleinen sofort in Besitz.

Seinen Schlafplatz hatte Waldi zunächst in einem ausgepolsterten Weidenkörbchen in der Küche. Wenn er später gut erzogen wäre, käme er nach draußen.

Aber er war so niedlich und kuschelig. Und Käthe konnte nicht Nein sagen, wenn die Kinder ihn abends mit ins Bett nehmen wollten. Sie brauchten etwas zum Herzen und Liebhaben in diesen Zeiten.

Die Kälte kam in diesem Jahr schon früh im Dezember und biss in die Wangen, wenn man vor die Tür trat. Schnee fiel auf die gefrorene Erde.

Seit Wochen hörten Käthe und Ida abends aufmerksam und in zunehmender Panik den Wehrmachtsbericht im Radio. Die Kinder wurden vorher wie schon seit Langem beauftragt, die Fensterläden gut einzuhaken, damit nichts nach außen drang, was gehört und geredet wurde.

Es gab keinen Zweifel mehr, die Russen bewegten sich unaufhaltsam von Osten her Richtung Deutschland. Und die ostpreußische Bevölkerung würde als Erstes spüren, was es heißt, wenn der Feind seine Wut auslässt. Die Nemmersdorfer hatten es in aller Grausamkeit erfahren. Und die Königsberger sowieso.

Im Moment war jedoch alles ruhig. Die unheimlichen Geräusche des Krieges, die Detonationen, hatten aufgehört. Es herrschte eine gespenstische Ruhe, eine Ruhe, die ihnen vorgaukelte, es gäbe noch Hoffnung. Und auch die Nachrichten im Radio wollten einem weismachen, dass der Endsieg nicht infrage gestellt wurde.

Keiner wusste, dass die russischen Soldaten sich nur in aller Ruhe kräftig formatierten, ihre Front verstärkten und ihren letzten Schlag vorbereiteten, um Deutschland einzunehmen und zu besiegen. Alle Anzeichen deuteten auf einen Großangriff hin. Das sowjetische Oberkommando stellte riesige Truppen zusammen, darunter fünf Panzerarmeen und zahlreiche Panzerkorps.

Wäre es nach General Friedrich Hossbach gegangen, der die Vierte Armee führte, so hätte man den größten Teil der Bevölkerung evakuiert, um auch die Truppe davor zu bewahren, während des Kampfes den Flüchtlingen in die Quere zu kommen. Was der Bevölkerung an Schrecklichem drohte, hatten die Gräueltaten von Nemmersdorf vor Augen geführt. Doch Gauleiter Erich Koch lehnte eine Räumung strikt ab und begründete dies mit der Bewahrung der Wehrmoral.

—⁂—

Trotz Angst und Beklemmungen stand auch in diesem Jahr Weihnachten vor der Tür. Carl hatte einen Baum im Wald geschlagen, die Kinder ihre Wunschzettel gemalt und geschrieben. Der Duft der Tanne breitete sich aus, als der Weihnachtsbaum bunt und üppig geschmückt in der Wohnstube stand. Rote, grüne, goldene und silberne Kugeln hingen daran, kleine Glöckchen und Zapfen sowie zartes Lametta. Pfefferkuchen und Dominosteine lagen neben Schokoladenplätzchen und Marzipankartoffeln auf den Bunten Tellern der Kinder. Nur die Apfelsinen fehlten, die Alwine ihnen sonst jedes Jahr zur Weihnachtszeit aus Königsberg mitgebracht hatte.

Ach, Alwine! Was mochte nur aus ihr geworden sein? Aus Onkel Hans? Und aus Hans und Walter, den Cousins der Kinder? Niemand wusste es, nur eine dunkle Ahnung schwebte über allen.

Wie in jedem Jahr gingen sie um 15 Uhr nachmittags zur Christmesse in die Kirche. Es war eine traurige Andacht. Viele Männer fehlten, die Kirche war deutlich leerer als sonst. Für Käthe klangen die Worte von Pfarrer Erdmann diesmal hohl. Sie würde ja so gern an ein gutes Ende glauben, aber es gelang ihr einfach nicht. Vor ihrem inneren Auge sah sie eine schwarze Zukunft.

Daheim angekommen, wärmte Ida den Punsch auf und brachte den Stollen auf den Tisch. Die Zutaten dafür hatte Carl sich aufgespart. »Für Weihnachten muss immer etwas übrig sein!«, sagte er. »So, und nun macht mal nicht so belämmerte Gesichter! Sondern ran an Klavier und Geige!« Er holte das Gesangbuch hervor, und sie sangen wie alle Jahre zuvor »Es ist ein Ros' entsprungen«, »Stille Nacht, heilige Nacht« und »Alle Jahre wieder«. Käthe und Doris spielten vierhändig Klavier, Heinz mühte sich auf der Geige ab.

Nach ihrem kleinen Konzert schwang Carl das silberne Glöckchen und läutete zur Bescherung.

Am ersten Feiertag standen Ida und Käthe gleich nach dem Frühstück in der Küche. Die Gans hatten sie schon am Vortag gerupft und ausgenommen, nun musste sie gefüllt, zugenäht und mehrere Stunden im Ofen gebraten werden.

Vor zwei Wochen war auch ein Schwein geschlachtet worden. Morgen würden sie den Schweinebraten zubereiten. Käthe raspelte den Rotkohl, Ida schälte Kartoffeln. Beim Arbeiten in der Küche konnten sie sich ablenken und ihre trüben Gedanken vergessen.

Beide Frauen hatten durch den Kummer abgenommen, die Kleider und Röcke saßen locker an ihren Körpern. Ida hatte sich berappelt, nachdem sie die Familie mit den abgeschnittenen Haaren geschockt hatte, und war zum Friseur gegangen. Sie trug jetzt einen Kurzhaarschnitt. Käthe wollte sich jedoch von ihren langen dunkelblonden Haaren, die Carl so liebte, nicht trennen und steckte sie wie schon seit Jahren am Hinterkopf zu einem Knoten zusammen.

Die Kinder beschäftigten sich mit ihren Weihnachtsgeschenken im Kinderzimmer. Der kleine Waldi war bei ihnen und ließ sich den einen oder anderen Spaß gefallen. Dabei kläffte er fröhlich.

»Ida, was meinst du, wenn wir doch flüchten müssen«, fragte Käthe leise ihre Schwiegermutter und briet in einem großen Topf den Rotkohl an. »Wir haben so viele schöne Sachen. Die können wir doch nicht alle hierlassen!« Gerade gestern hatte sie sich daran gemacht, das Silber zu putzen. Das waren doch Werte, die man sich im Laufe der Jahre angeschafft hatte. All das gute Porzellan, die Damasttücher, der Schmuck, die Pelze! Für Doris' Aussteuer hatten sie auch schon nach und nach eingekauft. Auch wenn das Mädchen erst zwölf Jahre alt war, so war man doch noch einige Male in Osterode gewesen und hatte die kostbaren Stücke gehortet. Wer wusste denn, was für Zeiten sie entgegensahen?

»Was geht, nehmen wir mit!«, sagte Ida. »Und alles andere … Wir müssen mit Carl sprechen. Auch wenn er es nicht wahrhaben will, für mich steht außer Frage, dass wir bald wegmüssen. Er sollte mit Wojciech im Garten eine Grube graben und dort alles einbuddeln.«

»Ei, das wird wohl schwierig bei dem gefrorenen Boden«, meinte Käthe. »Ich hoffe, sie probieren es. Sie müssten aber die Grasdecke so wieder auflegen, wie es vorher war, sonst fällt es auf, sobald der Schnee geschmolzen ist!«

Nach dem Weihnachtsessen, Carl saß im Sessel, las die Zeitung und war kurz davor einzunicken, schnitt Käthe vorsichtig das Thema an. »Wir können es probieren, aber der Boden ist hart wie Stein, und das metertief.« Carl war nicht überzeugt und grübelte. »Vielleicht fällt mir noch etwas anderes ein, wo wir unsere Wertsachen verstecken können. Aber lass uns erst einmal in aller Ruhe die Feiertage verbringen. Käthe, entspann dich ein bisschen. Komm einmal her!« Er zog sie zu sich, nahm sie in die Arme und drückte ihr einen Kuss auf die Wange.

Käthe seufzte. Sie hatte es verlernt, sich zu entspannen. Sie wollte sich auch nicht entspannen, denn dann kamen die Angst und das Grübeln. Sie räusperte sich und hustete. Diese Enge im Hals! Sie mochte gar nicht mehr in den Spiegel schauen, so dick war er auch schon von außen geworden. Und kein Jodpulver in Sicht.

In der Küche wartete der Abwasch. Die Reste vom Weihnachtsmahl bekamen der Hund und die Schweine. Für morgen wollte sie noch den gefrorenen Schweinebraten aus dem Eishaus holen und auftauen. Der konnte schon einmal geschmort werden. Und der Küchenboden musste gewischt und der Teppich in der Wohnstube gekehrt werden. Die Kinder hatten gekleckert.

Wenn sie sich nur nicht ständig kabbeln würden, besonders die jüngsten, Werner und Martin. Ständig musste Käthe dazwischengehen, Streit schlichten und Strafen verhängen. Wie sollte man sich da entspannen?

Am zweiten Weihnachtsfeiertag gingen die Kinder allesamt zum Schlittschuhlaufen auf dem Korwecksee. Was war das dort für ein fröhliches Gewimmel der Dorfkinder! Alle waren warm angezogen mit dicken gestrickten Wollpullovern, mehreren übereinander. Sie trugen bunte Mützen auf dem Kopf und dicke Fäustlinge an den Händen. Der kleine Waldi freute sich über den Auslauf in der Wintersonne und sprang aufgeregt zwischen den Kindern hin und her.

Als sie heimkamen, ließ Rudi den Kopf hängen. »Ei, was ist mit dir, mein kleiner Lorbass?«, fragte Käthe und schloss ihn in die Arme.

»Meine Schlittschuhe sind kaputtgegangen!«, schniefte er. »Die Riemen sind gerissen!« Es waren Schlittschuhe, die man sich mit Lederriemen unter die Stiefel schnallen konnte. Rudi hatte sie als Dritter von Heinz und Doris geerbt. Die Kufen waren auch schon stumpf.

»Ei, Rudichen!«, Käthe drückte ihren Sohn an ihre Brust und gab ihm einen dicken Kuss. »Ich weiß ja, wer bald Geburtstag hat! Du auch?«
»Na ich!«
»Und ich hätte da eine Idee, was du dir wünschen könntest!«
»Neue Schlittschuhe?« Rudi sah seine Mutter hoffnungsvoll an. »Au ja, Muttichen, das wäre so schön!«
»Ei, wir werden sehen. Und nun klopfe dir den Schnee ab und wärme dich am Ofen. Bist ja ganz durchgefroren!« Zärtlich strich sie ihm über die von der Kälte geröteten Wangen. Wie gut seine Haut wieder geworden war! Mit Grauen erinnerte sie sich an das Ernteerlebnis vor einigen Jahren, das fast in Vergessenheit geraten war.

22. Die ersten Januartage 1945

DAS NEUE JAHR begann in emsiger Geschäftigkeit. Carl setzte mit Wojciech seine Idee um. Zu sehr hatte auch ihm die Gerüchteküche zugesetzt.

Spät abends, man vermutete die Kinder schon schlafend, begannen sie mit der Arbeit. Hinter dem Treppenverschlag, dort hinter dem Abtritt, wurde eine Zwischenwand gemauert. Carl hatte im Schuppen noch einen alten Stapel Ziegelsteine gefunden, ebenso einen Sack Mörtel. Das Baumaterial stand dort von Zeiten des Umbaus des alten Hauses in einer Ecke herum.

In diesen Mauervorsprung wurde nun alles gestapelt, was sie nicht mitnehmen konnten, falls sie tatsächlich vor den Russen fliehen mussten: Das 24-teilige glänzende Tafelsilber, das feine Kaffeeservice mit Goldrand, das sie zur Hochzeit bekommen hatten, das gute Essservice, die Damasttischdecken, das Bleikristall, die Messingleuchter, zwei Ölbilder, die Wanduhr aus Mahagoni mit dem vergoldeten Uhrwerk, Heinz' Geige, der Bernsteinschmuck, die Aussteuer für Doris, die sich bis dahin schon angesammelt hatte.

»Was machen wir denn nur mit unseren Pelzen!«, klagte Käthe. »Draußen ist es so eisig kalt, aber wenn wir die anhaben, werden die Russen sie uns abnehmen!«

»Erbarmung! Da hast du wohl recht, mein Liebchen!«, sagte Ida. »Aber die hierzulassen, wäre trotzdem dumm. Wir können nicht riskieren, unterwegs zu erfrieren! Wir haben minus 20 Grad!« Sie schüttelte sich fröstelnd, denn auch in der Diele war es kalt.

Die Kinder in ihren Betten waren noch wach und hatten seltsame kratzende Geräusche gehört, die normalerweise um diese Uhrzeit nicht zu hören waren. Zuerst kamen die beiden Großen barfüßig aus dem Kinderzimmer herausgeschlichen. »Papa, was macht ihr denn da?«, wollte Heinz wissen, der vorgab, auf den Abtritt zu müssen.

»Ei, Heinz, das ist jetzt ein großes Familiengeheimnis, das du niemandem verraten darfst. Es könnte sein, dass wir für eine Weile verreisen müssen. Und nur falls Einbrecher oder Räuber kommen, verstecken wir unsere besten Sachen. Wir kommen ja wieder, und dann holen wir alles aus dem Versteck hervor.«

Heinz guckte skeptisch. Räuber oder Einbrecher? Papa

dachte wohl, er wäre noch ein kleiner Junge, dem man etwas vormachen konnte. Dabei wusste er ganz genau, dass die Gefahr von den russischen Soldaten kam. Darüber hatten sie sich in der Schule auf dem Pausenhof unterhalten.

Nun waren auch die jüngeren Kinder herausgekommen. In ihren Schlafanzügen standen sie mit aufgerissenen Augen ängstlich vor dem Geschehen. Was machte der Vater zu so später Stunde mit der Mörtelkelle in der Hand, hinter der Wand das Geschirr, Kisten und Kästen? Mussten sie sich Sorgen machen? Vater sah Heinz und Doris beschwörend an und legte den Zeigefinger auf den Mund. Die beiden Großen ahnten natürlich, was vor sich ging. Sie hatten in der Schule und im Dorf mitbekommen, dass sich in Ostpreußen von der russischen Grenze her schon eine Flüchtlingswelle anfing, in Bewegung zu setzen.

»Na, Papa macht es wie im Märchen der Brüder Grimm«, flunkerte Heinz. »Kommt mit ins Kinderzimmer, ich lese euch *Die Bremer Stadtmusikanten* oder *Der Räuber und seine Söhne* vor.«

»Oh ja, oh ja!«, jubelten die Geschwister. Es war herrlich, wenn Heinz ihnen Märchen vorlas.

Sie verschwanden wieder in ihren klammen Betten, kuschelten sich unter die Daunendecken, und Heinz griff zum dicken Märchenbuch.

Am 13. Januar 1945 war es endgültig mit der Ruhe vorbei.

Käthe wachte mit Schrecken auf, die Uhr zeigte gerade kurz vor 5 Uhr. Träumte sie schwer? Sie wälzte sich schweißgebadet hin und her, bis sie feststellte – sie war wach. Und was sie hörte, war kein böser Traum, sondern bittere Realität.

Man hörte die Flakgeschütze so nah wie nie zuvor, der Boden unter ihnen vibrierte.

Die sowjetische Winteroffensive hatte begonnen. Mit 2,2 Millionen Soldaten griffen die sowjetischen Streitkräfte an.

Käthe sprang aus dem Bett. Barfuß im flatternden weißen Nachthemd rannte sie aus dem Schlafzimmer in die Backstube, wo Carl die ersten Brote in den Ofen schob. »Carl, Carl, hörst du es nicht!«, schrie sie. »Die Russen stehen schon vor unserer Tür! Wir müssen weg! Lass uns alles einpacken und fliehen!« Carl lief zur Haustür und öffnete sie. Eiskalte Luft strömte herein. Käthe neben ihm im Nachthemd spürte die Kälte nicht, so panisch war sie. Die Gewehrfeuer klangen so nah, dass sie glaubte, die Geschütze im Dunkeln leuchten zu sehen. Nun wurde auch Carl, der sonst immer die Ruhe behielt, blass. »Käthe, still!«, mahnte er sie. »Dass uns keiner hört!« Er schloss die Tür wieder und zog sie in die warme Backstube. »Du weißt, Koch hat gesagt, wir müssen standhaft bleiben und ausharren, auch wenn es keiner verstehen kann. Sonst werden wir wegen Feigheit vor dem Feind von den eigenen Soldaten erschossen. Aber du hast recht, es kann nicht schaden, wenn du heimlich ein paar Sachen packst, die wir notfalls mitnehmen können.« Er blickte in Käthes Augen, in denen Tränen standen, und nahm sie fest in die Arme. »Käthe, was auch immer passiert, wir stehen das durch. Versuche, ruhig zu bleiben, dass die Kinder nichts merken. Wenn sie sehen, dass du packst, sag, es ist für eine kurze Reise. Mach sie nicht auch noch verrückt!« Käthe schluckte. Ihr Hals war wieder wie zugeschnürt. Sie nickte ihm zu und spürte salzige Tränen im Mundwinkel.

Am Vormittag, Käthe suchte gerade hektisch auf dem Dachboden nach alten Kartons und Koffern, hämmerte es laut gegen die Haustür. Aus dem Fahrzeug der Wehrmacht, das vor der Bäckerei gehalten hatte, waren zwei deutsche Offiziere gesprungen und schwenkten nun ein Schreiben. Carl, der die Tür geöffnet hatte, ahnte Schlimmes.

»Heil Hitler!«, dröhnte einer der beiden Offiziere.

»Heil Hitler!«

»Herr Kühnapfel, Sie sind augenblicklich zum Volkssturm eingezogen, um an der Front Dienst gegen die russische Offensive zu tun!«
»Was? Aber ich bin uk! Unabkömmlich für den Kriegsdienst«, wollte Carl sich zur Wehr setzen.
»Das spielt jetzt keine Rolle. Befehl ist Befehl! In einer Stunde Abfahrt auf dem Dorfplatz! Heil Hitler!« Die Männer knallten die Hacken zusammen, stiegen eilig wieder ins Auto und fuhren zum nächsten Haus.

Carl stand regungslos und wie gelähmt vor der zugefallenen Tür. Seine Hand mit dem Schreiben zitterte.

Käthe, die von oben alles gehört hatte, kam die Treppe heruntergerannt. »Oh Carl, nein!«, schrie sie. »Die können dich doch jetzt nicht noch zum Krieg einziehen. Als Kanonenfutter für die Russen!« Sie war außer sich und keuchte, warf sich weinend an Carls Hals.

Carl war ungewöhnlich ruhig und drückte sie fest an sich. »Was soll ich tun, Käthe? Du weißt, was mit Wehrdienstverweigerern passiert. Die werden sofort an die Wand gestellt und erschossen. Oder hängen am Baum auf dem Dorfplatz mit einem Schild um den Hals. So gibt es wenigstens noch eine Chance, dass ich zurückkehre. Und das werde ich! Such mir mal meine alte Uniform heraus, ich kann ja schlecht im Bäckerkittel dort antreten!« Grimmig wandte er sich ab, damit Käthe sein Gesicht nicht sah.

Er ging in die Backstube und schaltete den Ofen aus. Den schönen Dampfbackofen, den sein Vater Adolf hier eingebaut hatte. Der so viel Gutes gebacken hatte. Für wie lange würde er stillstehen?

Nachdem Carl sich umgekleidet hatte und über die leicht angestaubte Uniform noch seinen warmen Wintermantel angezogen hatte, hieß es für beide Abschied nehmen. Auch der kleine

Martin, der schon wach war, stand dabei und freute sich, dass sein Papa jetzt auch endlich ein Soldat war. Ein deutscher Soldat, der den bösen Feind besiegen würde! Martin war sehr stolz auf seinen Vater. Mit seinen fünf Jahren war Krieg spielen mit den kleinen Blechsoldaten das Schönste für den kleinen Jungen.

Als sich die Tür hinter Carl geschlossen hatte, sank Käthe auf einen Stuhl und rang nach Atem. Es war alles so schnell gegangen, dass sie es noch gar nicht richtig realisiert hatte. Ihr Carl zum Volkssturm! Was sollte er dort? Er hatte ja nicht mal eine Ausbildung an der Waffe!

Ihr wurde kalt, und sie bekam Schüttelfrost.

Sie waren leise gewesen, die anderen Kinder schliefen noch. Sie würde es ihnen nachher beibringen müssen.

Ich muss weitermachen, weitermachen ..., ging es ihr durch den Kopf. Ich muss packen. Ich habe fünf Kinder, die mich brauchen. Und Mutter ... Ida fiel ihr ein. Sie wusste ja noch gar nichts. Schnell ging sie hinüber zu Idas Haus und klingelte sie aus dem Bett. Auch Ida war entsetzt, als sie die Neuigkeit erfuhr. »Erbarmung! Käthe, wir müssen das alles schaffen, notfalls allein. Ich komme rüber zu euch und helfe dir beim Packen. Wenn die Kinder in der Schule sind, können wir das ungestört tun. Den Laden machen wir zu. Die letzten Brote und Brötchen, die Carl gebacken hat, müssen wir für uns behalten, damit wir nicht verhungern. Schließlich ist keiner mehr da, der Nachschub bäckt!«

Käthe war dankbar für die umsichtigen Ratschläge von Ida. Daran hätte sie gar nicht gedacht, aber Ida hatte natürlich recht. »Wir werden einen Teil der Backwaren gut verpackt auf die Veranda legen. Da sind minus zehn Grad, und alles hält sich frisch«, sagte sie hastig.

Emsig Hand in Hand mit der pragmatischen Ida verdrängte Käthe kurzzeitig ihren Kummer. Doch als die Kinder aus der

Schlafstube kamen und nach Papa fragten, konnte sie die Tränen nicht zurückhalten. »Sie haben euren Papa zum Volkssturm geholt!«, weinte sie. »Und wir wissen nicht, wann wir ihn wiedersehen.« Zu groß war ihre Angst, Carl zu verlieren, als dass sie sich zurückhalten könnte.

Ida sprang in ihrer resoluten Art in die Bresche: »Er kommt ganz sicher bald zurück. Ihr wisst, Kinderchen, euer Papa ist ein starker Mann! Der lässt sich nicht unterkriegen!«

»Ja, Omachen, er wird Deutschland gegen die bösen Russen verteidigen!«, sagte Rudi. Er wollte sich daran festhalten. Denn die Angst um seinen lieben Vater war groß. Hoffentlich kam er bald wieder!

Das Mittagessen wollte heute niemandem schmecken, obwohl es Königsberger Klopse gab. Die Kinder stocherten mit ihren Gabeln im Essen herum, das Oma gekocht hatte.

Käthe aß so gut wie nichts. Ihr Hals und ihr Magen waren wie zugeschnürt. Ach, ihr geliebter Carl! Was würden sie mit ihm machen? Musste er in den Schützengraben? Würde er überleben?

Sie beteten gemeinsam für ihren geliebten Mann, Sohn und Vater an diesem und den folgenden Tagen.

Fast das ganze Dorf hatte nun keine Männer mehr. Sogar die älteren Ende 50 waren mitgenommen worden, auch der Pfarrer und die Jungen, die gerade mal das 16. Lebensjahr erreicht hatten. Die sollten nun den Krieg gewinnen? Heinz war zum Glück erst 14.

Fast den ganzen Tag hatte Käthe jetzt das Radio an, um den Wehrmachtsbericht zu hören. Sie durften nicht verpassen, wenn Gauleiter Koch endlich den Befehl zur Räumung gab. Aber immer hieß es nur: »… durchhalten, durchhalten … keine Evakuierung … Flucht wird mit dem Tode bestraft …«

Wenn die Kinder aus der Schule kamen, wo es seit Längerem auch nur noch Unterricht von einer Lehrerin gab, hörten sie mit. Alle hatten Angst. Das Dröhnen der Flak Tag und Nacht ließ sie nicht zur Ruhe kommen.

Sie wohnten ebenerdig, und Rudi stand sofort am Fenster der Wohnstube, sobald er das Haus betreten hatte. Er öffnete es einen winzigen Spalt und hielt sein Ohr hinaus in die Kälte. Stundenlang verharrte er so. »Ei, Rudi, was machst du da bloß?«, fragte Käthe, wenn sie ihn dabei ertappte. »Es ist doch so kalt draußen. Wir haben minus 21 Grad!«

»Aber Muttichen, ich muss doch hören, wann die Panzer kommen!« Doch Käthe schloss das Fenster, denn die eiskalte Luft kühlte die Stube aus und ließ die Eisblumen an den Fenstern wachsen.

Drei Tage später hatte Rudi eine schlimme Mittelohrentzündung. Unheimliche Schmerzen plagten den Jungen. Medikamente gab es nicht. Ida hackte sofort Zwiebeln in der Küche und legte Rudi ein Zwiebelsäckchen auf das kranke Ohr. Dazu bekam er eine Mütze aufgesetzt, damit es nicht verrutschte. Tapfer kämpfte er gegen die Schmerzen an. Aber seinen Platz am Fenster konnte er nicht aufgeben, auch wenn es von nun an geschlossen blieb. Da draußen kämpfte sein Papa, und Rudi wollte ihm nah sein.

Käthe hatte schlaflose Nächte. Wenn sie draußen die Geschütze hörte, dachte sie nur in größter Sorge: Carl, was machst du gerade? Lebst du noch? Und sie betete, dass Gott ihnen beistünde. Ohne tagsüber richtig zu essen und nachts in den Schlaf zu finden, war sie ein Schatten ihrer selbst.

Einen Tag vor Rudis zehntem Geburtstag, es war der 18. Januar, saß die Familie bei Kartoffelsuppe am Mittagstisch, als sie plötzlich hörten, wie es an der Haustür klingelte. Erschrocken sprangen sie auf. Jegliche unerwarteten Geräusche machten sie derzeit nervös. Käthe hastete zur Tür und öffnete. Sie glaubte, ihren Augen nicht zu trauen. Der Schreck fuhr ihr in

die Glieder, sodass sie sich am Türrahmen festhalten musste.
»Carl!«, rief sie. »Du bist es wirklich! Wieso bist du zurück?«
Freude und Angst stritten in ihrer Brust. Er war doch nicht etwa desertiert? Darauf stand Erschießen!
Sie fiel ihm in die Arme. »Oh Carl! Wenn du nur bei uns bleibst!«
»Das werde ich, mein Liebchen, das werde ich!« Carl nahm seine Käthe fest in die Arme.
Die Kinder und Ida, die aus der Küche gehört hatten, wer da auf einmal wieder zu Hause war, kamen augenblicklich angerannt. »Papi, Papi!«, riefen sie glücklich. »Hast du die bösen Soldaten besiegt?«, fragte Martin.
Auch in Idas Gesicht, das sonst kaum noch lächeln konnte, machte sich verstohlene Freude breit. War ihr Carl dem Volkssturm entkommen? »Erbarmung! Aber wie …?«
»Ach, meine Lieben!« Fröstelnd rieb Carl sich die Hände und setzte sich an den warmen Ofen in der Küche. Mit Mühe bekam er seine Stiefel von den Füßen, die an ihnen festgefroren schienen. Die Socken darunter waren durchgerieben, die Zehen rot und kurz vor dem Erfrieren.
»Ich glaube, ich brauche Tage, um wieder richtig warm zu werden. Bei Tag und Nacht in der Kälte draußen, allein das war schon die Hölle!«
»Aber du bist wieder hier, Carl. Was ist passiert?«, wollte Käthe wissen.
»Nun, wir wurden einfach nach Hause geschickt. Eigentlich sollten wir alle nach Königsberg, um dort die Front zu verstärken. Aber wir sind nur bis kurz vor Bartenstein gekommen. Dort haben uns zwei Feldwebel gesagt, wir sollen nach Hause fahren. Es gibt keine deutsche Front mehr. Die Russen sind überall. Soldau und Tilsit sind gefallen. Es heißt sogar, sie haben Ostpreußen schon umzingelt.«

»Oh Gott!« Die restliche Gesichtsfarbe wich aus Käthes Gesicht. »Umzingelt!« Da die Kinder mit am Tisch saßen, wagte sie nicht auszusprechen, was sie dachte.

»Erbarmung!« Ida rang die Hände zum Himmel. »Was wird nur werden?«

»Käthe, Mutter, die meisten Leute hier im Dorf rüsten ihre Fuhrwerke. Jetzt, wo ich das Elend miterlebt habe, denke ich, wir sollten nicht mehr zögern. Einige sind schon unterwegs.«

»Aber Carl, das geht nicht. Es steht unter Strafe! Wir dürfen unsere Kinder nicht in Gefahr bringen. Es heißt, erst, wenn es Befehl dazu gibt, dürfen wir los. Koch wird sicher wissen, was er sagt. Er wird uns doch nicht ins Verderben stoßen. Und außerdem – Rudichen hat morgen Geburtstag. Er wird zehn. Das soll noch einmal eine schöne Feier werden!«

Rudi stand daneben mit hängendem Kopf. Eine sorglose Feier würde das bestimmt nicht werden, so aufgeregt, wie alle redeten. Er lief zu seinem Vater und schmiegte sich an ihn.

»Papachen«, sagte er, »hast du Panzer gesehen?«

»Ja, Rudi, aber nur von Weitem. Wie du siehst, ist dein Papa wohlbehalten wieder hier. Und nun seid schön brav, Kinder, und geht spielen. Ich helfe Mutti beim Einpacken. Damit wir alles beisammenhaben, wenn wir verreisen.«

Die Kinder trollten sich.

Oma Ida holte Mehl, Butter, Eier und Zucker hervor und begann, den Teig für Rudis Geburtstagskuchen zu rühren.

Rudi lauschte nach draußen und zog fröstelnd die Bettdecke fester über sich. Das Tönen der Maschinensalven war noch lauter geworden. Sein Bett wackelte manchmal ein bisschen, wenn es besonders heftig dröhnte. Es war der Morgen des 19. Januar. Heute wurde er zehn Jahre alt.

Ob trotz des Krieges alles an seinem Geburtstag so sein

würde wie in den Jahren zuvor? Er freute sich schon auf die Feier am Nachmittag, wenn sie Schulschluss hatten. Er hatte seinen besten Freund, Siegfried Heruth, eingeladen. Siegfried saß in der Schule neben ihm. Er war der Sohn des Fischers. Rudi starrte an die Decke im dunklen Zimmer und dachte nach. Seine Geschwister schliefen noch. Wohin würde wohl die Reise gehen, die sie machten? Es schien ein spannendes Abenteuer zu werden, so aufgeregt, wie die Erwachsenen waren. Sein Papa hatte schon die Panzer gesehen und war gesund und munter vom Volkssturm zurückgekehrt. Und er würde sie alle beschützen, sein großer, mutiger und starker Vater! Da war Rudi ganz sicher. Angst hatte er keine. Aber es würde aufregend werden. Hauptsache, sie konnten ihr Spielzeug mitnehmen. Nicht, dass das noch den Räubern in die Hände fiel!

Leise ging die Stubentür auf. Ein schwacher Lichtstrahl fiel ins Zimmer. Rudi setzte sich auf und blinzelte. Das war Mutti!

Käthe kam mit dem Geburtstagskuchen auf einem Teller und einer brennenden Kerze in der Mitte hinein und sang leise: »Viel Glück und viel Segen auf all deinen Wegen ...« »Ach Muttichen!«

»Ei, mein Rudichen, alles Gute zum Geburtstag, mein lieber Sohn!«, sagte sie. In den anderen Betten wurden die Geschwister wach. »Rudi, alles Gute und viel Glück!«, riefen sie durcheinander und liefen zu ihm. »Und nun musst du die Kerze auspusten!«, rief der kleine Martin. »Und dir was wünschen!«

Rudi pustete. Was er sich wünschte, durfte er ja niemandem verraten. Aber bei sich dachte er: Ich wünsche mir, dass die Reise schön wird. Und dass Werner und Martin nicht immerzu zanken. Und dass ich Panzer sehe, aber nur von Weitem. Und dass keiner auf uns schießt. Und dass wir dann bald alle wieder zu Hause sind!

Als alle gewaschen und angezogen in die Küche kamen, um zu frühstücken, stand dort Rudis Geschenk auf dem Tisch, fein eingewickelt in buntem Papier mit einer blauen Schleife drum herum. »Oh, Rudi, so ein großes Paket«, schmunzelte Doris. »Dann pack mal aus!« Sie wusste natürlich von Mutti, was darin war.

Bedächtig wickelte Rudi zuerst die Schleife ab und dann vorsichtig das bunte glänzende Geschenkpapier. Er wusste, das war teuer, und man konnte es wiederverwenden.

»Schlittschuhe!«, rief er entzückt aus, als er sah, was der Karton enthielt. »Ei, Mutti, Papi, die habe ich mir ja so gewünscht!« Fröhlich tanzte er im Kreis herum und umarmte seine Eltern. »Danke, danke! Am liebsten würde ich sie heute noch ausprobieren!« Es waren feine Schlittschuhe zum Schnüren, nicht solche Gleiter, die man einfach unter die Stiefelsohlen schnallte. Damit würde er endlich über den See flitzen ohne wegzurutschen und hinzufallen. Vorsichtig strich er mit den Fingern über die scharfen Kufen. Und so feines braunes Leder! Solche schönen Schlittschuhe! Ei, wie er sich freute!

»Nun geht ihr erst mal alle zur Schule, und am Nachmittag feiern wir dann ordentlich Rudis Geburtstag. Mit Kuchen und Kakao!«, rief Ida. »Die Schlittschuhe kannst du bestimmt bald ausprobieren, Rudi. Der Winter ist lang!« Insgeheim hegte sie jedoch Zweifel. Wenn sie flüchten mussten, gab es wohl kaum noch eine Gelegenheit zum Schlittschuhlaufen.

Am Nachmittag, als alle am Geburtstagstisch saßen, der große, ordentlich mit Puderzucker bestäubte Marmornapfkuchen stand in der Mitte, wurde Rudi unruhig. Käthe wollte schon anfangen, den Kuchen anzuschneiden, aber Rudi sagte: »Muttichen, lass uns noch warten, ob der Siegfried kommt. Er hat es mir doch versprochen. Aber in der Schule war er heute auch nicht!« Betrübt sah er seine Mutter an.

Käthe ahnte etwas. Wahrscheinlich war Familie Heruth so wie einige andere Dorfbewohner schon heimlich in der Nacht aufgebrochen und hatte Haus und Hof verlassen. Aber durfte sie das Rudi verraten? Laut sagte sie: »Ei, Rudichen, komm, wir fangen an. Vielleicht ist der Siegfried krank geworden. Dann gehst du in den nächsten Tagen mal bei ihm vorbei und nimmst ihm ein Stückchen Kuchen mit. Und nach dem Kaffeetrinken spielen wir *Topfschlagen* und *Blinde Kuh*!«

Am Abend gab es zur Feier des Tages Kartoffelsalat und Würstchen. Auch Waldi, der schwanzwedelnd um den Tisch herumschnüffelte, bekam den einen oder anderen Wurstzipfel ab.

Als sie gerade mit dem Tischabräumen fertig waren, hämmerte jemand draußen gegen die Tür und klingelte dazu Sturm. Es war der Bürgermeister selbst, der hektisch rief: »Befehl zur Räumung vom Gauleiter! Es geht los! Alle Familien müssen übermorgen, am Sonntag, um 6 Uhr bereit zum Abmarsch sein und sich in den Treck nach Westen einreihen!« Und weg war er zum nächsten Haus.

Carl und Käthe standen kurz in Schockstarre. Nun war also die Lage ernst geworden. Es war so weit. Stumm sahen sie sich an und fassten sich bei den Händen.

Als sie zurück in der Küche waren, sahen die Kinder und Ida erwartungsvoll zu ihnen. »Es geht nun los!«, sagte Carl mit rauer Stimme, »die Reise beginnt. Morgen wird gepackt. Jeder von euch darf sein liebstes Spielzeug mitnehmen.« Die Kinder riefen alle durcheinander. »Ich nehme mein Holzpferd mit Wagen mit!«, rief Werner. »Und ich meine Soldaten und meinen Panzer!«, übertönte ihn Martin. Heinz mit seinen 14 Jahren wollte ein paar Lieblingsbücher einpacken und Doris ihre Puppe mit dem Porzellangesicht und dem langen Echthaar.

»Und ich nehme meine neuen Schlittschuhe mit!«, sagte Rudi mit ernstem Gesicht.

Käthe begab sich zum Telefon und rief reihum ihre Familie an. Wer weiß, wann das wieder möglich sein würde. Sie hatten zwar mit allen heute schon kurz gesprochen, weil sie ja Rudi zum Geburtstag gratuliert hatten. Aber jetzt hieß es Abschied nehmen. Das hatten sie vor ein paar Stunden noch nicht gewusst.

Als sie ihre liebe Mutter am Telefon hatte, versagte ihre Stimme: »Ei, Muttichen, nun müssen wir weg und unser schönes Haus verlassen. Und keiner weiß, für wie lange und wann wir zurückkehren werden! Und das bei der Kälte! Hoffentlich kommen wir gut mit dem Zug von Grünhagen weg, so ist der Plan. Und dann wollen wir nach Berlin, Oma Ida hat dort ja ihre Schwägerin wohnen. Die Dömnicks haben eine große Wohnung, da können wir erst mal unterkommen.«

»Erbarmung, dass alles gut geht!« Anna konnte das Schluchzen nicht unterdrücken. »Wir bleiben hier. Vater will auf keinen Fall weg. Er meint, bis hierher in unser kleines Dorf verirren sich die Russen nicht. Was soll ich machen?«

»Ei, Mutti, keiner weiß zurzeit, was die richtige Entscheidung ist. Bestimmt gehen aus Locken nicht alle weg. Aber wir müssen, die Flakgeschütze sind schon so nah. Jeden Tag hören wir von früh bis spät Kanonendonner. Vielleicht sind wir ja in zwei Wochen zurück, nachdem die Russen durch sind. Meinetwegen sollen sie durchs Haus gehen, aber unsere besten Sachen nehmen wir mit. Und du weißt ja, eingemauert ist auch einiges. Hauptsache, das Haus bleibt stehen.«

»Ja, Käthe, Vater hat auch ein Versteck vorbereitet, falls die Russen doch hierherkommen. Er hat im Festsaal ein paar Bretter vom Parkett gelöst und dort eine Grube ausgehoben. Dort haben wir unser Silber und meinen Schmuck versteckt. Das findet bestimmt keiner.«

Vater Hugo kam ans Telefon, um sich von seiner Tochter zu verabschieden. »Bleibe stark, mein Marjellchen!«, sagte er.

»Denke immer daran, deine fünf Kinder brauchen dich. Du schaffst es!«

»Danke, Papachen, ich gebe mein Bestes. Und pass du mir gut auf die Mutti auf!« Hugo versprach es und übergab den Hörer ein letztes Mal an Anna.

»Muttichen, auf Wiedersehen. Bitte übersteht alle beide den Krieg, damit wir eines Tages gesund wieder beisammen sind. Das hoffe ich so sehr!«

»Das hoffe ich für dich und die Kinder und Carl und Ida auch! Bitte drücke sie alle ganz, ganz fest von mir! Auf Wiedersehen, meine liebe Tochter!«

Als beide aufgelegt hatten, weinten sie bitterlich. Käthe wollte sich nicht wieder beruhigen.

Am 20. Januar waren alle in den ersten Morgenstunden emsig auf den Beinen. Es gab noch so viel zu tun. Wenn man aus dem Fenster zur Straße sah, konnte man in der Ferne schon das Aufleuchten der Granaten und Geschosse erblicken. In der Dunkelheit wirkte es fast wie ein Feuerwerk. Die Kinder starrten fasziniert aus dem Fenster und konnten ihre Blicke nicht lösen.

Käthe rannte aufgeregt hin und her. Sie durfte nur nichts vergessen. Wo waren nur die dicken Socken aus Schafswolle und der blaue Pullover von Werner? Sie konnte doch nicht all die schönen Sachen zurücklassen, dass sie womöglich den Russen in die Hände fielen! Sie hatten ja zum Glück ein großes Fuhrwerk, wo man eine Menge drauf stapeln konnte. Und unterwegs würde es so kalt sein! Das Thermometer zeigte erbarmungslos minus 21 Grad.

Aufgereiht und gestapelt standen in der Diele etliche Kisten und Koffer. Als Carl die Menge sah, obenauf die Pelzmäntel von Ida und Käthe, schlug er die Hände über dem Kopf zusammen. »Käthe!«, rief er besorgt zu seiner Frau hinüber,

die sich jetzt mit Ida die Speisekammer vorgenommen hatte.
»Du weißt schon, dass wir auch noch alle auf den Wagen raufpassen müssen? Wie soll das alles gehen, ohne dass die Pferde zusammenbrechen?«

Eilig kam Käthe angelaufen. »Aber Carl, das brauchen wir alles! Wir werden sicher lange unterwegs sein, und wir müssen doch mal unsere Sachen wechseln.«

»Aber wir sind neun Personen, Tante Kroll will mit. Die hat auch noch allerhand Zeug. Ihr müsst euch einschränken!«

Doch Käthe hatte kein Einsehen. »Bitte Carl, überlege doch, wie wir das lösen können. Wir nehmen das größte Fuhrwerk!«

»Das sowieso, Käthe, ich habe es schon vorbereitet. Aber wir passen unmöglich mit all den Sachen dort rauf. Ich werde noch den zweisitzigen Sportwagen hinten anhängen müssen.« Er stöhnte. Die Frauen konnten sich von nichts trennen! Dabei waren sie doch vielleicht in zwei, drei Wochen zurück.

Käthe kramte in der Kommode nach dem Familien-Stammbuch und den Fotos der Familie. Noch in der Nacht hatte sie aus einem alten Stück Leinen einen Brustbeutel genäht, in dem sie nun die wichtigsten Papiere sorgfältig verstaute und einnähte. Den würde sie unter ihren Kleidern um den Hals tragen. Die Fotos packte sie in Wachspapier, verband sie mit einem Bindfaden und steckte sie in ihre Handtasche. Gut sichtbar legte sie den Brustbeutel in der Diele auf das Schränkchen, damit sie ihn beim Fortgehen nur nicht vergaß.

Die Kinder derweil am Fenster schrien aufgeregt durcheinander. »Da! Schon wieder einer!«, »Da drüben auch!« Sie beobachteten voller gespannter Ehrfurcht die leuchtenden Geschützfeuer in naher Ferne. »Und jetzt kommt schon wieder ein Armeeauto! Es ist das 24. bis jetzt!«, rief Rudi. »Und auf zwei Lkws saßen ganz viele Soldaten! Und sieben Panzer sind auch schon durchgefahren! Aber diesmal alle in die andere Richtung!«

Die deutsche Wehrmacht zog sich zurück und flüchtete ebenfalls. Offensichtlich waren sie jedoch schneller als die Bevölkerung, die erst am nächsten Morgen um 6 Uhr losdurfte. Sie sollten mit ihren Fuhrwerken schließlich nicht die Straßen verstopfen, auf denen die Wehrmachtsfahrzeuge Richtung Westen rasten. »Rette sich, wer kann!«, war die Devise, und die Ersten, die sich retteten, waren die hochrangigen Nazifunktionäre.

Jakub war vor einer Woche zurück nach Polen gereist. Auch Wojciech hatte nun sein Ränzlein gepackt und stand an der Tür, um sich zu verabschieden. »Ich gehe zurück nach Polen!«, sagte er. »Wahrscheinlich Krieg bald vorbei. Dann bin ich wieder bei meiner Familie. Aber ich habe noch Kühe gemolken und Vieh gefüttert.« Er bedankte sich bei Carl und Käthe, dass er bei ihnen als Ostarbeiter eine gute Zeit gehabt hatte. Man hatte es auch schon anders gehört.

Gegen Abend, es war inzwischen dunkel, hatte Carl den Wagen fast fertig beladen. Unter den vielen Kisten und Koffern hatte der Schräglage bekommen, die es galt auszugleichen.

Etliche Körbe mit Essbarem standen in der Diele, sonst wären sie über Nacht draußen hart gefroren. Ida und Käthe hatten fast alles, was die Speisekammer hergab, eingepackt. Geräucherten Schinken, Dauerwurst, Gläser mit Leberwurst und Blutwurst, Gläser mit Marmelade und Honig, Käse, Butter, Eier und ein paar schrumpelige Einlagerungsäpfel. Aus dem Laden kamen die Restbestände an Kaffee, Tee, Zucker und ein paar Tüten Mehl hinzu. Dazu alle Backwaren, die noch da waren. Der Laden war bis auf das Fässchen mit Senf und ein paar saure Gurken leer geräumt. Nichts sollte dem Feind überlassen werden. Und schließlich waren unterwegs neun Mägen zu füllen.

Für die Pferde hatte Carl vorsorglich Stroh und Säcke mit Hafer aufgeladen. Unter die Sitzbank stellte er zwei Kisten mit Schnaps – zum Aufwärmen. Der Klare würde nicht einfrieren.

Das Spielzeug der Kinder hatten sie außen an den Seitenwänden des Wagens festgebunden, damit es jederzeit griffbereit war. Sicher würden sie unterwegs auch einmal eine Rast machen, sodass die Kinder etwas zum Beschäftigen hatten. Dort baumelten auch Rudis neue Schlittschuhe.

»Kinder, ihr müsst ins Bett. Morgen heißt es ganz zeitig aufstehen!«, rief Käthe den Kindern zu und klatschte in die Hände. Heute war alles außer Rand und Band. Nichts hatte mehr seine Ordnung. Gegessen hatten sie alle nur zwischendurch ein paar Happen, an eine geordnete Mahlzeit war nicht mehr zu denken gewesen.

Die Geschwister waren viel zu aufgeregt zum Schlafen, aber Widerworte halfen nichts. Vorher ging es in die Wanne. Nicht so ausgiebig, wie sie es sonst am Badetag gehalten hatten, aber jeder wurde ins warme Wasser gesteckt und gründlich abgeseift.

Als die Fünf gerade in ihren Betten lagen und Käthe das Licht ausgeschaltet hatte, hämmerte es gegen die Tür. »Carl, wer kann das sein?«, rief Käthe ängstlich. Später Besuch ließ nichts Gutes vermuten.

Carl hatte bereits die Tür geöffnet. Es waren drei Offiziere der Wehrmacht, die unaufgefordert eintraten. »Heil Hitler!«

»Heil Hitler! Was verschafft mir die Ehre?«, sagte Carl und versuchte, seiner Stimme einen festen Klang zu geben.

»Sind Sie Herr Kühnapfel?«

»Jawoll, meine Herren!« Carl zeigte Courage, obwohl ihm schlecht wurde. Uniformierte an der Tür hatten bisher nichts Gutes bedeutet.

»Sie wissen doch bestimmt, dass wir Richtung Westen unterwegs sind. Wir kommen von der Ostfront. Nun hat uns die Nacht überrascht. Da Sie solch ein großes Haus haben, nehmen wir mal an, dass Sie uns ein Gästezimmer zur Verfügung stellen können?«

»Aber selbstverständlich, meine Herren. Kommen Sie mit, ich zeige es Ihnen!« Es gab zwar das *Hotel Röhr* im Ort, aber offenbar hatten es die Offiziere nicht entdeckt oder wollten nicht danach suchen. So hatten sie am erstbesten Haus am Platz angehalten.

Aufgeregt lauschend lagen die Kinder mit den Ohren an der Wand. An Schlafen war nicht zu denken.

Carl stieg mit den Männern die Treppe hinauf. Im Obergeschoss waren drei Kammern, die sie sonst für die Sommerfrischler genutzt hatten. Alwine mit ihrer Familie hatte oft dort genächtigt, aber auch mal Anna und Hugo, Tuta und Lotte mit ihren Familien oder die Dömnicks aus Berlin.

Nun sollten sie also als letzte Gäste in der letzten Nacht in ihrem Haus Nazi-Offiziere beherbergen.

Die Betten waren noch bezogen. Der erste Offizier ließ sich sogleich in voller Montur samt Stiefeln auf die Strohmatratze fallen. »Oh, ist das herrlich!«, stöhnte er. »Wie lange hab ich kein Bett gesehen! Ein Traum!«

Die anderen beiden zögerten noch und rieben sich die kalten Hände. »Herr Kühnapfel, haben Sie vielleicht auch eine Möglichkeit zum Waschen? Und etwas zu essen?«

»Sicher, Herrschaften. Kommen Sie mit runter in die Küche. Wenn Sie sich frisch gemacht haben, wird meine Frau Ihnen etwas zu essen bringen.«

Käthe schlug die Hände über dem Kopf zusammen, als sie von unten das Gespräch mithörte. Sie hatte noch so viel zu tun, und jetzt kamen auch noch ungebetene Gäste. Doch es waren Gäste, denen man gehorchen musste. Und letztendlich – hatten die nicht an der Front tapfer gegen den Feind gekämpft? Da war ein wenig Gastfreundschaft das Mindeste, was man zurückgeben konnte.

Auch sie begrüßte die Männer freundlich. »Guten Abend, die Herren! Ich mache Ihnen gern Wasser zum Waschen warm.

Sobald Sie in der Küche damit fertig sind, sagen Sie Bescheid. Dann mache ich Ihnen etwas zu essen.«

Sie überlegte. Es war fast alles eingepackt, draußen in der Diele. Sie hatten nur noch ein paar Kleinigkeiten für das Frühstück in der Küche. Nun musste sie in den Körben kramen und wieder einiges hervorholen.

Die Herren Offiziere erwiesen sich als freundlich und dankbar. Ihre Gesichter waren jedoch gezeichnet von den Strapazen des Krieges. Zu viel Elend hatten sie erlebt, zu viele Tote gesehen. Zu oft hatten sie selber den Befehl zum Schießen geben müssen. Tiefe Augenringe und Sorgenfalten ließen sie zehn Jahre älter erscheinen, als sie wohl waren.

Sie saßen mit Carl und Käthe am Tisch und aßen vom guten Schinken, vom Rührei und vom kräftigen Landbrot aus Carls Backstube. Als Carl eine Flasche Klaren aus der Kammer holte, lachten sie sogar erfreut. »Herr Kühnapfel, Sie sind ein guter Mann!«

»Ei, na dann Prost, meine Herren!«

»Prost! Ihr Ostpreußen sollt ja recht trinkfest sein!«

»Käthe, schau nicht so betrübt drein!«, sagte Carl zu seiner Frau. »Es ist alles nicht zu ändern. Komm, trink einen mit!«

»Aber nur einen, Carl. Wir müssen uns noch um die Tiere kümmern!«, mahnte sie.

Als die Flasche sich geleert hatte und eine zweite auf den Tisch kam, wurden die Offiziere aufgeschlossener. »Wisst ihr was?«, sagte der eine mit schon glasigen Augen. »Ihr lasst morgen früh einfach euer Fuhrwerk stehen und steigt zu uns ins Auto. Mit ein bisschen Quetschen kommt ihr alle rein. Notfalls nehmt ihr die Kinder auf den Schoß. Und dann – Schwupps …!« Er rülpste laut. »Schon sausen wir an der Flüchtlingskolonne vorbei. Und ihr seid als Erste im Reich!«

Carl sah begeistert zu seiner Frau hinüber. Das war doch mal eine gute Idee!

»Die Sache hat nur einen Haken«, gab der andere Offizier zu bedenken, der sich mit dem Trinken etwas zurückgehalten hatte. Er hatte beim Hereinkommen die vielen Kisten und Körbe gesehen. Auch den Wagen draußen, der unter seiner Last fast zusammenbrach. »Ihr könnt kein Gepäck mitnehmen. Ihr seid neun Personen, damit sind wir schon heillos überladen. Und wir haben keinen Kofferraum.«

Käthe lehnte ab. »Nein, Carl, überlege doch mal. Selbst wenn wir uns alle mit den Kindern ins Auto quetschen, was wird dann aus unseren ganzen schönen Sachen, die schon auf dem Wagen gestapelt sind! Sollen wir die zurücklassen? Niemals!«

Carl versuchte vergebens, Käthe von der Chance mit der Autofahrt zu überzeugen. Käthe wollte nicht. Sie blieb stur. Die Sache erschien ihr waghalsig und nicht geheuer. Und sollten sie mit nichts als dem, was sie auf dem Leibe trugen, irgendwo ankommen? Ohne ihr Hab und Gut? Nein, das war unmöglich. Sie waren immer wohlhabend gewesen, und das sollte sich nicht ändern. Und wer weiß, was passierte, wenn sie in einem Fahrzeug der Wehrmacht den Feinden in die Hände fielen? Zu gefährlich!

Von den Kindern waren nur die beiden Jüngsten, Werner und Martin, eingeschlafen. Heinz, Doris und Rudi hatten abwechselnd die Toilette aufgesucht und dabei die Gelegenheit genutzt, ein paar Minuten an der Küchentür zu lauschen.

Als sie wieder in den Betten lagen, rätselten sie, was besser gewesen wäre: die Autofahrt mit den Offizieren und dabei alle ihre Sachen hierzulassen, oder, so wie Mutti es wollte, mit dem Fuhrwerk und dafür alles mitnehmen. Sie wurden sich nicht einig. Nach langen Diskussionen fielen sie endlich kurz nach Mitternacht in den Schlaf.

Als die drei Offiziere endlich die Treppe hinaufgetorkelt waren, strich sich Käthe erschöpft die Haare aus der Stirn. Ihr Hals war wieder so eng! Sie hustete, aber der Kloß löste sich nicht.

Sie machte sich daran, das Geschirr abzuwaschen.
»Käthe!«, sagte Carl. »Was wäscht du jetzt noch ab und machst alles sauber? In ein paar Stunden sind wir weg!«
»Es soll niemand denken, der mein Haus betritt, dass hier nicht eine ordentliche deutsche Hausfrau wohnt!« Carl schüttelte den Kopf. Seine Käthe! Als ob es darauf jetzt noch ankäme! Er saß eine Weile reglos am Küchentisch und paffte seine Zigarre.
Als Käthe fertig war, sagte er: »Jetzt müssen wir einen schweren Schritt tun, Käthe. Wir können ja unsere Kühe, Schweine und das Federvieh nicht mitnehmen. Und wenn wir sie in den Ställen lassen, gehen sie jämmerlich ein.«
»Ja, Carl, ich weiß. Ich habe schon mit Ida und Hedwig Kroll darüber gesprochen. Ich will aber die Kühe gegen Morgen noch einmal melken. Sonst haben sie große Schmerzen mit den vollen Eutern.«
Müde setzte sie sich zu Carl an den Tisch und strich sich eine Haarsträhne hinters Ohr, die sich aus dem Knoten gelockert hatte. »Es lohnt nicht mehr, ins Bett zu gehen. Es ist schon nach 2 Uhr. Ach, Carl, hoffentlich finden wir alles noch genauso vor, wenn wir zurückkommen. Was meinst du?«
»Wir werden sehen, Käthe. So lange werden wir ja nicht unterwegs sein. Lass die Russen durch sein, und dann kommen wir in ein paar Wochen zurück. Vielleicht kommen wir in den Zug in Grünhagen und schlagen uns dann nach Berlin durch. Da wolltest du doch schon immer einmal hin!«
Käthe sah ihn traurig an. Wo Carl nur immer seinen Optimismus hernahm. »Ja, in das schöne und bunte Berlin wollte ich, Carl. In die schönen Konditoreien und Theater. Einmal die Leuchtreklamen sehen, einmal mit der Unterirdischen oder der Elektrischen fahren. Einmal Unter den Linden entlang bummeln. Das wollte ich. Aber jetzt fallen Bomben auf Berlin, die

Stadt brennt, und selbst wenn wir hinkommen, sind wir unseres Lebens nicht sicher.«

Carl schwieg. Käthe hatte ja recht. Er erinnerte sich an die aufregende große Stadt, wo er Ende der 20er-Jahre die Meisterschule besucht hatte. An die wunderbare Architektur, den Dom, die Staatsoper, das Stadtschloss, die Varietés und Lichtspieltheater. Immer wollte er einmal mit ihr hin, aber das Leben mit der Bäckerei, der Landwirtschaft und den Kindern hatte verhindert, dass sie weiter als nach Königsberg kamen.

Aber eines Tages würde der Krieg zu Ende sein, vielleicht schon bald. Dann würde man die zerstörten Städte wiederaufbauen, und dann würde er mit Käthe eine schöne Reise machen. Die Kinder wurden ja auch größer.

Um Käthe etwas aufzumuntern, sagte er: »Wir sind bestimmt in zwei oder drei Wochen zurück, Käthe. Und ich verspreche dir, wenn in unserem Haus irgendetwas zerstört wird, werde ich alles reparieren und neu kaufen. Du bekommst die besten und modernsten Möbel, die es gibt. Geld haben wir genug auf dem Konto! Und dann fangen wir neu an!« Käthe sah lächelnd zu ihm auf. Das war ihr Carl: immer an das Gute glaubend, immer nach vorn schauend! Sie war stolz auf ihren starken, unerschrockenen Mann. Er machte ihr immer wieder Mut.

Als gegen 4.30 Uhr der erste Hahn krähte, gingen sie in die Ställe. Käthe molk die Kühe. Etwas Milch davon nahm sie ab, um noch einmal für alle zum Frühstück Klunkermus zu kochen. Den Rest schüttete sie weg. Gemeinsam mit Carl füllte sie ein letztes Mal die Futtervorräte der Kühe, Schweine, Hühner, Gänse, Enten und der Kaninchen auf. Dann verabschiedeten sie sich von den Tieren und öffneten die Türen der Ställe und Gatter. Von nun an waren die Tiere sich selbst überlassen.

Um 5 Uhr weckten sie die Kinder.

Teil 2: Abschied und Ankunft

1. Die Straße nach Mohrungen

»Schnell, schnell, Kinder! Beeilt euch! Und zieht euch warm an. Jeder zwei Pullover und eine Strickjacke. Nicht die dicken Unterhosen und Socken vergessen. Es ist eisig draußen!« Martin greinte. Er hatte nicht ausgeschlafen und war müde. »Heinz, hilf doch bitte mal dem Martin! Und Doris, komm her, dass ich deine Haare ordentlich kämmen kann.« Käthe war in großem Aufruhr und flatterte innerlich am ganzen Körper. Selbst übermüdet durch die schlaflose Nacht, wollte sie, dass alles wie am Schnürchen klappte. Sie durften nicht zu spät kommen! Sie mussten ihren Platz im Treck finden!

Während Käthe sich um die Kinder und das letzte Frühstück in der eigenen Küche kümmerte, hatte Carl draußen bereits die Pferde angespannt. Jedem der weißen Schimmel hatte er ein Futtersäckchen umgebunden, denn man konnte nicht wissen, ob sie unterwegs Gelegenheit zum Abspannen oder Füttern hatten.

So richtig essen mochte an diesem Morgen niemand. Die Aufregung schnürte allen den Magen zu.

Während Käthe die immer näherkommenden Geschützfeuer draußen ängstigten, versuchte sie, den Kindern Mut zu machen. »Wir machen einen Ausflug und sind bald wieder da!« Sie legte Fröhlichkeit in ihre Stimme, merkte jedoch selber, wie falsch es klang.

»Mutti, darf der Waldi auch mit?«, fragte Werner.

»Ei, sicher darf der Waldi mit!« Wenn es nur den Kindern Freude machte und sie ein wenig vom Ernst der Lage ablenkte. An der Tür unterzog sie alle Kinder einer Kontrolle, ob sie auch warm genug angezogen waren, ob sie ihre Mützen, Schals und Handschuhe anhatten und die dicken Socken in den Stiefeln trugen. Dann durften sich die fünf in den Wagen setzen.

Im angehängten Sportwagen hatten schon Ida und Tante Kroll Platz genommen, eine warme Felldecke und ihre Federbetten um sich gewickelt.

Auch Käthe holte nun noch alle Daunendecken aus den Schlafstuben und reichte sie Carl in den Wagen. Die Decken waren die einzige Möglichkeit, sich bei minus 21 Grad warmzuhalten. Dann inspizierte sie ein letztes Mal die Zimmer. Carl hatte gesagt, dass sie wohl in ein paar Wochen zurückkommen würden. Aber würden sie das? Und wenn, wie würden sie alles vorfinden?

Mit Tränen in den Augen und einem dicken Kloß im Hals strich Käthe über den schwarz glänzenden Klavierdeckel mit der Aufschrift »Bechstein«. Wie viele schöne Stunden hatten sie hier mit ihren kleinen Hauskonzerten verbracht. Was wurde bei Familienfeiern gesungen, geschunkelt und gelacht! Wie glücklich waren sie hier gewesen! Würden sie das jemals wieder sein?

In der Küche wischte sie ein letztes Mal mit einem feuchten Lappen die Krümel vom Tisch.

Dann ging sie zur Tür, hängte sich den Brustbeutel mit dem Familienbuch um den Hals und stieg zu Carl und den Kindern in den Wagen.

Sie hatte nicht abgeschlossen. Wer reinkommen wollte, kam auch mit Gewalt rein. Und so blieb wenigstens die Haustür heil.

Um 5.50 Uhr fuhren sie los.

Käthe drehte sich ein letztes Mal zu ihrem Haus um, das schwach von der Laterne vor dem Haus beleuchtet wurde. Nur nicht weinen, nur nicht weinen!, ermahnte sie sich. Denk an die Kinder!

Dem Evakuierungsbefehl nach hatten sie Richtung Elbing zu fliehen.

Da fast alle Familien mit ihren Fuhrwerken zur gleichen Zeit aufgebrochen waren, kamen sie nicht voran. Es waren nur etwa 100 Meter, um auf die Straße nach Mohrungen zu kommen. Doch vor ihnen waren schon die Familien Gehrmann, Fromberg, Thomas, Sallach und Preuß. Auch der alte Wirt Kalmus mit seiner Frau stand weiter vorn mit einem Zweispanner, außerdem viele Wagen aus den umliegenden Dörfern wie Altfinken oder Liebemühl und Hohenstein. So viel Gepäck wie Familie Kühnapfel hatten die anderen allerdings nicht geladen. Carl schaute bedenklich von seinem Kutschbock nach hinten.

»Papa, wann geht's endlich weiter?«, fragte Rudi und spähte nach vorn. Er hatte schon jetzt eiskalte Füße.

»Ei, wie man sieht, müssen wir Geduld haben. Vorne ist die Straße verstopft. Es kann noch ein bisschen dauern, bis wir weiterkommen.«

Zwischendurch stieg Carl ab und unterhielt sich mit den Nachbarn, ob sie etwas Neues wüssten.

»Ich habe gehört, dass wir nur auf den kleinen Nebenstraßen langfahren dürfen«, sagte August Gehrmann, dessen Frau Grete mit einem Säugling auf dem Arm hinten im Wagen dick in Decken gewickelt saß. Das Kind greinte. Vergeblich versuchte seine Mutter, es mit einem Lutschpungel zu trösten. »Die großen Hauptstraßen sind den Wehrmachtsfahrzeugen und Panzern vorbehalten. Wer sich da aufhält, wird umgefahren! Und du weißt, wer einmal mit den Pferden im Graben liegt, kommt nicht mehr raus.«

»Was?« Carl erschrak. Die fuhren die eigenen Landsleute um? Das hörte sich nicht gut an.

»Wir müssen bis Mohrungen kommen, und dann weiter Richtung Preußisch Holland. Wenn wir Glück haben, kommen wir in Grünhagen auf den Zug«, wusste Emil Sallach.

Die Kinder wurden unruhig, als sie nach ein paar Stunden immer noch nicht auf der Straße nach Mohrungen waren. Käthe verteilte die Reste von Rudis Geburtstagskuchen. Zwischendurch stiegen sie vom Wagen herunter, um sich die Beine zu vertreten. Wer mal musste, konnte schnell auf den Hof in eines der verlassenen Häuser huschen oder sein Geschäft hinter einem Baum im Straßengraben verrichten.

Die drei Offiziere, die sie als Gäste beherbergt hatten, hatten ebenfalls am frühen Morgen das Haus verlassen und brausten mit ihrem Horch V8 auf der Hauptstraße Richtung Osterode davon. Diese Straße war frei, aber nur Fahrzeuge der Wehrmacht durften hier durch. Russische Panzer waren nur noch wenige Kilometer östlich von der Straße entfernt.

Als die Männer durch Osterode fuhren, sahen sie eine emsige Betriebsamkeit. Überall liefen Menschen mit Koffern, Bündeln und Rucksäcken auf den Straßen. Auch hier hatte die Bevölkerung am Tag zuvor den Räumungsbefehl erhalten. Eilig liefen Hunderte Menschen Richtung Bahnhof, um in einem der vier Güterzüge Platz zu finden, die das Ziel Wittenberge hatten. Rund 10.000 Menschen sollten in den heillos überfüllten Zügen mitkommen. Die, die mitkamen, konnten sich glücklich schätzen. Ihre beschwerliche Reise dauerte nur eine gute Woche. Rechtzeitig konnten sie den Russen entfliehen.

Es waren die letzten Menschen, die auf dem Schienenweg fliehen konnten.

Gegen Abend des 21. Januar marschierte die Rote Armee in Osterode ein und brachte die »Perle des Oberlands« zum Brennen. Zwei Drittel der Stadt wurden in Brand gesteckt und völlig in Schutt und Asche gelegt. Der Markt mit seinem Rathaus, dem Dreikaiserbrunnen, den wunderschönen Jugendstilhäusern, den Hotels, Cafés und Geschäften war nicht mehr.

Am Nachmittag des 21. Januar konnte sich die Familie Kühnapfel endlich mit ihrem Fuhrwerk in den Treck auf der Straße nach Mohrungen einreihen.

Es wurde bereits dunkel, die Kinder waren weinerlich und wollten umkehren. Alle waren durchgefroren, die Vorräte an heißem Tee fast aufgebraucht.

Nun waren sie also unterwegs im Treck, wo sich Wagen an Wagen im Schritttempo vorwärts schob.

»Mutti, ich will wieder nach Hause«, heulte Werner. »Ich will nicht mehr verreisen! Meine Beine tun weh und mir ist so kalt!« Als erstes der Kinder konnte er nicht mehr laufen.

»Komm, Wernerchen, setz dich hier oben zu mir rauf.« Käthe hob den Jungen hoch auf den Wagen und wickelte sein Federbett um ihn. Doch richtig wärmen wollte es nicht. Die Federn darin knisterten vom Frost. Käthe hatte schon vor ein paar Stunden ihren Pelzmantel aus einer Kiste geholt, weil sie es vor Kälte nicht mehr ausgehalten hatte. Ihr Wollmantel konnte die minus 21 Grad nicht abhalten. Nun legte sie Werner den Pelz um. Nicht, dass eines der Kinder unterwegs auch noch krank wurde.

Auch Ida und Tante Kroll hinten im Sportwagen saßen im Pelz. Sie zitterten trotzdem.

Carl reichte Schnaps herum zum Warmwerden. Aber nur er und die Frauen sowie die großen Kinder durften ein kleines Schlückchen nehmen. Er war sozusagen als Medizin gedacht.

Carl und Käthe kannten die Straße nach Mohrungen. Es war nicht sonderlich weit, nur 17 Kilometer. Eigentlich müssten sie längst da sein. Und noch am Vormittag hatten sie sich vorgestellt, dass man ein Stück fuhr, und dann links oder rechts in einem der Höfe für die Nacht Quartier fände. So war der Plan. Doch sie kamen nicht weiter.

Als sich herausstellte, dass sie auch in der Nacht unterwegs sein mussten, weil weit und breit kein Gehöft in Sicht und kein Vorwärtskommen war, ließ Käthe die Kinder im Wagen unter die Decken krauchen. Sie verteilte Wurst und inzwischen fast hart gefrorene Brötchen. Auch Waldi kam mit unter die Decken. »Versucht zu schlafen, Kinder!«, sagte sie den Fünfen. »Morgen kommen wir bestimmt schneller voran.« Sie betete, dass es so wäre und sie endlich ihre erste Station, Mohrungen, erreichen würden. Es war eine unruhige Nacht. Da sie auch die Nacht vorher nicht geschlafen hatte, nickte Käthe ab und zu ein, während Carl langsam weiterfuhr, aber richtiges Schlafen war es nicht.

Langsam zuckelten die Pferde, dann standen sie wieder. Es war nur eine Frage der Zeit, wann sie schlappmachen würden.

Der nächste Tag setzte sich wie der vorige fort.

Als die Kinder im ersten Morgenlicht erwachten, mussten sie alle mal. »Mama, ich muss aber ganz dringend!«, weinte Martin, als Käthe ihm sagte, dass er erst hinter die Büsche gehen konnte, wenn der Wagen hielt. Er war ungeduldig, dabei mussten sie doch alle 50 Meter anhalten, weil es im Treck irgendwo nicht weiterging.

Links und rechts der Landstraße sah man inzwischen brüllende Kühe kopflos herumlaufen. Sie hatten große Schmerzen, weil ihre prallen Euter nicht gemolken wurden. Käthe war oft nahe daran hinzulaufen, um sie zu erleichtern, aber Carl hielt sie zurück. Es wäre ein sinnloses Unterfangen. So mussten sie die Qual der Tiere machtlos mit ansehen.

Die Kälte war unerträglich. Sie wussten kaum noch, wie sie sich warm halten sollten. »Carl!«, rief Käthe ihrem Mann auf dem Kutschbock zu, »sobald wir das nächste Haus sehen, lass uns einkehren. Die Kinder halten die Kälte nicht mehr aus!« Sie selber fühlte kaum noch ihren Körper. Alles schien steif vom Frost. Sie hustete und zitterte. Nein, das war kaum auszuhalten. Sie brauchten für eine Weile Unterschlupf. »Aber Käthe, du weißt, dass es dann wieder dauern kann, um in den Treck reinzukommen!«, warnte Carl. »Ich weiß«, sagte Käthe. »Aber wir müssen uns aufwärmen. Sonst sind wir alle bald krank oder erfroren!«

Tatsächlich machte die Straße nach einem halben Kilometer eine Gabelung, und Carl bog ab. Als sie an das leer stehende Gehöft kamen, standen dort schon drei andere Fuhrwerke. Die Pferde hatte man in den Stall geführt und ihnen warme Decken übergehängt und Eimer mit Hafer und Heu hingestellt.

Als sie zu neun Personen auch noch Einlass begehrten, war man nicht gerade erfreut, doch es wurde Platz gemacht. Schließlich waren sie alle gemeinsam in dieser schlimmen Situation. Alle verschwanden zunächst reihum auf dem Abort, der völlig verschmutzt war. Dann ging es in die Küche, wo auf Stühlen und auf Kissen und Decken auf dem Fußboden etwa 15 Personen saßen. Jemand hatte im Küchenherd Feuer gemacht, auf dem ein Kessel mit heißem Wasser stand.

Mehrere der anderen Leute, die die Nacht in diesem Haus verbracht hatten, erhoben sich und sagten: »Wir müssen weiter. Hoffentlich kommen wir heute ein paar Kilometer voran!«

»Viel Glück«, sagte Carl. »Wir wärmen uns auf, und dann wollen wir auch wieder los.«

»Lasst euch nicht zu viel Zeit, der Russe war schon im Nachbardorf!«, meinte einer der Bauern. »Und wenn die einen schnappen, gnade ihm Gott!«

Käthes Angst stieg bis in die Haarwurzeln, die auf einmal kribbelten. Kalter Schweiß trat auf ihre Stirn, ihre Handflächen wurden feucht. Was die Russen mit den Deutschen und ganz besonders den Frauen anstellten, davon hatte sie munkeln hören. Bitte nicht, betete sie im Stillen, bitte nicht! Herr im Himmel, lass uns diesen Albtraum überleben!

Die Wärme in der Küche, heißer Tee, auf dem Herd geröstete Brötchen, etwas Wurst und ein paar Eier stärkten die Familie, sodass sie um die Mittagszeit bereit waren zum Weiterfahren. Werner und Martin jedoch weinten: »Muttichen, wir wollen nicht wieder in den Treck. Es ist so kalt und dauert so lange. Bitte, Mutti, lass uns noch ein bisschen hierbleiben!«

»Erbarmung!«, rief Ida an Käthes Stelle mit strenger Stimme. »Wollt ihr etwa von den Russen geschnappt werden? Es hilft alles nichts. Holt den Waldi, und auf geht's!«

Sie hatte ein Machtwort gesprochen, und so trollten sich die Kinder, zogen ihre dicken Jacken an und setzten die Mützen auf. Carl hatte inzwischen die Pferde angespannt, und weiter ging es. Neue Fuhrwerke kamen ihnen entgegen, die auf dem Hof Rast machen wollten.

Mit Mühe kamen sie in den Treck. Wagen an Wagen. Die Pferde trotteten im Schritttempo. Der eisige Frost griff nach Mensch und Pferd. Der Schnee auf der Straße war festgefahren, immer wieder fiel neuer vom grauen Himmel.

Wieder wurde es dunkel, und wieder hieß es, wir fahren die Nacht durch. Wir müssen vorwärtskommen.

Nach zwei Tagen hatten sie ganze vier Kilometer zurückgelegt.

Müde, erschöpft und hungrig fuhren sie in Eckersdorf den *Dorfkrug* an. Hier standen zahlreiche Wagen vor dem Eingang. Auch Carl lenkte ihre Wagen in eine windgeschützte Ecke und hieß die Familie aussteigen. »Käthe, ihr geht rein! Nehmt eine Kiste mit Essen mit und die Federbetten!«

Carl versorgte indessen die Pferde und hängte ihnen für die Nacht warme Decken um.

Als Käthe mit den Kindern, Ida und Tante Kroll die schwere Holztür des Gasthauses öffnete, schlug ihr lautes Stimmengewirr und Kindergeschrei entgegen. Der *Dorfkrug* war völlig überfüllt mit anderen Flüchtlingen. Alle versuchten, für die eiskalte Nacht ein wärmeres Plätzchen zu finden. Der Festsaal war komplett mit Stroh ausgelegt, wo sich nun auch Familie Kühnapfel einen Platz für die Nacht sicherte. Käthe suchte vorher die Küche auf, um heißen Tee zu kochen. Erst nach einer Stunde kam sie wieder. Zu groß war der Andrang am Herd gewesen. Rudi, Martin und Werner waren vor Erschöpfung eingeschlafen, und auch Tante Kroll schnarchte leise.

»Wenigstens einen Happen gegessen haben sie«, seufzte Ida. »Das Brot war nicht mehr ganz hart gefroren, ich hatte es drüben auf den Ofen gelegt, den einer angefeuert hat. Wir konnten jedem ein Stückchen abbrechen. Dazu habe ich ein Einmachglas mit Blutwurst und eins mit Leberwurst aufgemacht. Die Butter habe ich nicht gefunden, aber es ging auch so.«

Käthe sah ihre Schwiegermutter dankbar an. Wie gut sie sich kümmerte! »Danke, Mutti. Nun nimm du ein Schlückchen Tee und leg dich auch endlich hin und versuche zu schlafen.« Es war zwar laut im Saal und das Licht brannte, aber sie waren alle so furchtbar erschöpft, dass sie die Geräuschkulisse kaum mehr wahrnahmen.

Als Carl endlich zu ihnen kam, tranken sie von dem Tee, dem Carl einen ordentlichen Schuss Schnaps zusetzte.

Käthe war so abgekämpft, dass sie ebenfalls sofort in den Schlaf fiel, obwohl der Boden trotz des Strohs kalt und hart war. Hoffentlich sind wir morgen in Mohrungen. Dann geht es bestimmt zügig weiter!, waren ihre letzten Gedanken vor dem Einschlafen. Ihr Wunsch sollte sich leider nicht erfüllen.

Nach weiteren mühseligen zwei Tagen erreichten sie nach

wiederum vier Kilometern Himmelpfort. Schon von Weitem war ihnen der Brandgeruch in die Nase gestiegen. Als sie in den Ort kamen, packte sie das Entsetzen. Das Dorf war von der Roten Armee völlig niedergebrannt worden. Aus schwarzen Fensterhöhlen und rußgefärbten Mauern schwelten teilweise Reste der Feuer. Dachstühle fehlten, von Scheunen standen nur noch Reste.

»Erbarmung!«, rief Ida aus und rang die Hände. »Seht euch an, wie sie hier gewütet haben! Wer weiß, wie es inzwischen um unser Haus bestellt ist!«

Käthe schluckte und schluckte. Ihr Hals war so unglaublich eng. Vom Brandgeruch musste sie noch stärker husten als ohnehin schon. Ihre Augen brannten und füllten sich mit Tränen.

»Kinder, nehmt sofort die Decken vor das Gesicht!«, rief sie den Kindern zu. Sie hatte am Straßenrand eine verkohlte Kuh entdeckt. Und dort drüben – war das nicht die Leiche eines Hundes? Oder war es sogar ein kleines Kind? Das sollten die Kinder nicht sehen!

Sie ahnte nicht, was sie noch alles sehen würden.

Auch durch Himmelpfort kamen sie nicht schneller hindurch. Da es hier nun keine Übernachtungsmöglichkeit mehr gab, mussten sie wieder eine Nacht durchfahren.

Den furchtbaren Brandgeruch, der auch ein wenig nach verbranntem oder geräuchertem Fleisch roch, bekam Käthe nicht mehr aus der Nase. Ihr war übel.

»Waldi ist weg, Waldi ist weg!« Die Kinder schrien und weinten durcheinander. Um warm zu werden, waren sie mit dem Hund ein Weilchen neben dem Wagen hergelaufen. Beim Spielen mit anderen Kindern und beim Stöckchenwerfen war ihnen nun wohl der Hund aus den Augen geraten.

Käthe tippte Carl auf die Schulter. »Halt mal kurz an, Carl, ich will aussteigen. Ich muss den Kindern helfen, den Waldi zu suchen!«

Käthe stieg aus und lief mit den Kindern suchend auf und ab an all den Wagen vorbei, viele Meter zurück, dann wieder viele Meter vor. Aber überall, wo sie fragten, hatte man ihren kleinen Hund leider nicht gesehen. Müde schlurften die Menschen vorwärts. Einige, die noch nicht einmal einen Wagen dabeihatten, trugen schwer an Taschen und Koffern. Etliche Gepäckstücke waren im Straßengraben gelandet, weil sie nicht mehr bewältigt werden konnten.

Traurig gingen sie zurück zu ihrem eigenen Fuhrwerk. Auf Carls fragenden Blick schüttelte Käthe nur den Kopf. Werner und Martin weinten. Rudi war auch nahe daran, aber er wollte für die beiden Jüngeren stark sein. Auch Doris und Heinz sahen unglücklich aus. Sie redeten beruhigend auf die kleinen Geschwister ein. »Vielleicht finden wir ihn wieder, wartet mal ab. Weit kann der Waldi nicht gekommen sein. Wir werden die Augen offenhalten und immer mal rufen, vielleicht hört er uns!«

Mit Waldi war noch ein bisschen mehr Lebensfreude von ihnen gegangen.

Nach weiteren zwei Tagen hatten sie Ende Januar endlich Mohrungen erreicht. Für die 17 Kilometer hierher hatten sie eine ganze Woche gebraucht.

Völlig erschöpft fanden sie in der kleinen Stadt Mohrungen in einem evakuierten Haus für die Nacht Unterschlupf. Auch in diesem Stadthaus hatten sich schon viele andere Leute ihr Nachtlager errichtet.

Sie schliefen gerade ein paar Stunden, als plötzlich Unruhe im Haus entstand. Jemand brüllte: »Alle weg, schnell weg! Es sind russische Flieger im Anmarsch!« Draußen heulten Sirenen. Augenblicklich waren sie hellwach. Alle schrien in Panik durcheinander. Käthe war völlig kopflos und sammelte die Siebensachen der Familie zusammen.

»Mami, ich will schlafen!«, schrie Werner. »Ich muss mal!«, so Martin.

»Raus, Kinder, alle raus, zum Wagen, aber dalli!«, donnerte Carl mit einer Stimme, die keinen Widerspruch duldete. So hatten ihn die Kinder noch nie erlebt, und sie spürten, dass es ernst war.

Martin machte sich vor Schreck in die Hose, aber das spielte jetzt keine Rolle. Sie mussten weg, sie mussten ihr Leben retten. Käthe half Ida und Tante Kroll beim Laufen, die nicht mehr so schnell waren.

Als sie ins Freie kamen, dröhnten Flugzeuge über ihnen.

Sie waren kaum auf die Wagen gesprungen, als 50 Meter hinter ihnen krachend eine Bombe in ein Haus einschlug. Käthe schrie: »Schneller, Carl, schnell weg!« Die Pferde scheuten und bäumten sich auf. Carl versuchte, ihnen trotz der Panik beruhigend zuzureden, sodass sie langsam in die Gänge kamen. Er lenkte sie vorbei am Güterbahnhof. Nur raus aus der Stadt! Die Straße führte bergan einen Hügel hinauf. Hinter ihnen und seitlich fielen wieder Bomben, Häuser fielen zusammen und brannten lichterloh, Menschen schrien. Jemand rannte wie eine lebende Fackel ziellos hin und her. Die Funken flogen. Die Kinder schauten entsetzt über die Wände des Leiterwagens unter der Plane hindurch auf dieses Schauspiel hinter sich. Sie waren verstummt. Doris hielt sich mit einer Hand die Augen zu und hob die andere schützend über den Kopf. Diesen Anblick der einschlagenden Bomben in der schwarzen Nacht würde keiner von ihnen jemals vergessen.

Wie durch ein Wunder gelang es ihnen, unverletzt aus Mohrungen hinauszukommen.

2. Falsche Richtung

CARL LENKTE DIE PFERDE auf die Landstraße, die in Richtung Preußisch Holland führte. Würden sie Glück haben und in Grünhagen auf den Zug kommen? Wenn sie doch nur schneller vorankämen. Auch auf dieser Straße ging es nur im Schritttempo voran.

Der Schnee war vereist, die Pferde rutschten mitunter aus, obwohl ihre Hufe mit extra Stollen beschlagen waren. Schon einige Pferde mit Wagen hatten sie im Straßengraben liegen sehen.

Der Weg schien ihnen immer elender und die Kälte, die inzwischen jede Faser ihres Körpers erreicht hatte, immer unerbittlicher. Die Kinder blieben verstört auf dem Wagen hocken und trauten sich nicht mehr hinunter. Nachts wachten sie schreiend, von furchtbaren Träumen geplagt, auf.

Nach zwei Tagen nahm das Gerücht im Treck seinen Umlauf, dass aus Grünhagen keine Züge mehr fuhren. Es hätte kurz nach Beginn der Evakuierungen in der Nacht vom 22. auf den 23. Januar dort einen Zusammenstoß von einem aus Osterode kommenden Flüchtlingszug gegeben, der auf einen dort wartenden Lazarettzug aufgefahren war und einige Waggons zusammengeschoben hätte. Es hätte viele Tote gegeben. Tausende wartende Menschen auf dem Bahnhofsgelände kämen nicht weg und wurden von den Russen eingeholt, die mit Maschinengewehren um sich schießen würden.

Käthe sackte in sich zusammen. Grünhagen war ihr Ziel gewesen. Nur noch bis Grünhagen, nur noch ein Stückchen bis Grünhagen, so hatten sich insgeheim immer wieder die Gedanken in ihrem Kopf gedreht.

Mühsam rang sie nach Luft. Ich schaffe es nicht, sagte ihr resignierter Blick. Carl nahm sie in die Arme und streichelte ihren Rücken. »Es hilft nichts, Käthe. Wir müssen weiter. Der Treck führt wohl nach Elbing, aber nach Gotenhafen werden wir es nicht mehr schaffen. Die *Gustloff* legt schon am 30. Januar ab, und heute ist der 29. Oder es geht nach Dirschau. Wenn wir die Weichselbrücke überquert haben, sind wir bald im Reich.«
»Aber was tun wir dort, Carl?« Käthe sah ihn verzweifelt an. »Auch da werden Bomben fallen. Die meisten wahrscheinlich in Berlin. Vielleicht gibt's dann das Haus der Dömnicks gar nicht mehr. Was sollen wir nur tun?«

Carls sonst so unerschütterlicher Optimismus bröckelte, doch er sagte: »Warte man ab, Käthchen, vielleicht sind ja die Russen auch bald mit uns fertig, und Hitler erklärt die Kapitulation. Und dann fahren wir zurück in unser Haus nach Locken.«
»Niemals erklärt der die Kapitulation, Carl. Und unser schönes Haus, wer weiß, ob es überhaupt noch steht.« Sie dachte an Himmelpfort und Mohrungen, und eine Gänsehaut breitete sich auf ihrem Körper aus.

So waren sie Tage unterwegs. Immer wieder flogen Flugzeuge der Roten Armee über sie hinweg in Richtung Westen. Käthe zog jedes Mal unwillkürlich den Kopf ein.
Vorn stockte plötzlich der Treck. Es ging nicht weiter. Dabei waren sie endlich kurz vor Preußisch Holland, Elbing schien greifbar nahe. In umgekehrter Richtung kam ihnen ein Fuhrwerk entgegen. Da die Straße in dieser Richtung frei war, fuhr es in raschem Galopp.
Carl trat auf die Straße und winkte. Widerwillig hielt der Mann auf dem Kutschbock sein Gefährt an, auf dem hinten, mit Federbetten dick eingepackt gegen die Kälte, zwei Frauen und drei Kinder saßen.

»Wo fahren Sie denn hin?«, fragte Carl. »Nach Elbing geht's doch dort entlang.« Er zeigte in die Richtung des Trecks. »Meisterche!«, sagte der fremde Mann grimmig, »glauben Sie mal nicht, dass ich das nicht weiß. Aber in Preußisch Holland ist schon der Russe, da kommt keiner weiter. Und dem wollen Sie wohl auch nicht in die Hände fallen, was?« Sein Blick fiel auf Käthe. »Es heißt, wir sind umkesselt. Es gibt nur noch eine Möglichkeit zu fliehen, und das ist über das Frische Haff bei Frauenburg!« Dann tippte er kurz mit seiner Hand an die Mütze, zog die Zügel an und fuhr weiter.

»Käthe, wir müssen umkehren!«, rief Carl nach hinten. Der eiskalte Wind wollte seine Worte nicht hinauslassen, aber Käthe hatte verstanden. Ihr graute.

»Aber jetzt sind wir schon so weit, und nun wieder umkehren? Den ganzen Weg zurück? Das halten die Kinder nicht aus!« Und ich auch nicht!, dachte sie. Sorgenvoll schaute sie nach hinten, wo apathisch fröstelnd Oma Ida und Tante Kroll saßen.

Vorn kehrten immer mehr Fuhrwerke um. Die Mund-zu-Mund-Propaganda funktionierte. »Wenn wir uns beeilen, kommen wir schneller weiter!«, rief Carl. »Also dann, los, es hilft ja nichts!«

Auf derselben Straße, auf der sie sich tagelang mühsam vorwärts gequält hatten, ging es nun zurück.

Da in dieser Richtung noch nicht viele Menschen unterwegs waren, konnte Carl die Pferde antreiben und sie kamen etwas schneller voran.

Als sie jedoch einmal fast von deutschen Panzern, die offenbar unterwegs waren, Preußisch Holland freizukämpfen, in den Straßengraben gedrängt wurden und gerade noch so ausweichen konnten, lenkte Carl bei der nächsten Gelegenheit auf einen Waldweg ein. Von frühen Jahren, als er Kuchen und Gebäck für seinen Vater ausgefahren hatte, kannte er die Gegend wie seine Westentasche. So kamen sie nach Liebstadt. Liebstadt empfing sie mit ausgebrannten und zerstörten Häusern. Fenster und Türen waren eingeschlagen und zerbrochen, auf den Straßen lagen kaputte Möbelstücke. Aus einem Fenster hing ein aufgeschlitztes Sofa. In den Ställen lagen tote Schweine, auf Wiesen und Straßen liefen vereinzelt brüllende Kühe herum. Die meisten lagen jedoch verendet und steif gefroren am Wegesrand, alle viere von sich gestreckt.

Durch den Ort patrouillierten russische Soldaten mit Maschinengewehren, die sie quer über ihre Schulter gehängt hatten.

Doris klapperte mit den Zähnen. »Muttichen, mir ist so kalt!« Sie zitterte. »Mir auch, mir auch!«, riefen die Jungen. Vor dem Bauernhof, den sie endlich erreichten, konnten sie sich anhand einiger Fuhrwerke, die davorstanden, ausmalen, dass auch hier wieder sehr viele Menschen Unterschlupf gesucht hatten.

Doch das Gehöft hatte sich auch die Rote Armee zu eigen gemacht, die die Stuben bewohnten. Einer der Soldaten lief vor dem Eingang auf und ab.

»Gleich gibt's heißen Tee, Kinder!« Käthe versuchte, die Kinder zu beruhigen, war jedoch vor Schreck im Wagen sitzen geblieben und sah fragend zu Carl. Er zuckte unschlüssig die Schultern, was wohl so viel heißen sollte wie: Da müssen wir durch. Aber eigentlich hätten wir auch weiter nach Preußisch Holland fahren können, wenn hier auch schon die Russen sind.

»Dawai, dawai!«, rief der Soldat und bedeutete ihnen mit seinem Gewehr auszusteigen.

Käthe zitterten die Knie. Was würde jetzt passieren? Käthe, Carl, Ida und Tante Kroll standen nun vor dem Wagen, auf dem die Kinder sitzen geblieben waren und weinend der Szene folgten.

Aus dem Haus kamen zwei weitere Sowjetsoldaten, das Gewehr geschultert. Als einer von ihnen Käthes Handgelenk umfasste, wollte Carl dazwischengehen. Der Rotarmist nahm sein Gewehr in Anschlag. »Woyna okonchena. Chitler kapuut, du wissen!«, rief er. Was sollte das heißen? Doch das Gewehr sprach seine eigene Sprache. Man nahm Käthe die goldene Armbanduhr ab. Außerdem ihre goldenen Ringe, darunter den schönen mit dem Amethyst, den sie mit Ida in Osterode gekauft hatte. Ihren Ehering hatte sie nun 16 Jahre lang getragen, auch der wurde ihr abgenommen.

»Uri, Uri!« Nun war Carl dran. Auch er musste seine Armbanduhr abgeben. Es war ein teures Stück, was die Russen zu bemerken schienen. Somit witterten sie weitere fette Beute in den Tiefen des Wagens. Nachdem auch Ida und Tante Kroll Uhren und Schmuck losgeworden waren, scheuchten die Soldaten die Kinder vom Wagen, kletterten selbst hinein und fingen an, in Käthes wohlsortierten Körben und Kisten zu wühlen.

Sie war außer sich und bebte innerlich, aber sie wagte nicht, einen Mucks zu sagen. Sie hatte Todesangst.

Die Kinder standen dabei, klammerten sich an Käthe und Carl und weinten, was die Soldaten wohl Milde walten ließ. Somit hatte die Familie den Verlust von Käthes Schmuckkästchen zu beklagen, und auch die Pelzmäntel mussten Käthe und Ida ausziehen und abgeben. Doch bis auf zwei dicke geräucherte Mettwürste, es waren die letzten, die sie hatten, die letzte Kiste Korn und die letzten drei Flaschen *Bärenfang* durften sie ihre inzwischen kargen Lebensmittelvorräte behalten. Und das Essen war inzwischen wichtiger geworden als Pelz und Gold.

Sie suchten sich in einer Ecke des Stalles, in dem etliche andere Menschen kampierten, ein Strohlager. Da es bereits Abend geworden war und nur eine funzelige Petroleumlampe Licht spendete, war es schwierig, sich durchzufinden. Ida musste als Erstes den Abort auf dem Hof aufsuchen, Hedwig Kroll lief gleich hinterher.

Im Haus gab es elektrisches Licht. In der Küche hatte jemand den Herd angeheizt, sodass Käthe gleich eine Blechkanne Tee aufbrühen konnte. Es roch nach verbranntem Getreide, jemand hatte Korn auf der Herdplatte geröstet. Töpfe oder Pfannen gab es in diesem Haus offenbar nicht mehr.

»Käthe, bist du das?«, wurde sie plötzlich von hinten angesprochen. Es war Else Fischer aus Locken, einen Topf mit etwas Haferbrei in der Hand. Die beiden Frauen fielen sich in die Arme. »Elschen, wie geht es dir? Hat es dich auch hierher verschlagen?«

»Ja, mich und die Kinder. Oma und Opa haben wir auch dabei. Von Ernst habe ich seit Oktober nichts mehr gehört.« Die Frauen sahen sich leidgeprüft an. »Haben euch die Russen auch schon ausgenommen?«, fragte Else leise. Käthe nickte traurig. »Das Schlimmste sind aber die Kälte und der Hunger. Und überall Dreck!« Else schüttelte sich. Gleich fing es wieder an zu jucken. Offenbar hatte sie sich Läuse eingefangen. Auch die Krätze sollte umgehen. Unmittelbar trat Käthe einen Schritt zurück. Für sie, die sich und ihren Haushalt immer sehr reinlich gehalten hatte, war die mangelnde Hygiene ein großes Problem. Nur den Kindern schien es nichts auszumachen, dass sie sich wochenlang nicht gewaschen hatten. Ein mit Schnee getränkter nasser Lappen immer mal unterwegs reichte für das Nötigste. Überhaupt der Schnee, so kalt und unerbittlich er sein mochte, so konnte er doch unterwegs auch den Durst löschen, wenn man ein paar Hände davon in seinen Becher schaufelte.

Else schaute Käthe verlegen an, bevor sie fragte: »Sag mal, Käthe, habt ihr noch Vorräte? Ihr habt doch bestimmt eine Menge aus dem Laden mitgenommen. Wir haben alles aufgebraucht, ich musste schon dem Pferd etwas vom Hafer abknapsen, um etwas Brei für uns zu kochen. Es konnte ja keiner ahnen, wie lang unsere Reise dauert. Und noch kein Ende abzusehen.« Es war ihr sichtlich unangenehm zu fragen. Aber sie wusste, dass die Familie Kühnapfel immer wohlhabend gewesen war und sicher viel für die Flucht eingepackt hatte.

Käthe dachte in Windeseile an die vielen hungrigen Mägen, die sie zu füllen hatte und an den weiten Weg, der noch vor ihnen lag. Und sie hatte selber erfahren müssen, wie schnell die Vorräte schwanden. Gerade hatten sie ihre letzten beiden Mettwürste einbüßen müssen. Aber sollte man in der Not nicht immer teilen und abgeben? »Komm mit!«, sagte sie zu Else.

Zurück im Stall sah Käthe Elses Kinder Heinrich und Hannelore, die mit ihren Fünfen herumbalgten. Aus einer ihrer vielen Kisten holte sie ein kleines Stückchen Speck, das die Russen übersehen hatten, und eine Packung Zwieback. Auch ein Tütchen Mehl gab sie dazu. Sie legte den Finger auf den Mund. »Sag aber Carl nichts davon«, flüsterte sie. Else nickte verstehend und drückte Käthe dankbar an ihre Brust. Ihr Magen schmerzte vor Hunger.

Mit Mühe kamen sie wieder in den Treck. Inzwischen hatten die Menschen mitbekommen, dass östlich, südlich und westlich aus Ostpreußen kein Entkommen mehr war. Die Grenzen waren von der Roten Armee eingenommen. Der einzige Fluchtweg war über das Frische Haff.

Frauenburg! Dort wollten alle hin.

Der Treck schob sich quälend langsam voran. Inzwischen war der 20. Februar, sie waren vier Wochen unterwegs. Links und rechts des Weges sah man nicht nur Tierleichen liegen. Rudi hielt sich die Augen zu, wenn er einen Säugling oder ein kleines Kind oder auch einen alt oder krank gewesenen toten Menschen erfroren und nur flüchtig mit Schnee bedeckt im

Straßengraben liegen sah. Niemand konnte bei metertiefem Frost ein Grab ausheben. Er musste an seinen kleinen Bruder Ulrich denken. Wer weiß, ob Uli diese Strapaze überlebt hätte. Er war nun im Himmel und sah auf sie hinab. Hoffentlich hatte er es warm dort oben. Denn Rudi fror wie noch nie in seinem Leben. Es war so kalt, so kalt. Eiskristalle hingen an ihren Wimpern und Nasen. Keiner hatte mehr die Kraft, sie ständig wegzuwischen.

Und langsam ging es weiter, immer weiter. Wagen an Wagen. Die Dörfer, die sie durchfuhren, waren wie ausgestorben. Leer standen die Häuser. Tote Fensteröffnungen, alles zerstört, geplündert. Kein Hahn krähte mehr, keine Kuh blökte. Kein Kind lachte.

Nicht immer gelang es Carl, auf Umwegen die Wald- und Feldwege zu benutzen. Dann kam es vor, dass die russischen Panzer auf der Landstraße durchrasten! Gefährlich war es, wenn sie zu fünft oder sechst von hinten kamen und man nicht schnell genug ausweichen konnte. Es gab Fuhrwerke, die nicht aufpassten, und von den Panzern einfach überrollt wurden. Da lagen die Kutschen und ihre Insassen zerquetscht auf der Straße. Zerstreut ihr Hab und Gut. Die Pferde standen unschlüssig daneben oder lagen verletzt im Straßengraben, die Deichsel noch um den Hals. Wer würde sich ihrer annehmen? Jeder hatte mit sich zu tun, jeder kämpfte um das eigene Überleben.

Man wich den Verunglückten aus, und weiter ging es. Wagen an Wagen. Stumpfsinnig, nur nicht nachdenken.

3. Gespenstisches Eis

DIE NÄCHSTEN WOCHEN schlichen sie unter Aufbietung ihrer Kräfte die Straße mit dem Ziel Frauenburg voran und durchquerten dabei die Städte Wormditt und Mehlsack. Auch hier fanden sie Quartier in Scheunen, Stuben und Sälen von Guts- und Bauernhäusern.

Inzwischen waren die Vorräte der Familie Kühnapfel fast aufgebraucht. Sie hatten in den letzten Tagen nur noch von den Kartoffeln gelebt, die sie in den Küchen ihrer Unterkünfte kochten und gierig mit der Schale aßen. Auch die Butter, die es anfangs dazu gab, war zur Neige gegangen, nur ein wenig Salz gab es noch. Käthe war geizig mit dem Austeilen des Essens geworden. Da sie sah, wie die Kartoffeln weniger wurden – und sie hatten daheim mehrere Körbe voll aufgeladen – gab es für jeden nur drei Kartoffeln am Tag und morgens und abends Zwieback.

Die Kinder weinten und bettelten nach mehr. »Mutti, ich habe solchen Hunger!«, jammerte Heinz. Er war mit seinen 14 Jahren ein hoch aufgeschossener Junge. Alle Kinder waren im Wachstum. Es tat Käthe in der Seele weh, ihre Kinder hungern zu sehen, aber sie musste hart bleiben. Wenn sie die Rationen nicht einteilte, würden sie am Hunger sterben.

Zu viele Tote hatten sie mittlerweile an der Straße liegen sehen.

Endlich hatten sie den Ortseingang von Frauenburg erreicht. Die Ostsee war in Sicht. Sie hatten unterwegs erfahren, dass von Pillau kein Schiff mehr über das offene Meer fahren würde.

Somit blieb ihnen nur der Weg über das zugefrorene Haff. Wenn sie nur heil hinüberkämen. Käthe betete: »Lieber Gott, lass das Eis der Ostsee dick genug sein, dass es uns trägt!« Das Fuhrwerk mit den Pferden hatte Gewicht.

Doch bevor sie das Wagnis der Haffüberquerung eingingen, mussten sie eine Nacht in Frauenburg verbringen. Auch diese Stadt war zum größten Teil zerstört und von den Russen okkupiert, die Furcht einflößend mit ihren Gewehren umhermarschierten oder mit ihren Panzern auf den Straßen fuhren. Sie demonstrierten die Macht der Sieger. Mit Argusaugen beobachteten sie den Treck.

Carl, dem inzwischen ein dichter Bart gewachsen war, lenkte müde das Fuhrwerk auf ein unversehrtes Haus zu, das wohl einmal ein Gasthaus gewesen war. Das Schild »Zum goldenen Hecht« hing über der Eingangstür. Zum Glück hatte es noch Fensterscheiben.

Mit steifen Beinen kletterten die Kinder und die Frauen von den Wagen. Wankend vor Hunger und Kälte gingen sie hinein. Auch hier wimmelte es von Frauen, Kindern und den wenigen Männern, die nicht als Soldaten eingezogen worden waren. Jemand hatte in der großen Gaststube einen Ofen angefeuert. Wie es aussah, war sämtliches Mobiliar, Stühle und Tische, bereits den Flammen zum Opfer gefallen, damit die Menschen sich wärmen konnten. Auch Leitersprossen von Fuhrwerken wurden zerkleinert und in den Ofen gesteckt.

Käthe und Ida froren in ihren dünnen Wollmänteln und vermissten ihre Pelze sehr. Jeder in der Familie trug mehrere Pullover und Strickjacken übereinander, aber die Kälte drang nach den vielen Stunden im Freien durch.

Schon kamen zwei Russen auf sie zu, die Hand am Gewehr. »Dawai, dawai!« Der eine bedeutete ihnen mit dem Gewehrlauf, ihm zu folgen.

Sie kamen in die Küche, wo auf dem Herd eine Erbsensuppe mit einer Schwarte Speck vor sich hin köchelte. Der Duft von einem kräftigen Essen ließ ihnen das Wasser im Mund zusammenlaufen. Schmerzhaft zogen sich ihre Mägen zusammen. Viele Leute standen vor dem Topf, eine alte Tasse, eine Blechdose oder sonst ein Behältnis in der Hand. Ein Soldat teilte die Suppe aus.

Da es nicht ihre erste Übernachtung unter russischer Aufsicht war, war Käthe vorbereitet. Sie hatte gehört, dass die Russen ab und an Essen austeilten. Aus ihrem Beutel holte sie für jeden von ihnen eine Blechtasse hervor. Nur gut, dass sie die vorausschauend eingepackt hatte.

Noch nie hatte ihnen eine Erbsensuppe so gut getan! Gern hätten sie mehr gegessen, doch jeder bekam nur eine kleine Kelle. Viel zu wenig, um satt zu werden. Doch draußen warteten noch mehr Menschen.

Der Russe, der sie in die Küche geführt hatte, bedeutete ihnen nun mitzukommen. Es ging in eine ehemalige Remise, wo sich schon andere Flüchtlinge ihr Lager auf dem Stroh bereitet hatten. Käthe spürte die Blicke des Russen auf sich. Er war etwa 30 Jahre alt, hatte schwarzes Haar, leicht schräg stehende Augen und hervortretende Wangenknochen. Er taxierte Käthe von Kopf bis Fuß. Es waren lüsterne Blicke. Blicke, die ihr gar nicht gefielen. Blicke, die ihr Angst machten. Sie hielt die Augen zu Boden gerichtet und hielt ihre Kinder umfasst, als sie sich im Heu unter den Decken verkrochen. Dann flüchtete sie in Carls Arme.

In der Nacht wurde Käthe von Idas Stöhnen geweckt. »Mutter, was ist?«, fragte sie. »Ach, Käthchen, mir ist so blümerant. Ich muss ganz dringend zum Abort!« Idas Stimme klang gequält.

Carl, die Kinder und Tante Kroll schliefen fest. Carl schnarchte laut. So fasste Käthe sich ein Herz und zog Ida

hoch, die mit ihren alten Knochen allein gar nicht mehr aufstehen konnte.
»Komm, Muttichen, wir werden den Abort finden. Bestimmt auf dem Hof, da ist er ja meistens. Nur leise, dass uns niemand hört!«, flüsterte Käthe. Auf einem der Fensterbretter hatte man eine Öllampe brennen lassen, sodass sie den Weg zur Tür fanden, ohne auf andere schlafende Menschen zu treten.
Kaum waren sie aus dem Saal hinaus, als sie jemand erwartete. Es war der Russe mit dem lüsternen Blick, das Gewehr im Arm.
Käthe und Ida blieben wie angewurzelt stehen. Beide Frauen waren kreidebleich geworden.
»Kuda?«, fragte der Russe und musterte Käthe von oben bis unten mit kalten Augen. Käthe sah ihn fragend und voller Angst an. Ihr schwante Schlimmes, und ihre Beine wollten versagen. »Wohin?«, wiederholte der Soldat auf Deutsch seine Frage. »Abort!«, sagte Käthe und zeigte auf Ida.
Der Soldat wies mit der Hand zur Hoftür und bedeutete Ida mit dem Gewehrlauf, sich dort hinaus zu scheren. Ida zögerte, Käthe allein zu lassen, doch ihr Darm drohte, ihr nicht mehr zu gehorchen. Sie rannte auf die Hoftür zu.
Nun stand Käthe allein im Halbdunkel mit dem Russen. Ihr Herz klopfte bis zum Hals, sie fühlte Tränen in sich aufsteigen und zitterte. Der Soldat fasste ihr unters Kinn. »Du schöne Frau«, sagte er fast bewundernd. Sein Atem roch nach Alkohol. »Idi suda!«, herrschte er sie dann plötzlich grob an. Verständnislos und voller Panik schaute Käthe zu ihm hoch. »Komm!« Er machte eine Kopfbewegung in Richtung Treppe. Käthe schüttelte verzweifelt den Kopf. Niemals würde sie mit ihm gehen. »Nein, bitte nicht!«, flehte sie. Nun liefen ihr die Tränen übers Gesicht.
Doch der Russe hatte kein Erbarmen. Er packte sie am Arm

und stieß sie mit dem Gewehr die Treppe hinauf, wo sich die früheren Gästezimmer des Hauses befanden.

Oben angekommen, stieß er Käthe auf eine schmutzige Matratze und knöpfte sich in Windeseile mit einer Hand die Hose auf, während er sie mit der anderen an der Brust hinunter auf das Bett drückte. Sie wollte schreien und riss den Kopf hin und her. Der Russe presste ihr im Nu die Hand auf den Mund und riss ihr mit seinem Knie die Beine auseinander. Dann schob er ihr die Hosen herunter und verging sich an ihr. Sie biss die Zähne zusammen. Denk an die Kinder, nur an die Kinder. Wenn du nicht stillhältst, erschießt er dich. Doch du musst leben für die Kinder. Du erträgst alles für die Kinder. Das geht vorbei, das geht vorbei. Unter den harten Stößen des Mannes starrte sie an die Zimmerdecke, wo sie schemenhaft die Lampe ausmachte. Denk an Zuhause. Eines Tages sind wir wieder in Locken, dann ist der Krieg vorbei. Dann war alles nur ein böser Albtraum.

Als der Russe mit einem lauten Stöhnen von ihr abließ, war ein Teil von Käthes Seele zerstört. Sie hatte das Gefühl zu ersticken, als würde ihr Hals keine Luft mehr durchlassen. Sie röchelte. Vielleicht würde sie ja jetzt sterben? Doch wer sollte sich dann um die Kinder kümmern?

Zitternd lag sie auf dem Bett und keuchte und rang nach Luft. Ihr war, als würde sie ersticken. Der Russe riss sie hoch und schüttelte sie. Käthes Kopf fiel auf die Brust. Das war es jetzt wohl, dachte sie. Ich sterbe. Da holte der Soldat eine Flasche Wodka hinter dem Bett hervor. »Trink!« Er hielt ihr die Flasche an den Mund. Käthe nahm einen Schluck und schüttelte sich. Auf einem Tischchen hatte der Russe eine Teekanne zu stehen und gab ihr eine Tasse noch warmen, süßen Tee. Der weckte in Käthe etwas die Lebensgeister. Aus einem Schränkchen nahm er ein Brot und ein Stück Butter. Kostbarkeiten!

»Für Kinder!«, sagte er. »Geh!« Mit einer achtlosen Handbewegung scheuchte er sie aus dem Zimmer.

Käthe erhob sich mit zitternden Beinen und zog ihre Hosen hoch, die sie wegen der Kälte in mehreren Lagen unter dem langen Rock trug.

Als sie sich leise die Treppe hinunterschleppte, Brot und Butter fielen ihr fast aus den Händen, spürte sie nur noch eine unglaubliche Erschöpfung. Ihr Unterleib schmerzte und brannte wie Feuer, ihre Beine zitterten. Sie war völlig zerstört und derangiert. So leise sie konnte, schlich sie in den Saal zum Platz der Familie zurück. Mit tränenverschleiertem Blick nahm sie kaum die schlafenden Kinder und Carl wahr, der immer noch schnarchte.

Ida hatte sich jedoch in dunkler Ahnung aufgesetzt und sah ihr ängstlich fragend entgegen. Käthe nickte nur verzagt, gab Ida das Brot und die Butter zur Verwahrung und rollte sich mit angezogenen Beinen unter der Decke wie zu einem Embryo zusammen. Ich werde stark sein für die Kinder, dachte sie. Wir werden es schaffen. Eines Tages ist es überstanden!

Ida nahm sie in die Arme und strich ihr immer wieder übers Haar. »Diese Schweine, diese Unmenschen!«, zischte sie wütend zwischen den Zähnen hervor.

»Es ist Krieg, Mutter«, flüsterte Käthe kummervoll. »Wer weiß, was unsere Soldaten in Russland getrieben haben.« Heiße Tränen liefen ihre Augenwinkel hinab. Was für ein Elend. Sie begann nun am ganzen Körper zu zittern, es wollte nicht mehr aufhören. Sie fühlte sich plötzlich ohnmächtig und willenlos und ohne Kraft, jemals wieder aufzustehen.

Ida nahm sie fest in die Arme.

»Mutter, versprich mir eines«, sagte Käthe, ehe sie in eine begnadete Dämmerung verfiel. »Weder Carl noch die Kinder dürfen jemals erfahren, was heute Nacht geschehen ist!«

»Ich verspreche es.« Aus Erfahrung wusste Ida, dass es besser war, über manche Dinge Stillschweigen zu bewahren, egal, wie schlimm sie auch gewesen waren.

Als die Familie in den ersten Morgenstunden zusammen mit den vielen anderen Menschen im Saal erwachte, wollten besonders die kleineren Kinder, Werner und Martin, ihre Mutter sofort in Beschlag nehmen. Muttichen sollte mit ihnen zum Abort gehen, ihnen etwas zum Frühstück machen. Aber Mutti rührte sich nicht.

»Mutti!« Martin rüttelte an Käthes Arm. »Ich muss mal. Und ich habe Hunger!« Ida fasste seine Hand und sprach mit lauter Stimme. »Ruhig, Martinchen. Du bist jetzt still und lässt die Mutti noch ein wenig ausruhen. Sie ist krank!« Wenn Ida ein Machtwort gesprochen hatte, waren alle in Hab-Acht-Stellung. Keines der Kinder wagte mehr etwas zu sagen.

Carl runzelte die Stirn. Er beugte sich zu Käthe hinunter und fühlte ihre Stirn. War sie heiß? Er strich ihr das schweißnasse Haar zurück und küsste sie auf die Wange. Käthe stöhnte auf. »Käthe, was ist denn los? Wir müssen aufstehen! Wir müssen weiter! Du weißt doch, der Russe ...« Bei diesen Worten fing Käthe heftig an, ihren Körper hin und her zu wälzen. Sie zitterte und hatte Schüttelfrost. »Nein, nein!«, sie schien zu fantasieren.

»Was hat sie nur?« Carl sah Ida fragend an. »Der ganze Weg bis hierher hat sie erschöpft, Carl. Und sie ist nicht gesund, denk an ihre Struma. Schon die letzten Wochen hat sie immer so nach Luft gerungen. Sie muss ausruhen. Ich fürchte, wir müssen noch hierbleiben.« Sie tauschte mit Tante Kroll einen wissenden Blick.

»Hierbleiben?«, rief Carl entsetzt aus. »Im Haus der Russen? Nicht eine Minute länger. Wir müssen im Treck bleiben und das Haff überqueren. Die wollen in einer Stunde los. Wenn Käthe heute nicht laufen kann, werden wir sie hinten auf den Wagen ins Federbett legen. Auf geht's!«

Es gab keine Widerrede. Ida und Tante Kroll kümmerten sich um die Kinder. Jeder bekam sogar ein Butterbrot zum Frühstück, und niemand fragte, woher es kam.

Da Käthe nicht in der Lage war zu laufen, trug Carl sie aus dem Saal und bettete sie hinten auf dem überdachten Wagen in ein Lager aus ihren Federbetten. Sie war immer noch nicht wieder zu sich gekommen.

Am Ufer des Haffs hatte sich das Deutsche Rote Kreuz stationiert. Es gab ein unglaubliches Durcheinander. Soldaten kontrollierten die Wagen, die das Eis überqueren wollten. Wer zu schwer geladen hatte, musste einen Teil seines Hab und Guts dalassen.

»Seien Sie doch vernünftig, Mann!« Ein Soldat der Deutschen Wehrmacht wies Carl an, einen Teil der Kisten auszuladen. »Die Eisdecke ist nicht so dick, dass sie so schwere Lasten tragen kann. Oder wollen Sie mitsamt Ihrem Wagen und Ihrer Frau einbrechen?« Sein prüfender Blick hatte die hinten schlafende kranke Käthe erblickt. Alle anderen würden sowieso laufen müssen. »Ein Pferd bleibt auch da!«, herrschte der Soldat. »Wir haben Anweisung, dass nur ein Pferd mit leichtem Wagen losgeschickt werden darf. Hopp, hopp, oder wolln Se hier festfrieren?«

Carl, der merkte, dass Widerstand zwecklos war, spannte schweren Herzens und wehmütig einen seiner lieb gewordenen Trakehner aus, klopfte dem Schimmel Enno auf den Rücken und übergab ihn dem Posten. Wie mager die beiden Pferde schon geworden waren! Nun sollte er auch ein paar der Futterkisten und etliches an Gepäck dalassen. Aber es half nichts,

sie mussten sich fügen. Hoffentlich schafft es ein Pferd, den großen Wagen und den angehängten Sportwagen zu ziehen und das bei Eisglätte, dachte Carl. Aber wir versuchen es. Abspannen können wir den Anhänger immer noch.
Damit das Pferd auf dem Eis nicht ausrutschte, bekam es neue Stollen in die Hufeisen geschlagen.

Als sie endlich die Kontrolle passiert hatten, begaben sie sich auf den kilometerlangen Marsch über das Eis. Hier oben pfiff ihnen der kalte Ostseewind ins Gesicht. Damit sie den Wagen nicht weiter beschwerten, durften außer Käthe und Ida, die mit ihren schmerzenden Knochen kaum mehr einen Kilometer laufen konnte, eigentlich niemand im mit Planen windgeschützten Wagen sein, aber Werner und Martin wollten einfach nicht laufen. Also hinein mit ihnen. Tante Kroll war noch etwas besser zu Fuß und lief mit den größeren Kindern tapfer so gut es ging über die schneebedeckte See. Nur wenn es gar nicht mehr ging, setzte sie sich zu Ida nach hinten.

Der Treck musste genau auf dem abgesteckten Fahrweg bleiben und durfte davon nicht abkommen. Es war kalt und dunstig. Eisige Schneewehen stoben in ihre Gesichter. Außer dem Wagen vor und hinter ihnen sahen sie nichts. Es war kein Ende in Sicht.

Plötzlich hörten sie über sich ein herannahendes, immer lauter werdendes Motorengeräusch. Flugzeuge! Sie machten einen ohrenbetäubenden Lärm, als sie über ihnen waren. »Schnell, unter die Wagen! Versteckt euch unter den Wagen!«, schrie Carl, als bereits die ersten Geschosse der Artillerie abgefeuert wurden.

Die fünf Kinder legten sich bäuchlings unter das Fuhrwerk. »Da, wieder einer!«, rief Heinz fasziniert aus. Eine Bombe traf etwa 20 Meter weiter die Eisdecke. Durch die Explosion schoss das Wasser in einer Säule empor wie aus einem Springbrunnen, gemischt mit einem Funkenflug wie bei einem Feuerwerk. Mit offenem Mund und einer Mischung aus Entsetzen und Entzücken starrten die Kinder auf das Schauspiel. Erst als eine der nächsten Bomben einen Pferdewagen mitsamt seinem Kutscher traf und alle mit hinunter ins eiskalte Grab zog, hielten sie sich die Augen zu und schrien fassungslos auf. Die Schreie des Pferdes, das vergeblich mit seinen Vorderbeinen strampelte, bevor es jämmerlich ertrank, brannten sich in ihr Gedächtnis ein.

Als der Bombenangriff vorbei war, hieß es weitergehen. Und die Angst ging mit! Etliche Fuhrwerke hatte es getroffen, und sie waren auf Nimmerwiedersehen im eisigen Meer versunken. Außerdem war das Eis an verschiedenen Stellen brüchig geworden, und sie mussten genau aufpassen, wohin sie traten.

Käthe hinten auf dem Wagen war durch den Bombenangriff wieder zu sich gekommen. Sie hatte sich zwar nicht gerührt, aber die Gedanken waren zurückgekehrt. An das, was in der letzten Nacht geschehen war, wollte sie keinen mehr verschwenden, doch das Grauen holte sie immer wieder ein. Wenn wir jetzt getroffen werden, war es das mit dem Leben, dachte sie traurig. Was hätten wir es doch noch schön haben können daheim! Sie drehte sich zu ihrer Schwiegermutter um, die apathisch im Sportwagen saß, den stumpfen Blick in die Ferne gerichtet.

Als die Flugzeuge sich entfernt hatten und Carl das Pferd wieder antrieb, dachte sie: Es muss weitergehen. Wenn wir das Haff geschafft haben, wird es besser werden. Zuckelnd setzte sich der Wagen in Bewegung.

Die Kinder liefen nebenher. »Muttichen, wie geht es dir?« Doris steckte bei einer kurzen Pause den Kopf durch die Plane zu ihrer Mutter. »Es wird schon, Marjellchen, es wird schon. Seid nur alle schön brav und hört auf Vater, Omchen und Tante

Kroll. Wie weit ist es denn noch?«»Papa sagt, noch fünf Kilometer. Aber es wird auch schon dunkel. Wir müssen auf dem Eis übernachten.«

Schleichend ging es vorwärts im schummrig gelben Licht der Petroleumlampen. Zwischendurch hielt der Treck, man gönnte den Pferden etwas Ruhe und gab ihnen Futter. Jeder Wagen schaute zur Orientierung im Nebel nur nach den baumelnden Laternen des Wagens vor ihm.

Die Kinder krochen abwechselnd zu Käthe unter die Federbetten und schliefen.

Noch fünf Kilometer! In der Morgendämmerung konnte man inzwischen das Ufer der Frischen Nehrung ausmachen. Dann hieß es in Neukrug wieder eine Unterkunft suchen. Eine kalte Hand griff nach Käthes Herz. Ob da auch schon die Russen waren? Die Angst, wieder den Soldaten der Roten Armee in die Hände zu fallen, ließ sie erneut zittern. Sie würde keinen Schritt mehr ohne Carl tun. Von nun an würde er sie verteidigen müssen, koste es, was es wolle.

Als sie sich dem Ufer von Neukrug näherten, bewegte sich der Treck auf einmal weiter westwärts und nicht auf das Seebad zu.»Was ist los?«, rief Carl seiner Mutter zu. Ida zuckte resigniert mit den Schultern.

Beim Näherkommen bot sich ihnen ein Bild des Grauens. Etwa zehn bis 15 Fuhrwerke waren im Eis eingebrochen. Manche Wagen waren bis an die Zeltüberdachung im Wasser verschwunden. Bei anderen stand das Heck noch auf dem Eis, während Vorderwagen und Pferd im tiefen Meer verschwunden waren. Bei anderen war die hochragende Deichsel mit den toten Pferden daran zu sehen. Die Zufahrt zum Ufer war somit gesperrt.

In Neukrug konnte kein Fahrzeug an Land gelangen. Da das haffseitige Ufer der Frischen Nehrung ein Steilufer von mehreren Metern Höhe war, war ein Verlassen der Eisfläche an einer anderen Stelle nicht möglich. Der Treck fuhr deshalb westwärts in Ufernähe auf dem Eis in Richtung Kahlberg weiter.

Das Seebad in der Frischen Nehrung erreichten sie in den frühen Abendstunden. »Oma, ich kann den Leuchtturm sehen!«, jubelte Rudi. Der tapfere Zehnjährige war gelaufen, ohne zu murren. Aber die Erschöpfung und das Leid, das er sehen musste, standen ihm ins Gesicht geschrieben. Ida streichelte seine von der Kälte geröteten Wangen. »Das ist gut, Rudichen. Nun finden wir bald wieder ein Quartier.«

Endlich hatten sie festen Boden unter den Füßen, die Gefahr, in das brüchige Eis zu sinken, war gebannt. Nun war auch Danzig nicht mehr weit.

Die *N.S.V.*, die *Nationalsozialistische Volkswohlfahrt*, hatte einen ersten Stützpunkt direkt am Ufer eingerichtet und wies dem Treck aus Locken eine Unterkunft in der Schule zu. Die Strandhalle, Hotels und Privathäuser Kahlbergs waren schon voll besetzt.

Mit letzter Kraft fuhren sie zur ihnen zugewiesenen Adresse, vorbei am ehemals eleganten Hotel *Kaiserhof*, das durch die vielen Flüchtlinge, die es belagerten, völlig derangiert aussah. Die Eingangstür hing nur noch in den Angeln, Fenster waren eingeschlagen und nur mühsam mit Pappe verklebt worden.

Dutzende Wagen standen vor der Tür der Schule. Das rote Backsteingebäude war heillos überfüllt. Aber es wurde Brot und eine heiße Suppe verteilt, und die erschöpften Menschen, die bis hierher so viel Elend gesehen und erlebt hatten, wollten nur eines: sich aufwärmen, etwas essen und schlafen. Ausruhen und schlafen. Und vergessen. Aber Letzteres würde ihnen nicht gelingen.

Dieser Gestank, überall dieser Gestank! Käthe wälzte sich stöhnend hin und her, als sie am nächsten Morgen auf ihrem Strohlager erwachte. Jeder ihrer Knochen schien zu schmerzen. Bloß nicht tief einatmen, sonst wird dir übel, sagte sie sich. Sie dachte an ihr blitzsauberes Haus daheim in Locken, an die glänzenden eierschalenfarbenen Küchenschränke mit den blanken Fenstern, an die gepflegten, nach Politur duftenden Mahagonimöbel. Sie dachte an ein sauberes Bett mit frisch gestärkter Bettwäsche, an ein heißes Bad, frisches Wasser, Rosenseife. Sie dachte an den Duft in der gewienerten Backstube nach gebuttertem Streuselkuchen oder den knusprigen Brötchen am Morgen. Überall Reinheit und Sauberkeit, Wärme und Geborgenheit.

Doch wo immer sie nun hinkamen, stank es nach ungewaschenen Menschen. Es roch übel nach allen möglichen Ausdünstungen von Männern, Frauen und Kindern, die sich seit Wochen nicht gewaschen hatten, nach eiternden Wunden der Verletzten, nach nicht geleerten Aborteimern in den Ecken.

Käthe konnte sich selbst nicht mehr riechen und ekelte sich. Das hielt sie nicht mehr länger aus. Oft musste sie sich kratzen, weil sie das Gefühl hatte, eine Laus hätte sie gebissen. Und über dem ungewaschenen, fettigen Haar trug sie seit Wochen ein Kopftuch. Sie schüttelte sich. Es war alles so widerlich. Sie fühlte ihren heißen Körper. Das Fieber, das sie nach der unseligen Nacht ergriffen hatte, wollte nicht weichen. Die Gliederschmerzen und der Husten wiesen auf eine Erkältung hin. Oder war es gar die Grippe? Aber husten musste sie ja schon seit Langem. Die Struma war schlimmer geworden, und ständig litt sie unter Atemnot.

»Muttichen, bist du wach?«, Rudi war vorsichtig über Martin gestiegen und hatte sich an seine Mutter gekuschelt. Käthe versuchte, ihn fest in die Arme zu nehmen, aber ihre Kräfte ließen nur eine schwache Umarmung zu. »Komm her, mein Liebling«, flüsterte Käthe, rückte etwas beiseite und streichelte über die eingefallenen Wangen ihres Zehnjährigen. »Mutti, wenn wir erst wieder in Locken sind, verspreche ich dir, immer auf dich zu hören und gut in der Schule zu lernen«, sagte Rudi leise. Käthe traten Tränen in die Augen. »Ach, Rudichen! Weißt du, wie lieb ich dich hab? Ganz sicher wirst du deinen Weg gehen. Da bin ich mir ganz, ganz sicher. Und hilf auch immer deinen jüngeren Brüdern, hörst du? Ihr müsst alle zusammenhalten!« Von allen Fünfen wird es Rudi am besten hinbekommen, dachte Käthe, als sie schon wieder wegdämmerte. Er ist nicht zimperlich. Er hat einen starken Willen und ist ehrgeizig. Vielleicht bekommt er ja noch die Schulbildung auf dem Gymnasium, die Carl für ihn vorgesehen hat.

Aber warum hatte sie nur solche Gedanken und sagte solche Worte? Das musste das Fieber sein. Erst musste der verdammte Krieg vorbei sein und die Quälerei auf dieser endlosen Flucht. Damit sie zurück nach Locken konnten.

Rudi lag neben seiner Mama und betrachtete ihr schönes Gesicht, das durch die Strapazen stark gezeichnet war. Er kuschelte sich in ihren Arm und lauschte ihren Atemzügen.

4. Karthaus – Das Ende

Käthe hatte hohes Fieber und war kaum zum Laufen zu bewegen. Carl trug sie in den Wagen und legte sie auf das eine Federbett, das ihnen verblieben war. Von den anderen hatten sie sich trennen müssen oder sie waren unterwegs bei einer Übernachtung gestohlen worden. Er deckte seine zitternde Frau mit einer verbliebenen Felldecke zu und küsste sie. »Das wird alles wieder, Käthchen, das wird wieder. Das muss doch, wirst schon sehen!« Skeptisch sah er die Fiebernde an und redete sich selbst Mut zu. Sie würde wieder gesund werden, in ein paar Tagen. Das war doch bisher immer so gewesen. Seine starke Käthe war doch nicht kleinzukriegen, das würde ja nicht mit rechten Dingen zugehen.

Das nächste Ziel war die große Stadt Danzig. Sie passierten mit dem Treck den Ort Steegen und kamen zur Weichselbrücke.

Vor der Brücke befand sich eine Rot-Kreuz-Station, an der sie Halt machten. Die Station war in einem Gebäude untergebracht, das wohl bis vor Kurzem eine Art Bootshaus mit Gaststube gewesen war.

»Kinder, Ida, Tante Kroll – vertretet euch die Beine!«, wies Carl an. Er musste jetzt das Regime übernehmen, denn Käthe lag apathisch im Wagenverschlag. »Ich gehe mich mal umsehen, wo es etwas zu essen gibt.«

»Und zu trinken, Papa, ich habe solch einen Durst!« Martin greinte schon wieder. Der Schnee war getaut, sodass sie kaum Möglichkeiten hatten, Flüssigkeit zu sich zu nehmen.

Carl entdeckte die Essensausgabe, an der sich wie immer eine lange Schlange gebildet hatte.

»Heinz, Rudi, Doris … kommt mal alle rüber und bringt eure Blechnäpfe mit!«, rief er den Kindern zu. Auch Ida und Tante Kroll kamen mit. Jeder erhielt eine Schüssel Kohlsuppe, in der auch ein paar Kartoffelstückchen schwammen, dazu einen Kanten Brot. Wenn man die Schüssel leer geleckt hatte, bekam man heißen Tee, der in dasselbe Gefäß ausgeschenkt wurde.

Carl sprach die Rot-Kreuz-Schwester an: »Sagen Sie, geben Sie mir doch bitte noch etwas zu essen für meine Frau, die liegt krank im Wagen. Oder können Sie schnell einmal mitkommen, um nach ihr zu sehen? Sie hat hohes Fieber, schon seit Tagen.«

Die Schwester sah den besorgten Blick des Mannes vor ihr. Wie viele solcher Blicke hatte sie nun schon sehen müssen.

»Guter Mann, ich würde ja, aber Sie sehen, was hier los ist. Wir haben im Moment keinen Arzt vor Ort, der wurde ins Lazarett nach Danzig berufen. Aber kommen Sie kurz mit nach hinten!«

Carl ging mit der Schwester in das Hinterzimmer des Gebäudes, das einem kleineren Saal glich. Hier war ein Dutzend Pritschen aufgestellt, auf denen schwer Verletzte lagen, teils im Delirium. »Sehen Sie«, sagte die Schwester, »um diese Verwundeten müssen wir uns auch kümmern. Die wurden von Leuten aus dem Treck mitgenommen und bei uns abgegeben, weil sie dringend versorgt werden müssen. Sie sind angeschossen worden oder von Granatsplittern getroffen. Wir können im Moment nicht mehr tun, als ihre Wunden versorgen und ihnen ein paar Medikamente geben. Aber wir haben viel zu wenig Morphium, Penicillin gar nicht mehr. Teilweise sind es Vertriebene, die an Typhus erkrankt sind und wahrscheinlich nicht überleben werden. Die sind in einem anderen Raum untergebracht, damit sie niemanden anstecken.«

Ein Junge, etwa sieben Jahre alt, wimmerte vor Schmerzen. Carls Blick fiel auf das Lager des Kindes, das auf dem Bauch lag, ein Laken über sich. Die Matratze war völlig durchgeblutet.« Was hat er?«, fragte er entsetzt. Der Kleine war im Alter seiner jüngeren Söhne und tat ihm furchtbar leid.

»Das ist Peter. Beim Artilleriefeuer über dem Haff hat es ihn erwischt. Man hat ihm sein Hinterteil weggeschossen. Den Rest seiner Familie – Mutter, Oma und den kleinen Bruder – hat die Ostsee verschlungen, als das Eis brach. Peter wurde von anderen Leuten mitgenommen, aber hier haben sie ihn abgegeben.«

Vor Entsetzen bekam Carl eine Gänsehaut. Der arme Junge. Er trat näher an dessen Bett, hockte sich hinunter und strich ihm beruhigend über das Haar. »Was wird denn nun aus ihm?«, fragte er die Schwester. Die schüttelte traurig den Kopf und sah ihn resigniert an. »Wenn er nicht bald ins Lazarett nach Danzig kommt und ärztlich versorgt wird, stirbt er«, sagte sie.

Kurz entschlossen fasste sich Carl ein Herz. »Wir nehmen ihn mit«, sagte er. »Der Junge kann auf unserem Wagen fahren, und ich gebe ihn in Danzig im Krankenhaus ab.« Die Rot-Kreuz-Schwester lächelte. »Das ist sehr freundlich von Ihnen«, sagte sie. »Es ist Peters einzige Chance zu überleben.«

Die Schwester versorgte die großflächigen Wunden noch einmal mit einem frischen Mullverband, der aber im Nu wieder von Blut durchsickert war. Carl legte sich den Jungen über die Schulter, der aufschrie und ihn mit schmerzverzerrtem, verschleiertem Blick ansah. »Komm, mein Kleiner!«, versuchte Carl ihm beruhigend zuzureden. »Wir versuchen es. Ich bringe dich nach Danzig!«

In der Zwischenzeit hatte sich die Familie gestärkt und auch Käthe mit Essen und Trinken versorgt. Alle hatten den Ort aufgesucht, wo sie sich auf einem Eimer erleichtern konnten, und traten nun von einem Bein auf das andere. Erstaunt sahen sie Carl entgegen, der mit dem kleinen Peter auf den Armen auf sie zukam. Der Junge stöhnte und schrie.

»Carl, was machst du?«, fragte Ida und hielt sich entsetzt die Hand vor den Mund. Carl wollte sich doch wohl nicht mit einem weiteren Kind belasten, das zudem schwer verletzt war.

»Das ist Peter. Die Russen haben ihm das Hinterteil weggeschossen. Seine Familie ist in der Ostsee ertrunken. Wir müssen ihm helfen. Wir nehmen ihn mit nach Danzig. Er muss ins Krankenhaus.« Sein Tonfall duldete keinen Widerspruch. Idas Proteste blieben ihr im Halse stecken.

Die Kinder starrten erschrocken und mitleidig auf den Jungen, den Vater auf den Armen trug.

»Wir werden ihn hinten im Sportwagen unterbringen«, ordnete Carl an. »Ida saß sowieso die meiste Zeit vorne bei Käthe, und Tante Kroll geht nun auch mit nach vorne. Peter muss liegen, und zwar auf dem Bauch. Schnell, holt ein paar Decken, damit wir ihn weich betten können.«

Als sie den vor Schmerzen schreienden Jungen gut verpackt in den Sportwagen gelegt hatten, hob Carl die Zügel und spornte die Pferde an. Sie hatten etwas Zeit verloren, aber sie würden ihren Treck einholen.

Nach dem Passieren der Weichselbrücke in Käsemark ging es etwas zügiger voran auf der Straße nach Danzig. Dabei hatten sie Glück gehabt, dass sie auf die Brücke kamen, denn die meisten Wagen mussten lange anstehen, um auf das übersetzende Fährschiff *Rothebude* zu kommen, das Tag und Nacht über den Fluss pendelte. Doch sie brauchten wieder einen langen Tag, um endlich Danzig zu erreichen. Sie hatten immer mal wieder Halt gemacht und nach Peter gesehen, dessen Wimmern von Stunde zu Stunde leiser geworden war.

Inzwischen war es Abend geworden. »Bevor wir uns eine Unterkunft suchen, bringen wir Peter ins Krankenhaus!«, rief Carl vom Kutschbock in den Wagen hinein zu Ida und Tante

Kroll. Käthe war in eine apathische Starre gefallen und schlief die meiste Zeit. Sie reagierte nicht.

Heinz und Rudi, die neben dem Wagen herliefen, der inzwischen wieder in ein Schritttempo gefallen war, schauten den Vater besorgt an. »Papa, der Junge ist ganz still geworden«, sagte Rudi voller Angst. »Er weint gar nicht mehr und sagt auch nichts.«

Carl hielt den Wagen an und sprang herunter. Es durfte nicht wahr sein, was er ahnte. Doch vielleicht war Peter nur eingeschlafen? Aber als er den leblosen Blick des Kindes sah, wusste er, dass sie zu spät gekommen waren. Peter war seinen Verletzungen erlegen. Er strich dem Jungen noch einmal über die Wangen und schloss ihm die Augen. »Nun bist du bei deiner Familie«, sagte er leise. »Ich hätte dir so gewünscht, dass du weiterleben kannst.« Tränen schnürten ihm den Hals zu, und er musste schlucken. Es dauerte Minuten, ehe er sich gesammelt hatte und wieder auf den Kutschbock steigen konnte.

Ein Krankenhaus mussten sie nun nicht mehr suchen. Bei der ersten Rot-Kreuz-Station hielten sie an und erklärten die Situation. Peter kam in eine Kammer, in der sich schon mehrere Tote befanden. »Die werden morgen abgeholt«, sagte die Schwester mit traurigem Blick. »Es sind viele, die es nicht schaffen.«

In Danzig blieben sie einige Tage. Danzig war noch heil, bisher hatte die russische Artillerie diese Stadt verschont. Inzwischen war es Anfang März, und die Temperaturen waren etwas angestiegen. Man hatte einige Grad über null.

Die Unterkunft in einem leer geräumten Theater war wieder mit vielen Menschen gefüllt. Kühnapfels trafen einige Nachbarn aus ihrem Lockener Treck. Alle waren müde und zerschlagen.

Käthe gelang es, ein paar wacklige Schritte vom Wagen zum Saal zu gehen. Danzig, dachte sie. Nach Danzig wollte ich schon immer mal. Das soll doch so eine schöne Stadt sein. Ihr saß fast ein Lachen in der Kehle. Und nun? Krank und abgerissen waren sie, müde und schmutzig, fern von daheim, hungrig und unterkühlt. Wer konnte sich denn jetzt an Danzig erfreuen? Das Erlebnis mit Peter hatte man ihr vorenthalten, damit sie sich nicht aufregte. Oder hatte sie doch etwas mitbekommen? Sie sagte kaum ein Wort.

»Käthe, wir werden uns hier ein paar Tage ausruhen. Du musst zu Kräften kommen, bevor wir weiter westwärts fahren. Hast du nicht ein paar Kräuter im Wagen, aus denen Ida dir einen Tee kochen kann?« Käthe nickte schwach. »Die müssten noch da sein, Carl, das kleine Tütchen im Korb. Aber ob sie helfen ...«

»Wir müssen alles versuchen, Käthe!«, unterbrach er sie. Die Angst um seine Frau ließ ihn barsch klingen. »Du willst dich doch nicht gehenlassen und aufgeben? Denk an deine Kinder! Natürlich wirst du wieder gesund, was denn sonst?« Käthe sah ihren Mann an. Carl war kaum wiederzuerkennen mit seinem Bart im Gesicht und den Haarbüscheln, die unter der Mütze hervorschauten. Was war aus ihrem gepflegten Mann geworden? Aber was war aus ihnen allen geworden? Acht Wochen Flucht hatten sie zu Zigeunern gemacht. Zigahnsche, die herumfuhren und bettelten. Ein schmutziges Pracherweib, ja, das war aus ihr selbst geworden.

Die fünf Kinder standen um ihre Eltern und schauten ängstlich mit großen Augen von einem zum anderen. Stand es wirklich so schlecht um ihre Mutti? Krank wurde doch jeder mal. Und sie hatte ja keine schlimme Verletzung so wie der arme Peter. Die Geschichte mit dem kleinen Jungen war allen sehr nahegegangen.

Doris nahm Käthes Hand. »Muttichen, ich werde dir den Tee kochen. Hier gibt es eine Küche. Ich mache gleich welchen für alle, wir können ihn brauchen. Und vielleicht gibt es irgendwo etwas zu essen. Sonst könnte ich ein paar Pellkartoffeln kochen. Wir haben eine letzte Kiste.« Käthe drückte die Hand ihrer Tochter. »Danke, Dorischen, du bist ein feines Mädchen. Ich bin stolz, wie gut du dich um deine Brüder kümmerst.«

Morgen, am 14. März, würde ihr kleines Mädchen 13 Jahre alt werden. Es gab bei ihr erste Anzeichen von weiblichen Rundungen. Käthe erschrak und dachte an den Russen. Bestimmt machten die auch vor jungen Mädchen nicht halt. Sie würde mit Ida reden müssen, künftig besser auf Doris aufzupassen. Ihrer Tochter durfte nicht das Gleiche geschehen wie ihr selbst.

Sie griff unter ihre Bluse, wo sich das in ein Leinensäckchen eingenähte Familienstammbuch befand, und nestelte es hervor. »Doris«, sagte sie mit leiser Stimme, »du bist jetzt ein großes Mädchen, schon 13 Jahre alt. Da kann man Verantwortung übernehmen. Deine Brüder sind noch recht unreif, und du machst das sehr gut. Du kannst gut auf sie aufpassen, das weiß ich. Ich bin krank, und falls etwas mit mir ist, möchte ich, dass du das Familienbuch nimmst!« Sie hängte Doris das kleine Täschchen um den Hals. »Und das Päckchen mit den Fotos ist in meiner Handtasche, nur dass du Bescheid weißt!«

Doris erschrak. Mutti gab ihr das Familienbuch? Was hatte das zu bedeuten? »Aber Muttichen, du wirst doch wieder gesund, versprich mir das. Bitte! Was sollen wir denn ohne dich tun?« In ihrer Stimme klang Verzweiflung, sie weinte und klammerte sich an Käthes Hals. Heiße Tränen liefen Käthe in den Kragen. »Ei, mein Marjellchen, ja. Ganz bestimmt werde ich wieder gesund. Wir müssen nur alle fest daran glauben! Und noch eines, Dorischen«, Käthe stöhnte. »Nimm dich vor den Russen in Acht. Wenn sie in der Nähe sind, verstecke dich oder verkleide dich als dreckiger Junge. Sie tun nichts Gutes.«

Käthe drückte ihre Doris, so fest sie konnte. Dann ließen ihre Kräfte nach, und sie verfiel wieder in einen Dämmerschlaf.

Es war Ende März, als sie in Karthaus eintrafen. Karthaus, erst seit November 1939 von Hitler wieder eingedeutscht, nachdem es seit 1920 zur polnischen Woiwodschaft Pommerellen gehört und sich somit im polnischen Korridor befunden hatte, stand bereits unter russischer Kommandantur. Doch es gab keinen anderen Weg mehr, um ins Reich zu gelangen. Sie mussten Westpreußen und Pommern passieren. Die Stadt war verwüstet und zerstört. Leere schwarze Fensterhöhlen starrten ihnen auch hier entgegen.

Die Begrüßung war feindlich. »Runter vom Wagen, alle! Dawai!« Der sowjetische Soldat, das Gewehr geschultert, schrie ihnen die Worte entgegen. Er war voller Hass auf alle Deutschen. Deutsche Soldaten hatten hier in Karthaus in einer erbitterten Schlacht seine Kameraden erschossen. Er selber war davongekommen. Er überlebte, nachdem ihm eine Kugel aus der Schulter entfernt worden war. Aber seinen besten Freund Waleri würde er nie wiedersehen. Doch jetzt hatten sie die Deutschen bekämpft und besiegt. Sie, die russischen Soldaten, hatten die Macht über Leben und Tod. Es war offiziell immer noch Krieg, aber der war eigentlich längst entschieden.

Die Kinder spurten voller Angst sofort und sprangen herunter. Martin und Werner fingen an zu weinen. Auch Ida und Tante Kroll kletterten steif und mit schmerzenden Knochen von ihrer Sitzbank.

»Hören Sie, meine Frau ist krank, sie kann nicht mehr aufstehen«, versuchte Carl, mit dem Soldaten zu reden. »Wie krank, ich sehen!«, rief der Russe und riss den Wagenverschlag auf. Käthe lag apathisch unter der Decke. Ihr Zustand hatte sich weiter verschlechtert. Ein Russe, dämmerte es ihr. Mach schnell die Augen zu, dann sieht er dich nicht. Sie zog sich die Decke über den Kopf.

Nachdem sich der Soldat von Käthes desolatem Zustand überzeugt hatte, ließ er die Plane vom Wagen zurückfallen. Er musterte Carl von oben bis unten. Sein Blick blieb an Carls guten Lederstiefeln hängen. Solide deutsche Schuhmacherarbeit, das sah er sofort. Obwohl sie schmutzig waren, konnte man das gute dicke Leder unter der Kruste erkennen. Wenn man die ordentlich putzen würde ... Seine eigenen waren alt und löchrig.

Er deutete mit dem Gewehr auf die Stiefel: »Ausziehen! Geben du!« Carl sah ihn verdattert an. Der wollte doch nicht wirklich seine Stiefel haben? Er schüttelte den Kopf. »Niemals!«, sagte er mit fester Stimme.

Der Russe riss sein Gewehr von der Schulter, entsicherte es in Sekundenschnelle und richtete es auf Carl. »Ich schießen!« Die Kinder schrien auf und klammerten sich weinend an Carl. »Papichen, nein, der Mann erschießt dich!« Sie waren voller Panik und weinten laut. »Schnell, Papa, gib ihm die Stiefel«, jammerte auch Rudi entsetzt. »Der Mann schießt. Bitte, bitte, Papa!« Er umklammerte das Hosenbein seines Vaters.

Der Russe indes zeigte kein Mitleid. Seine Miene war erbarmungslos. »Dawai!« Die Entsicherung des Gewehrs klickte. Carl war das Herz in die Hose gerutscht. Er bückte sich und zog seine Stiefel aus. Sie gingen schwer vom Fuß, denn er hatte sie seit Wochen Tag und Nacht getragen. Sollte sie der Russe haben. Auch Carl war inzwischen stumpf geworden. Was zählten die Stiefel, wenn es Käthe so schlecht ging.

Der Soldat, über Carls Widerstandsversuch in Zorn geraten, wies nun auf das Pferd. »Loschad! Dawai!« Carl sah ihn verständnislos an. Was war mit seinem Pferd? Die weiße Stute Liese schaute ihn mit treuen Augen an. Sie hatte in den letzten

Tagen nur noch wenig Hafer zu fressen bekommen, die Vorräte hatten sich erschöpft. Ihr Zustand war erbärmlich, auch sie war mächtig abgemagert, ihre Rippen traten schon hervor. Die Tortur durch die lange Reise und die Eiseskälte hatten sie geschwächt.

»Her mit Pferd!« Der Ton des Russen war schneidend, die Waffe fortwährend auf Carl gerichtet.

Inzwischen waren zwei weitere Soldaten, den roten Stern auf der Mütze, dazugekommen. Sie riefen sich auf Russisch etwas zu, das Carl nicht verstand. Einer lachte.

Carl begann zu begreifen. Auch sein letztes Pferd wollten sie ihm nehmen. Eine Katastrophe, wie sollten sie nun weiter vorankommen? Schweren Herzens, ein Kloß saß ihm im Hals, begann er, Liese abzuschirren. Zum Abschied tätschelte er ihren Hals und strich über ihre Mähne. Die Kinder taten es ihm gleich. »Auf Wiedersehen, Liese, mach's gut. Hoffentlich geben sie dir ordentlich zu fressen!«, sagte Heinz. Dem 14-Jährigen standen Tränen in den Augen.

Alle standen mit gesenkten Köpfen da, als die zwei dazugekommenen Soldaten das Pferd abführten. Rudi erinnerte sich, wie er auf ihrem Rücken gesessen hatte, noch im letzten Sommer zur Ernte in Locken. Fröhlich in der warmen Spätsommersonne. Tränen liefen über seine Wangen.

»Schtab Kvartira! Kommandantura. Dawai!«, rief der erste Russe und winkte sie weiter in die Richtung, wo sie lang mussten.

Carl hatte in einem Koffer im Wagen noch ein paar Schnürschuhe, die er sich nun anzog, als der russische Soldat außer Sichtweite war. Zum Glück waren die Schuhe noch da, denn es gab inzwischen nicht mehr vieles, das sie doppelt hatten und austauschen konnten. An Kleidungswechsel und Waschen war sowieso nicht mehr zu denken.

»Wir müssen uns von vielem trennen!«, ordnete Carl an. Die Situation hatte sich verändert. Jetzt, wo sie kein Pferd mehr hatten, konnten sie den großen Wagen nicht mehr bewegen. »Wir können nur noch den kleinen Leiterwagen mitnehmen, und die Deichsel müssen wir abwechselnd selber ziehen. Weil unsere Mutti nicht mehr laufen kann, muss sie hinten Platz nehmen. Damit es nicht zu schwer wird, können wir nur ein paar Taschen mit dem Nötigsten aufladen. Alles andere bleibt hier!«
Die ganze Familie stand unter Schock über das soeben Erlebte. Galt es nicht inzwischen sowieso, das nackte Leben zu retten? Und so blieben Kisten mit Kleidung, Hausrat, Betten und Spielzeug im großen Wagen zurück. Auch Rudis nagelneue Schlittschuhe, die er vor wenigen Wochen zum Geburtstag bekommen und noch nicht einmal ausprobiert hatte, mussten dableiben. Aber Papa hatte ihm neue versprochen, wenn sie wieder daheim wären.
Carl drehte sich nicht um, als er mit Heinz die Deichsel des kleinen Sportwagens zog. Alles verloren, alles verloren, dachte er. Nur seine Käthe durfte er nicht verlieren. Grauen packte ihn. Ihr Zustand war erbärmlich, als sie sie eben umgebettet hatten. Sie war fast im Delirium. Auch um Oma Ida sorgte er sich. Sie schien ebenfalls am Ende ihrer Kräfte. Sie war weit über 70 Jahre alt, und keiner wusste, wie lange sie durchhalten würde. Sie hatte sich neben Käthe gesetzt. Die beiden Frauen stützten sich gegenseitig.
Stumpf ging es voran. Wenn nur Käthe wieder gesund werden würde! Er schickte stumme Gebete zu Gott. Ihm kamen Zweifel. Ein Gott hätte doch wohl all das hier nicht zugelassen.

Die russische Militärkommandantur in Karthaus war im Landratsgebäude am Marktplatz untergebracht. Davor standen einige kleine Wagen und Handwagen, alle ohne Pferde. Unterwegs hatten sie etliche große Fuhrwerke herrenlos herumstehen sehen, viele davon geplündert. So wie ihr eigenes waren sie ohne Pferd nicht mehr zu gebrauchen.

Die flüchtenden Menschen waren verpflichtet, sich hier registrieren zu lassen. Wer dem nicht folgte, dem drohte Erschießung.

Carl und Heinz blieben stehen. »Kommt, Kinder, hier müssen wir hinein. Ida, ihr müsst aussteigen. Wir müssen uns alle auf der Kommandantur melden. Ich werde Käthe stützen, damit sie es schafft.«

Carl fasste Käthe unter die Arme. Was war sie dünn geworden! Ihre Augen, die tief in den Höhlen lagen, schauten ihn trüb an, ihr Blick war schmerzverzerrt. »Ach, Carl, was denn nun noch?« Sie schlotterte. Die innere Kälte, die sich mit Fieberschüben abwechselte, wollte nicht mehr weichen.

»Komm, Käthchen, du schaffst das. Wir melden uns hier, und dann bringe ich dich ins Krankenhaus. Wir werden dich schon wieder gesund bekommen.«

»Bei den Russen?« Käthe zitterte stärker.

»Hab keine Angst, ich bin doch bei dir!«, versuchte Carl, sie zu beschwichtigen. Doch nach dem Erlebnis vor einer Stunde war ihm auch nicht mehr wohl zumute.

Im Wartezimmer saßen etwa 50 bis 60 Personen, darunter viele bekannte Gesichter aus dem Lockener Treck. Carl begrüßte die Gehrmannschen und die Preuß'schen. Auch die sahen ziemlich heruntergekommen aus. Die Kinder spielten mit einem Holzauto, dem zwei Räder fehlten.

»Was ist denn nur mit Käthe?« Grete Gehrmann schlug die Hände vor das Gesicht. Die blühende Frau Kühnapfel, sie sah sie hübsch und freundlich in der weißen spitzenbesetzten Schürze hinter der glänzenden Theke in der Bäckerei stehen und Streuselkuchen verkaufen. Jetzt war Käthe abgerissen, krank und kaum ansprechbar, wankend und sich kaum auf den Füßen haltend an Carls Arm geklammert. Obwohl sie stark abgenommen hatte, wirkte ihr Körper angeschwollen. Käthe keuchte und rang nach Luft, die paar Schritte vom Wagen hierher hatten sie unglaublich viel Kraft gekostet. Die Stufen zur ersten Etage hatte Carl sie tragen müssen.

»Sie ist unterwegs krank geworden«, sagte Carl. »Sie hatte ja immer mit der Struma zu tun, aber nun hat sie vielleicht auch noch die Grippe erwischt.« Carl wusste nicht, was seiner Frau fehlte, wie auch, er war schließlich kein Arzt. Aber sobald sie hier durch waren, würde er sie ins Krankenhaus bringen. So ging es schließlich nicht weiter.

Sie warteten drei Stunden. Die Kinder quengelten. »Papa, ich habe solchen Hunger!« Werner weinte und hielt sich den Bauch. Auch Martin fiel ein. »Mein Bauch tut weh. Und Durst hab ich auch!«

»Seid ruhig, Kinder, wenn wir hier erst raus sind, treiben wir etwas zu essen auf.« Wie, das wusste Carl noch nicht.

Als sie endlich aufgerufen wurden, war es bereits später Nachmittag. Sie wurden in einer Liste registriert. »Was Ihre Frau krank?«, fragte die Russin, die die Listen führte und einigermaßen Deutsch sprach. Sie war eine Frau, und als solche hatte sie Mitleid mit der geschwächten Mutter von fünf Kindern, die aussah, als würde sie es nicht mehr weit schaffen.

»Meine Frau ist seit einigen Wochen krank. Struma hat sie schon lange«, sagte Carl und griff sich mit Gesten an den Hals. »Du gehen Zimmer drei. Dort Arzt«, sagte die Russin und winkte die Familie hinaus.

Carl hieß die Kinder im Wartezimmer Platz nehmen und fasste Käthe unter den Armen. »Komm, mein Liebchen, hier gibt es einen Arzt. Der wird dich jetzt untersuchen.« Carls Hoffnung stieg.

Der Arzt schüttelte jedoch müde den Kopf. »Nix gut, Frau sehr krank. Du morgen sofort in Krankenhaus!« Er hatte Käthe abgehorcht und die Temperatur gemessen. 39 Grad Fieber, und das seit längerer Zeit, dazu das aufgedunsene Äußere, die Atemnot, das Pfeifen in der Brust. Im Hals hatte er zwei große Knoten ertastet. Der Arzt zog eine Spritze auf. Diese würde ihr ein wenig Linderung verschaffen. Aber ob ihr noch geholfen werden konnte, daran zweifelte er.

Die Nacht verbrachten sie wieder in einer ausgeräumten Schule, die für die Flüchtlinge als Schlaflager diente. Die Schulbänke hatte man zum größten Teil verheizt, ein Teil lag zu einem großen Haufen aufgetürmt auf dem Schulhof. Ida war am Abend mit den Kindern losgezogen und hatte bei der Sammelstelle vom Roten Kreuz einen Laib Brot und etwas Margarine erhalten und sich die Blechkanne mit dünnem Tee füllen lassen.

Nachdem Carl am frühen Morgen Käthe, in dicke Decken gewickelt, auf den kleinen Wagen gebettet hatte, rief er die Kinder. »Kommt alle und verabschiedet euch von Mutti. Heinz, Doris und ich bringen sie jetzt ins Krankenhaus.«

»Muss Mutti denn wirklich ins Krankenhaus? Kann sie denn nicht so wieder gesund werden?« Werner weinte.

»Ich will nicht, dass Mutti weggeht«, fiel auch Martin ein. Rudi stand stumm dabei, der Schmerz fraß innerlich an seinem Herzen. Tränen kullerten über seine Wangen. Seine geliebte Mutti! Was würde er dafür geben, wenn sie wieder gesund werden würde! Hoffentlich würden die Ärzte sie heilen!

»Es ist das Beste, wenn sie ins Krankenhaus kommt. Dort gibt es gute Ärzte und Medizin. Wir bleiben solang hier, und wenn sie wieder gesund und reisefähig ist, holen wir sie ab!« Carl wollte zuversichtlich klingen, aber seine Stimme klang belegt.

Jedes der Kinder ging zu seiner Mutter und gab ihr zum Abschied einen Kuss. Käthe war für den Moment ganz klar. Sie drückte jeden an sich. »Macht es gut, liebe Kinder, meine kleinen Lorbasse. Wir sehen uns bald wieder! Seid schön artig und hört auf die Oma!« Ihre Worte kamen nur mühsam, das Sprechen fiel ihr schwer.

Die helle Märzsonne wärmte und schien ihr ins Gesicht. Aus Richtung Danzig war Artilleriefeuer zu hören. Kein Vogel stimmte einen Frühlingsgesang an. Und die Störche – müssten nicht auch bald die Störche kommen? Nein, in diesem schrecklichen Frühjahr wohl nicht. Das wussten die Störche, dass sie hier keinen ruhigen Platz für ihr Nest mehr finden würden. Und schon ergriff wieder die Müdigkeit von Käthe Besitz.

Heinz und Vater zogen den Wagen mit der Mutter, Doris lief nebenher. Sie tastete traurig nach ihrem Brustbeutel, in dem sich mit dem Familienbuch auch die ganze Last der Verantwortung zu befinden schien.

Rudi, Werner und Martin standen stumm und winkten hinterher.

Erbarmung!, dachte Ida müde. Wenn das nicht Käthes letzter Weg wird. Sie fasste sich ans Herz. Tränen standen in ihren Augen, dabei hatte sie gedacht, in ihrem Leben alle Tränen geweint zu haben.

Das Krankenhaus von Karthaus lag am Rand der Stadt. Carl wollte nicht noch einmal den russischen Soldaten in die Quere kommen und machte einen Umweg außerhalb über die Landstraße. Es war Nachmittag, als sie die Klinik endlich erreichten. Carl trug Käthe auf den Armen, als sie das Portal der Klinik durchschritten.

»Wir haben keine Betten frei, Sie sehen ja, was hier los ist!«, wurden sie gleich beim Empfang barsch von einer übernächtigten Rot-Kreuz-Schwester empfangen. Überall auf den Gängen standen Pritschen mit schwer verletzten Soldaten. Viele stöhnten vor Schmerzen, ab und zu schrie jemand um Hilfe.

Carl wurde wütend. »Holen Sie sofort einen Arzt für meine Frau, sonst vergesse ich mich!«, donnerte er. »Meine Frau ist schwer krank, hat Struma und seit Wochen Fieber. Sie ist kaum noch ansprechbar!«, schrie er.

Die Schwester sah die flehenden Blicke der Kinder Doris und Heinz. »Wir sind fünf Kinder. Wir brauchen unsere Mutti!«, stammelte Doris und bettelte: »Bitte nehmen Sie Mutti auf. Sie muss wieder gesund werden!«

»Also gut, warten Sie hier! Ich will sehen, was ich tun kann.« Die Schwester drehte sich um und lief den Gang entlang. Unterwegs wurde sie von den dort liegenden Patienten mehrmals gebeten zu helfen, einige versuchten, sie aufzuhalten. Alle hatten Schmerzen, alle kämpften um ihr Leben.

Der herbeigerufene Arzt bat sie in ein Untersuchungszimmer. Er wirkte völlig erschöpft, sein ehemals weißer Kittel war mit Blut bespritzt. Käthe ließ sich apathisch auf die Untersuchungsliege betten, keuchte und stöhnte.

Carl sah den hoffnungslosen Blick des Arztes, nachdem dieser seine Untersuchung abgeschlossen hatte. »Wir behalten Ihre Frau hier, Herr Kühnapfel. Sie ist ja auch nicht mehr reisefähig. Ich verspreche Ihnen, alles zu tun, was in unserer Macht steht. Aber ich will ehrlich sein. Wir haben kein Penicillin mehr, das ihr vielleicht geholfen hätte. Wir können nur noch auf Gott vertrauen. Manchmal geschehen Wunder.« Damit war er zur Tür hinaus.

Die Schwester half Käthe, sich wieder anzuziehen. »Sie sollten sich jetzt verabschieden«, sagte sie und sah Carl und die Kinder mitleidig an. »Ich werde versuchen, ein Bett für Ihre Frau zu finden. Kommen Sie in ein paar Tagen vorbei und bringen etwas Frisches zum Anziehen mit! Vielleicht geht es ihr ja dann etwas besser, und Sie können sie mitnehmen«, versuchte sie, Mut zu machen.

Carl nahm seine Käthe in die Arme. »Käthe, versprich mir zu kämpfen«, flüsterte er in ihr Ohr. »Ich liebe dich, wir alle brauchen dich!« Er küsste sie zum Abschied sacht auf den Mund. Laut sagte er: »Wir kommen in drei Tagen vorbei und bringen dir frische Wäsche. Bestimmt geht's dir dann schon etwas besser! Hier sind Ärzte, die dir helfen.« Käthe blinzelte ihn stumm an, sie konnte nicht mehr sprechen. Dann verfiel sie wieder in einen Dämmerschlaf.

Auch Doris und Heinz drückten ihre Mutti zum Abschied und küssten sie. Am liebsten wären sie hier an ihrer Seite geblieben. Wie hatte der Arzt gesagt? Auf ein Wunder hoffen, ja, das wollten sie. Etwas anderes war auch gar nicht denkbar.

Was waren das für Schreie? Wo war sie? Käthe wälzte sich auf ihrem Lager in dem mit 20 weißen Eisenbetten überfüllten Krankensaal hin und her, sie schwitzte und rang mühsam nach Luft. Wo ist Carl, wo sind die Kinder? Sie zitterte. Nun versuchte auch sie zu schreien, aber es kam kein Laut mehr durch ihre enge Kehle.

Bilder zogen an ihr vorbei. Ein Sommertag im Garten hinter ihrem großen Haus, wo der kleine Fluss plätscherte und die Poggen quakten. Ei, und die schönen Rosen, wie üppig sie blühten! Das Lachen der Kinder. Wie viele waren es? Fünf oder sechs? Was waren sie niedlich, als sie klein waren. Doris mit ihrem Silberblick, und der hübsche semmelblonde, kluge Rudi. Die kunstvollen Buttercremetorten in der Bäckerei. Königsberger Marzipan. Ihr stattlicher Carl, immer für die Familie da. Sein männlicher Duft nach Kraft und Zigarre. Ach, und das liebe Gesicht ihrer Mutter, Anna, und ihre Geschwister Tuta,

Lotte und Bruno. Wie sie in Koschainen am großen Esszimmertisch saßen, Vater sprach das Tischgebet. Was aus ihnen wohl geworden war? Dort hinten am Horizont, wo das grüne Feld endete, schien ein Licht, als ob die Sonne aufging an einem frischen Sommermorgen.

Ein warmer Schleier senkte sich über sie und ließ sie in Erinnerungen glücklich lächeln.

Käthe wachte nicht mehr auf.

Carl hatte nervös und unruhig mit der Familie in dem Notquartier in der Schule ausgeharrt. Endlich waren die drei Tage um, sodass er sich mit Heinz auf den Weg ins Krankenhaus zu Käthe machen konnte. Doris sollte diesmal hierbleiben und auf die jüngeren Geschwister aufpassen. Oma war inzwischen auch völlig entkräftet und konnte kaum noch laufen geschweige sich um die lebhaften kleinen Jungen kümmern, die unentwegt quengelten. Doris würde nachher mit Rudi losziehen und etwas Essbares erbetteln müssen.

In eine Tasche packte Carl frische Unterwäsche und ein sauberes Nachthemd für Käthe, falls sie länger dableiben musste. Auch ein Stück Seife hatte er noch und steckte es in einen Beutel, vielleicht gab es ja die Möglichkeit, sie zu waschen. Er wusste, dass Käthe sehr reinlich war und nichts so sehr hasste wie Unsauberkeit und Ungepflegtheit.

»Papi, bring bloß die Mutti wieder mit!«, flehte Rudi. Mutti war jetzt drei Tage weg, und das war noch nie vorgekommen. Sie fehlte ihnen allen so. Hoffentlich hatten die Ärzte sie gesund gemacht.

»Heinz, los geht's!« Vater und Sohn liefen strammen Schrittes los und zogen an der Deichsel. Es war der 1. April 1945.

Vor dem Krankenhaus war Tumult. Fahrzeuge der Wehrmacht standen davor. Soldaten hoben Tragen mit verwundeten

Soldaten und Zivilisten herunter, die schrien und stöhnten. Sie hatten bei den Danziger Tieffliegerangriffen kaum eine Chance gehabt. Es gab unzählige Verletzte und Tote.

Die Altstadt von Danzig mit seinen Baudenkmälern wie dem Grünen Tor, dem Artushof und dem Krantor war am 30. März zu 90 Prozent zerstört oder schwer beschädigt worden, die Stadt nun vollständig vom russischen Militär eingenommen.

Als Carl und Heinz näherkamen, sahen sie, wie schlimm es um die Verletzten stand. Bei einigen waren die Gesichter verbrannt und total entstellt, andere hatte Gliedmaßen wie Arme oder Beine verloren. Carl schwante Schlimmes, denn das Krankenhaus war heillos überfüllt. Die Rot-Kreuz-Schwestern rannten hektisch hin und her und versuchten, Hilfe in der größten Not zu leisten.

Carl stellte den Wagen, den sie vorsichtshalber mitgebracht hatten, um eventuell Käthe mitzunehmen, ein großes Stück vor dem Krankenhaus ab, denn ein Näherkommen war unmöglich.

Der Eingang der Klinik war kaum passierbar. Hektisch wurden die Tragen mit den Verletzten hineingetragen. Carl und Heinz fanden keine Beachtung. Als sie sich endlich Einlass verschafft hatten, stellte sich Carl einer Schwester in den Weg: »Hören Sie, ich habe vor drei Tagen meine Frau hergebracht. Wie geht es ihr, wo ist sie?«, fragte er. Die Schwester strich sich atemlos eine schweißfeuchte Haarsträhne aus der Stirn. Es war eine andere als beim ersten Mal. »Ich weiß es nicht, wer ist denn Ihre Frau?«, fragte sie. »Käthe Kühnapfel«, sagte Carl, »wo ist sie? Bitte bringen sie uns zu ihr!«

Heinz hinter Vaters Rücken war ganz verzagt und zitterte. Wo in diesem heillosen Durcheinander sollte wohl Mutti sein? Hatte sie überhaupt ein ruhiges Bett bekommen?

»Es tut mir leid, ich kenne Ihre Frau nicht. Warten Sie bitte, ich versuche, einen Arzt zu holen!«

Carl rutschte das Herz in die Hose. Wie, sie kannte seine Frau nicht? Aber Käthe musste hier doch irgendwo liegen. Er marschierte los in Richtung der Krankensäle. Dann würde er eben selber nachschauen, wo sie war.

»Halt, Sie müssen hier warten!«, rief Schwester Frieda aufgebracht. »Sie dürfen da nicht weiter! Ich tue doch, was ich kann!« Sie hielt ihn am Ärmel fest und zog ihn zurück.

Frieda wusste, dass alle Ärzte im OP waren und versuchten, Schusswunden zu versorgen und Körperteile zu amputieren, um Leben zu retten. Doch der Mann mit seinem Sohn tat ihr leid. Der Junge, um die 14, dünn und groß für sein Alter, schien einem Anfall nahe, er hatte so merkwürdig mit den Augen geplinkert.

Sie ging rasch hinüber zum OP und hoffte, dass Doktor Malinski eine Pause machen würde. Er stand schon seit 13 Stunden unter der Lampe und operierte. Gerade war er dabei, eine Wunde an einem Armschuss zu vernähen. Eine gute Gelegenheit, ihn anzusprechen.

»Doktor Malinski«, sagte sie, »draußen steht ein Mann mit einem Jungen und fragt nach seiner Frau, die vor drei Tagen eingeliefert wurde. Eine Käthe Kühnapfel. Mir sagt der Name leider gar nichts. Wissen Sie, was mit der Frau geschehen ist?«

»Keine Ahnung«, nuschelte Doktor Malinski unter seinem Mundschutz. »Was weiß ich, was vor drei Tagen war. Ist sie nicht mehr hier?«

»Nein, in der Patientenliste steht der Name nicht. Und im Saal liegen fast nur Männer.«

»Dann wird sie wohl gestorben sein.« Er zuckte apathisch mit den Schultern. Er hatte in den letzten drei Tagen etwa 60 Menschen die Augen zugedrückt. Dabei arbeitete er Tag und Nacht und konnte kaum noch stehen. Aber Moment, Kühnapfel? Den Namen merkte man sich eigentlich. War das nicht die Hübsche, die schon im Delirium eingeliefert wurde? Die war nicht mehr zu sich gekommen. Und niemand vom Personal war derzeit in der Lage, ordentlich Listen zu führen. Es war ein Kommen und Gehen. Es wurde eingeliefert und gestorben. Jede Hand wurde für die Versorgung der Kranken gebraucht und nicht für Bürokratie.

»Herr Doktor«, Schwester Frieda gab nicht auf, »können Sie es nicht dem Mann sagen? Er scheint sehr hartnäckig zu sein und wird auf mich nicht hören.«

Doktor Malinski stöhnte und schob den Mundschutz vom Gesicht, sodass der nun vor seinem Kinn baumelte. Schwester Frieda nahm ein Tuch und wischte ihm den Schweiß von der Stirn.

Schweren Schrittes begab sich der Arzt eilig in die Halle, wo ein unentwegtes Hin und Her herrschte. Wegen Platzmangel lagen oder saßen Verwundete auf dem Boden und stöhnten vor Schmerzen.

Als Carl Schwester Frieda mit dem Arzt kommen sah, lief er sofort auf ihn zu. »Herr Doktor, bitte sagen Sie mir, wie geht es meiner Frau? Kann ich zu ihr?« Der Arzt wehrte den aufgeregten Mann ab. »Es tut mir leid, Herr, aber Ihre Frau hat es nicht geschafft. Sie ist nicht mehr zu sich gekommen, wir konnten nichts mehr für sie tun.«

»Nicht geschafft, was reden Sie da!«, rief Carl aufgebracht. »Ich habe sie doch extra ins Krankenhaus gebracht, damit ihr geholfen wird!« Er war rot vor Zorn, während Heinz alle Farbe aus dem Gesicht gewichen war. Er wollte nicht begreifen, was der Arzt gerade gesagt hatte.

»Bitte verstehen Sie, dass wir alles getan haben!« Doktor Malinski wand sich innerlich. Er hasste solche Gespräche, wo er sich noch dafür rechtfertigen musste, dass ein Mensch gestorben war. »Wir haben Krieg, wir haben Hunderte Verletzte und

Kranke, und wir haben kaum noch Medizin. Dabei arbeiten wir Tag und Nacht. Es tut mir leid. Ich werde im OP gebraucht.« Damit drehte er sich um und ließ Carl und Heinz stehen. Mitleid konnte er sich nicht erlauben, sonst würde er selbst zugrunde gehen.

Schwester Frieda legte eine Hand auf Carls Arm. »Es tut mir sehr leid«, sagte sie betrübt. Carl sah sie an, als wolle er immer noch nicht verstehen. »Aber sie muss doch jetzt irgendwo sein«, stammelte er. »Wir wollen uns von ihr verabschieden. Meine liebe Frau …« Er schluchzte.

Frieda zuckte mit den Schultern. »Herr Kühnapfel, hier sterben jeden Tag Dutzende. Aus logistischen Gründen wurde hinter dem Haus ein Massengrab ausgehoben. Sie können sich leider nicht mehr verabschieden. Behalten Sie Ihre Frau im Herzen!« Sie drückte seinen Arm, dann eilte sie davon. Eine Kollegin hatte schon zweimal nach ihr gerufen, damit sie half, einen Mann, dem der zerfetzte Fuß abgebunden worden war, auf eine Trage zu heben. Er würde der Nächste sein, den Doktor Malinski operierte.

Carl und Heinz wankten, einer Ohnmacht nahe, aus der Klinik. Ihr Hirn wollte nicht aufnehmen, was sie soeben erfahren hatten. Käthe sollte gestorben sein, war es das, was der Arzt andeuten wollte? Nein, das konnte nicht sein. Bestimmt war das ein Irrtum. Carl schüttelte den Kopf. Doch nicht seine starke, schöne Käthe, die alles im Griff hatte. Haus, Hof, fünf Kinder und den Laden. Die konnte doch nicht gestorben sein. Nein, sonst hätte man ihnen ja auch einen Totenschein ausgestellt, oder nicht? Seine Käthe, ihre liebe Mutti in einem Massengrab? Auch das war undenkbar. Sie gehörte auf den Kirchhof in Locken, neben Uli, ihrem kleinen Sohn.

Carl blieb stehen und überlegte. Sollte er zurückgehen und nach einem Totenschein fragen? Aber im Krankenhaus war solch ein Durcheinander, die würden ihn gleich wieder abweisen.

Was sollte er tun?

So trottete er weiter in trüben Gedanken, ohne auf Heinz neben sich zu achten. Der machte auf einmal seltsame glucksende Geräusche, zuckte am ganzen Körper und fiel zu Boden. »Heinz!«, schrie Carl, »was ist mit dir?« Er packte seinen Sohn an den Schultern, der in eine krampfhafte Starre gefallen war, die Augen verdrehte und röchelte. Speichel lief aus seinem Mund. Carl schüttelte ihn. »Heinz, so komm doch wieder zu dir!« Niemand beachtete die beiden. Alle hatten genug mit den blutüberströmten Schwerverletzten zu tun.

Carl hatte verzweifelt Heinz' Kopf in seinem Schoß gebettet, bis der Anfall vorüber war. »Ganz ruhig, mein Sohn«, beschwichtigte er ihn und streichelte seinen Rücken. »Es wird alles wieder gut.«

»Aber Mutti ...«, Heinz wurde nun von einem heftigen Weinen gepackt. »Wie soll es denn ohne Mutti weitergehen?«, schluchzte er.

»Bleibe stark, Junge, du bist der Älteste. Es geht immer weiter. Wir schaffen das. Erst einmal müssen wir zurück zu den anderen.« Er richtete Heinz auf. »Komm, im Wagen ist noch etwas Wasser, das du trinken kannst. Dann geht es dir wieder besser.«

Doch auch Carl ließ jetzt seinen Tränen ihren Lauf. Erst als sich beide beruhigt hatten, machten sie sich auf den Weg. Die anderen vier Kinder, Oma und Tante Kroll brauchten sie und warteten auf ihre Rückkehr. Ihre Schritte waren schleppend, fort von dem Ort, wo Käthe gestorben war und in einem Massengrab verscharrt wurde, und immer wieder liefen die Tränen. Der Schmerz schien sie aufzufressen.

Um schneller bei Ida und den Kindern in der Schule zu sein, entschied Carl sich für die Hauptstraße durch die Stadt.

Sie kamen gerade die Straße Richtung Markt entlang, als sie vorn einen Auflauf von russischen Soldaten und Zivilisten sahen. Friedlich sah es nicht aus. Ein Schuss fiel, der getroffene Mann, der offenbar Widerstand geleistet hatte, sackte zusammen.

Auf einem Lkw waren etliche deutsche Männer, Soldaten und in Zivil, eingepfercht. Sie wurden streng bewacht.

Carl wollte mit Heinz in Panik umkehren, aber es war zu spät. »Stoi!«, rief einer der russischen Soldaten zu ihnen hinüber und winkte. »Idi suda! Ihr Nazi, ab auf Auto«, rief er und schwenkte sein Gewehr. Was hatte das zu bedeuten? Sie hatten keine Zeit nachzudenken und waren vom Kummer geschwächt, so ließen sie alles mit sich geschehen. Sie wurden auf den Lkw getrieben, der kurze Zeit später mit ihnen abfuhr. Den letzten Wagen mit der Tasche, die für Käthe gedacht war, mussten sie auf der Straße zurücklassen. Carl wagte keine Widerworte mehr, nachdem er soeben gesehen hatte, wie ein Mann erschossen wurde. Mit Grauen hatte er auch noch das Klicken des Gewehrlaufes im Ohr, als er seine Stiefel nicht hergeben wollte.

Den sowjetischen Soldaten in Karthaus schien es aus einer Laune heraus zu genügen, dass man Deutscher war, um mitgenommen zu werden.

Der Lkw fuhr nach Danzig-Matzkau, wo sie in ein Auffanglager kamen, ein ehemaliges Lager der SS, das von den sowjetischen Truppen bei der Eroberung der Stadt besetzt worden war. Hier wurden aus allen Himmelsrichtungen mit Fahrzeugen der Russen mehr und mehr Menschen hergebracht, hauptsächlich Männer. Sie wurden einer kurzen Aufnahmeuntersuchung unterzogen und dann in Baracken untergebracht.

Carl und Heinz befanden sich nun in russischer Gefangenschaft. Sie hatten Angst. Furchteinflößend waren die hohen

Wachtürme und die Stacheldrahtzäune. Ihre Bewacher kannten offenbar kein Erbarmen. Ihre Verzweiflung konnte nicht größer sein. Käthe tot, und sie konnten nicht zurück zur Familie? Das durfte einfach nicht wahr sein.

»Hör zu, Heinz«, flüsterte Carl. Sie standen in einer Schlange und warteten auf die Abfertigung und Aufnahme ihrer Personalien. Sprechen war verboten, deshalb sprach Carl so leise er konnte. »Du bist erst 14, die dürfen dich noch nicht gefangen nehmen. Wenn sie dich freilassen, gehst du sofort nach Karthaus zurück und kümmerst dich um die Familie! Sei stark!«

Heinz, der vor ihm stand, nickte leicht mit dem Kopf.

»Und ich lasse euch nicht im Stich, merke dir das!«

»Aber Papa …« Heinz wollte gerade noch etwas sagen, bekam aber von einem Bewacher einen Stoß mit dem Gewehr in die Seite. Er schrie vor Schmerz auf und krümmte sich. Durch den epileptischen Anfall vor einigen Stunden fühlte er sich sehr geschwächt und konnte sich kaum auf den Beinen halten. Tränen standen in seinen Augen.

Es war, wie Vater es vorausgesehen hatte. Der dünne, schwächlich wirkende Heinz mit seinen 14 Jahren wurde ausgemustert. »Dawai, Kind – kann gehen!«, rief der russische Soldat und winkte ihn mit einer Handbewegung davon, nachdem er Heinz einen Passierschein ausgestellt hatte, mit dem er das Lager verlassen durfte.

Nun war Carl an der Reihe. Heinz lief extra langsam dem Ausgang zu und schaute öfter verstohlen über die Schulter zurück, um zu sehen, was mit seinem Vater passierte. Carl drehte sich zu seinem Sohn um, sah ihm in die Augen und nickte ihm aufmunternd zu. »Du schaffst es«, sollte der Blick sagen.

Heinz konnte noch sehen, wie der Vater in eine der Baracken eingeteilt wurde. Dann hatte er das Tor erreicht.

Ein langer verzweifelter Fußmarsch von Danzig nach Karthaus zur Familie lag vor ihm. Aber es gab einen Treck, der dorthin unterwegs war. Dem konnte sich Heinz anschließen. Und den Weg kannte er ja.

5. Ohne Mutter, ohne Vater

DIE UNRUHE UNTER DEN GESCHWISTERN wuchs von Tag zu Tag. Doris hatte alle Mühe, die Kleinen zu besänftigen. Seit einer gefühlten Ewigkeit warteten sie nun schon, dass Vater und Heinz, im besten Fall gleich mit der Mutti, aus dem Krankenhaus zurückkamen.
»Wo bleiben sie nur?«, fragte auch Rudi, der Vernünftigste unter den Brüdern. Er wirkte in letzter Zeit oft in sich gekehrt und machte vieles mit sich selber ab, während Werner und Martin greinten und bockten. »Was kann denn da passiert sein?« Doris zuckte die Schultern. Auch sie war mürbe vom Warten und machte sich große Sorgen. »Ich weiß es auch nicht, Rudi. Vielleicht warten sie ein paar Tage, bis es Mutti wieder richtig gut geht, und kommen dann alle gemeinsam?« Das war das einzig Vorstellbare. Sie konnten nur hoffen.
Oma Ida war keine große Hilfe und musste mitversorgt werden. Sie war schwach, und ihre Knochen schmerzten. Und

Tante Kroll wurde von einem Husten geplagt, der sich nicht gut anhörte.

So war es an Doris, jeden Tag mit den drei kleinen Brüdern loszuziehen, um etwas zum Essen und Trinken aufzutreiben. Oft standen sie schon morgens um 5 Uhr an der Rot-Kreuz-Station an, wo die lange Schlange vor ihnen die ganze Nacht auszuharren schien. Und als dann endlich geöffnet wurde und sie an der Reihe waren, waren manchmal die Vorräte alle, und sie mussten mit hängenden Köpfen und knurrenden Mägen weiterziehen.

Sie hatten gelernt zu betteln. Der Hunger ließ sie jegliche Scheu und Scham vergessen, denn Hunger tat weh. Sie wagten sich sogar an die russisch besetzten Gebäude heran. Einmal hatten sie Glück, und ein kinderliebender russischer Soldat füllte ihnen etwas Kartoffelbrei in ihre Blechnäpfe, die sie ständig mit sich führten.

Werner und Martin wollten sich dann immer sofort auf die karge Mahlzeit stürzen, aber Doris ermahnte sie: »Wir müssen auch an Oma und Tante Kroll denken. Wartet mit dem Essen, bis wir wieder in der Schule sind!« Es gab Momente, da gehorchten Werner und Martin nicht. Während Rudi still und vernünftig ausharrte, wurden die beiden wütend und bockten. »Aber ich habe jetzt solchen Hunger, ich kann es nicht mehr aushalten!«, schrie Martin und griff mit der Hand in den Kartoffelbrei und stopfte sich den Mund voll.

Doris schimpfte ihn aus. »Und Oma soll wohl verhungern, willst du das?« Sie verpasste ihm eine Ohrfeige. »Wir alle haben Hunger. Und wir sind eine Familie und essen zusammen. Wir wollen alle überleben!« Sie riss Martin sein Blecheimerchen aus der Hand, der schrie und weinte und trampelte mit den Füßen.

Nach Tagen, die einer gefühlt ungewissen Ewigkeit glichen, tauchte plötzlich Heinz auf. Allein.

Es war später Nachmittag, die Brüder spielten auf dem Schulhof mit anderen Kindern, und Doris saß mit den beiden alten Frauen im Schulsaal auf dem mit Stroh bedeckten Boden. Heinz war blass und erschöpft. »Heinz!« Doris rannte auf den Bruder zu. Sie sah sofort, dass etwas nicht stimmte. Sie wurde bleich. »Heinz, endlich! Wo ist Vater? Und was ist mit Mutti?« Sie schüttelte ihn am Ärmel. »So rede doch!«

Heinz wankte und ließ sich auf das Stroh sinken. Er sah schmutzig und abgerissen aus. »Doris, es ist etwas Schlimmes passiert. Die Russen haben Vater in Gefangenschaft genommen und mich auch. Aber ich war zu jung, deshalb haben sie mich wieder laufen lassen. Aber Vater ist dort, in Danzig, in einem Lager!« Seine Stimme versagte.

Ida schrie auf und schlug die Hände vor das Gesicht. »Nein! Erbarmung! Nicht mein Junge!« Sie fing an, bitterlich zu weinen, und auch Doris konnte die Tränen nicht zurückhalten. »Das ist ja furchtbar«, schluchzte sie. »Und Heinz, erzähle, wie geht es Mutti?«

Nun fing auch Heinz zu weinen an. Bei Doris musste er nicht stark sein, die verstand ihn. Und endlich konnte er seinen Kummer herauslassen. Er wurde von einem solch starken Schluchzen geschüttelt, dass er kaum imstande war zu sprechen. »Mutti ist …« Er konnte es nicht aussprechen und war einem neuen Anfall nahe. »Heinz, ganz ruhig. Was ist mit Mutti?« Doris nahm den Bruder in den Arm und strich über seinen Rücken, um ihn zu beruhigen.

»Im Krankenhaus haben sie gesagt, Mutti ist nicht mehr zu sich gekommen.«

»Heißt das, sie ist …« Auch Doris konnte nicht das Unerträgliche aussprechen.

Heinz nickte langsam unter Tränen. Nun versagten auch Doris' Kräfte, ihre Knie wurden weich, und sie ließ sich zu Boden sinken, wo Ida ein lautes Weinen und Wehklagen angestimmt hatte.

Rudi kam herein, weil er fragen wollte, ob sie ein bisschen länger draußen spielen durften, obwohl es schon dunkel wurde. Als er die Geschwister und Oma dort sitzen und weinen sah, wusste er sofort, dass etwas Schlimmes passiert sein musste. Er lief zurück auf den Hof und holte Werner und Martin. Unter Stocken musste Heinz alles erzählen. Am Schluss weinten alle. Es gab keinen Trost.

Es schien in den nächsten Tagen, als hätte sie alle Kraft verlassen. Mutlos saßen sie auf ihrem Strohlager. Keiner hatte den Antrieb weiterzulaufen. Ohne Mutter und Vater schien alles keinen Sinn mehr zu machen. Und wie sollten sie auch weiterkommen? Einen Wagen hatten sie nicht mehr, und Oma und Tante Kroll konnten nicht mehr so gut laufen. Auch Werner und Martin liefen nicht.

»Wenn das mal nicht die Kühnapfels sind!« Ein Mann mittleren Alters kam ein paar Tage später auf ihr Lager zu. Ida blickte mit verweinten Augen hoch. »Ei, der Gehrmannsche!«, begrüßte sie den Tischlermeister aus Locken mutlos. »Weit seid ihr wohl auch noch nicht gekommen?«

August Gehrmann hockte sich neben Ida und die Kinder. Auch er sah traurig aus. »Wir mussten unsere kleine Tochter, das Lorchen, begraben, sie ist am Kindsfieber gestorben. Sie war gerade mal vier Monate alt. Kurz vor Weihnachten wurde sie geboren. Und Grete kommt darüber nicht hinweg.« Er zeigte hinüber in eine Ecke, wo seine Frau Grete, eingegraben ins Stroh, unbeweglich in zusammengekauerter Stellung lag.

»Und was ist bei Ihnen passiert? Wo sind Carl und Käthe?«

Idas Augen füllten sich sofort wieder mit Tränen, während sie stockend erzählte. »Und nun sitze ich da mit den fünf Kindern und weiß nicht weiter. Ich kann nicht mehr gut laufen, und mit Martin und Werner komme ich zu Fuß auch nicht weit. Am liebsten würde ich hier sitzen bleiben, bis der Krieg vorbei ist.« Resigniert schaute sie zu August Gehrmann, der ein nachdenkliches Gesicht machte.

»Hier bleiben wird nicht gehen, Frau Kühnapfel. Die Russen werden uns hier sehr bald hinausjagen. Wissen Sie was? Als wir unsere Lore im Wald begraben haben, standen dort ein paar verlassene, zerstörte Panzer herum. Vielleicht gelingt es mir, ein paar Räder abzubauen. Aus einigen alten Schulbänken, die auf dem Hof liegen, könnte ich vielleicht einen kleinen Handwagen bauen, wo immer abwechselnd einer drauf sitzen kann.«

Ida sah ihn dankbar und hoffnungsvoll an. »Das wäre was!« Sie atmete ein wenig auf. »Am besten, Sie nehmen die Kinder mit in den Wald, die können Ihnen helfen und sind beschäftigt!«

»Das mache ich!« August Gehrmann richtete sich auf. »Jungs!«, rief er, »auf mit euch! Wir gehen in den Wald. Ich zeige euch die Panzer. Und dann bauen wir einen neuen Wagen für euch!«

»Au ja, au ja!« Heinz, Rudi, Werner und Martin waren ganz aus dem Häuschen. Endlich ging es weiter, es gab eine Aufgabe. Und einen echten Panzer mal von Nahem zu sehen, das war doch was!

Als August Gehrmann mit den Jungen in den Wald kam, waren noch andere Menschen unterwegs, die nach etwas Brauchbarem suchten. Alle bewegten sich vorsichtig, die Augen auf den Boden gerichtet. Es war Ende April, und die Natur begann zu grünen. Viele litten unter Hunger und suchten nach essbaren Kräutern und Pflänzchen.

»Da ist einer, da, guck mal!« Rudi war begeistert, als er den ersten Panzer sah.

»Halt!« August Gehrmann hielt die Kinder zurück, die sofort loslaufen wollten. »Wir können nicht einfach so durch den Wald rennen, Kinder. Ihr wisst, es ist Krieg. Überall liegen Raketen und Handgranaten herum, die noch losgehen können. Wenn wir da rauftreten, fliegen wir alle in die Luft. Deshalb gehe ich vorsichtig vor, und ihr lauft im Gänsemarsch hinter mir. Ist das klar?« Er hatte mit strenger Stimme gesprochen, denn die Lage war ernst. Er würde die Kinder nur heil aus dem Wald herausbringen, wenn sie parierten.

Die Kinder, denen diese Gefahr gar nicht bewusst gewesen war, nickten stumm mit den Köpfen. Dann liefen sie brav hinter dem Gehrmannschen her. Als sie den Panzer erreicht hatten, erlaubte er ihnen, darauf zu klettern, während er sich mit den Rädern abmühte. Ohne gutes Werkzeug war das ein schwieriges Unterfangen. Seine schöne Werkzeugkiste hatte er in Locken zurücklassen müssen, eingegraben im Garten unter dem Birnbaum. Hoffentlich war sie noch da, wenn sie zurückkämen. Lediglich einen Schraubenschlüssel trug August als Handwerksmeister immer in der Hosentasche bei sich, der würde nun hoffentlich hilfreich sein.

Mit einem dicken Knüppel gelang es ihm, die Panzerketten zu entfernen. Heinz, der Kräftigste der vier Brüder, half mit, so gut er konnte.

Es dauerte Stunden, ehe sie vier brauchbare Räder vom Panzer entfernt hatten. »Hunger, Hunger«, heulte Martin, und wie immer fiel Werner ein. Hier und da floss im Wald ein Bächlein, so konnten sie wenigstens den Durst stillen. Aber der Hunger tat weh.

»Wir werden etwas Grünzeug aus dem Wald mitnehmen«, sagte August Gehrmann. »Wir wissen nicht, ob die Frauen heute Brot bekommen haben. Dann haben wir wenigstens etwas im Magen.«

Und so brachten sie neben vier Panzerrädern jeder noch zwei volle Hände Giersch und ein paar Brennnesseln mit in die Schule zurück.

Am übernächsten Tag war der Wagen fertig. Es hatte sich gezeigt, dass der Gehrmannsche ein guter Tischlermeister war und etwas von seinem Handwerk verstand. Die Räder drehten sich, es gab eine Sitzbank, und mit der Deichsel konnte der Wagen gezogen werden.

»So, Frau Kühnapfel«, sagte er zu Ida, »morgen brechen wir mit einigen anderen aus dem Treck auf, es geht weiter. Unser Ziel ist noch lange nicht erreicht!«

Ziel!, dachte Ida grimmig bei sich. Was soll schon mein Ziel sein? Berlin, wo Emilie wohnt? Die wird sich bedanken, wenn ich mit den fünf Kindern ankomme. Ach, wenn wir doch nur endlich zurück nach Locken könnten. Aber die Russen lassen uns ja nicht.

Schwerfällig machte sich der Treck am nächsten Tag zu seiner nächsten Wegstrecke auf.

Der neue Handwagen erwies der Familie gute Dienste. Mal saß eines der kleineren Kinder darauf, mal Ida oder Tante Kroll.

Grete Gehrmann, die erst stumm und voller Trauer nebenherlief, wurde von den munteren Kindern in Beschlag genommen und nach und nach aus ihrer Lethargie geholt. Ihr Lorchen war gestorben, aber diese fünf hatten keine Mutter mehr. War das nicht ein Wink des Schicksals, sich ihrer anzunehmen? Ihr Mann war mit gutem Beispiel vorangegangen und hatte für sie einen kleinen Wagen gebaut. Nun würde sie sich auch kümmern.

Sie waren Wochen unterwegs. Stettin war ihr Ziel. Von dort aus hatte Oma Ida vor, mit den Kindern in den Zug nach Berlin zu steigen.

Auf ihrem Weg suchten sie in Bauernhäusern eine Unterkunft. Ida war auf der Hut, sobald sie sah, dass sowjetische Soldaten im Haus oder im Ort waren. »Grete, versteck dich im Heu, und August, leg Decken drüber! Und setzt Doris eine Mütze auf, steckt ihr die Haare drunter und macht ihr Gesicht mit Ruß schmutzig. Sie soll von Rudi eine Hose anziehen!«

»Aber Omichen, die passt mir nicht!«, jammerte Doris.

»Dann nimm eine von Heinz, aber keine Widerrede! Und dann versteckst du dich hinter deinen Brüdern und wirfst eine Decke über dich, wenn die Russen kommen!«

Doris verstand das nicht, ihre Brüder umso weniger. Aber sie machten sich einen Spaß daraus, ihre Schwester zu verkleiden und zu verstecken.

Grete ahnte, wovon Ida sprach. Auch sie hatte auf ihrer langen Flucht die Schreie der deutschen Frauen gehört und dachte mit Schrecken daran, dass auch ihnen solch ein Unglück widerfahren könnte. Vom Tod ihres Säuglings stand sie noch unter Schock und hätte eine weitere Qual wohl nicht überstanden.

Vom Ende des Krieges erfuhren sie Mitte Mai, als sie in Köslin Quartier aufschlugen. Wie viele andere Städte zuvor, war fast die gesamte Innenstadt von der Roten Armee niedergebrannt worden. Ruinen mit leeren Fensterhöhlen starrten ihnen entgegen, aus denen jegliches Leben entwichen war.

»Oma, wenn der Krieg jetzt zu Ende ist, warum können wir dann nicht zurück nach Locken?«, wollte Heinz von Ida wissen.

»Ei, mein Jungchen, woher soll ich dat wissen?« Ida hatte keine Nerven mehr. Sie war es so leid, jeden Tag viele Kilometer unterwegs zu sein. Sie schienen niemals anzukommen. Und sie wollte so gerne ausruhen, einfach ausruhen. Ihre Knochen taten so weh, und sie konnte kaum einen Schritt mehr vor den anderen setzen. Sie waren alle hungrig, schmutzig und erschöpft.

»Heinz, unser Land ist jetzt von den Russen besetzt, sie haben den Krieg gewonnen und können machen, was sie wollen«, versuchte August Gehrmann den Kindern die Lage zu erklären. »Und sie wollen keinen Deutschen mehr in Ost- und Westpreußen haben. Köslin gehört schon wieder den Polen. Wir müssen abwarten. Im Moment ist es besser, vorwärts zu gehen. Im Deutschen Reich können sie uns Deutsche nicht abweisen.« Aber inwieweit gab es das Deutsche Reich noch?

In Köslin mussten sie sich von Tante Kroll verabschieden, die an Typhus erkrankt war. Sie hatten noch abgewartet, ob sich ihr Durchfall bessern würde. In der überdachten Ruine, ehemals wohl ein Stadttheater, in der sie nächtigten, kam Tante Kroll nicht mehr vom Eimer herunter. Sie wand sich unter starken Krämpfen und erlag schließlich nach ein paar Tagen ihrem hohen Fieber.

August Gehrmann meldete den Todesfall auf der Rot-Kreuz-Station, wo man den Namen notierte und versprach, sich der Leiche anzunehmen.

Der Treck ging weiter. Er machte einen kleinen Umweg von der Hauptstraße zum Jamunder See. Es war heiß geworden, und die Menschen waren schmutzig und durstig. Hier konnten sie sich endlich einmal baden und notdürftig ihre Kleidung waschen.

Schon nach kurzer Pause packten alle wieder ihre Siebensachen, und der Weg wurde fortgesetzt.

In Stettin herrschte ein heilloses Durcheinander. An diesem Grenzort zu Deutschland schienen alle Flüchtenden zum Bahnhof zu wollen.

Als sie endlich auf dem Bahnsteig ankamen, wo der Zug nach Berlin einfahren sollte, standen dort Tausende von Menschen. »Wie sollen wir hier jemals wegkommen?«, murmelte Ida und zog ihr Kopftuch fest. »Ich kann nicht mehr«, stöhnte sie. »Aber ich muss doch irgendwie mit den Kindern weiter. Und wo sollen wir hin, wenn nicht zu Emilie nach Berlin?«
Der Güterzug, der etwa zehn Minuten vor der Abfahrt einfuhr, war leer. Der Bahnhof war schwarz von Menschen. Der Zug hatte noch nicht richtig gehalten, da stürmten die Leute schon hastig hinein. Im gnadenlosen Gerangel wurde auf Alte und Kranke keine Rücksicht genommen, einige verloren einen Schuh, wer Pech hatte, wurde beiseitegestoßen und niedergetrampelt.

»Wir kommen nicht mit«, jammerte Ida. »Es ist zu voll!« Sie sah alle Hoffnung schwinden. Aber was sollte nur werden, sie konnte einfach nicht mehr laufen.

»Und ob! Los, hoch mit dir! Du als Erste, dann die Kinder und zum Schluss wir.« August Gehrmann drängte sich mit der humpelnden Ida zum Waggon und schob sie das Trittbrett hinauf, die Kinder folgten dicht hinter ihm, gefolgt von Grete. Es wurde geschubst, gedrängelt und geschrien. Für jeden der Menschen ging es um die blanke Existenz. Der Zug war voll, es passte eigentlich niemand mehr hinein. Ida hielt sich schwankend am Türgriff fest, als es plötzlich einen Ruck gab, und der Zug bereits anfuhr. Sie klammerte sich an die Eisentür und versuchte, sich weiter in den übervollen Waggon zu schieben, fast wäre sie rückwärts wieder hinuntergefallen. So bekam sie gar nicht mit, wie der Zug Fahrt aufnahm.

»Wir kommen zu Fuß nach! Wir bringen dir die Kinder nach Berlin!«, rief August Gehrmann noch hinterher.

Idas fünf Enkel starrten dem fahrenden Zug traurig und mit hängenden Köpfen hinterher. Sie konnten es gar nicht fassen,

Oma fuhr allein nach Berlin, ohne sie! Verlassen standen sie mit Onkel August und Tante Grete auf dem Bahnsteig, der sich langsam leerte. Nun waren sie ganz allein, keine Mutter, keinen Vater, keine Oma mehr.

Martin ließ sich auf den Steinboden der Plattform plumpsen und fing an zu weinen. »Meine Oma, Oma soll zurückkommen!« Er schrie und schlug mit den Fäusten auf den Boden. Die Geschwister schauten betrübt und resigniert auf ihren Bruder. Selbst Doris vermochte ihn nicht zu trösten. Sie hätte sich selbst am liebsten daneben gesetzt und den Tränen ihren Lauf gelassen.

August schaute sich um. Der selbst gezimmerte Handwagen mit seinen Panzerrädern stand zum Glück noch da. Schnell holte er ihn und lud die kleinen Bündel mit ihren letzten Habseligkeiten auf, die sie bei sich trugen. Dann nahm er Martin auf den Arm, der sich inzwischen beruhigt hatte und apathisch an seinem Daumen lutschte, und setzte ihn in die Mitte auf das Holzbrett neben Werner, der jeden Moment vor Schwäche umzukippen drohte. »Es hilft nichts, Kinder, wir müssen weiter. Ihr wollt doch eure Oma wiedersehen, wir müssen nach Berlin – also: los geht's!«

In der Bahnhofshalle hing eine große Deutschlandkarte, die er und Grete nun studierten. Sie würden nochmals einen Weg von mehreren Tagen oder gar Wochen vor sich haben, etwa 150 Kilometer waren es bis nach Berlin. Brandenburg hieß das Land, durch das sie laufen mussten, vorbei an Orten wie Schwedt, Chorin und Liebenwalde.

Auch die Gehrmanns hatten Hoffnung, in Berlin bei Augusts Onkel Wilhelm Unterschlupf zu finden. August hatte lange nichts von seinem Onkel gehört und hoffte, dass der alte Mann überhaupt den Krieg überlebt hatte.

Auf dem Bahnhofsvorplatz sammelte sich bereits ein Treck, der nach Berlin wollte. Alle, die nicht das Glück hatten, in den

Zug gekommen zu sein, mussten jetzt zu Fuß weiter, ob sie wollten oder nicht. Ein weiterer würde nicht fahren.

Es war nach endlosen Wochen Juli geworden, als sie endlich nach Oranienburg kamen. Hier gab es einen Grenzkontrollpunkt nach Berlin, den alle Flüchtenden passieren mussten. Heinz, Doris, Rudi, Werner und Martin waren bis auf die Knochen abgemagert. Riesige Augen schauten stumpf aus ihren hohlwangigen traurigen Gesichtern. Die Luft war heiß und staubig und der Durst fast unerträglich. Werner schlief fast die meiste Zeit vor Schwäche, es war unklar, ob er die Strapazen überleben würde.

Der Treck reihte sich in die Schlange der Wartenden am Schlagbaum ein. Helfer des Deutschen Roten Kreuzes verteilten Wasser und etwas Grütze.

Mehrere russische Offiziere mit dem Gewehr über der Schulter demonstrierten mit düsterer Miene, wer jetzt hier die Macht in Deutschland hatte, wer Menschen in die von den Alliierten besetzte Hauptstadt einlassen konnte oder nicht.

Als sie endlich an der Reihe waren, wurden sie gefragt, wer sie waren. August Gehrmann stellte zunächst sich und seine Frau vor. »Wohin? Adresse?«, fragte der Russe. August Gehrmann zeigte den Zettel mit der Anschrift seines Onkels Wilhelm, der zum Glück auch Gehrmann hieß. Der Russe schaute in irgendwelchen Büchern nach, stellte einen Passierschein aus und wollte das Ehepaar schon durchlassen, als August sagte: »Halt, Herr. Diese Kinder wurden uns von ihrer Großmutter anvertraut, die es im Mai noch mit dem Zug nach Berlin geschafft hat. Die Kinder müssen auch nach Berlin. Die Oma wartet auf sie.«

Der Russe schüttelte den Kopf. »Wenn Kinder nicht deine, ich kann nicht durchlassen!«

»Aber Herr, bitte …« August wollte protestieren, aber er wurde mit einer streng abweisenden Handbewegung zum Stillschweigen gebracht. »Du und Frau können gehen, Kinder nicht!« Der Russe paffte an seiner Zigarette und sah ihn gleichgültig an.

August und Grete wechselten einen kurzen Blick. Sie konnten doch die Kinder nicht im Stich lassen. Auf der anderen Seite waren sie nach den vielen Strapazen endlich so nah an Berlin. Nur wenige Kilometer trennten sie von der Stadt. Grete sah aus, als würde sie jeden Moment zusammenbrechen und nie und nimmer den Weg noch einmal zurück oder in eine andere Richtung schaffen. Wohin auch?

Grete sah mitleidig zu den traurigen Kindern hinüber, fasste sich ein Herz und sprach als Erste. »August, bleib du bei den Kindern. Sie können nicht alleine bleiben, sonst gehen sie vor die Hunde. Schau sie dir doch an, sie haben fast ihren Lebensmut verloren. Sie brauchen dich. Geh mit ihnen weiter und bring sie irgendwo unter. Dann kommst du nach.«

»Aber Gretchen, was wird dann aus dir?«

»Mach dir keine Sorgen, August, ich gehe weiter mit dem Treck nach Berlin und suche Onkel Wilhelm. Selbst wenn er nicht mehr lebt, werde ich vielleicht irgendwie in seine Wohnung kommen. Ich kann mich ja ausweisen. Ich schaffe das schon!«

August, der über den Mut seiner Frau sehr erstaunt war, nickte langsam. Das war wohl die einzige menschliche Lösung, wenn man in die traurigen, resignierten Gesichter der Kühnapfelschen Kinder sah.

Der Offizier indes wurde ungeduldig. »Dawai!«, rief er und winkte mit seinem Gewehr. »Dawai! Menschen warten!«

Grete kam schnell auf ihren Mann zu, umarmte ihn und gab ihm einen Kuss. »Melde dich sofort, wenn ihr eine Unterkunft habt«, sagte sie und begann zu laufen. August blieb mit den fünf Kindern, die nicht seine waren, zurück.

6. Carl

»Es heisst, morgen soll wieder ein Transport nach Sibirien gehen!« In der Baracke wurden Stimmen laut, die Gefangenen riefen aufgeregt durcheinander. »Wahrscheinlich sind wir diesmal dabei.« Grauen machte sich breit.

Carl und viele andere Landsleute waren inzwischen in das größere Konzentrationslager Stutthof, etwa 35 Kilometer von Danzig entfernt, gebracht worden. Russische Truppen hatten es am 9. Mai befreit und machten sich dessen Zwecke zu eigen. Ein Teil der Baracken, in denen einst Juden und Kommunisten darbten, wurde nun zur Unterbringung der deutschen Kriegsgefangenen genutzt.

Carl fasste sich geschockt an den kahl rasierten Kopf. Sibirien! Das schien am Ende der Welt zu sein. Wenn er da hinmusste, wann würde er dann seine Kinder wiedersehen? Was sollte nur aus ihnen werden? Würde er ein Lager in Sibirien jemals lebend verlassen?

Wehmütig dachte er an seine geliebte Käthe, die viel zu früh sterben musste. Ach, Käthchen, wärst du doch wenigstens bei den Kindern! Aber so haben sie nur noch ihre Oma! Und die ist auch schon alt und schwach. Wer weiß, wie es ihnen ergangen ist.

Man hatte Gerüchte gehört, wie es in einem Arbeitslager bei den Russen zuging. Harte Arbeit und nichts zu essen. »Die Russen werden uns büßen lassen, was der Krieg ihnen angetan hat.« So wurde geredet. Kalte Angst griff nach Carl und ließ ihn innerlich zittern.

Verzweifelt wälzte er sich auf seinem Lager ganz oben auf einem der dreietagigen Stockbetten, das er mit Gerhard Lamprecht, einem Landsmann, der Bürgermeister von Liebemühl gewesen war, teilte. Fieberhaft ging er Möglichkeiten der Flucht durch, aber hier im Lager war es unmöglich zu entkommen. Beim Aufenthalt im Freien hatte er gesehen, dass die hohen Wachtürme immer mit einem bewaffneten Posten besetzt waren. Das Lager selbst war, wie das vorherige, mit Stacheldraht umgeben.

Am nächsten Morgen hieß es auf dem Appellplatz Aufstellung nehmen. Die Gefangenen wurden durchgezählt, bevor der Marsch zu einem nahe gelegenen Güterbahnhof losging. In Zweierreihen mussten sie strammen Schrittes vorwärtslaufen, wer schwächelte, bekam Prügel, wer umfiel, wurde erschossen.

Selbst Carl, der immer ein großer, strammer Bursche gewesen war, der ordentlich zupacken konnte, merkte, wie seine Kräfte durch den ständigen Hunger nachließen. Seine Kleider schlotterten ihm am Leib, als hätten sie nie zu ihm gehört.

Mehrere 100 Gefangene wurden wie Vieh in die Güterwaggons des Zuges getrieben, so dicht, dass sie gerade Platz zum Stehen hatten. Als alle verstaut waren, wurden die Türen von außen von den russischen Soldaten geschlossen. Grimmig sahen sie dem Zug hinterher, der sich kurze Zeit später ruckelnd in Bewegung setzte. Im Gulag bei Magadan würden die Deutschen schon merken, was es heißt, sich Russland zum

Feind zu machen. Der Zug würde bis Ostsibirien Tage unterwegs sein. Wer weiß, wie viele von denen überhaupt lebend ankommen würden. Es gab in den Waggons kein Essen, kein Trinken. Für die menschlichen Bedürfnisse stand in jedem Waggon ein Blecheimer. Schon in der nächsten Woche würde wieder ein neuer Transport gehen.

Schulterzuckend machten sich die Sowjets zurück auf den Weg nach Stutthof.

»Das war es dann wohl.« Gerhard Lamprecht sprach aus, was auch Carl dachte. Voller Panik hingen sie ihren Gedanken nach, während sie im dunklen Waggon dicht an dicht mit den anderen Gefangenen auf dem blanken Boden neben der Tür hockten. Es gab nur einen Toiletteneimer, und es würde wahrscheinlich bis Magadan nichts zu essen und zu trinken geben. Wer diese Fahrt überlebte, musste eine starke Konstitution haben. Die Luft war schon nach halbstündiger Fahrt verbraucht und stickig.

»Wir müssen hier raus«, flüsterte Carl. Trotz des Gerumpels konnte Gerhard ihn verstehen und sah ihn fragend an. »Ich habe gesehen, wie die Waggons verschlossen werden – nur mit einem Haken. Und sieh mal, was ich hier habe!« Er zog aus seiner Jackentasche einen langen stabilen Nagel, den er gut in einer Hohlnaht des Stoffes versteckt gehalten hatte. Auch wenn man in der Dunkelheit des Wagens nicht viel erkennen konnte, sah Gerhard es kurz aufblitzen.

Carl hatte den Nagel in den vielen Nächten in seinem oberen Bett in der Baracke aus dem Holzbalken über ihm gepolkt in dunkler Ahnung, dass er einen Nagel einmal gebrauchen würde. Mehrere Fingernägel waren ihm dabei abgebrochen, seine Finger hatten geblutet und waren voller Holzsplitter.

»Aber Carl, wie willst du das machen?« Gerhard schaute ihn ungläubig an.

»Warte ab! Ich sehe einen Spalt in der Tür. Siehst du, es fällt etwas Licht von draußen herein. Die ist nicht ganz dicht, sondern ein bisschen verzogen. Wenn du dein Auge direkt heranhältst, kannst du draußen die Landschaft sehen. Und wenn ich mit dem Nagel durchbohre, komme ich vielleicht an den Türhaken.« Carl war entschlossen, alles zu versuchen, um aus dem Zug zu kommen. Es ging um Leben oder Tod.

Inzwischen waren die anderen Gefangenen im Waggon in ihrer unmittelbaren Nähe aufmerksam geworden, denn Carls Bemühungen an der Tür blieben nicht unbemerkt. Als seine Kräfte nachließen, versuchten sich einige der anderen Männer an der Tür. Der Nagel war schon ganz krumm, aber zum Glück hielt er.

Nach endlos scheinender Anstrengung gab der Haken auf einmal nach. Fast wäre Gerhard aus dem Zug gefallen, als die Tür aufflog. Ohne nachzudenken, schrie Carl: »Los, raus, Leute, das ist eure letzte Chance!« Damit fasste er sich ein Herz und sprang, ohne länger nachzudenken, als Erster aus dem fahrenden Zug. Gerhard folgte ihm.

Der Aufprall war schmerzhaft, und im ersten Moment dachte Carl, dass er sich alle Knochen gebrochen hätte. Doch kurz darauf berappelte er sich und lief, so schnell er konnte. Sie befanden sich auf einem flachen Wiesenstück. Der Wald war jedoch nur etwa 100 Meter entfernt.

Als er hinter sich sah, merkte Carl, dass Gerhard humpelte. »Was ist?«, rief er nach hinten. »Lauf, Gerhard, lauf!«

»Mein Fuß muss verstaucht sein!«, rief Gerhard. »Aber egal, bloß weiter! Wir schaffen das!«

Alle Gefangenen des Waggons Nummer acht rannten um ihr Leben in Richtung Wald, als der Zug plötzlich ruckartig mit quietschenden Bremsen anhielt. Offenbar hatte der Zugführer durch einen Rückspiegel die Flucht bemerkt.

Gerade als Carl und Gerhard die ersten schützenden Bäume erreicht hatten, ertönten Schüsse. »Weiter, Gerhard, weiter! Die dürfen uns nicht erwischen!« Als Carl sich umdrehte, sah er, wie etliche der Männer, die noch nicht so weit gekommen waren, erschossen worden waren und sterbend auf der Wiese lagen.

Sie liefen tiefer ins schützende Dickicht hinein, nahmen Deckung hinter den Bäumen, bis endlich der Zug und die Begleiter, die die Verfolgung der Geflüchteten nicht lange durchgehalten hatten, außer Sichtweite waren.

Carl und Gerhard ließen sich nach Luft schnappend ins Unterholz fallen.

Gerhards Knöchel war dick angeschwollen. Er konnte seinen Fuß jedoch bewegen, er schien also nicht gebrochen zu sein. »Ein Stück musst du wohl noch laufen, Gerhard, bis wir zum nächsten Ort kommen. Dort fragen wir, ob du für ein paar Tage unterkommen kannst. Bis nach Liebemühl kommst du mit dem Bein nicht.«

Gerhard nickte. Am liebsten wäre er im weichen Moos liegen geblieben. Er war völlig erschöpft, nicht nur der Schmerzen wegen. Wo Carl nur seine Kraft hernahm? Auch er musste doch durch den Aufprall vom Sprung aus dem Zug Verletzungen davongetragen haben. Aber Carl ließ sich nichts anmerken.

Aus zwei starken Ästen hatten sie für Gerhard zwei Krücken gebaut, mit denen er beim Laufen seinen schmerzenden Fuß schonen konnte. Manchmal stützte er sich auf Carls Schulter.

Sie brauchten zwei Tage, um aus dem Wald herauszukommen. Teilweise schliefen sie vor Durst, Hunger und Erschöpfung ein. Alles, was sie an Essbarem fanden, einige Beeren, etwas Giersch, Löwenzahn, Sauerampfer, Würmer und Käfer, steckten sie in den Mund und verschlangen es.

»Was meinst du, wo wir sind, Carl?«, fragte Gerhard, als sie endlich das Waldstück passiert hatten und das erste Bauernhaus hinter einem Feld erblickten.

»Hm«, Carl kratzte sich seine Bartstoppeln. »Da der Zug bereits mehrere Stunden auf dem Weg von Danzig östlich nach Sibirien unterwegs gewesen ist, könnten wir Glück haben und unserer Heimat Masuren ein Stück nähergekommen sein.«

So war es. Die kleine Bauernkate am Waldrand fanden sie geplündert und verlassen vor, verbrachten dort aber eine Nacht, um zur Ruhe zu kommen. Die Pumpe auf dem Hof funktionierte, und so hatten sie wenigstens Wasser zum Trinken und Waschen.

Als sie am nächsten Tag in die Ortschaft kamen, sahen sie das Schild »Conradswalde/Chojnowo«, wobei Conradswalde durchgestrichen war. Jemand hatte mit schwarzer Farbe den neuen Ortsnamen darüber geschrieben. »Chojnowo?« Carl sah fragend zu Gerhard. »Das muss Polnisch sein. Was hat das denn zu bedeuten?« Gerhard zuckte die Schultern. »Wahrscheinlich haben es die Polen wieder. Wir gehen mal die Leute fragen.«

Sie sollten recht behalten. Es war Anfang Juni. Inzwischen war ein kleiner Teil der im Januar geflüchteten Landsleute zurückgekehrt, aber alle standen unter russisch/polnischer Regierung.

»Ob das in Locken auch so ist?«, fürchtete Carl. »Was ist wohl aus meiner Bäckerei geworden? Ich muss so schnell wie möglich zurück. Wenn die Kinder mit der Oma kommen, will ich sie zu Hause empfangen.«

Sie hatten in der Scheune der Familie Krüger, die bis Januar 1945 den *Dorfkrug* betrieben hatte und ebenfalls geflüchtet war, Unterkunft gefunden. Gerhard bestärkte ihn, den Weg allein fortzusetzen. »Dann kommst du schneller voran, Carl. Ich bleibe erst mal hier, bis mein Bein wieder in Ordnung ist, und mache mich dann auch auf den Weg nach Hause.«

Die beiden Männer umarmten sich zum Abschied. »Danke, Carl. Ohne dich säße ich immer noch in einem stinkenden Waggon auf dem Weg nach Sibirien. Du hast mein Leben gerettet!« Gerhard musste schlucken, doch Carl winkte ab. »Du bist ein feiner Mensch, Gerhard. Wir haben uns gegenseitig bestärkt. Liebemühl ist nicht weit von Locken entfernt. Wenn im Land wieder Ruhe eingekehrt ist, werden wir uns wiedersehen!« Mit diesen Worten klopften sie sich auf die Schulter, und Carl machte sich auf den Weg nach Locken.

»Lukta« stand auf dem Ortseingangsschild. Auch hier hatte es jemand mit schwarzer Farbe quer über den Namen »Locken« geschrieben. Carl war Tage bei sengender Hitze gelaufen. Auch wenn der Krieg vorbei war, wirkte nichts friedlich. Im Wald und auf den Wiesen hatte er verwesende Tierkadaver gesehen, an denen sich Raben, Geier, Ratten und Würmer gütlich taten. Die Felder waren ohne Korn, stattdessen wuchs Unkraut.

Der Weg stimmte, und die Heimathäuser standen, wenn auch zum größten Teil zerstört, dort, wo sie immer gestanden hatten. Er rieb sich die Augen. Lukta klang fremd, Lukta klang nicht wie Locken, Lukta klang nicht nach Heimat.

Das gesamte Dorf schien verlassen, nur hier und da traf er einige Bewohner, die geblieben waren oder wie er den Weg zurück angetreten hatten. Von Weitem sah er ihre schöne Kirche, sie schien unversehrt, nur die Fensterscheiben fehlten. Das danebenstehende Schulgebäude hatte einigen Schaden genommen. Die Eingangstür fehlte, ebenso die Fenster. Einige der leeren Fensterhöhlen waren mit Holz vernagelt. Fahrzeuge der russischen Armee parkten auf dem Schulhof. Alles war so still. Kein Hühnergegacker, kein Muhen, kein Gewieher oder Gegrunze. Alles schien wie ausgestorben.

Carls Schritte wurden immer schneller, als er sich dem

Marktplatz näherte, wo als erstes Haus am Platz das stattliche Anwesen der Bäckerei Kühnapfel stand.

Carl stockte und blieb stehen. Entsetzt blickte er auf das Haus der Familie. Das war nicht mehr sein Haus. Das über die gesamte Ladenfläche prangende Schild »Bäckerei Carl Kühnapfel« war entfernt worden. Dort, wo es gehangen hatte, war ein riesiger dunkler Fleck. Putz blätterte ab, Einschusslöcher von Maschinengewehren hatten die Fassade zersiebt. Die ebenerdigen Zimmerfenster und das Schaufenster, einst mit herrlichen Auslagen bestückt, waren ausgeschlagen und mit Brettern vernagelt.

Carl schluckte, Tränen traten ihm in die Augen. Das konnte nicht sein Haus sein! Der jämmerliche Anblick machte ihn fassungslos.

Nach einem Moment des Innehaltens fasste er sich ein Herz und durchschritt energisch sein Eigentum, aus dem er Stimmen in einer fremden Sprache hörte. War das Polnisch oder Russisch? Egal, er würde denen schon zeigen, wem das Haus gehörte.

Kaum hatte er die offen stehende Eingangstür passiert, wurde ihm ein Gewehr in die Rippen gestoßen. »Kto ty? Schto ty khochesch?« Wer bist du? Was willst du? Georgi, der russische Besatzer, zeigte Carl sofort, wer jetzt im Haus der Herr war.

Aufrechten Hauptes sah Carl dem Mann in die Augen und tippte sich auf die Brust. »Ich bin Carl Kühnapfel. Du verstehst? Das ist mein Haus!«

Der Russe lachte ihn aus. »Nix dein Haus. Du haben Krieg verloren. Jetzt unser Haus!« Mit einer Handbewegung zeigte er auf weitere drei Soldaten, die den roten Stern an der Mütze trugen und ihre Gewehre in Griffweite geschultert trugen.

Carl überlegte blitzschnell. Jetzt hieß es schnell reagieren, sonst würden die ihm sogar noch den Zutritt verwehren. Er musste vorsichtig sein, schließlich war er gerade aus der Gefan-

genschaft geflohen. Noch einmal wollte er sich die Grausamkeit des Feindes nicht zuziehen. »Ich bin Bäcker!« Er wies auf die Backstube und ahmte mit den Händen das Brotkneten nach. »Brot! Gutes Brot! Menschen brauchen Brot!«
»Chleb?« Die Russen sahen sich an und diskutierten in ihrer Sprache. Dann nickten sie sich zu. Die Aussicht auf täglich frisches Brot war großartig. Sie würden Carl als Bäcker anstellen, mehr nicht. Das Haus blieb erst einmal in russischer Hand, bis weitere Entscheidungen getroffen waren. Sie winkten Carl herein. Das Haus war auch innen in einem schockierenden Zustand. Kaum etwas von dem, was sie einmal hatten, war übrig geblieben. Kahle Räume starrten Carl entgegen, nur hier und da stand verloren ein ramponiertes Möbelstück. Im Vorbeigehen war sein Blick sofort auf die frisch gemauerte Wand gefallen, hinter der sie ein paar Tage vor der Flucht Wertsachen und Doris' Aussteuer versteckt hatten. Die Wand war aufgebrochen, nur noch Mauerreste unten und oben zeugten davon, dass sich hier ein Hohlraum befunden hatte. Alles war weg. Durch die offenstehende Verandatür hatte er den Blick auf die Ställe frei. Die Verschläge der Scheune standen offen, kein Vieh war weit und breit zu sehen. Ei, Käthchen, dachte Carl wehmütig, nur gut, dass du das nicht mehr erleben musst, was aus deinem schönen Heim geworden ist.

Ein kleiner Lichtblick war die Backstube. Bis auf ein paar Kleinigkeiten am Backofen, die man reparieren konnte, schien alles funktionstüchtig. Hier stand sogar noch der riesige massive Eichenholztisch, auf dem Carl immer die Brote und Brötchen geformt und Teig für Kuchen ausgerollt hatte. Der Tisch war wohl zu groß und zu schwer gewesen, um ihn zu verheizen.

Vom einst so schönen Verkaufsladen mit seiner gläsernen Theke und den Auslagen im Schaufenster war allerdings nichts mehr übrig. Der Laden war völlig leer und finster, da das Fenster von außen mit Holz vernagelt war, wofür man offensichtlich die Regalbretter verwendet hatte. Lediglich die herumliegenden Glasscherben der Vitrine zeigten, welchem Zweck der Raum einmal gedient hatte.

»Ich werde aufräumen und mich nützlich machen«, sagte Carl und machte die entsprechenden Handbewegungen. Er stand noch unter Beobachtung. »Morgen kümmere ich mich um die Backstube und um Mehl.«

Die Soldaten nickten. »Du kannst machen!«, sagte Georgi. »Wir ab morgen in Gasthof, aber andere kommen. Und du backen gut Brot!« Damit klopfte er Carl auf die Schulter, und er und seine Kameraden trollten sich.

Carl, dem vor Anspannung, Hunger und Erschöpfung die Beine zitterten, sackte an der Wand der Backstube zusammen und stützte den Kopf auf die Arme. Endlich war er zu Hause. So schlimm hatte er es sich nicht vorgestellt, doch er würde alles wieder aufbauen. Er würde backen und das Haus wieder wohnlich machen. Er würde Betten für die Kinder und ihre Großmutter bauen, und dann wäre alles bereit, wenn sie zurückkämen. Carl war sicher, dass Ida mit den Kindern in den nächsten Wochen eintreffen würde. Der Krieg war schließlich vorbei, und irgendwie würde es weitergehen.

Bei Einbruch der Nacht begannen Carl heftige Leibschmerzen zu quälen. Er kampierte auf dem schmutzigen Boden der Backstube, als er von den Krämpfen wach wurde. Schnell lief er zum Abort, wo er fast die ganze Nacht verbrachte.

Als er endlich einschlief, waren seine letzten Gedanken: Morgen früh muss ich Hilfe holen. Allein schaffe ich das nicht.

Im Morgengrauen machte Carl sich mit wackligen Beinen auf den Weg ins Dorf. Er fühlte sich so schwach, dass er kaum ein Bein vor das andere setzen konnte. Schweißüberströmt lief er auf das erste Nachbarhaus zu.

»Das ist doch wohl nicht der Kühnapfelsche?« Ernst Krause, ein alter Freund vom Stammtisch, umarmte Carl, der sich in Ernsts Arme sinken ließ. »Erbarmung, Carl, wie siehst du denn aus? Du bist ja krank!« Er fasste an Carls Stirn. »Du bist ganz heiß, hohes Fieber, schätze ich. Komm, ich bring dich nach Hause!« »Ernstche, seit wann wohnst du denn gleich hier an der Ecke?«, stöhnte Carl und hustete. Das Sprechen fiel ihm schwer. »Ei, das ist eine lange Geschichte. Unser Haus wurde ja von den Russen abgefackelt. Und weil wir hiergeblieben sind, haben wir in einem der verlassenen Häuser Unterschlupf gesucht.« Ernst zuckte mit den Schultern. »Alles steht auf dem Kopf. Keiner weiß, wo und wie lange er bleiben kann. Und wer alles zurückkehrt. Aber Hauptsache, der verfluchte Krieg ist vorbei!«

Sie hatten kaum die Bäckerei erreicht, als Carl schon wieder zum Abtritt rannte. »Erbarmung, Carl, das sieht nicht gut aus. Ich glaube, du hast Typhus! Damit haben sich so einige angesteckt.« Er erwähnte nicht, dass Dorfbewohner an der Krankheit gestorben waren.

Als Carl zurückkam, hatte Ernst ihm eine Matratze und eine graue Pferdedecke beschafft. »Komm, Carl, du legst dich hin. Du schlotterst ja richtig. So, decke dich ordentlich zu. Ich gehe zu meiner Elfriede, die wird dir eine Kanne Tee machen. Im Garten sind zum Glück die Kräuter gewachsen. Und auch ein paar Frühkartoffeln haben wir ausgebuddelt. Eigentlich sollen wir ja alles an die Russen abgeben, aber verhungern können wir schließlich auch nicht, oder?«

Ernst Krause pflegte Carl zwei Wochen lang. Anfangs war Carl tagelang nicht zu sich gekommen und hatte nur wirr im Fieberwahn fantasiert. Es stand kritisch, ob er überleben würde. Doch Ernst brachte ihm Tee mit Fenchel und Salbei, machte kalte Wadenwickel gegen das Fieber und fütterte ihn mit Kartoffelbrei.

Noch nie war Carl so lange krank gewesen, aber endlich war er fieberfrei und konnte ein paar Schritte laufen.

Er würde Ernst zu ewiger Dankbarkeit verpflichtet sein. Ernst Krause hatte ihm das Leben gerettet.

Nun erst hatten die beiden Männer Gelegenheit, sich von den Erlebnissen der letzten Wochen zu berichten. Ernst legte mitleidig seinen Arm um Carls Schulter, als er erfuhr, dass Käthe gestorben war. Er kannte Carls reizende, hübsche Frau, sie war bei allen im Dorf beliebt gewesen. Und nun die fünf Kinder ohne Mutter allein unterwegs! Hoffentlich würde die Oma diese Last bewältigen.

Ernst Krause hatte mit seiner Frau Elfriede einen Eisenwarenladen betrieben. Die beiden waren geblieben, da sie es nicht fertiggebracht hatten, Haus und Tiere sich selbst zu überlassen. Kinder hatten die Krauseschen keine, die sie hätten in Sicherheit bringen müssen. So hatten sie sich dem Feind ergeben in der Hoffnung, Gott würde sie schützen. Dafür wurde ihnen der Laden geplündert und das Dach über dem Kopf angezündet.

Was Carl im Lager erlebt hatte und wie ihm schließlich die Flucht gelungen war, trotzte Ernst Hochachtung ab. »Erbarmung, Carl, aber du bist ein richtiger Held!« Carl winkte ab. »Ein Held wäre ich, wenn ich Käthe gerettet und besser auf meine Kinder aufgepasst hätte!«

Die beiden Männer hingen ihren Gedanken nach.

»Ernst, was hältst du davon, wenn du als mein Gehilfe mit mir die Bäckerei betreibst?« Carl sah den Freund schließlich fragend an.

»Wenn du mich richtig anlernst, gerne!« Ernst sah vor seinem geistigen Auge frisches knuspriges Brot, und ihm lief das Wasser im Munde zusammen. Er konnte schon den Duft nach frisch Gebackenem riechen, der früher aus der Bäckerei geströmt war.

»Aber darfst du denn wieder backen, Carl?«

»Nun ja, die Russen haben mich sozusagen beauftragt. Da konnte ich schlecht Nein sagen«, schmunzelte Carl. Jetzt hatte ihn wieder Lebenswille gepackt.

Mit einem Handwagen zogen sie am nächsten Tag los, Carl noch schlotternd und mit wackligen Knien, um die Mühle von Oskar Roehr aufzusuchen. Der Müller war seit wenigen Tagen mit seiner Familie in die Heimat zurückgekehrt und hatte seine Arbeit wieder aufgenommen. Doch die Kornkammern waren so gut wie leer, keiner hatte im Frühjahr eine Aussaat vorgenommen. Er zuckte ratlos mit den Schultern. Sie bekamen nur einen Viertel Sack Roggen und sollten morgen wiederkommen.

»Ernstche«, bat Carl den Freund, »versuche doch mal, auf den Dachboden zu kommen. Da hatte ich im Januar noch Vorräte!« Januar ... das klang, als hätte er gesagt, vor drei Jahren. »Aber wir haben keine Leiter, Carl«, meinte Ernst. »Die wird wohl jemand verheizt haben.«

»Versuchen wir, ein Seil zu knüpfen, irgendwie müssen wir hoch!« Ernst holte von daheim ein altes Bettlaken, das sie in Streifen rissen, und so knüpften sie ein Seil, das sie mit einem Haken auf den Dachboden warfen. Ernst kletterte hinauf, und tatsächlich gab es ein paar Mehlsäcke, zwar alle durch Unwetter feucht geworden, aber noch brauchbar.

Schwierig wurde es mit der Herstellung der Hefe, das erforderte mehr Zeit und Geduld. Zucker und Salz zu beschaffen, war auch problematisch. Mit Mimik und Gestik versuchte Carl, dem russischen Offizier zu erklären, dass man zum Backen von Brot mehr als Mehl brauchte. Der war jedoch ungeduldig und hieß Carl, den Ofen anzuheizen. So konnte Carl zunächst nur geschmacklose Fladen backen, aber auch die wurden ihm förmlich aus den Händen gerissen.

Innerhalb der nächsten Wochen gab es jedoch in der Bäckerei Kühnapfel, die offiziell ihren Namen verloren hatte, wieder das erste richtige Brot aus Sauerteig. Ein gutes Gefühl kam in Carl hoch, als er es aus dem Ofen holte. Doch jede gebackene Ration musste an die Besatzer abgeliefert werden, die ihn ständig kontrollierten. Carl und sein Gehilfe hatten Not, selber satt zu werden.

Ernst Krause half so emsig in der Backstube mit, dass Carl an den Nachmittagen Zeit fand, Holz für das erste neue Mobiliar zusammenzusuchen und die Betten für die Kinder zu zimmern. Er konnte es kaum erwarten, sie und seine Mutter Ida wiederzusehen.

So langsam machte er sich Gedanken. Der Sommer ging fast zur Neige. Wo blieben sie nur? Es war ihnen doch hoffentlich nichts passiert? Lebten sie noch? In der nächsten Woche würde er einen Tag nach Osterode zum Stützpunkt des DRK laufen und eine Suchmeldung aufgeben. Es waren 20 Kilometer bis dorthin, aber eine andere Möglichkeit gab es nicht.

7. Ankunft in der Fremde

IN EINEM SCHWEINESTALL hatten sie gerade noch Platz gefunden, denn die Eigentümer hatten das Haus, obwohl es abgelegen an einem Waldstück lag, schon voll mit anderen Flüchtlingen. Doch August Gehrmann hatte dafür gesorgt, dass sie wenigstens für die Nacht ein Dach über dem Kopf hatten. Im Schweinestall war es etwas wärmer als draußen, denn die Nächte waren kalt. Und Schweine gab es zurzeit keine. Alle waren dem Hunger zum Opfer gefallen.

Selbst August hatte momentan nicht mehr so ganz den Überblick, in welchem Landstück sie waren. Sie irrten hierhin und dorthin. Es musste irgendwo im Brandenburgischen sein. Er hoffte, dass es Leute gäbe, die die Kinder aufnehmen würden, damit er endlich zu seiner Grete nach Berlin konnte. Denn er brachte es nicht übers Herz, die Fünf allein zu lassen.

Es hatte keinen Sinn, drinnen im Haus nach etwas Essbarem zu fragen. Die Bäuerin war sehr abweisend gewesen. August verstand es sogar, denn wie es aussah, hatte sie selbst eine Schar Kinder. Dazu hatte sie etliche fremde Personen aufnehmen müssen, die sich in ihrer Küche zu schaffen machten. Da wurde in Ermangelung von Pfannen oder Kochgeschirr auf den puren Herdplatten Gerste geröstet, was einen verbrannten Geruch verursachte. Es wimmelte von Leuten im Haus und in den Scheunen.

Stroh lag zum Glück etwas im Schweinekoben, und es schien trocken zu sein. Auf Sauberkeit zu achten, konnte sich schon lange niemand mehr leisten. Die Kinder wühlten in den Trögen, aber ohne Erfolg. Die Schweine hatten nichts von ihrem Futter übrig gelassen.

August seufzte. Der quälende Hunger war ihr ständiger Begleiter, sie waren dreckig, verkrustet und verlaust. Überall juckte es. Ihre Kleidung war zerschlissen, sie sahen halb verhungert aus. Es blieb ihm nichts weiter übrig, als in den Wald zu gehen und dort nach Beeren, Brennnesseln oder anderem zu suchen. Die beiden Großen, Heinz und Doris, würden ihn begleiten. Doris war ein dünnes, zartes Mädchen, aber mit einer großen inneren Kraft.

Aber die drei jüngeren Brüder waren sofort erschöpft ins Stroh gesunken und eingeschlafen. Er musste sich beeilen, dass er in den Wald kam, denn die Dunkelheit nahte an diesem späten Abend. Vorher schickte er Heinz mit einem Eimer, der glücklicherweise im Hof stand, zum Brunnen, um Trinkwasser zu holen.

Es war spät in der Nacht, als August plötzlich von einem hellen Licht, das durch das winzige Fenster des Schweinekobens fiel, geweckt wurde. Die Kinder schliefen tief und fest. Wird es schon hell?, war sein erster Gedanke. Er blinzelte und schaute zum Fenster hoch. Das Licht flackerte. Im Nu war August auf den Beinen, rannte zur Tür und riss sie auf. Da sah er es. Aus dem Küchenfenster des nahe stehenden Hauses fiel Feuerschein. Es brannte.

»Kinder, wacht auf, es brennt im Haus!«, schrie er und rüttelte an den ausgemergelten Körpern der Kinder. »Aufwachen, Rudi, Heinz, Martin, los, los!«

Schlaftrunken kamen die Fünf zu sich und rieben sich die Augen. Entsetzt sahen sie, wie die Flammen im Haus weiter züngelten und bereits auf andere Räume übergriffen.

»Ihr bleibt hier, ich gehe rüber, um zu helfen«, wies August die Kinder an und rannte hinüber. Er riss die Haustür auf, wo ihm bereits die Flammen entgegenschlugen. August lief zum Brunnen und holte mit dem Eimer Wasser. Dann wagte er sich ins Haus, wo inzwischen die Bewohner um Hilfe schrien. Einige kamen ihm wankend entgegen, andere kletterten durch die Fenster im Erdgeschoss, teils mit brennender Kleidung.

»Meine Kinder, meine Kinder«, schrie die Bäuerin und zeigte mit der Hand nach oben. »Sie schlafen dort in der Kammer!« Verzweifelt raufte sie sich die Haare.

Der Eimer Wasser hatte nichts bewirkt, doch August sah, dass es nur noch galt, Menschenleben zu retten. Er lief zu der

Stiege, um nach oben in die Kammer der Kinder zu gelangen, die nach ihrer Mama riefen und husteten. Links und rechts griffen bereits die Flammen nach ihm, alles war voller Qualm, der seine Augen tränen ließ. Er hustete und bekam kaum noch Luft. Trotzdem wagte er sich weiter nach oben. Du musst die Kinder retten, du musst die Kinder retten, waren seine einzigen Gedanken.

Als er am Ende der Stiege den Boden betrat, brach dieser brennend unter ihm zusammen. August Gehrmann fiel in die lodernden Flammen und war nicht mehr zu retten.

Heinz, Doris, Rudi, Werner und Martin standen erstarrt vor der Tür des Schweinestalls und blickten auf das brennende Haus. Beißender Rauch zog zu ihnen herüber. »Kommt weiter weg, Jungens, es qualmt zu stark«, wies Doris ihre Brüder an. »Aber Onkel August!« Martin wollte nicht gehen und zeigte panisch mit dem Finger auf das Haus. Er hatte den Onkel ins Herz geschlossen. Er war doch sein einziger Halt. Oft hatte er ihn huckepack genommen, wenn er nicht mehr laufen konnte.

»Onkel August ist helfen gegangen. Er kommt bestimmt nachher wieder!« An diese Worte klammerten sich die fünf Kinder, die mit anderen Hausbewohnern abseits standen und wie gebannt auf die Flammen starrten, die inzwischen das ganze Haus zerstörten.

Im Morgengrauen hatte das Feuer nur noch eine rußschwarze Ruine hinterlassen. Das Dach, das teilweise mit Stroh gedeckt gewesen war, fehlte.

Die fünf Kinder warteten noch bis in den Morgen. Niemand kümmerte sich um sie, alle waren mit ihrem eigenen Elend beschäftigt. Die Bäuerin kniete bewegungslos auf dem Boden, die Hände über dem Kopf verschränkt, der auf ihre Brust gesunken war. Sie hatte bei dem Brand zwei Töchter und einen Sohn verloren, ihr Leid war unsäglich.

Keines der Kinder sprach ein Wort, nur Martin jammerte immer wieder vor sich hin: »Onkel August, Onkel August! Mutti! Papa!«

Doris fasste sich als Erste ein Herz und riss sich aus der Erstarrung. Sie musste jetzt die Brüder durchbringen, nachdem sie auch Onkel August verloren hatten. Hier konnten sie nicht mehr bleiben. Sie mussten weiter.

»Hört zu, wir machen uns auf in den nächsten Ort. Dort wird es bestimmt besser. Und bald werden wir den Weg nach Hause finden. Oder Papa findet uns, wenn er wieder freikommt! Wir geben nicht auf!« Mit hängenden Köpfen liefen sie mit ihrem Karren los. Allein. Sie waren zu Wolfskindern geworden.

»Friesack« stand am Ortseingang, den sie am nächsten Tag erreichten. »Ein großer Ort«, sagte Doris, »hier werden wir wohl nicht unterkommen.« Sie sah die vielen Menschen, die obdachlos vor den teilweise zerstörten Stadthäusern, die eng aneinandergebaut waren, lungerten. Die Kinder trotteten die Hauptstraße entlang, an der Kirche, Wohnhäusern und zerstörten Geschäften vorbei und kamen schließlich wieder auf eine endlos scheinende Landstraße. Grüne Wiesen und Wälder schlängelten sich links und rechts des staubigen Weges entlang. Hier und da waren Flüchtlinge wie sie unterwegs. Manche hatten ebenfalls einen kleinen Handwagen bei sich, viele aber nur noch ein Stoffbündel auf dem Rücken.

»Hier sieht es fast aus wie zu Hause!«, sagte Rudi, der über die weiten, von blauen Roggenblumen gesäumten Kornfelder staunte.

»Vielleicht finden wir ja ein neues Heim, wenigstens vorübergehend«, hoffte Doris. »Ihr müsst lieb sein und freundlich gucken, damit uns jemand aufnimmt!«

Das erste alte Bauernhaus, das sie in Michaelisbruch erreichten, schien zunächst leer zu sein, doch beim Näherkommen sahen sie, dass hier Leute wohnten. Es war ein Gehöft mit Stallungen und einer Wiese dahinter.

»Wir gehen fragen, ob wir bleiben dürfen!« Doris fasste sich ein Herz und trat auf die Bäuerin zu, die gerade eine Schüssel Schmutzwasser in die Büsche goss.

Luise Günzel war eine Frau Anfang 40 mit ersten grauen Strähnen im dunklen Haar, das sie unter einem Kopftuch versteckt hielt. Ihre zu weite Kittelschürze ließ vermuten, dass sie einst eine rundliche Figur hatte, doch inzwischen war sie mehrere Kleidergrößen abgemagert.

Sie musterte die fünf Kinder abschätzend von Kopf bis Fuß. »Ihr seid allein?«, fragte sie.

»Unsere Mutti ist im März gestorben.« Doris traten Tränen in die Augen, jetzt, wo sie es aussprechen musste. Die Jungen ließen die Köpfe hängen. »Und Papa wurde in Gefangenschaft genommen.« Nun kullerten doch Tränen über ihre Wangen. »Wir mussten weg aus unserem Haus in Locken und wissen nicht mehr wohin. Dürfen wir ein paar Tage hierbleiben?«

Luise Günzel schluckte. Was hatte dieser elende Krieg nur angerichtet, dass fünf Kinder mutterseelenallein durch Deutschland irrten! Ihr selbst hatte der Krieg die beiden Söhne genommen, die an der französischen Front gefallen waren. Sie waren erst 19 und 23 Jahre alt gewesen. Und der Mann war mit einem amputierten Unterschenkel wiedergekommen und war kaum auf dem Hof zu gebrauchen, weil er vor Schmerzen manchmal nicht laufen konnte.

»Ihr bleibt hier«, sagte sie freundlich und bestimmt. »Wir haben zwar schon andere Flüchtlinge, aber für euch ist auch noch Platz. Ich bringe euch etwas Grütze, und dann könnt ihr schlafen. Morgen sehen wir weiter.«

Rudi war vom Laufen so erschöpft, dass er nicht mehr stehen konnte. Der große Raum, der wohl früher als Stall gedient hatte, war mit Stroh ausgelegt. Drei Frauen und zwei Männer kampierten hier. Rudi ließ sich zu Boden sinken. Kaum nahm er das Greinen seiner jüngeren Brüder mehr wahr. Besonders Werner schien immerzu zu heulen.

»Riecht ihr das?« Doris schnupperte. Es stank ekelhaft nach vergammeltem Fleisch. Die Kinder schlichen sich heran. Bei näherem Hinsehen sahen sie, dass in der Küche des Hauses auf dem Herd ein großer Topf stand, in dem etwas köchelte. Auf dem Küchensofa lag eine alte Frau, die sich eine grobe Decke bis unters Kinn gezogen hatte. Mit stupidem Blick behielt sie argwöhnisch den Topf im Auge. »Davon kriegt ihr nichts ab!«, zischte sie mit zahnlosem Mund. »Das ist mein Hasso, der da kocht!«

Angewidert drehten sich die Kinder weg. Auch wenn sie großen Hunger hatten, die Vorstellung, einen Hund zu essen, drehte ihnen den Magen um. Wehmütig dachten sie an ihren Waldi zurück. Was aus dem Kleinen wohl geworden war?

Doch die magere Hafergrütze, die ihnen Luise Günzel später vorsetzte, aßen sie mit Heißhunger.

»Aufstehen, Kinder!« Luise klatschte in die Hände. »Jetzt wird gewaschen!« Sie hatte im Hof an der Pumpe Zinkwannen und Eimer mit Wasser gefüllt und ein Stück Kernseife bereitgelegt. Der Tag versprach, warm und sonnig zu werden, obwohl am frühen Morgen noch der Tau auf den Wiesen stand.

Es war kein leichtes Unterfangen, die vor Dreck starrenden Kleidungsstücke von den Körpern der Kinder zu lösen. Teilweise hatten sich Hosen und Hemden mit krustiger Haut verbunden. Doch Luise hatte sich vorgenommen, sich ihrer anzunehmen. So gelang es ihr mit Hilfe von Doris und Heinz, die sich selbst versorgt hatten, die jüngeren Brüder auszuziehen, was nicht ohne Geschrei abging, weil mit der Kleidung trotz Einweichens mit Wasser die obere Hautschicht stückchenweise mit abgezogen wurde. Das gründliche Waschen mit Wasser und Seife danach war schmerzhaft. Zum Schluss wurden jedem der Jungen die Haare geschoren, damit die Läuse ausgerottet werden konnten.

Luise sah Doris' Angst vor der Haarschur. Sie legte den Arm um die Schultern der Dreizehnjährigen. »Du bist ein Mädchen, dich werden wir nicht mit kahlem Kopf herumlaufen lassen. Deine Läuse versuche ich, mit einem Kamm zu beseitigen. Aber waschen werden wir deine Haare auch mit Kernseife, danach gibt's eine Essigspülung. Die mögen die Viecher nicht! Und dann schneide ich sie dir nur etwas kürzer.«

Die verdreckte und verlauste Kleidung der Kinder steckte sie sogleich in den Küchenherd und verbrannte sie. Von ihren Söhnen Paul und Erich hatte sie ein paar Sachen in einer Truhe auf dem Dachboden, Kniehosen und Hemden, die sie den Kindern gab. Auch Doris war nun wie ein Junge gekleidet. Aber wen störte es? Sie hatten endlich saubere Kleider an und fühlten sich herrlich frisch.

Luise führte die Kinder in die Küche, wo die zahnlose Alte auf dem Sofa lag und sie misstrauisch beäugte. »Das ist unsere Oma, sie ist schon 83 und auf beiden Ohren taub. Laufen kann sie auch nicht mehr gut. Ihr werdet euch an sie gewöhnen«, sagte Luise und hieß die Kinder, sich an den Tisch setzen.

»Wen haben wir denn da?« Humpelnd und auf einen Stock gestützt, erschien Franz Günzel in der Küche und ließ sich auf einen freien Stuhl sinken. »Die Kinder sind gestern Abend mutterseelenallein hier angekommen, Franz«, erklärte Luise die Lage. »Sie haben ihre Mutter und ihren Vater im Krieg verloren. Sie bleiben erst mal hier, wir können sie doch nicht so allein fortschicken. Die drei größeren können bestimmt auf dem Feld helfen!«

Ihr Mann sah sie nachdenklich an. Sein Haar war im Krieg schütter geworden, und sein Blick müde und sorgenvoll. Er wusste, wie sehr Luise unter dem Verlust ihrer beiden Söhne litt. Und hier waren vier Jungen und ein Mädchen, die keine Eltern mehr hatten. Er wünschte sich, dass damit Luises und auch sein eigener Schmerz etwas gelindert werden würde. Aber wie sollten sie die fünf durchbringen? Zu essen hatten sie ja selbst kaum etwas. Fast alles, was sie erwirtschafteten, mussten sie den russischen Besatzern übergeben. »Könnt ihr anpacken? Pferde haben wir zurzeit keine mehr. Wir müssen den Pflug mit eigener Kraft ziehen.«

Heinz nickte. »Ja, ich habe zu Hause in Locken mit auf dem Feld geholfen.« Wenn sie uns nur nicht wieder wegschicken, dachte er. Ich will arbeiten und meine Geschwister durchbringen.

»Also schön!«, Franz Günzel nickte. »Wenn ihr fleißig und folgsam seid, dürft ihr bleiben!«

Die Kinder sahen sich froh an und wagten ein schüchternes Lächeln.

Luise goss Zichorienkaffee aus einer großen Emaillekanne, die unter einer Haube aus gestepptem Blümchenstoff warm gehalten wurde, in die Steinguttassen und legte jedem ein dünn mit Margarine bestrichenes Stück Brot hin, worauf sich die Kinder gierig stürzten. »Esst langsam Kinder, es gibt nicht viel. Wir dürfen ja nichts mehr behalten, was wir ernten. Alles geht an die Russen, Kartoffeln, Wruken, Getreide. Die passen höllisch auf, und wer etwas von den Feldern, die jetzt ihnen gehören, stiehlt, wird hart bestraft.« Sie seufzte. »Ich werde euch beim Amt in Bartschendorf anmelden müssen, damit ihr Bezugsscheine bekommt. Damit wird euch Essen zugeteilt, aber es reicht nicht, um satt zu werden«, stellte sie gleich klar.

Sie hatte die Worte kaum ausgesprochen, als die Tür aufgerissen wurde. »Dawai, rabota, rabota!« Der russische Offizier mit dem umgehängten Gewehr scheuchte sie vom Tisch hoch. Er musterte die fünf Kinder. »Was für Kinder?«, fragte er Luise streng.

»Die Kinder kamen gestern zu uns. Sie haben ihre Eltern verloren. Sind weit gelaufen ...« Weiter kam sie nicht. Der Russe deutete auf den hoch aufgeschossenen 14-jährigen Heinz. »Du kannst arbeiten!«

Heinz sprang erschrocken vom Stuhl auf. »Jawohl!« Fast hätte er salutiert und die Hacken zusammengeschlagen, konnte sich aber noch rechtzeitig bremsen.

»Idi suda! Mitkommen!« Das war ein Befehl.

Luise hatte bemerkt, wie der Russe mit flinken Augen Doris genauer betrachtet hatte. Sie dankte Gott im Stillen, dass sie Doris das dunkelblonde Haar kurz geschnitten und ihr Jungenkleidung angezogen hatte. Niemand würde sie für ein Mädchen halten. Durch ihren Silberblick und die bereits leicht verhärmten Gesichtszüge durch die bisherigen Strapazen und den Kummer war sie glücklicherweise nicht besonders hübsch zu nennen.

Von nun an hieß es für Heinz auf dem Feld und in den Ställen arbeiten, von morgens um 6 bis abends um 18 Uhr. Mit etwas Glück brachte er am Abend ein paar Kartoffeln, ein kleines Kännchen Milch, etwas Butter und Brot mit, worauf sich die Geschwister gierig stürzten. Manchmal war es auch eine Kohlrübe, woraus Tante Luise einen Eintopf kochte.

Doris half Tante Luise im Haushalt. Vieh gab es auf diesem Gehöft keines mehr. Es war eingezogen oder verzehrt worden. Das Mädchen wusste, wie man Wäsche wusch und die Böden schrubbte. In der Küche gab es kaum etwas zu tun. Da, wo es kein Essen gab, konnte auch nicht gekocht werden.

Die kleinen Brüder, die den größten Teil des Tages draußen im Wald oder am plätschernden Luch herumstromerten, mussten beaufsichtigt werden, wann immer sie Zeit dafür fand. Auch das war ihre Aufgabe. Sie war mit ihren 13 Jahren zur Ersatzmutter geworden.

Luise Günzel hatte ihnen nach einiger Zeit eine Kammer zum Schlafen zur Verfügung gestellt, die sich früher Paul und Erich geteilt hatten. Es war nun absehbar, dass die Kinder erst mal bleiben würden, und sie sollten nicht mit den anderen Flüchtlingen im Stall nächtigen. Zwei Betten standen darin, die sie sich teilten. Doris und Martin schliefen in dem einen, Heinz, Rudi und Werner in dem anderen. Auch wenn es eng war, es war doch ein wohliges Gefühl, wieder eine Kammer für sich zu haben.

»Nun, Rudi, was guckst du denn so traurig?« Der August neigte sich dem Ende zu, und die Abende begannen kürzer zu werden. Luise hatte den Kindern gerade klargemacht, dass sie vom Amt Bescheid bekommen hatte, dass die drei jüngeren Brüder ab der kommenden Woche in die Schule gehen müssten. Auf dem Absender des Briefes stand *Deutsche Zentralverwaltung für Volksbildung*. Mit der sowjetischen Besatzung würde alles anders werden in Deutschland, das hatten sie schon deutlich zu spüren bekommen. Sollte nun alles nach russischem Vorbild funktionieren? Im Dorf hatte sich herumgesprochen, dass es ein sogenanntes Zentralkomitee geben sollte, das von der Sowjetunion gesteuert wurde. Walter Ulbricht hieß wohl der Vorsitzende, der für Brandenburg zuständig war.

Ein langer Schulweg stand den Kindern bevor. Die nächstgelegene Schule war im sieben Kilometer entfernten Bartschendorf. »Ich will nach Hause! Was ist mit Papa?« Rudi hatte so gehofft, noch vor Schulbeginn wieder in Locken zu sein, in ihrem schönen Haus, und Papachen wäre in der Backstube und würde Brot backen. Und Mohnkuchen. Vielleicht wäre auch Oma wieder da. Bei dem Gedanken an Mutti zog sich sein Herz zusammen. Sie fehlte ihm so, ihr liebes Lächeln, ihre Umarmungen und Gute-Nacht-Küsse. Und er sollte doch ab der fünften Klasse aufs Gymnasium in Allenstein kommen. Papa hatte ihn ja schon angemeldet!

Auch Werner weinte sich oft abends in den Schlaf vor Hunger und Heimweh. Doris und Heinz, die viel arbeiten mussten, waren so müde, dass sie einschliefen, sobald sie die Füße im Bett hatten. Martin kompensierte seinen Kummer, indem er ihn mit Faxen und Dummheiten überspielte. Dann musste Doris ein Machtwort sprechen. Hin und wieder gab es von ihr oder Tante Luise etwas auf den Allerwertesten.

»Sobald euer Papa aus der Gefangenschaft entlassen wird, sucht er euch!«, sagte Luise mit Bestimmtheit. Sie hatte ja die Kinder beim Amt in Bartschendorf gemeldet, man würde sie also finden können. Sie hatte die vorübergehende Vormundschaft für die Kinder übernommen, sonst wären sie in ein Kinderheim eingewiesen worden. Das konnte sie nicht übers Herz bringen. Man musste nur einmal in die trostlosen Gesichter sehen, um zu erkennen, was die fünf durchgemacht hatten.

»So, und morgen gehen wir alle gemeinsam den Schulweg ab, damit ihr wisst, wo es lang geht.« Aufmunternd sah sie die drei Jungen an, aber froh sahen sie nicht aus.

Laufen, laufen, laufen. Rudi und Werner hatten die ledernen Ranzen, die einst Paul und Erich gehörten, auf dem Rücken. Martin, für den es das erste Schuljahr war, hatte ein Stoffbündel, in dem sich eine Schiefertafel mit einem Stück Kreide und ein kleines Schwämmchen befanden, um die Schulter gehängt. Bevor sie den Siebenkilometermarsch antraten, hieß es um

5 Uhr aufstehen, unter der Pumpe auf dem Hof waschen und in der Küche ein Stück Brot essen und eine Tasse Zichorienkaffee trinken. Mehr würde es erst am Abend geben, wenn sie den weiten Weg nach Hause gefunden und Heinz ihnen etwas von seinem Tageslohn in Form von Naturalien mitgebracht hatte.

»Da vorne müssen wir abbiegen!« Rudi hatte einen guten Orientierungssinn und sich genau gemerkt, wie sie laufen mussten. Zuerst ging es durch ein Waldstück, dann wurde über eine kleine Brücke der Rhinkanal überquert, und dann mussten sie immer geradeaus die Landstraße entlang. Die wollte und wollte kein Ende nehmen. Am Ende, gleich nach dem Ortseingangsschild, bogen sie rechts ab in den Weg in Richtung Schule. Der rote Backsteinbau unweit der Kirche in Bartschendorf sah fast so aus wie das Schulgebäude in Locken. »Aber unsere Kirche ist viel schöner!«, stellte Werner fest.

»Nicht bummeln!«, wurde ihnen jeden Morgen von Doris eingeschärft. »Wenn ihr zu spät kommt, haut euch der Lehrer!« Aber selbst, wenn sie nicht links und rechts des Weges nach Kräutern oder etwas anderem Essbarem suchten, brauchten sie mehr als zwei Stunden für einen Weg.

Rudi war besonders lustlos, wenn es morgens losging. Trübe schoss er manchmal einen Kienapfel vor sich her und hing seinen Gedanken nach. Wenn es keinen Krieg gegeben hätte, dachte er, wäre ich jetzt in Allenstein auf dem Gymnasium. Traurig dachte er an den Tag im letzten Sommer, als er mit Papa dort vorstellig gewesen war und eine Anmeldung abgegeben hatte. Er erinnerte sich an das große, stattliche, mehrgeschossige Gebäude mitten in der großen Stadt. Sein Zeugnis hatte sich sehen lassen können – alles Einsen, nur in Sport und Musik eine Zwei. Er wäre jeden Tag mit dem Schulbus gefahren, morgens hin und abends zurück.

Stattdessen mussten sie nun jeden Tag sieben Kilometer in

diese Dorfschule nach Bartschendorf laufen, bei Wind und Wetter. Er, mit seinen zehn Jahren der Älteste, musste auf den achtjährigen Werner und den knapp sechsjährigen Martin aufpassen und die beiden noch zum Laufen antreiben. Das ging oft nicht ohne Geschrei und Geheule, wenn die beiden sich einfach fallen ließen und bockten. Dann konnte es vorkommen, dass Rudi sich einen Stock suchte und den Brüdern Beine machte.

In Bartschendorf wurden alle Klassenstufen in einem Raum unterrichtet, denn es gab nur einen Lehrer, Herrn Begemann. Herr Begemann war ein alter Mann mit Glatze und Brille, der im Ersten Weltkrieg beim Explodieren einer Granate die linke Hand verloren hatte und den Stumpf in einem langen Ärmel verborgen trug. Dieses Handicap hielt ihn jedoch nicht davon ab, ordentlich vom Rohrstock in der rechten Hand Gebrauch zu machen, wenn eine Hausaufgabe nicht erledigt war oder jemand im Unterricht schwatzte. Dann setzte es was auf die ausgestreckten Finger. Ein Grund mehr, warum Martin und Werner nicht in die Schule wollten.

Der Heimweg zog sich oft bis zum Dunkelwerden hin. Es drängte sie ja nichts, nach Hause zu kommen. Oft stand schon der Mond hell am Himmel, ehe sie endlich in Michaelisbruch ankamen.

Die drei Burschen kundschafteten aus, was es in den umliegenden Gehöften wohl für Obstbäume gab. In der Nähe des Gutshauses von Brömmel gab es eine herrliche Plantage mit Apfelbäumen. Da das Gut verlassen war, hieß es nur die hohe Steinmauer zu überwinden, aber da hatten die drei bald den Dreh heraus. Rudi und Werner machten eine Räuberleiter, und von Rudis Schultern aus sprang Martin in den Garten. Drinnen hatte er sich einen Haufen mit Feldsteinen und Holz vor dem Zaun errichtet, sodass er zurückklettern konnte. Aber vorher hatte er alle Äpfel hinübergeworfen, die er im hohen

Gras gefunden hatte. Die Äpfel waren wurmstichig und hatten braune Stellen. Aber das machte den Jungen nichts aus. Sie hatten solchen Hunger, und die Äpfel schmeckten so wunderbar süß.

»Habt ihr schon gehört? Jetzt ist es per Gesetz beschlossen. Walter Ulbricht hat eine Bodenreform verkündet!« Friedhelm, der Postbote, der mehrmals in der Woche am Vormittag von Bartschendorf nach Michaelisbruch mit dem Fahrrad herübergefahren kam, überbrachte auch stets die neuesten Nachrichten. Da es in Michaelisbruch nur eine Handvoll Gehöfte gab, hatten sie keine Kirche und keinen *Dorfkrug*, wo man etwas Neues hätte erfahren können.

»Bodenreform? Was soll das denn heißen?«, Franz kratzte sich mit der Krücke an seinem Holzstumpf, wo er immer noch den Wundschmerz und ein Jucken zu verspüren schien.

»Das soll heißen, dass das Junkerland aufgeteilt wird auf alle Bauern. Die bekommen ein Stück von dem Land ab und bewirtschaften es.« Mehr wusste Friedhelm auch nicht zu berichten.

»Wir haben genug mit unseren Feldern und Wiesen zu tun!« Franz zuckte die Schultern und winkte ab. »Luise und Heinz schuften schon den ganzen Tag. Und alles müssen sie abgeben, damit die Russen es dann verteilen. Was ist überhaupt mit den von Brömmels und von Lehrheimer und allen anderen Grafen und Baronen passiert?«

»Geflüchtet sind sie oder festgenommen und ab nach Sibirien!« Eine gewisse Genugtuung konnte Friedhelm sich nicht verkneifen. »Nun stehen ihre Häuser leer. Alles, was nicht niet- und nagelfest war, ist weg. Haben die Russen verteilt, oder andere haben geplündert. Es heißt, dass bald Leute, die kein Dach über dem Kopf haben, da einziehen können. Vorher machen sie noch Umbauten.«

Franz sah den Briefträger skeptisch an. Das wäre ja noch schöner, wenn mittellose Bauern oder gar Flüchtlinge aus dem Osten in die Herrenhäuser einziehen sollten. Er schüttelte den Kopf. Sollten das die neuen Zeiten sein? »Wart's ab, Franz«, sagte Friedhelm zum Abschied, bevor er sich auf sein Fahrrad schwang. »Vielleicht bekommen wir endlich eine gute neue Zeit. Eine, in der es kein Arm und Reich mehr gibt, wo alle Menschen gleich sind!« Damit tippte er an seine Schirmmütze und radelte weiter zum nächsten Gehöft. Nachdenklich schaute Franz ihm nach. Was sollte ein Briefträger schon wissen.

Der Winter wurde noch härter, denn auf den abgeernteten Feldern gab es nichts, was man heimlich in die Tasche stecken und essen konnte. Auf dem Schulweg zwickte die Kälte in die Waden der Kinder, denn unter den Kniehosen trugen sie nur die von Tante Luise aus Schafwolle gestrickten langen Strümpfe, und auch die Joppen waren nicht gerade für den Winter geeignet. Die Schuhe, mit denen sie im Januar die Flucht angetreten hatten und Hunderte Kilometer gelaufen waren, hatten Löcher in den Sohlen, sodass der erste Schnee hindurchdringen konnte. Nur ganz so kalt wie zu Hause in Masuren war es hier nicht.

Am Heiligabend saßen die Kinder mit den Günzels und den anderen Flüchtlingen um einen spärlich geschmückten Tannenbaum, den Onkel Franz mit Heinz im Wald geschlagen hatte. Wehmütig dachte Rudi an das letzte Weihnachtsfest zurück. Es hatte nach Plätzchen und Lebkuchen geduftet, und es gab einen leckeren Schweinebraten mit Rotkohl und Klößen. Beim Gedanken daran zog sich schmerzhaft sein Magen zusammen. Der Weihnachtsbaum war bunt geschmückt gewesen mit roten, grünen, goldenen und silbernen Kugeln, mit Kerzen und Lametta. Und das Wichtigste: Muttichen und Papa waren da, und Omchen hatte süße Milchsuppe gekocht. Klunkermus, ihre Leibspeise, die es täglich gab, fehlte ihnen sehr.

Und alle hatten Weihnachtslieder gesungen und Geschenke ausgewickelt. Was wohl aus seinen schönen neuen Schlittschuhen geworden war, die er zum Geburtstag bekommen hatte? Irgendwo unterwegs waren sie verloren gegangen. Rudi konnte sich nicht mehr erinnern. Zu viel war geschehen. Zu seinem elften Geburtstag in wenigen Wochen würde er jedenfalls kein Geschenk bekommen, es sei denn, Papa wäre wieder da. Wie lange der Vater wohl in diesem Lager bleiben musste? Warum war er überhaupt dort, er hatte doch niemandem etwas getan! Das konnte ihm keiner sagen.

Eine Träne kullerte über Rudis Wangen, die er schnell und heimlich mit dem Handrücken wegwischte. Ein Junge hatte nicht zu weinen, und überhaupt nicht in diesen Zeiten. Bestimmt würde Papa sie bald finden, und dann würde er sie alle nach Hause holen.

8. Eine schwere Entscheidung

CARL HIELT ES nicht mehr aus. Er hatte die beiden Kinderzimmer mit notdürftigen Betten hergerichtet, und auch für Ida war das provisorische Schlafzimmer fertig. Aber wo blieben sie nur? Wie jeden Morgen war er um 3 Uhr auf den Beinen und arbeitete in der Backstube. Zwischendurch ging sein Blick sehnsuchtsvoll zum Fenster, von dem aus er die Straße gut im Blick hatte.

Aber sie kamen nicht, die Kinder nicht und ihre Oma nicht. Inzwischen war Juli 1945.

Sollte ihm der Krieg auch seine Kinder und seine Mutter genommen haben?

Carl lief der Schweiß von der Stirn. Mit einem Handtuch wischte er sich Gesicht und Nacken trocken. Mohrchen, die schwarze Katze, die ihm eine Weile Gesellschaft geleistet hatte, strich um seine Beine. Carl bückte sich, um sie zu streicheln, dann setzte er sie zur Tür hinaus. Katzen waren zäh, so wie Vögel und Mäuse hatten sie von allen Tieren am besten durchgehalten.

Seit gestern Abend war ihm klar, dass es in Locken keine Zukunft mehr für ihn gab. Die sowjetischen Besatzer hatten eine polnische Regierung ins Amt gesetzt. Es hieß, ganz Ostpreußen würde polnisch werden, und wer blieb, würde die deutsche Staatsbürgerschaft verlieren und müsse sich den Polen unterordnen. Sogar die polnische Sprache sollte man lernen! Die Sowjets waren natürlich gleich bei ihm erschienen und hatten ihm erklärt, wer die Oberhand hatte.

Wer kein Pole werden wollte, hatte sich unverzüglich in Richtung Westen zu begeben. Abschiebung nannte man das.

Lange genug gewartet hatte Carl, und so hatte er beschlossen, am nächsten Tag noch einmal die Heimat zu verlassen. Diesmal endgültig. Ohne Pferde und Wagen diesmal, allein, nur mit dem, was er am Leibe trug und seinem Meisterbrief in der Brusttasche, den er zum Glück in einem verborgenen Fach in der Backstube gefunden hatte. Mehr mitzunehmen war auch nicht erlaubt.

Doch bevor er für immer ging, wollte er ein letztes Mal beim Deutschen Roten Kreuz nachfragen, ob man etwas von seiner Familie gehört hatte. Carl band seine Schürze ab und hängte sie an den Haken. Dann machte er sich auf den Weg zum Gemeindeamt Łukta, wo die Zweigstelle des DRK untergebracht war. Wie oft war er schon hier gewesen, doch jedes Mal wurde seine Hoffnung zunichte gemacht.

Aber dieses Mal sollte er Glück haben. »Kühnapfel, Kühnapfel … den Namen vergisst man ja nicht so leicht, und ich denke, ich habe ihn vor ein paar Tagen in einer Liste gelesen …« Die Polin auf dem Amt sprach zum Glück Deutsch. Carl wurde ganz aufgeregt, sein Herz schien aus der Brust zu springen. »Schnell, bitte schauen Sie nach!«, drängte er.

Die Frau holte einen Ordner aus dem Regal und begann zu blättern. »Da! Kühnapfel, Ida – wohnt jetzt in Berlin, Inselstraße, bei Dömnick!« Triumphierend sah sie Carl an und konnte seine Verwirrung nicht verstehen. »Sind Sie sicher? Nur Ida Kühnapfel? Aber was ist mit meinen Kindern? Heinz, Doris, Rudi, Werner, Martin? Ich habe fünf Kinder!« Er streckte ihr die Hand mit fünf Fingern hin, als ob sie nicht verstünde. Angst packte sein Herz. Das konnte doch nicht sein, dass die Kinder nicht bei Ida waren. Was war da passiert?

»Tut mir leid«, sagte die Frau. »Hier steht nur etwas von Ida. In Berlin, Inselstraße. Nichts von Kindern.« Mit diesen Worten klappte sie den Ordner zu.

Carl bedankte sich und verließ das Amt. Was hatte das nur zu bedeuten, grübelte er. Er musste sofort nach Berlin. Ida würde ihm sagen, was mit den Kindern passiert war. Nein, erst musste er ein neues Zuhause für die Kinder und seine Mutter schaffen. Er musste ihnen doch eine neue Heimat bieten.

In dieser Nacht machte Carl kein Auge zu.

Die Unruhe, was aus den Kindern geworden war, machte den Abschied leichter.

Noch einmal ging Carl zum Kirchhof, um Abschied zu nehmen. »Ach Vaterchen«, murmelte er traurig. »Dieses Elend ist dir erspart geblieben. Wenn du wüsstest, was aus unserem schönen Haus geworden ist. Und überhaupt aus Locken, aus unserer Heimat. So vieles ist zerstört, und jetzt gehört die Heimat den Polen.« Er seufzte. »Und du, mein kleiner Uli, hast dich beizeiten davongemacht. Ohne deine liebe Mami hätten wir dich wohl auch nicht groß bekommen …« Carl räusperte sich und schluckte an einem Kloß im Hals. »Aber ich verspreche euch, ich werde mir etwas Neues aufbauen. Das bin ich euch schuldig. Lebt wohl, meine Lieben. Sobald ich kann, besuche ich euch!«

Wehmütig schaute er sich später im Haus um. Die neuen polnischen Ansiedler würden erfreut sein über sein schönes großes Anwesen. Wer weiß, was sie daraus machen würden. Ob ein polnischer Bäcker das Brot backen würde? Ob eine oder gar zwei Familien einziehen würden? Er seufzte. So wie ihm ging es den meisten Dorfbewohnern auch, die zurückgekehrt oder geblieben waren. Die meisten wollten Deutsche bleiben und hatten endgültig ihren Heimatort verlassen. Auch die Krauseschen waren schon weg.

Er ging vor die Tür durch das schmucke schmiedeeiserne Tor in Käthes Garten, wo die Rosen in voller Blüte standen, als wäre nichts gewesen. Hier auf der großen Wiese sah er vor seinen Augen die Weißwäsche zum Bleichen liegen. Aber keine Gänse waren da zum Verjagen, keine Hühner gackerten, und im Stall quiekten keine Schweine. Die gespenstische Ruhe wurde nur durch das Quaken der Poggen in der Locke und das Zirpen der Grillen unterbrochen.

Er ging hinüber zum Feld, das nicht bestellt worden war. Nur Mohn- und Kornblumen blühten wie immer.

Carl kehrte um. Würde er irgendwo neu anfangen können? Hier gab es für ihn keine Zukunft. Ein Leben ohne die Kinder war nicht vorstellbar, und die galt es jetzt zu suchen. Am nächsten Morgen brach er auf.

Die große Windmühle sah Carl schon von Weitem, als er nach Wochen das Mecklenburger Land durchschritt. Die Felder, Wiesen und Wälder erschienen ihm wie ein kleineres Abbild seiner masurischen Heimat. Wenn ich erst Arbeit und Unterkunft habe, dann suche ich die Kinder!, waren seine einzigen Gedanken. Hier würden sich meine fünf wohlfühlen, es wäre ein bisschen wie zu Hause.

Das verwitterte Schild am Ortseingang verhieß den Namen »Groß Grenz«.

Meinetwegen, dachte Carl. Hauptsache, der Müller hat eine Idee, wo ich Brot backen kann. An Kuchen und Torten wagte er im Moment gar nicht zu denken. Carl wusste, dass es derzeit um das blanke Überleben ging und jegliche Zutaten fehlten. Aber ein Müller hatte Mehl, und das war das Wichtigste.

Es war windig an diesem 2. Oktober 1945, und Heinrich Stüdemann hatte alle Hände voll zu tun. Er wischte sich den Schweiß von der Stirn und stöhnte. Da hatte man schon eine Menge Flüchtlinge im Haus, aber keiner verstand etwas vom Müllerhandwerk, und so blieb alles an ihm und seinem Bruder Wilhelm hängen. Und sie waren nicht mehr die jüngsten. Er blickte kurz aus dem Fenster. Nein, da kam doch nicht etwa schon wieder einer von denen den Weg auf seine Mühle zu, das Bündel auf dem Rücken? Na, dem würde er gleich Bescheid geben. Hier war kein Platz mehr. Genug war genug.

Gerade als Carl das Tor zum Hof erreicht hatte, trat Heinrich Stüdemann ihm entgegen. »Es tut mir leid«, sagte er abweisend, noch bevor Carl richtig grüßen konnte. »Wir haben keinen Platz mehr für Flüchtlinge aus dem Osten.« Carl ließ sich nicht abschrecken. Zu oft war er unterwegs abgewiesen worden. Doch dies war sein Ort, das spürte er, und hier würde er bleiben.

»Guter Mann«, sagte er, »darf ich mich kurz vorstellen? Ich heiße Carl Kühnapfel und komme aus Locken. Ich hatte eine eigene Bäckerei mit Verkaufsladen, wir waren der beste Bäcker im Ort! Ich könnte mit Ihnen als Müller gut zusammenarbeiten.« Damit zog er seinen Meisterbrief und eine alte Postkarte von Locken mit dem Foto seines Hauses direkt am Markt aus dem Rucksack. Diese Ansichtskarte hatte ihm Krause kurz vor dem Abschied in die Hand gedrückt.

Zögernd nahm Stüdemann den Meisterbrief zur Hand. Seine Ablehnung begann zu bröckeln. Hm, ein Bäcker, überlegte er. Und der junge Mann im besten Alter schien solide, gesund und tatkräftig zu sein.

»Sie das Mehl, ich das Brot. Wäre das nicht eine gute Zusammenarbeit?« Carl ließ nicht locker. Er schaute auf das flache rote Backsteingebäude, auf die anliegenden Stallungen, auf das sich drehende Mühlrad. »Ich bin jung und stark und werde Ihnen helfen!«, bohrte er.

»Also gut!« Heinrich Stüdemann witterte eine Chance, und dieser forsche Mann mit seiner mutigen Ausstrahlung gefiel ihm. »Wir hatten früher mal eine Backstube«, sagte er. »Aber dann ist der Bäcker gestorben, und es kam keiner nach. Sie wissen ja, der Krieg ... Meinen Sie, dass Sie den alten Backofen in Gang bekommen?« Damit winkte er Carl hinein.

Carl schuftete jeden Tag vom ersten Hahnenschrei bis zum späten Abend. Stüdemann war mit ihm zufrieden. Dieser

Bäcker aus dem Osten hatte doch tatsächlich die Backstube auf Vordermann gebracht. Der Ofen brannte, alles war sauber und aufgeräumt. Die vielen Brote, die Carl täglich buk, mussten zwar zum überwiegenden Teil an die Gemeinde in Bröbberow abgegeben werden, aber so kam auch Geld in die Kasse, was Stüdemann sehr freute. Als Flüchtling arbeitete Carl sogar steuerfrei. Vielleicht würde man bald einen Lehrling und einen Gesellen einstellen können.

Carl hatte sich unentbehrlich gemacht. Inzwischen musste er nicht mehr zusammen mit den anderen Flüchtlingen in der Scheune schlafen, sondern hatte eine eigene Stube im Wohnhaus der Stüdemanns bekommen.

In einer Kammer unterm Dach war die Flüchtlingsfamilie Karaschewski untergebracht. Vater, Mutter und zwei Jungen wohnten da. Anna-Maria, genannt Mia, und Ernst waren in Carls Alter, die Söhne sieben und acht Jahre alt. Auch sie kamen aus Ostpreußen, was jetzt Polen war. Carl hatte sich mit ihnen angefreundet. Die beiden Buben, Dieter und Klaus, erinnerten ihn an seine eigenen Kinder, was ihn mit großer Trauer erfüllte.

Es war der Weihnachtsabend 1945. Carl rührte trübsinnig in seiner Mehlsuppe, als er gemeinsam mit ihnen am Tisch saß. »Was ist los, Carl«, fragte Mia Karaschewski, die ein feines Gespür für Stimmungen hatte. Sie mochten Carl und versuchten, für ihn so etwas wie eine Ersatzfamilie zu sein. »Ich merke seit Tagen, dass mit dir etwas nicht stimmt.«

»Ach Mia«, seufzte Carl und stützte den Kopf in die Arme. »Wenn ich euch mit euren Jungens so sehe, habe ich solche Sehnsucht nach meinen fünf Kindern. Ich ackere Tag und Nacht und habe es noch nicht geschafft, sie zu suchen.«

»Aber Carl!«, Mia schaute Carl mitfühlend an und strich über seinen Arm. »Du wolltest doch erst einmal ein Zuhause schaffen, um für sie sorgen zu können. Das hast du jetzt. Wir gehen gleich nach Neujahr aufs Amt in Bröbberow, da ist eine Zweigstelle vom DRK. Vielleicht gibt es Neuigkeiten. Wir werden sie finden!«, tröstete sie ihn.

»Ja, wenn sie noch leben«, sagte Carl leise.

»Nein, so darfst du nicht denken«, entgegnete Mia. »Natürlich leben sie. Sonst hättest du es längst gespürt.«

Carl kratzte sich nachdenklich am Kinn. »Aber zuerst werde ich, sobald es geht, meine Mutter aus Berlin holen«, sagte er. »Sie macht sich bestimmt große Sorgen um uns alle. Und vielleicht weiß sie ja etwas von den Kindern.«

9. *Marjellchen* aus Thyrau

EIN PAAR HÜHNER rannten gackernd über den Hof, als Martha mit dem Zinkeimer zur Pumpe lief, um frisches Wasser zu holen. Während sie den Pumpenschwengel auf und nieder stieß, ließ sie ihren Blick schweifen. Das flache lang gezogene Bauernhaus aus rötlichen Ziegelsteinen mit dem hohen Heuschober, die zwei Stallgebäude für Pferde, Kühe, Schweine und Kleinvieh. In der Nacht hatte es geregnet, und ein paar Pfützen hatten sich auf dem unbefestigten Boden gebildet, aus denen die Hühner tranken. Sämtliche Grashalme hatte das Federvieh aufgepickt, denn auch Hühnergerste war rar in diesem Frühjahr 1946.

Eigentlich ist alles wie daheim in Thyrau, überlegte sie, nur mit dem Unterschied, dass wir hier nur zu Gast sind und nichts unser eigen ist. Und keiner weiß, was werden soll.

Aber die Natur erwachte in diesem Frühjahr in Mecklenburg wie überall in Deutschland und ließ ihre ersten grünen Knospen sprießen. Die Sonne zeigte sich heute mit einem Strahlen, und Martha blinzelte.

Der Eimer war voll. Sie erblickte ihr Spiegelbild im Wasser und seufzte, als sie darin ihre hängenden Mundwinkel und ihren finsteren Blick sah. Dazu runde Backen wie ein Hamster und so kleine Augen wie eine Feldmaus, ging sie selbstkritisch mit sich ins Gericht. Wirklich nicht das, was man eine Schönheit nennen kann. Dann auch noch klein und stämmig – ei, kein Wunder, dass meine Schwestern alle einen Mann gefunden haben und ich nicht. Resigniert hob sie den schweren Eimer an und schleppte ihn zum Haus.

Sie war inzwischen 38 Jahre alt, und somit ein spätes Marjellchen, für das der Zug der Ehe längst abgefahren war. Besonders jetzt, da es durch die vielen toten Soldaten noch weniger Männer gab, ging die Aussicht, einen abzubekommen, gegen null.

Fünf Schwestern hatte sie, Bertha, Emma, Ida, Fritzi, Grete. Ida hatte den Nachbarsjungen Fritz Meyke geheiratet, Emma dessen Bruder Gustaf. Bertha hatte den Julius Zebrowski geehelicht, und Grete den Schneider Emil Bogun zum Manne genommen. Alle aus Thyrau, man kannte sich ein Leben lang, hatte als Kinder miteinander auf der Dorfstraße gespielt und war in dieselbe Schule gegangen. Fritzi hatte den Eisenbahner Rudolf Semelka geheiratet, der eigentlich aus dem Nachbardorf Hirschberg kam und Fritzi zuliebe nach Thyrau gezogen war.

Martha haderte mit ihrem Schicksal. Warum war es ihr nicht vergönnt, eine eigene Familie zu haben? Ihre Schwestern waren alle daheim ausgezogen und hatten sich mit ihren Männern etwas Eigenes im Dorf aufgebaut, nur Bruder Friedrich war als Erbe mit auf dem Hof geblieben, um Vater Wilhelm in der Landwirtschaft zu helfen. Und Martha natürlich, sie hatte die Mädchenstube zuletzt ganz allein bewohnt. Ihre Mutter war schon lange tot, sie war bei Gretes Geburt vor 20 Jahren gestorben. So hatten die sechs Mädchen dem Vater immer den Haushalt geführt.

Allerdings hatten sie auch Instleute gehabt, die als Knechte und Mägde angestellt waren, doch das bewahrte Martha nicht davor, selber kräftig mit anpacken zu müssen. Damit sie ihrem Vater und ihrem Bruder nicht auf der Tasche lag, hatte sie im *Gasthaus Grommek*, das nur ein paar Häuser von ihrem Hof, also gleich am Markt, gelegen war, als Bedienung arbeiten müssen. Jeden Tag war sie mittags dorthin gegangen, immer die Dorfstraße am Kirchhof vorbei, um bei Ernst Grommek etliche Tulpche Bier und Schnapsche zu servieren, ab und an ein Schwarzsauer oder einen deftigen Sauerbraten mit Kumst an Feiertagen. Erst spät nachts hatte sie der dunkle Weg am Kirchhof vorbei wieder nach Hause geführt.

Natürlich hatte ab und zu einer der angetrunkenen männlichen Gäste ein Späßchen mit Martha gemacht, da war sie gar nicht abgeneigt. Gern trank sie ein Schnapsche mit. Sie hatte immer gern geflirtet und sich auch mal übermütig auf den einen oder anderen Schoß ziehen lassen. Aber zum Heiraten angebissen hatte niemand. Wie sehr hatte sie sich all die Jahre nach der Liebe eines Mannes gesehnt. Vergeblich.

Fritzi, Emma und Grete hatten inzwischen Kinder, um die sich Martha liebevoll kümmerte, wann immer es ihre Zeit erlaubte. Sie liebte Kinder und hätte sich gern eigene gewünscht. Aber das schien ihr im Leben nicht bestimmt zu sein.

Während Martha auf Knien die Böden der Stuben schrubbte, hing sie weiter ihren Gedanken nach.

Mit Bertha und Ida war sie nach ihrer Flucht aus ihrem masurischen Heimatdorf Thyrau im mecklenburgischen Klein Grenz gelandet. Die Bauersleute Schulte hatten einen großen Hof zu bewirtschaften und etliche Hektar Land. Sie konnten die drei Schwestern, die selbst aus der Landwirtschaft kamen, gut als zusätzliche Mägde gebrauchen. Dafür, dass sie hier arbeiteten, erhielten sie freie Kost und Logis. Die Bäuerin war froh über die Hilfe, zog sich sogleich auf ihr Altenteil zurück und ließ die drei jungen Frauen für sich arbeiten.

»Letzten Herbst war der Landvermesser da«, pflegte Bauer Schulte oft und gern zu sagen, »die haben eine Bodenreform eingeführt. Wir haben ja zum Glück nur acht Hektar Land. Hätten wir mehr als zehn gehabt, hätten wir es an Umsiedler abgeben müssen. Die machen sich hier als Neubauern breit.« Mit diesen Worten sah er Martha, Bertha und Ida abschätzig an, wenn sie mit ihm in der Küche saßen. Kochen konnten sie, das musste er zugeben. Noch nie hatte er einen so guten Schweinebraten gegessen. Sie konnten auch schlachten und melken und mit der Sense umgehen. So viel musste man ihnen lassen, die hatten was gelernt in ihrem Ostpreußen.

Was aus ihren anderen Schwestern mit deren Familien und ihrem Bruder, der schon 1942 an die Front musste, geworden war, das wusste Martha nicht. Von Friedrich hatten sie im März 1944 den letzten Feldpostbrief aus Russland erhalten. Vater war in Thyrau geblieben und war nicht mit seinen Töchtern geflohen, er fühlte sich zu alt für die Strapazen und wollte die Tiere nicht im Stich lassen, obwohl sie am Ende nur noch zehn Milchkühe und zwei alte klapprige Pferde gehabt hatten. Ob er noch lebte, wusste Martha auch nicht. Sie selber war mit Schwester Ida auf dem Fuhrwerk von Bertha geflüchtet, die während des Krieges gelernt hatte, es eigenständig zu führen.

Es hieß, man könne beim Deutschen Roten Kreuz einen Suchauftrag bestellen, aber dazu müssten sie zum Amt nach Bröbberow fahren. Gleich morgen würde sich Martha endlich ein Herz fassen und den Bauer Schulte fragen, ob er sie mit seinem Fuhrwerk dorthin mitnähme. Vielleicht würden aber auch Ida oder Bertha fahren, denn die warteten sehnsüchtig auf ein Lebenszeichen ihrer Ehemänner.

Die Böden glänzten. Martha trug den Eimer hinaus und kippte das schmutzige Wischwasser in die Büsche.

»Martha, bist du drinnen fertig?«, rief Bertha vom Hühnerstall herüber. »Komm mir mal helfen. Zwei Hühner müssen wir noch fangen und schlachten. Eines hat Ida schon am Wickel.« Martha sah zu Ida hinüber, die auf einem hölzernen Hocker saß und ein Huhn rupfte. Zwischen ihre Beine hatte sie einen Eimer gestellt, in den die braunen Federn fielen.

Drei Hühner hatte der Bauer Schulte erlaubt zu schlachten. Besuch hatte sich angekündigt, denn morgen war Ostersonntag.

10. Das Wiedersehen

Als im Mai 1946 die ersten Personenzüge in Deutschland wieder fuhren, holte Carl seine Mutter Ida aus dem zerbombten Berlin ab.

Der Zug ruckelte und stuckerte auf den teils noch versehrten Schienen und musste des Öfteren zwischendurch anhalten. Dreimal mussten die Fahrgäste umsteigen. Es dauerte sieben Stunden, bis Carl endlich in der Großstadt angekommen war. Sechs Stunden bin ich 1929 von Allenstein mit der Preußischen Staatseisenbahn unterwegs gewesen, dachte Carl mürrisch. Das waren 600 Kilometer. Und jetzt brauche ich so viel Zeit für die kurze Strecke!

Was er im Vorbeifahren aus dem Fenster gesehen hatte, war erschütternd gewesen. Die schöne Stadt Berlin, was war aus ihr geworden!? Überall schwarze Ruinenkrater, halbe Haushälften mit fehlenden Außenwänden, wo man teilweise die Wohnungseinrichtung sehen konnte, alles war zerstört.

Das herrschaftliche Empfangsgebäude des Schlesischen Bahnhofs gab es nicht mehr. Es war 1944 bombardiert worden. Schuttberge lagen dort, wo einst das *Varietétheater Plaza* gewesen war. Für die Fahrgäste hatte man eine provisorische Schneise mit einem Bretterboden Richtung Ausgang geschaffen.

Dienstmänner und Taxis gab es nicht mehr, so machte Carl sich zu Fuß in die Inselstraße auf, die Breslauer Straße entlang, dann über die Michaelbrücke über die Spree, wo er von Weitem die Sankt-Michael-Kirche mit dem dahinter liegenden Engelbecken ausmachen konnte. Er musste aber rechts in die Köpenicker Straße einbiegen, dann kam er immer geradeaus zur Inselstraße. Es war nicht leicht, sich zu orientieren. Lange war Carl nicht mehr in Berlin gewesen, und nach der Bombardierung war die Stadt kaum wiederzuerkennen. Nur noch jedes zweite Haus stand, teilweise waren komplette Straßenecken weggerissen, Straßenschilder fehlten. Wer soll bloß jemals die riesigen Schuttberge abtragen?, fragte sich Carl. Kinder spielten in den Ruinen und suchten nach Schätzen zwischen den Kratern, aber brauchbare Dinge waren längst keine mehr zu finden. Das meiste war auf den Schwarzmärkten in Naturalien getauscht worden. Hier und da lag ein zerstörtes oder ausgebranntes Auto mit zerbeulter oder eingedrückter Karosserie am Straßenrand.

Die Inselstraße 8 gab es noch. Erleichtert drückte Carl den Klingelknopf und schaute nach oben. Etliche Fensterscheiben des Hauses waren durch die Detonationen der Bomben in der Straße herausgefallen. Schwarze Höhlen starrten ihn an. Bei den Dömnicks schien gerade mal ein Zimmer ein intaktes Fenster zu haben. Die anderen waren mit Pappe vernagelt.

»Erbarmung! Mein Jungchen!« Ida schluchzte. Sie wirkte plötzlich so klein und schmal, ganz dünn und verhärmt sah sie aus, wie sie da im Türrahmen stand, die finstere Wohnung hinter sich. Nichts war von der einst so stattlichen, energischen Frau mehr übrig. »Du lebst! Haben sie dich freigelassen? Ich dachte schon, du bist in Sibirien im Lager, das erzählt man von so vielen anderen.«

»Muttichen!« Carl, insgeheim erschrocken über das Aussehen seiner Mutter, schloss Ida glücklich in die Arme. »Ich will dir gleich alles erzählen, lass mich doch erst zur Tür hinein. Aber sag mir als Erstes sofort: Wo sind die Kinder?«

Im Hinterzimmer hörte er Kindergeschrei, und sein Herz füllte sich mit Hoffnung.

Ida fing heftig an zu weinen. Das schlechte Gewissen plagte

sie seit dem Tag, als sie allein in Stettin in den Zug gestiegen war, und hatte sie keine Nacht mehr ruhig schlafen lassen.

Sie hatte Carls Blick bemerkt, der in Richtung des Zimmers ging. Inzwischen war Tante Emilie gekommen und zog ihn in die Küche. »Carl, schön, dass du lebst!«, sagte sie. »Aber das Hinterzimmer musste ich für eine fremde Familie freimachen, die ausgebombt wurde und sonst obdachlos wäre. Jeder, der Kapazitäten hat, muss Wohnraum abgeben. Und die Lehmanns haben drei Kinder.« Sie stöhnte.

Carl ließ sich auf den Küchenstuhl sinken. Tante Emilie goss ihm eine Tasse Zichorienkaffee ein. »Trink erst mal, Carl!«

»Ich muss wissen, was mit den Kindern ist!« Carl schob die Tasse weg und sah forschend seine Mutter an, die wieder in Tränen ausbrach. »Erbarmung, Carl, es war solch ein Unglück. Ich konnte doch nicht mehr laufen, und der Zug war so überfüllt in Stettin. Und da hat mich der Gehrmannsche auf das Trittbrett geschoben, und kaum war ich oben, fuhr der Zug los.« Ein Schluchzen schüttelte den alten, ausgemergelten Körper.

»Heißt das, die Kinder sind allein in Stettin zurückgeblieben!« Carl riss die Augen auf.

Ida nickte traurig. »Die Gehrmannschen waren bei ihnen, August und Grete. Sie wollten sich um die Kinder kümmern und eigentlich auch nach Berlin kommen, das haben sie mir noch nachgerufen. Die Adresse hatte ich ihnen aufgeschrieben. Aber sie sind nicht gekommen.«

Carl stützte sein Gesicht in die Hände. Das hörte sich nicht gut an. Warum waren die Gehrmannschen nicht mit den Kindern in Berlin erschienen? Was war passiert? Es war zum Verzweifeln. Er hatte so gehofft, die Kinder hier anzutreffen, aber nun gab es von ihnen immer noch keine Spur.

»Wir waren een paarmal beim DRK am Alexanderplatz«, sagte Emilie, die vor Aufregung stark berlinerte, »und haben ne Suchmeldung abjejeben und immer wieda nachjefragt. Aber bisher hat man se nich jefunden.«

Die Küchentür wurde geöffnet. Frau Lehmann, eine Frau von etwa 30 Jahren, trat ein, ein ungefähr zweijähriges Mädchen hing an ihrem Rockzipfel und greinte. »Frau Dömnick, ick müsste dann mal für die Kinder wat zum Abendessen bereiten. Die haben Hunger.«

»Kommen Se nur rin«, sagte Emilie. »Wir vakrümeln uns inne Stube. Aba zum Essen jibt's ja eh nüscht.«

»Ick mache schon mal den Tee. Mein Großer müsste jleich vom Hamstern zurück sein.«

»Na, hoffentlich hatte der Bengel Erfolg!«

Auch Emilie trug Schwarz. »Franzche is 44 in Russland jefallen, Carl, det weeste ja schon. Jrade mal 41 isser jeworden. Aba ooch Onkel Erich is nich mehr. Als Ende April letztet Jahr de Alliierten hier einjefallen sind, issa in Schusshagel jeraten. Und nu bin ick alleene.« Sie schnäuzte sich in ihr Taschentuch.

»Und Ruhe hat man hier ooch keene mehr mit de Einquartierung. Aber dit sind janz nette Leute. Könn ja nüscht dafür, dat se ausjebombt sind. Hatten vorher 'ne schöne Wohnung anner Lietzmannstraße. Liecht allet in Schutt und Asche.«

Dann musste Carl über seine Erlebnisse im Lager und über seine Flucht berichten. Ida sah stolz auf ihren Sohn. »Dass du so mutig bist, Carlchen! Die hätten dich erschießen können.«

»Aber was hatte ich für eine Wahl, Mutterchen«, erwiderte Carl. »Dann wäre ich wahrscheinlich nach Jahren Zwangsarbeit in Sibirien draufgegangen. Und ich dachte doch, die Kinder warten sehnsüchtig auf mich! Ich hatte versprochen, sie nicht im Stich zu lassen.«

Während sie palaverten, hatte Carl einen Laib Brot und ein kleines Stückchen Butter aus seinem Beutel gezogen. »Wollen wir in die Küche gehen?«, fragte er.

»Nee, bloß nich, wenn die Lehmann det sieht, erinnert se mich an ihre hungernden Kinder.« Emilie sah gierig auf das Brot und schluckte. Dass Carl wieder als Bäcker arbeiten konnte und sogar ein ordentliches Dach über dem Kopf hatte dort im Mecklenburgischen, war großartig. Sie nahm drei Teller und ein Messer aus der Anrichte und schnitt für jeden eine dünne Scheibe Brot ab.

Ida schaute trübsinnig aus dem Zugfenster, wo die Brandenburger Landschaft vorbeiflog. Vom weiten Fußmarsch von der Inselstraße bis zum Schlesischen Bahnhof und jetzt dem Geschaukel auf der harten Holzbank tat ihr schon wieder der Rücken weh. Auch ihr Knie machte ihr zu schaffen, es war seit dem Autounfall damals in Koschainen nie wieder richtig geworden, sodass sie bei jedem Schritt humpelte.

Trotzdem war sie froh, dass wieder Züge fuhren. Sie war inzwischen 74 Jahre alt und fühlte sich krank und verbraucht. Wie weit war sie gegangen von Locken bis Stettin! Sie hatte nur noch einen Wunsch im Leben – ihre fünf Enkelkinder wiederzusehen. Dafür lohnte sich die Strapaze der Reise, denn Carl hatte ihr Hoffnung gemacht, dass sie alle wieder zusammen sein würden. Woher er diese Hoffnung nahm, wusste sie nicht.

Als Carl gestern Abend vor der Tür von Emilies Wohnung stand, war sie außer sich vor Freude gewesen. Wie viele Monate hatte sie sich zermürbt, war mit ihrer Schwägerin immer wieder zum DRK gelaufen und hatte nach ihren Lieben gefragt. Sie machte sich solche Vorwürfe, die Kinder in Stettin auf dem Bahnsteig zurückgelassen und damit einem ungewissen Schicksal überantwortet zu haben. Aber die Gehrmanns würden sich doch um sie gekümmert haben?

Doch auch von Alwine hatte sie immer noch keine Spur. Alwines Mann Hans war an der Front gefallen, und von ihrem

Enkel Hans musste sie erfahren, dass er im Krieg verschollen war. Nur Walter lebte wohl und hatte sich irgendwie nach Sachsen durchgeschlagen.

Die Gedanken wollten nicht ruhen. Sie war froh, endlich der furchtbar zugerichteten Stadt Berlin zu entkommen. In dieser Wohnung mit fremden Leuten festzusitzen, dazu dieser ständige Hunger. Es gab einfach nichts zu essen. Alle Wertsachen, die Emilie noch besessen hatte, hatte sie nach und nach zum Schwarzmarkt getragen, um sie gegen etwas Butter, Eier oder ein winziges Stückchen Speck einzutauschen. Auch der schöne goldene Ring mit dem Amethyst, den Ida damals mit Käthe in Osterode beim Juwelier Peters am Markt gekauft hatte, wurde eingetauscht. Es war das letzte Schmuckstück, das Ida besessen hatte. Vor den Russen versteckt und gerettet, aber letztendlich dem Hunger zum Opfer gefallen, sinnierte Ida. Was war Schmuck schon wert, sinnloser Tand. Hunger tat so weh, das hatte sie vorher nie gewusst. Aber wenn sie erst auf dem Land wohnen würde, gäbe es endlich wieder etwas zu essen. Auf alle Fälle frisches Brot, das ihr Carl backen würde.

Emilie würde zum Roten Kreuz am Alexanderplatz gehen und melden, dass sie, Ida, jetzt zu Carl nach Groß Grenz ziehen und die Familie Kühnapfel dort leben würde. Vielleicht nutzte es ja was.

Draußen flogen grüne Felder und Wiesen vorbei, hier und da blühten die ersten Kornblumen. Es war ein kühler, aber sonniger Tag, hier wirkte alles rein und unverbraucht, fast könnte man meinen, der Krieg hätte um das Mecklenburger Land einen Bogen gemacht. Die angrenzenden Wälder waren etwas lichter, nicht ganz so dicht und schwarz wie daheim. Von Weitem glitzerte hier und da ein See durch die Bäume, und Ida atmete ein wenig auf.

Das war wohl die neue Heimat. Und ihr Sohn nahm sie mit nach Hause.

～⊚～

»Und ihr seid schon ein ganzes Jahr allein?« Ungläubig schaute Lore Günzel auf die fünf Kinder, die da so trostlos vor ihr am Küchentisch saßen. Sie war aus Berlin gekommen, um sich ein paar Tage bei ihrer Tante Luise in der Sommerfrische in Michaelisbruch zu erholen und endlich etwas zu essen zu bekommen. Leider musste sie feststellen, dass Nahrung auch auf diesem Bauernhof knapp geworden war. Aber inzwischen hatte Tante Luise Federvieh und ein paar Kaninchen. Zwei Kühe waren gerade dazugekommen. Auch ein kleines Gemüsebeet für den Eigenbedarf hatten sie angelegt, und hier und da fiel etwas Nahrhaftes bei der Arbeit auf dem Feld ab. An den Obstbäumen hingen Äpfel, Pflaumen und Birnen. Davon konnte man in Berlin nur träumen.

Lore war Anfang 20 und spindeldürr. In Berlin war sie Trümmerfrau beim Aufräumkommando der Stadt und schleppte den ganzen Tag Steine in der Großen Frankfurter Straße. Beim Schieben der schweren mit Schutt gefüllten Schubkarren war sie ein paar Mal umgekippt und ohnmächtig geworden. Um sich zu erholen und da sie Verwandte auf dem Land hatte, hatte der Arzt ihr eine Woche Urlaub verordnet. Nur gut, dass endlich die Züge wieder fuhren.

»Unsere Mutti ist vor einem Jahr auf der Flucht gestorben, und unser Papa ist in Gefangenschaft.« Doris ließ den Kopf hängen. Es tat immer noch weh, darüber zu sprechen.

»Aber manche sind gar nicht so lange in Gefangenschaft. Ich habe von Männern und Frauen gehört, die schon nach ein paar Monaten freigekommen sind. Vielleicht sucht euch euer Vater längst?«

»Warum dauert es dann so lange?«, fragte Doris verzweifelt. Die Jungen sprachen gar nicht und starrten stumpf vor sich hin. Lore strich den jüngeren über den Kopf. »Wisst ihr was? Ich helfe euch bei der Suche. Ich werde überall, wohin ich komme, beim DRK eine Suchmeldung aufgeben. Und ich komme auf meiner Rückfahrt durch ein paar Orte, das sind Friesack, Oranienburg und dann Berlin. Vielleicht haben wir ja Glück. Und jetzt geht spielen.« Damit stand sie auf und strich ihren Rock glatt.

Rudi, Werner und Martin rannten hinaus. Vor der Hoftür lag ihr Fußball, den sie sich aus ein paar alten zusammengeknoteten Lumpen gebastelt hatten und mit dem sie nun lautstark auf die Wiese zuliefen.

»Und ihr beiden Großen? Heinz, du arbeitest auf dem Feld, wie ich höre. Und du, Doris, gehst du noch zur Schule?«

»Wir hatten ja beide im Mai Konfirmation«, sagte Doris stolz. »Heinz wäre eigentlich letztes Jahr dran gewesen, aber da waren wir noch unterwegs. Wir wurden in der Kirche in Bartschendorf konfirmiert. Soll ich dir mal mein Kleid zeigen?« Doris lief rasch in ihre Kammer und holte ihr Konfirmationskleid. Tante Luise hatte es aus einer alten cremefarbenen Tischdecke geschneidert und mit pastellfarbenen Rüschen, die wahrscheinlich vom Stoff einer ausrangierten Damenbluse stammten, besetzt. Lore lobte das Kleid über alle Maßen.

»Und du, Heinz?« Der große schlaksige Junge tat ihr leid. Er war ein hübscher Bursche, etwas älter als seine Schwester. Er sprach nur wenig, und dann stockend. Man sah ihm die Qualen an, die er durchlebt hatte und wohl immer noch durchlebte.

»Ich habe einen neuen Anzug!« Heinz schmunzelte und klopfte sich auf die graue Hose, die bis zum Knie ging. »Er kratzt ein bisschen, weil er aus einer alten Militärdecke genäht wurde. Aber das macht nichts.« Heinz hatte sowieso oft das

Gefühl, sich ständig kratzen zu müssen, und wusch sich immerfort die Hände. Tante Luise hatte mit ihm geschimpft, weil er so viel von der mit Sand vermischten Seife verbrauchte.

»Und es gab sogar eine kleine Feier.« Doris erinnerte sich gern an die kleine Kaffeetafel, die extra für sie beide und ihre Geschwister gegeben worden war. Tante Luise hatte über Wochen Fett, Eier, Mehl und sogar etwas Zucker aufgespart, um einen Kuchen zu backen.

»Aber wie geht es mit euch weiter?« Lore ließ nicht locker. Doris und Heinz zuckten die Schultern. Darüber hatte noch niemand mit ihnen gesprochen.

»Passt auf, wir suchen den Vater. Und wenn das nicht klappt, müsst ihr im Herbst eine Lehre anfangen. Überlegt euch mal, was ihr werden wollt. Doris, du bist ein kluges Mädchen, wie wäre es mit einer Handelsschule? Und auch du, Heinz, hast was im Kopf. Denkt mal darüber nach! Und ich spreche mit Tante Luise.«

Die beiden nickten und schauten zu Boden. Ohne Papa und Mutti war alles so traurig. Wie sollten sie allein mit ihrer Zukunft klarkommen?

≈≈≈

»Lassen Sie mal, Herr Stüdemann, ich fahre heute selber nach Bröbberow und liefere das Brot aus!« Carl band seine weiße Schürze ab und schüttelte das Mehl aus. Es war früher Nachmittag Anfang September 1946. In der letzten Zeit kam es öfter vor, dass Carl selber nach Bröbberow fuhr, denn Heinrich Stüdemann kränkelte, was wohl seinem Alter von 62 Jahren geschuldet war.

Das Wetter war noch warm und sonnig, mittags zeigte das Thermometer gute 25 Grad.

Nachdem Carl sich draußen an der Pumpe gewaschen hatte, hob er die Körbe mit den Broten auf den kleinen zweispännigen Pferdewagen, den Stüdemann sich hatte zulegen dürfen. Er musste schließlich ausliefern.

Carls Fahrt hatte einen besonderen Grund. Er wollte anschließend aufs Gemeindeamt, wo nachmittags die Zweigstelle des Deutschen Roten Kreuzes geöffnet hatte. Das hatte er jetzt alle zwei Wochen mittwochs so gehalten.

Im Flur hing eine Tafel, an der mit Reißzwecken lange Suchlisten angebracht waren. Mit klopfendem Herzen überflog Carl eilig die Namen. Als er zum Ende kam, machte sich Enttäuschung in ihm breit. Wieder nichts!

Nebenan ging eine Tür auf. Ein junges Fräulein mit Brille schaute ihn freundlich an. »Kann ich Ihnen helfen?«

»Ich suche meine Kinder, schon über ein Jahr. Durch den Krieg sind wir getrennt worden. Aber ihre Namen stehen wieder nicht auf den Listen.« Carl ließ entmutigt den Kopf hängen. »Sie müssen doch irgendwo sein!«

»Dann gehen Sie am Ende des Ganges die Tür links zum Kindersuchdienst. Vielleicht kann man Ihnen dort helfen. Oder warten Sie, ich komme gleich mit!« Beherzt ging die junge Frau voran und öffnete nach einem kurzen Anklopfen die Tür des Zimmers. »Berta, wir haben doch heute Vormittag mit der Post eine neue Liste mit Namen von Kindern bekommen. Schau nach, ob du diesem Vater helfen kannst. Er sucht schon über ein Jahr seine Kinder.« Auffordernd sah sie die Kollegin an, die sich sogleich einem Schreiben zuwandte. Sie hatte es gerade mit dem heutigen Eingangsstempel versehen.

»Wie heißen denn Ihre Kinder?«, fragte sie Carl.

Als er den Namen Kühnapfel aussprach, sprang Berta von ihrem Stuhl hoch und stieß einen Jubelschrei aus. »Wir haben sie«, rief sie aufgebracht. »Herr Kühnapfel, Ihre Kinder leben und suchen Sie ebenfalls. Hier, den Namen habe ich mir doch gemerkt!« Damit fiel sie dem Fremden um den Hals und hielt aufgeregt den Brief aus dem Landkreis Friesack hoch. In ihrem Büroalltag gab es nur selten solche glücklichen Momente.

Carl wurden die Knie weich, Tränen schossen in seine Augen. »Ist das wirklich wahr? Wo sind sie?« Berta schob ihm einen Stuhl hin, als sie ihn wanken sah. Der Mann war kreidebleich geworden. »Sie wohnen bei einer Familie Günzel in Michaelisbruch, Hof zwölf. Das ist bei Friesack in Brandenburg, gar nicht so weit von hier. Bis dort müssten Sie mit der Bahn kommen.« Froh lächelte sie ihn an, den Vater, der sein Glück noch gar nicht fassen konnte.

»Ich muss sofort hin, sofort!«, murmelte Carl beim Hinausgehen, nachdem er sich umständlich bedankt hatte.

Als er auf dem Marktplatz stand, konnte er kaum klar denken. Seine Beine zitterten vor Aufregung. Wie mache ich es jetzt am besten?, überlegte er. Da fiel sein Blick auf das Postamt gegenüber. Ihm kam ein Gedanke.

───※───

Friedhelm schepperte ordentlich mit seiner Fahrradklingel. »Ein Telegramm, ein Telegramm«, schrie er lauthals, als er auf den Günzelschen Hof fuhr. Luise, die gerade den Hühnern ihre Gerste hingestreut hatte, fuhr erschrocken herum. »Was machst du denn für einen Krach, Friedhelm?«

»Ich habe ein Telegramm für euch, ist das etwa nichts Besonderes?«

Ein Telegramm. Luise wurde mulmig. Das konnte nichts Gutes bedeuten. Das letzte Mal, als sie ein Telegramm bekommen hatte, war es die Nachricht vom Tod ihres Pauls.

Sie stellte die Schüssel beiseite und nahm mit zittrigen Händen dem Postboten den Briefumschlag ab und zog das Blatt Papier heraus.

Doris, die gerade auf dem Hof die Wäsche an einer Leine aufhing, war hellhörig geworden. Tante Luise hatte ein Telegramm bekommen? Was mochte das wohl bedeuten? Sie hielt in ihrer Arbeit inne und ging zu Luise hinüber.

»Komme Freitag 15 Uhr – Stopp – Vater«, las Luise, leise vor sich hinmurmelnd, den Wortlaut.

Doris war zu ihr getreten. »Was steht da? Bitte lies noch mal, Tante Luise!« Luise drehte den Briefumschlag um und las erst jetzt die Aufschrift. »Das ist gar nicht für mich, das ist für euch, Kinder. Kühnapfel bei Günzel steht hier. Das ist eine Nachricht von eurem Vater!« Ihre Stimme war immer lauter und fröhlicher geworden und überschlug sich fast. »Euer Vater kommt! Er hat euch gefunden! Endlich!«

Wie angewurzelt stand Doris da. Sie spürte, wie eine helle Freude heiß in ihr aufkam, und sie musste schlucken. Papa kommt, Papa kommt! Endlich würde alles wieder gut werden. Freudentränen traten in ihre Augen, und das bange Warten, das über ein Jahr gedauert hatte, alle Not und Pein lösten sich in Tränen der Erleichterung auf. Heftiges Schluchzen schüttelte den dünnen ausgemergelten Mädchenkörper. Was für ein Glück! Das musste sie gleich ihren Brüdern erzählen. Sie konnte kaum den Abend abwarten, um die wundervolle Neuigkeit loszuwerden.

―⊚―

»Ist was passiert, Herr Kühnapfel?« Heinrich Stüdemann sah Carl mit dem Fuhrwerk zurück von Bröbberow kommen. Der hatte kaum die Pferde ausgeschirrt, als er schon über den Hof rannte.

Carl drehte sich zu ihm um. »Meine Kinder!«, schrie er lachend, während er zu dem Müller hinüberlief. Gleichzeitig weinte er vor Freude. »Stellen Sie sich vor, Herr Stüdemann, ich habe meine Kinder gefunden!«

»Was? Das gibt es doch gar nicht. Wo sind sie denn?«

»In Brandenburg, Michaelisbruch heißt das Dorf. Morgen früh hole ich sie. Ach endlich, ich bin so froh!« Carl war völlig außer Atem und hätte fast einen Luftsprung getan.

»Morgen früh?« Stüdemann nahm Carl beim Arm. »Herr Kühnapfel, da haben wir jetzt aber ordentlich zu tun!«

»Ja, wo sollen die Kinder denn untergebracht werden? Wir haben noch gar keine Betten.« Diese Gedanken waren Carl schon die ganze Zeit auf dem Weg von Bröbberow bis hierher durch den Kopf gegangen.

»Wissen Sie was?« Stüdemann musste nicht lange überlegen. »An der Bäckerei sind zwei Stuben und eine kleine Küche mit dran, wo der alte Bäcker Lubschat wohnte. Da steht derzeit allerhand Gerümpel drin. Die richten wir her.«

Die beiden Männer krempelten die Ärmel hoch und machten sich an die Arbeit. Sie räumten auf, zimmerten Betten und suchten ein paar Matratzen zusammen. Oma Ida und Mia Karaschewski, die mit großer Freude die gute Neuigkeit erfahren hatten, halfen beim Bödenschrubben und Einrichten der kleinen Küche. Sieben Teller und Tassen mussten her, auch ein paar Töpfe und eine angeschlagene Kaffeekanne aus Emaille. Die Stüdemanns gaben etliches von ihrem Hausrat ab. Vieles brauchten sie nicht mehr. Heinrich Stüdemann war Witwer, und sein Bruder hatte nie geheiratet. Carl war ihnen im Laufe der Zeit zu einem wichtigen, fast unersetzlichen Partner in Mühle und Bäckerei geworden.

Erst mit Einbruch der Nacht waren sie fertig.

Ida war außer sich vor Freude, dass die Kinder lebten. Das

schlechte Gewissen, allein mit dem Zug nach Berlin gefahren zu sein und die Kinder zurückgelassen zu haben, hatte sie weiter gequält. Sie hatte es in den letzten Monaten kaum ertragen können, den Kummer in Carls Augen zu sehen, und fühlte sich schuldig.

»Haben Sie denn schon am Bahnhof gefragt, wie Sie fahren müssen?«, fragte Stüdemann. »Ja, mit ein paarmal Umsteigen komme ich hin. Zum Glück fährt die Bahn wieder. Ich muss erst nach Schwaan, von dort geht es nach Schwerin über Wittenberge bis nach Friesack. Wohl um die vier, fünf Stunden werde ich unterwegs sein.« Carl blickte fragend zu Stüdemann. »Bis Schwaan werde ich das Fuhrwerk brauchen.«

»Aber das ist doch kein Problem«, sagte der. »Und warten Sie kurz, ich bin gleich zurück.« Stüdemann ging rasch hinüber ins Haupthaus und holte aus der Kommode eine alte Zigarrenschachtel, in der er sein Geld aufbewahrte.

Zurück bei Carl drückte er ihm 100 Mark in die Hand. »Das ist für die Fahrkarten – Ihr Lohn für den letzten Monat. Sie werden das Geld gut gebrauchen können. Bringen Sie Ihre Kinder nach Hause!«

Carl tat in der Nacht kein Auge zu. Wie war es den Kindern wohl ergangen, was hatten sie ein Jahr lang durchmachen müssen? Waren sie gesund? Ach, wenn Käthe das erleben könnte! Sie fehlte ihm so.

Schon gegen 4 Uhr morgens spannte er mit Wilhelm, einem Flüchtling, der auch auf dem Hof lebte und hier und da Handlangertätigkeiten ausführte, den Wagen an. Zwei Laibe Brot hatte Carl eingepackt, die Kinder hatten bestimmt Hunger.

Auch die Kinder schliefen schlecht. Als Doris ihnen am Abend die große Neuigkeit mitgeteilt hatte, waren sie ganz aus dem Häuschen gewesen. »Papi kommt, Papi kommt!« Die Jungen hüpften und umarmten sich. Lange hatten sie auf diesen Tag gewartet. Heinz war so gerührt, dass auch er seine Tränen nicht zurückhalten konnte. Alles Elend schien in diesem Moment von ihm abzufallen. Endlich würde alles wieder gut werden! Längst hatten sie ihre wenigen Habseligkeiten gepackt. Nun lungerten sie seit dem Morgen auf dem Hof herum, immer das Tor und den Feldweg im Auge, auf dem der Vater kommen musste. Hoffentlich fand er den Hof, der doch so abgelegen war. Die Zeit bis zum Nachmittag schien sich endlos hinzuziehen. Sie spielten Fußball mit ihrem Lumpenball, Fangen und Verstecken. Doris hatte für Vater als Willkommensgruß einen Kornblumenstrauß gepflückt.

»Da kommt jemand!« Rudi sah ihn als Erster. Weit hinten in der Ferne, kurz vor dem Waldrand, war eine dunkle Gestalt in den Weg eingebogen. »Das muss Papi sein!«, rief Doris aufgeregt.

»Los, wir rennen hin!« Martin und Werner waren nicht mehr zu halten und liefen los, die anderen hinterher.

So wurde Carl schon mitten auf dem Feldweg fast umgerannt. Die Kinder stürmten auf ihn zu und sprangen an ihm hoch. »Papi, endlich bist du da!«, »Papi, wir lassen dich nie mehr weg!«, »Papachen, deine Haare sind ja ganz weiß geworden!«, »Hast du uns was mitgebracht? Ich habe solchen Hunger!« Das war Martin.

Carl war überglücklich, seine fünf so aufgeweckt vorzufinden. Er umarmte sie, so fest er konnte, erst alle zusammen, dann jeden einzeln. Schon auf dem Weg zum Gehöft sprudelte es aus den Kindern nur so heraus, was sie alles erlebt hatten.

»Und stell dir mal vor, Papa, bis zur Schule ist es sieben Kilometer weit!« Rudi war ganz empört. »Aber schön, dass ihr zur Schule gegangen seid, Rudi«, sagte der Vater. »Ich bin sehr stolz auf dich, dass du dich so gut um Martin und Werner gekümmert hast. Auf euch alle bin ich sehr stolz. Doris, du hast für alle wie eine Mutti gesorgt, und du, Heinz, hast für deine Geschwister schwer gearbeitet und etwas zu essen verdient. Das habt ihr sehr gut gemacht!«

»Und was jetzt, Papi? Bleibst du hier?«

»Ich bleibe bei euch und lasse euch nie mehr allein, das könnt ihr mir glauben. Zum Glück ist der Krieg vorbei. Ich nehme euch natürlich mit zu mir. Ich wohne in Mecklenburg, da ist es fast so schön wie zu Hause. Ich arbeite wieder in einer Bäckerei.«

»Wirklich, Papa? Aber dass Mecklenburg so schön ist wie zu Hause, kann nicht sein. Warum können wir denn nicht mehr nach Locken zurück?« Rudi hatte sich dicht an den Vater gedrängt, als wolle er ihn nie wieder loslassen. »Tja, mein Junge, in Locken sind die Polen. Sie haben Ostpreußen von den Russen bekommen und sich einfach in unser Haus gesetzt. Das ist das Ergebnis vom Krieg. Wer kein Pole werden wollte, musste gehen. Und nun bin ich hier. Wir Deutschen gehören nach Deutschland, nicht wahr, nicht?« Die Kinder nickten. Ihr starker Vater würde alles für sie richten. »Auch wenn wir unsere Heimat verloren haben, ich werde in Mecklenburg für euch ein neues Zuhause schaffen!«

Endlich gab es wieder Mut und Hoffnung. Der Abschied von den Günzels fiel kurz aus, denn die Kinder wollten nur noch eines: mit Papa nach Hause. Carl bedankte sich überschwänglich bei den Leuten dafür, was sie für die Kinder getan hatten, und überreichte ihnen zum Dank eines von seinen selbstgebackenen Vier-Pfund-Broten. Die Kinder schnappten sich ihre Bündel und machten sich mit Vater auf den Weg zum Bahnhof nach Friesack.

Luise Günzel winkte ihnen hinterher, bis sie hinter dem Wald, wo der Weg rechts abbog, verschwunden waren, und seufzte. Nun würde es ruhig werden. Das Haus war mit den Kühnapfelschen Kindern so voller Leben gewesen. Nun würde sie wieder allein sein mit ihrem Mann und ihrer alten Mutter. Und jeden Tag aufs Neue würde sie ihre Söhne vermissen, die gefallen waren, und der Gedanke, niemals Enkelkinder zu haben, quälte sie.

Der nächste Zug in Richtung Wittenberge würde erst in den frühen Morgenstunden gehen. Aber es gab so viel zu erzählen, dass die Nacht im Wartesaal des Bahnhofs wie im Flug verging. Und das von Papa gebackene Brot schmeckte so köstlich wie schon lange nichts mehr.

In den frühen Nachmittagsstunden des nächsten Tages erreichten sie Schwaan, wo vor der Bahnhofstreppe zuverlässig Wilhelm mit dem Pferdefuhrwerk stand. Carl hatte vorher die Rückfahrzeiten erkundet und die Uhrzeit mit Wilhelm ausgemacht. Die Züge waren einigermaßen pünktlich gewesen.

Heinz, Rudi und Werner jubelten über die beiden Pferde, die eingespannt auf ihre Fuhre warteten. »Oh, Papa, die sind zwar nicht so hübsch wie unsere Trakehner-Schimmel, aber endlich wieder Pferde!«, rief Rudi froh aus. Heinz ging sogleich hin und tätschelte den Braunen die Seiten, die sich das gern gefallen ließen. Werner wollte am liebsten gleich aufsitzen. Schade, dass sie keine Rübe zum Füttern hatten.

Die Bäume in den Alleen waren grün, nur hier und da begannen ein paar Blätter, sich gelb zu färben. Die Luft war schwül, es wehte ein kräftiger Wind. Die Schwalben flogen tief. Es schien bald ein Gewitter zu geben.

Auf der Fahrt nach Groß Grenz über die mit Feldsteinen gepflasterten Straßen schauten die Kinder sich neugierig die neue Umgebung an. »Doris, guck mal, so weite Felder wie zu Hause!«, »Und da, die Bauernhäuser, wie bei uns!«, »Und da drüben hinter dem Wald schaut ein See hervor!« Auch Heinz konnte endlich wieder lächeln. Auf das Schwimmen im nächsten Sommer freute er sich schon.

Als von Weitem die Windmühle des Stüdemann-Gehöftes zu sehen war, wies Carl mit der Hand in die Richtung: »Schaut mal, dorthin geht es! Der Müller mahlt das Korn, und ich backe das Brot!« Stolz klang in seiner Stimme.

Entspannt lehnten sich die Kinder auf den harten Bänken des Wagens zurück. Sogar das Rumpeln auf dem unebenen Sandweg hatte etwas Vertrautes. Endlich wieder ein Zuhause. Papa würde gut für sie alle sorgen. Gott sei Dank war Papa nichts passiert! Er war ein mutiger Held, war sogar aus feindlicher Gefangenschaft geflohen. Aber darüber sollten sie mit niemandem reden.

Rudi dachte wehmütig an Mutti und drückte sich dicht an Doris' hageren Körper. An ihrem Gesicht konnte er erkennen, dass sie ähnliche Gedanken hatte wie er. Wenn Mutti das doch auch erleben dürfte! Wenn sie dabei wäre! Erst dann wäre alles gut. Doris legte den Arm um ihren Bruder und zog ihn eng an sich. Dann drückte sie einen Kuss auf sein strohblondes welliges Haar.

»Oma, Oma!« So schnell konnten die Kinder gar nicht vom Wagen klettern. Da stand ihr Omchen mit ausgebreiteten Armen, die Tränen liefen über ihre faltigen Wangen. »Erbarmung! Kinderchen, endlich seid ihr wieder da! Ich habe mir solche Sorgen gemacht!« Ida umarmte jeden Einzelnen und küsste ihn ab. Auch Heinz mit seinen inzwischen 15 Jahren ließ sich das ausnahmsweise gefallen. »Kommt nur herein, Kinderchen, es gibt eine Überraschung! Setzt euch nur hin, ihr habt bestimmt Hunger nach der langen Reise!« Der Tisch in der kleinen Küche war gedeckt, sieben Stühle standen drum herum, sieben Teller standen darauf.

»Klunkermus!«, riefen alle begeistert wie aus einem Mund, als Oma lächelnd die Schüssel mit der Milchsuppe auf den Tisch brachte. Ein weiteres Stückchen Heimat. Ehrfürchtig und bedächtig löffelten sie ihre altbekannte Leibspeise, die so gut schmeckte wie eh und je. Wenn jetzt noch Mutti hier wäre!

Die Kinder lebten sich schnell ein auf dem Stüdemann-Hof. Auch wenn sie beengt in einer kleinen Stube schliefen, draußen in der Umgebung hatten sie genug Platz zum Herumtollen. Noch schickte die Sonne warme Strahlen in den Frühherbst. Der Hof hatte Ähnlichkeit mit daheim, und hinter der Wiese floss auch hier ein kleiner Fluss, die Beke.

Und Oma war wieder da! Die Wiedersehensfreude war riesig gewesen. Was war Ida froh, dass die Kinder, zwar verhärmt, abgerissen und abgemagert, aber doch wohlauf waren! Dennoch war sie selbst immer weniger in der Lage, sich um die fünf zu kümmern. Ausgezehrt vom Krieg und mit den Kräften am Ende, am ganzen Körper von Gliederschmerzen geplagt, verbrachte sie den Tag überwiegend auf der gepolsterten Küchenbank. Jeder Schritt fiel ihr schwer. Carl hatte ihr einen Gehstock geschnitzt, aber der half nicht viel. Mit Mühe humpelte sie zum Herd, zum Schrank und auf den Hof, um die nötigsten Tätigkeiten zu verrichten.

Idas Gedanken blieben trübe. Sie fühlte sich fremd in diesem Haus, wo neben den Stüdemanns und Karaschewskis so viele andere geflüchtete Menschen ein und aus gingen. Jetzt hatten sie zwar wenigstens einen Teil des Hauses, den mit der Bäckerei, für sich, aber Ruhe hatte man dennoch kaum. Wehmütig dachte sie an ihr schönes Haus in Locken, dem sie einst vorstand, die herrlichen Auslagen im Laden, an ihr Ausgedinge, an den Garten und ganz oft an Käthe. Die fehlte an allen Ecken und Enden. Nein, so hatte sie sich ihren Lebensabend nicht vorgestellt.

In Mußestunden blätterte Ida in den vielen alten Fotos, die Doris in ihrem schweren Bündel über die Flucht gerettet hatte, und schwelgte in alten Zeiten.

Für Carl begann gleich am Montag der Alltag in der Bäckerei, er schuftete von morgens um 3 bis abends um 18 Uhr. »Lange geht das nicht mehr so weiter«, dachte er. »Ich brauche Unterstützung.« Er machte sich seine Gedanken.

Nachdem eine Woche vergangen war, sagte Carl am Freitagabend am Küchentisch zu den Kindern: »So, meine Lieben, wir haben etwas zu besprechen. Hört mir gut zu!« Fünf Augenpaare waren gespannt auf ihn gerichtet.

»Ihr habt euch in der neuen Heimat eine Woche eingelebt. Es ist Zeit, dass wir überlegen, was die Zukunft bringt. Es muss ja irgendwie weitergehen, ihr könnt nicht nur spielen und Dummheiten machen.« Carl schmunzelte. »Deshalb war ich letzte Woche ein paarmal auf dem Amt in Bröbberow und habe zunächst Rudi, Werner und Martin in der Schule angemeldet.« Die drei Jungen machten lange Gesichter und guckten enttäuscht zu ihrem Vater. Och, jetzt sollten sie schon wieder in die Schule gehen!

»Papi, wie weit ist denn die Schule?«, fragte Rudi bange. Hoffentlich nicht wieder ein Siebenkilometermarsch.

»Nun, sie ist zwar nicht gleich um die Ecke, so wie in Locken. Aber auch nicht so weit wie nach Bartschendorf. Wir gehen den Weg morgen einmal ab. Sie ist in Groß Grenz, aber am anderen Ende des Ortes. Es sind gute zwei Kilometer. Das schafft ihr.« Martin wollte murren, aber Rudi verpasste ihm unter dem Tisch einen Tritt mit dem Fuß, sodass er gleich verstummte. Rudi wollte Papa nicht enttäuschen. Und zwei Kilometer klang doch besser als sieben. »Ja, Papachen, das schaffen wir!«, sagte er deshalb und sah seine Brüder streng an. »Aber, Papa?«

»Ja was hast du auf dem Herzen, Rudi?« Rudi druckste herum. Er wusste, dass es an allem mangelte zurzeit, aber der Winter stand bald vor der Tür. »Papa, im Sommer sind wir viel barfuß gelaufen. Aber nun brauchen wir ordentliche Schuhe. Unsere vom letzten Jahr passen nicht mehr.« Nun war es heraus.

Carl sah seinen Sohn erstaunt an. Daran hatte er noch gar nicht gedacht. Er sah hinunter auf die Füße seiner Jüngsten. Tatsächlich hatten sie hinten an der Ferse das Leder der Schuhe heruntergetreten, weil sie zu eng waren und drückten. Die Sohlen waren löchrig. Carl nickte. »Natürlich bekommt ihr neue Schuhe. Jedenfalls Rudi und Werner. Martin kann die alten von Werner ein Weilchen tragen, wenn wir die vom Schuster neu besohlen und ausbessern lassen.« Für drei Paar neue Schuhe auf einmal würde sein Erspartes nicht reichen.

Auch mit den beiden Großen hatte Carl etwas vor.

»Nun zu dir, liebe Doris!« Der Vater blickte die 14-Jährige liebevoll an. Sie hatte ein Jahr die Verantwortung für ihre Geschwister getragen und Schweres durchgemacht. Auch sie war froh, wieder beim Vater zu sein. Dennoch musste es für Doris in ihrem Alter eine Perspektive geben. Und die konnte nicht sein, nur Ersatzmutter zu spielen und den Haushalt zu führen.

Doris sah gespannt zu ihrem Vater. »Doris, du bist ein junges Mädchen, du hast dich gut um deine Brüder gekümmert. Aber du willst bestimmt auch einmal etwas werden im Leben?« Doris nickte unsicher. Was hatte Papa mit ihr vor?

»Ich weiß, dass du ein kluges Mädchen bist. Du hattest gute Schulnoten, besonders in Deutsch. Ich habe mich erkundigt. In Wismar gibt es eine Schule, die bilden Sekretärinnen aus. Stenotypistin heißt der Fachausdruck für diesen Beruf. Du bekommst auch gleich Arbeit in der Werft.«

Doris erschrak. Sie sollte weg von der Familie? Ganz allein in eine große fremde Stadt? Tränen traten in ihre Augen, die sie rasch wegblinzelte. Auch sie wollte ihren Vater nicht enttäuschen. »Aber das ist doch so weit, Papi. Wie soll ich denn da jeden Tag hinkommen?« Der dicke Kloß in ihrem Hals ließ ihre Stimme rau und brüchig werden.

Carl nahm ihre Hand. »Nur Mut, Doris! Wer alleine mit den Geschwistern von Stettin nach Brandenburg kommt und dort ein Jahr das Leben meistert, schafft auch eine Ausbildung in Wismar. Das ist eine sehr schöne Stadt, habe ich gehört. Und ich habe dir dort bei einer alten Dame ein Zimmer gemietet, ganz für dich allein. Da bleibst du von Montag bis Freitag, und am Wochenende kommst du nach Hause. Du verdienst Geld, davon können wir das Zimmer und die Fahrkarten bezahlen, und es bleibt sogar etwas übrig. Na, wie findest du das?«

Völlig überrumpelt konnte Doris nur nicken. Papa hatte tatsächlich schon alles geplant. Eigentlich wollte sie nicht weg von ihrer Familie, die nun endlich wieder halbwegs vereint war, auch wenn Mutti so sehr fehlte. Aber auf der anderen Seite konnte sie endlich an sich und ihre Zukunft denken und musste nicht immer nur für die Brüder da sein und in Haus und Hof schuften. Das war doch von Papa gut überlegt. Und ein eigenes Zimmer ganz für sich sollte sie bekommen! Und eigenes Geld!

»Das kommt alles sehr plötzlich, Papa. Aber du hast recht. Ich muss ja einen Beruf lernen, das machen die jungen Frauen heute alle so. Und Sekretärin ist gar nicht schlecht. Wann soll es denn losgehen?«

»Ich bringe dich am Sonntagabend nach Wismar zu deiner neuen Unterkunft. Montagfrüh stellst du dich in der Schule vor, da erfährst du alles Weitere. Es muss jetzt schnell gehen, denn wir haben September. Zwei Wochen Schule habt ihr alle schon versäumt.«

Am Montag schon. Doris schluckte. Aber Papa würde alles gut für sie geregelt haben.

Heinz rutschte unruhig auf seinem Schemel hin und her. Was würde Papa mit ihm vorhaben? Hoffentlich sollte er nicht auch in eine andere Stadt.

»Ihr habt sicher gemerkt, dass ich allein die Arbeit in der Bäckerei fast nicht mehr schaffe«, fing Carl an, seine Bestimmung für Heinz kundzutun. »Außerdem will ich erweitern und so wie früher in die umliegenden Dörfer Brot ausliefern. Auch Brötchen und anderes Gebäck soll nach und nach dazukommen. Heinz, du wirst eine Ausbildung zum Bäcker machen. Zweimal die Woche fährst du mit dem Fahrrad nach Bützow zur Berufsschule, das Praktische lernst du bei mir.«

»Au ja, Papa, das ist schön. Ich freue mich!« Heinz sprang auf und klatschte in die Hände. Er war erleichtert. Er musste nicht weg. Er konnte bei Papa bleiben und von ihm das Bäckerhandwerk lernen. Insgeheim hatte er sich das schon immer gewünscht, als Ältester in die Fußstapfen seines Vaters zu treten. Er strahlte übers ganze Gesicht.

»Nun, Kinder, dann wäre alles geklärt. Denkt alle immer daran, Oma zu unterstützen. Sie ist alt und krank und kann nicht mehr so wie früher. Besonders, wenn Doris ab Sonntag in Wismar ist, müsst ihr alle ein paar Aufgaben übernehmen. Das wird Oma euch dann sagen. Und vor allem müsst ihr gehorchen!«

Ida auf der Küchenbank nickte schwach und wischte mit zittriger Hand einen unsichtbaren Krümel von der hölzernen Tischplatte. Sie war mager geworden, die einst füllige resolute Frau war nur noch Haut und Knochen. Was soll das nur werden ohne Doris, dachte sie bei sich. Sie konnte Carl natürlich verstehen, dass er für das Mädchen nur das Beste wollte. Es gab ja ein Schulgesetz, und Ausbildung war vorgeschrieben. Aber sie allein würde mit den aufgeweckten Buben nicht mehr fertig werden. Besonders Martin und Werner waren ganz schön frech geworden, und Rudi hatte manchmal einen richtigen Dickkopf. Sie hustete. In letzter Zeit bekam sie schwer Luft. Die Kinder würden ihr auf der Nase herumtanzen, denn zum Schimpfen fehlte ihr ebenso die Kraft wie für einen Klaps auf den Po, wo er hin und wieder angebracht wäre.

Die alte Frau seufzte, und eine Träne rann aus ihren Augenwinkeln die Wange hinab. Käthe fehlte so!

Carl ging zum Küchenbüfett und holte aus dem Schubfach die *Rommé*-Karten.

Ida Kühnapfel starb kurze Zeit später zu Weihnachten 1946 im Alter von 74 Jahren. Es war das erste Weihnachtsfest, das die Familie wieder gemeinsam, wenn auch ohne Käthe, begehen konnte.

Der Heilige Abend war gemütlich gewesen, die Küche warm vom Brennholz im gekachelten Herd. Carl hatte sogar einen Stollen gebacken, wenn ihm auch Zutaten wie Mandeln und Rosinen gefehlt hatten. Es gab für jeden einen spärlichen Bunten Teller mit Plätzchen, die nicht besonders süß waren, einem rotbackigen Apfel und ein paar Walnüssen. Carl hatte mit den Jungen eine kleine Tanne im Wald geschlagen. Drei Kilometer waren sie extra dafür bis zum Waldstück nach Letschow gelaufen, den Handwagen hinter sich herziehend. Auch ordentlich Brennholz hatten sie aufgeladen, um etwas zum Heizen für die Wohnküche zu haben. Nasse Füße hatten sich alle im matschigen Schnee geholt.

Beim Anblick der mit Nussschalen behängten Zweige dachten sie an ihren reichlich mit bunten Kugeln, Glöckchen und

Lametta geschmückten Baum mit den vielen brennenden Kerzen in Locken zurück. Aber sie waren wieder zusammen, nur das zählte.

Zum Weihnachtsessen am ersten Feiertag gab es ein kleines Festmahl. Doris hatte ein Huhn geschlachtet, von denen wieder einige auf dem Hof herumliefen. Sie hatte dafür die Erlaubnis von Herrn Stüdemann. In der von ihr selbst zubereiteten Hühnerbrühe schwamm sogar etwas Gemüse, auch wenn ein Teil davon verdächtig nach Kohlrübe und Sauerampfer aussah. Vom gebratenen Huhn bekam jeder nur ein kleines Stückchen, aber zusammen mit den Salzkartoffeln und dem mit Steckrüben versetzten Kohl war es köstlich.

Ida klagte jedoch nach dem Mittagessen über heftige Schmerzen im Oberbauch und krümmte sich. Auch der Rücken tat ihr weh. »Erbarmung, Oma, ist dir das gute Essen nicht bekommen?«, fragte Doris, die sich am Spülbecken zu schaffen machte, besorgt. »Leg dich ins Bett, ich koche dir gleich einen Kräutertee.« Sie stützte die alte Frau auf dem Weg in die Schlafstube.

Ida stöhnte laut, als Doris ihr beim Anziehen des Nachthemdes behilflich war. Ächzend ließ sie sich auf das Kissen sinken. Als Doris in die Küche eilen und einen Tee kochen wollte, hielt Ida sie am Arm zurück. »Komm her, mein Marjellchen«, brachte sie mühsam hervor. »Du hast dich immer so aufopfernd um alle gekümmert, hast ein gutes Herz. Ganz wie deine liebe Mutti, die viel zu früh sterben musste.« Ida hustete und rang nach Luft.

»Oma, ganz ruhig, du musst jetzt nicht sprechen«, sagte Doris und wollte aufstehen. Doch Ida krallte sich an ihrem Ärmel fest. »Ich wünsche dir viel Glück im Leben. Und dass du nie wieder solch ein Elend erleben musst wie den Krieg.« Mit diesen Worten ließ sie Doris los. Die streichelte ihrer Oma über das eingefallene Gesicht mit den unzähligen Kummerfalten.»Ei, Omichen, wir werden zusammen noch eine gute Zeit haben«, versicherte sie.

Ida war eingeschlafen. Als Doris später mit dem Tee zurück in die Stube kam, war sie gestorben.

Die Beisetzung fand in der kleinen mittelalterlichen gotischen Dorfkirche von Groß Grenz statt.

Die Kinder und Carl weinten um Oma Ida wie um ihre Mutti Käthe, die nie ein richtiges Begräbnis bekommen hatte.

Als Carl den Grabstein in Auftrag gab, ließ er neben den Namen von Ida den Namen von Käthe nebst einem Gedenkspruch für sie gravieren.»Im ewigen Gedenken an meine liebe Frau und unsere liebe Mutti Käthe Kühnapfel, geborene Weiß, die im März 1945 auf der Flucht gestorben ist«.

So hatten sie auf dem kleinen Friedhof an der Kirche Groß Grenz einen Ort, wo sie trauern konnten. Wie gern hätte Käthe in Locken neben unserem kleinen Uli gelegen, dachte Carl später oft, wenn er auf den Friedhof ging. Aber das Schicksal hatte es anders gewollt. Mit Grauen dachte er an das Massengrab hinter dem Krankenhaus in Karthaus.

11. Alles auf Anfang, 1947 – 1949

Der süsse Duft von frisch gebackenem Streuselkuchen und Hefe zog von der Bäckerei bis in die hinteren Stuben. Carl verscheuchte eine Fliege, die hartnäckig und wirr immer wieder gegen die Scheibe flog, und erwischte sie schließlich mit einem Handtuch.

Heute hatte Carl nicht nur Brot und Brötchen gebacken, die Heinz wochentags mit dem Fuhrwerk oder, bei kleineren Touren, einem Fahrrad mit Anhänger in die kleinen Dorfläden, aber auch in einige *Konsum*-Genossenschaften, ausfuhr. Das Geschäft florierte, sodass Carl inzwischen die Bäckerei von Stüdemann gepachtet hatte und somit unabhängig war.

Heute war ein besonderer Tag. Es war Sonnabend, und Carl hatte den Backofen angeheizt, um gemeinsam mit Heinz drei Bleche Streuselkuchen zu backen.

»Hmmm, Papa, das riecht so gut. Dürfen wir kosten?« Martin und Werner kamen angelaufen. Wenn sie etwas Süßes rochen, waren sie nicht mehr zu halten. »Ei, Kinder, der Kuchen ist bestellt. Ich muss gleich los und ihn zur Kirmes nach Schwaan bringen.«

»Och Papi, nur ein klitzekleines Stückchen!«, bettelte Martin. »Na meinetwegen«, brummte Carl und nahm ein Messer aus der Schublade. Einen Zentimeter dick schnitt er an einem Blech die Kuchenränder ab und legte sie auf einen Teller. Gierig stürzten sich die Jungen darauf.

Ich bin einfach zu gutmütig, dachte Carl. Wenn sie mich so bitten, kann ich nie Nein sagen. Ach wäre doch Käthe da, um die Jungen zu erziehen. Oder wenigstens ihre Oma. Das würde vieles erleichtern.

»Kirmes, Papa?« Nun kam auch Rudi angelaufen und nahm sich einen Kuchenrand vom Teller. »Dürfen wir mit? Da gibt's doch bestimmt ein Karussell. Bitte, bitte, Papa!«

Carl rang mit sich. Eigentlich wollte er nur den Kuchen abliefern und den Rest des Tages in Ruhe mit einer Zigarre im Garten sitzen. Aber nun bettelten sie alle drei, und auch Heinz, der sich wie immer bescheiden im Hintergrund hielt, sah flehentlich zu ihm herüber.

Auf der anderen Seite – wann hatten denn die Kinder das letzte Mal Spaß gehabt? Sollte man ihnen denn nicht auch einmal ein bisschen Freude gönnen? Durch den Krieg, die Flucht und den Verlust ihrer Mutter und der Heimat hatten sie so viele schlimme Entbehrungen erleiden müssen. Carl gab sich einen Ruck. »Also gut!«, brummte er. »Aber halt, nicht so schnell, ihr Lorbasse!«, unterbrach er den Jubel seiner Söhne. »Ihr geht auf den Hof und wascht euch gründlich mit Wasser und Seife. Auch den Hals und die Ohren! Dann zieht ihr euch eure besten und saubersten Sachen an, verstanden?«

»Ja, Papi!« Die Jungen trollten sich.

Doris, die in der Küche über dem Waschkessel gestanden und von dem Gespräch nichts mitbekommen hatte, wunderte sich, wie ihre Brüder an ihr vorbei und auf die Pumpe auf dem Hof zustürmten.

»Was ist denn los, Papa?«, fragte sie, während sie mit einer Holzbürste an einem hartnäckigen Fleck an Werners Hose rubbelte.

»Wir fahren zur Kirmes nach Schwaan. Und du kommst mit!«

»Aber die Wäsche ...«

»Die eingeweichte spülst du noch rasch aus und hängst sie auf. Der Rest kann bis morgen warten. Ein bisschen Ablenkung tut dir gut.«

Doris sah richtig verhärmt aus. Die Woche über ging sie in Wismar zur Arbeit und zur Berufsschule, und an den Wochenenden wartete daheim die Wäsche und der liegen gebliebene Haushalt auf sie. Sie musste kochen und die Mahlzeiten auf den Tisch bringen. Bis in den späten Abend saß sie oft über Näharbeiten, wenn sie die Kleidung der Familie mit Nadel und Faden ausbesserte. Nun glitt ein Lächeln über ihr Gesicht. Zur Kirmes! Das war ja wunderbar. Ihr Herz hüpfte vor Freude.

Auf dem Dorfplatz in Schwaan war richtig etwas los an diesem warmen Septembernachmittag, als sie mit dem Fuhrwerk ankamen. Es war die erste Kirmes nach dem Krieg. Alles, was Beine hatte, war aus den umliegenden Dörfern herbeigekommen, so schien es.

Es gab ein großes Kettenkarussell und eine Schiffsschaukel, mit der man sogar einen Überschlag machen konnte. Die Kinder starrten begehrlich nach oben. So etwas hatten sie noch nie gesehen. Ob Papa ihnen ein paar Groschen für eine Runde spendieren würde?

Vor dem Gasthof *Zur Linde*, dessen Eingang mit bunten Papierlampions geschmückt war, hatte man eine kleine Bühne aufgebaut. Zahlreiche Tische und Stühle waren im Freien aufgestellt. Gerade spielte ein Ziehharmonika-Orchester stimmungsvolle Schlager.

Carl und Heinz hatten die bestellten Kuchenbleche im Wirtshaus abgegeben. Es gab einen langen Tisch mit Außer-Haus-Verkauf, dazu wurde Malzkaffee angeboten. Wer wollte, konnte aber auch dem Apfelwein zusprechen oder ein Bierchen zischen.

»Hier ist ein Tisch frei, kommt, Kinder!« Carl schob den eisernen Gartenstuhl heran und setzte sich. Heute Nachmittag wollten sie es sich gut gehen lassen. Sie hatten so viel durchgemacht in den letzten Jahren.

Kaum hatten sie Platz genommen, kam eine flinke Bedienung an ihren Tisch. Carl schätzte sie auf Ende 30, eine kleine, aber stämmige Frau, die weiße Schürze mit Spitzenbesatz um die rundlichen Hüften gebunden. Auffällig war ihre stolze, kerzengerade Körperhaltung, mit der sie versuchte, ihre geringe Körpergröße zu kompensieren. Mit ihrem runden, leicht pausbäckigen Gesicht, das einen kleinen Ansatz zum Doppelkinn zeigte, und den kleinen braunen Augen wirkte sie recht bäuerlich. Die Mundwinkel hatten eine starke Prägung nach unten, wenn sie nicht lachte. Und zu lachen hatte sie wohl in den letzten Jahren nicht viel gehabt. Auf ihrem haselnussbraunen Haar, das sie kurz geschnitten trug, saß ein kleines weißes Spitzenhäubchen, das sie als Bedienung kennzeichnete. Sie hatte eine freundliche, warmherzige Ausstrahlung und eine zupackende Art, mit der sie gleich jeden für sich einnahm.

»Ei, Kinderchen, führt ihr heute euren Vati aus?«, fragte sie lachend mit einem Blitzen in den Augen. Sie rollte das »R« beim Sprechen und zog die Silben lang. Carl horchte auf. Das war doch ostpreußischer Dialekt! Den vergaß man nicht.

»Darf ich fragen, woher Sie kommen?«, wollte er wissen.

»Natürlich dürfen Sie. Ich komme mit meiner Familie aus Ostpreußen, genau genommen aus Masuren. Thyrau heißt der Ort.«

»Was, aus Thyrau? Das war ja gleich bei uns um die Ecke. Wir sind aus Locken, ebenfalls Kreis Osterode!«

»Erbarmung!« Martha klatschte in die Hände. Sie sahen sich erfreut an. Endlich mal wieder ein Landsmann, den es auch hierher verschlagen hatte.

»Martha, kommst du? An Tisch drei sind vier Bier und zwei Korn zu servieren!« Der Wirt konnte nicht ausstehen, wenn sein Personal, das er eigens für die Kirmes angeheuert hatte, mit den Gästen schwatzte.

»Sagen Sie mir schnell, was ich bringen darf. Für die Kinder vielleicht eine Limo? Und für Sie?«

»Ei, ich nehme eine Tulpche Bier. Vielleicht haben Sie ja nachher einmal kurz Zeit. Dann können wir uns ein wenig über die Heimat unterhalten.« Carl lehnte sich entspannt zurück und zündete sich einen Stumpen an.

»Ja, gerne. Vielleicht wird es später etwas ruhiger.« Martha sputete sich und flitzte in die Gaststube. Als sie mit den Getränken zurück an ihren Tisch kam, brachte sie für jedes Kind ein Karamellbonbon mit. Die fünf strahlten. »Die ist aber nett, Papi. Und sogar aus der Heimat!« Rudi hatte schon sein Bonbon in den Mund gesteckt. Er mochte die kleine freundliche Frau sofort. Seine jüngeren Brüder aber hatten nur noch Augen für die Karussells, und so rannten sie los, sobald sie von Carl ein wenig Geld bekommen hatten. »Aber macht nicht so doll!«, rief er ihnen lachend hinterher.

Heinz und Doris blieben auch nicht am Tisch sitzen, sondern gesellten sich zur Dorfjugend, die ein paar lustige Spiele veranstaltete.

So saß Carl allein am Tisch über seinem Bier, paffte an seinem Stumpen und hing seinen Gedanken nach. Hin und wieder ging sein Blick zu der Bedienung. Wie hatte der Wirt sie gerufen? Martha. Sie war eigentlich ganz drollig, flink und auf Zack und ziemlich resolut. Anders als seine Käthe, die Sanftmütige. Auch sie hatte damals in Koschainen im Wirtshaus des Vaters mit bedient. Carl dachte traurig daran zurück, wie schön es gewesen war, als sie sich ineinander verliebt hatten. Wann war das doch gleich? Es musste zu Pfingsten gewesen sein, ja, Pfingsten 1928. War das lange her. Fast 20 Jahre waren seit damals vergangen, als er so verliebt in seine Käthe war! Sie war so schön, so warmherzig und fürsorglich gewesen.

Und nun saß er hier allein mit fünf Kindern.

»Kann ich Ihnen noch was bringen?« Martha stellte kurz das Tablett mit den leeren Gläsern, die sie gerade abgeräumt hatte, auf dem Tisch ab. »Ei, eine Tulpche kann ich mir noch gönnen, nicht wahr, nicht?« Carl schmunzelte.

»Ei, sicher. Leider haben wir keinen *Meschkinnes*. Nur Korn. Wollen Sie?«

Hm, die Frau schien zu ahnen, was er mochte, das gefiel Carl. »Aber ja. Und dann müssen Sie mir noch Ihren Namen verraten. Wo wohnen Sie? Haben Sie Familie?«

»Ich heiße Martha Golombiewski. Wo ich herkomme, wissen Sie ja schon. Ich bin mit meinen sechs Schwestern aus Ostpreußen geflüchtet, mein Bruder ist leider als Soldat im Krieg geblieben. Drei von uns Schwestern sind in Klein Grenz gelandet. Dort arbeite ich mit in der Landwirtschaft. Aber bei uns in Thyrau habe ich auch im Gasthof gearbeitet.«

Wie Käthe, schoss es Carl wieder durch den Kopf. Und sie wohnt in Klein Grenz, gleich bei uns im Nachbardorf. Das kann doch nicht alles Zufall sein. Aber sie ist nicht Käthe, sagte eine andere Stimme in ihm. Niemand kann eine Frau wie Käthe ersetzen, seine wunderschöne Frau. Diesen Gedanken verwarf er ganz schnell wieder. Aber vielleicht könnte diese Martha ihm nützlich sein.

Auch er stellte sich kurz vor und vergaß nicht zu erwähnen, dass er Witwer mit fünf Kindern war, was nicht immer leicht für ihn war. Das schien Martha nicht abzuschrecken. Ein Bäckermeister! Und so ein stattlicher Mann! Sie sah Carl bewundernd an, und auch sie witterte das Schicksal. »Wenn Sie möchten, Herr Kühnapfel, kann ich Sie im Haushalt und mit den Kindern unterstützen«, beeilte sie sich zu sagen. »Ich komme gut mit Kindern klar, habe mich ja auch immer um meine jüngeren Geschwister und um die Kinder von Gästen gekümmert. Von Klein Grenz nach Groß Grenz ist es nur ein Katzensprung für mich.«

Carl musste nicht lange überlegen. »Ei, das wäre wunderbar!«, rief er. Endlich eine Hilfe im Haushalt, der ihm förmlich über den Kopf wuchs, und endlich jemand, der sich um Rudi, Werner und Martin kümmern würde. »Abgemacht!« Martha griff schnell nach dem Tablett. Aus den Augenwinkeln hatte sie den *Linden*-Wirt bemerkt, der schon wieder streng zu ihr herübersah. Nicht, dass der ihr nachher noch den Lohn kürzen würde.

»Darf ich Sie später um einen Tanz bitten?«, rief Carl ihr leise hinterher.

Martha blickte über die Schulter zurück und zwinkerte ihm lachend zu. War das nun ein Ja oder ein Nein? Egal, dachte Carl froh und rieb sich die Hände. Hauptsache, ich habe jemanden für die Wirtschaft. Sie kann gleich am Montag bei uns anfangen.

Dass die Martha ordentlich zupacken konnte, hatte Carl schon am ersten Tag bemerkt. So klein und drall sie war, so flink und fleißig war sie auch. Im Nu hatte sie die Küche und die Stuben blank gewienert, die Betten gelüftet und ordentlich ausgeklopft sowie den Waschtrog angesetzt.

Carl war zufrieden. Er zahlte ihr jeden Monat 50 Mark, das gab seine Kasse her.

Heinz stellte sich gut an in der Bäckerei, konnte inzwischen selber backen. In den Morgenstunden schickte Carl seinen Ältesten auf Liefertour, damit die Läden seine frischen Brote und Brötchen verkaufen konnten. Kuchen war allerdings immer noch eine Rarität, weil viele Zutaten fehlten.

Jeden Morgen kam nun die Martha aus Klein Grenz herübergelaufen. Sie war pünktlich zur Stelle, um Rudi, Werner und Martin zu wecken, ihnen ein Frühstück zu bereiten und die

Schulbrote zu schmieren. Wenn auch anfangs nur Wrukenmarmelade auf den Butterbroten war, sie würde schon dafür sorgen, dass die Kinder bald wieder mehr Wurst und Käse bekämen. Genauso pünktlich setzte sie ihnen die Schulranzen auf die Rücken und schickte sie auf den zwei Kilometer langen Schulweg.

Martha war eine Perle, wie Carl schnell erkannte, eine große Hilfe im Haushalt, mit den Kindern und auf dem Hof. Sie klagte nie, war zuverlässig und niemals krank. Sie konnte schaffen, selbst für die schwerste Arbeit war sie sich nicht zu schade. In ihrem recht gedrungenen Körper schienen ungeahnte Kräfte zu schlummern.

Wenn die Kinder in der Schule waren, versorgte sie die Hühner, Enten, Gänse und Kaninchen, die sie sich angeschafft hatten. Das Gemüsebeet war ohne ein Hälmchen Unkraut, in den Frühkästen wuchs im Frühjahr der erste grüne Salat. Sie schaffte es, aus dem wenigen, das sie hatten, für die ganze Familie ein Mittagessen zuzubereiten, das auf dem Tisch stand, wenn die drei Jungen aus der Schule kamen. Kartoffeln waren meistens da, und so gab es oft Pellkartoffeln mit Glumsen oder Keilchen mit geschmorten Zwiebeln, selten mit Spirgel. War sie mit dem Haushalt fertig, ging sie Carl in der Backstube zur Hand, reinigte die Schüsseln und Bleche, wischte und putzte unermüdlich.

Dass die Kinder sich nach der Mittagsruhe an den Tisch setzten und ihre Hausaufgaben machten, war auch Marthas Verdienst. Sie konnte nicht viel helfen, Schule war nicht so ihre Sache. Aber sie drang darauf, dass die Kinder ihre Hefte auspackten und lernten. Oft stieß sie auf Widerstand, weil die Jungen keine Lust hatten. Viel lieber wollten sie mit ihrem Lumpenball Fußball spielen oder sich im Wald eine Hütte bauen. Gern stromerten sie am Fluss entlang und gingen auf Poggenjagd.

»Du hast mir gar nichts zu sagen, du bist schließlich nicht meine Mutter!« Martin war mit seinen inzwischen sieben Jahren ein Querulant. Er bockte und trampelte mit den Füßen. Er wollte einfach nicht seine Schulmappe holen, um nachzusehen, was Lehrer Armknecht ihm aufgegeben hatte. »Ei, wirst du wohl, du Dreibast ...«, wollte Martha gerade energisch ansetzen. Unschlüssig stand sie da und stemmte die Arme in die Hüften. Was sollte sie bloß mit diesem Bengel machen, der so gar nicht hören wollte?

In diesem Moment stand Carl in der Tür. »Das will ich jetzt nicht gehört haben, Martin! Sofort holst du deine Schulsachen. Und was Tante Martha sagt, wird gemacht!«, donnerte er. Als Martin immer noch keine Anstalten machte aufzustehen, seine Arme verschränkte und wütend auf den Boden starrte, nahm Carl ihn streng beim Arm und wies ihm den Weg. »Das nächste Mal setzt es was, wenn du nicht hörst, hast du mich verstanden?« Martin heulte. Dass Papa laut wurde, kam nicht oft vor. Rudi und Werner sahen sich betreten an. Das war wirklich gemein gewesen vom Martin. Schließlich war Tante Martha immer so freundlich zu ihnen und sorgte für sie. Fast wie Mutti.

Martha selbst ärgerte sich in solchen Momenten, wenn eines der Kinder widerborstig war, besonders schwierig war Martin. Letztens wollte er sogar mit einem Besen auf sie losgehen, aber davon musste Carl nichts wissen. Nicht, dass er noch dachte, sie würde mit den Kindern nicht klarkommen. Dann hingen ihre Mundwinkel ganz weit unten. Sie lenkte sich dann schnell mit irgendeiner Arbeit ab, schrubbte die Töpfe oder das Ausgussbecken. Doch sie war nicht nachtragend, das konnte sie sich auch gar nicht erlauben. Sie wollte den Mann, und sie wollte diese Familie. Es war ihre einzige Gelegenheit im Leben, das hatte sie sofort gespürt. Wenn sie nur in Carls Nähe war! Das allein zählte. Denn Martha war vom ersten Augenblick an verliebt, das hatte sie sich sofort nach der Kirmes in Schwaan vor einem halben Jahr eingestehen müssen. Als Carl sie dann auch noch zu einem Tanz aufgefordert hatte, konnte sie ihr Glück nicht fassen. Seit diesem Moment schwebte sie im siebten Himmel.

»Tante Martha? Darf ich auf mein Brot noch eine Scheibe Wurst haben?« Wie seine Brüder war auch Rudi im Wachstum und hatte immer Hunger. Aber die Wurst war knapp. Sie hatten zwei Schweine angeschafft, doch die mussten sich erst einmal vermehren. Es schien so, als wäre die Sau trächtig, aber bis die Ferkel kämen, dauerte es wohl an die zwei Monate. Erst viel später konnten sie dann ans Schlachten denken.

Doch Martha hatte mit Bezugsscheinen beim Fleischer eine gute Mettwurst erstanden, allerdings mussten die Scheiben hauchdünn abgeschnitten werden. Bei sieben hungrigen Mägen reichte eine Wurst nicht lange, dabei kam sie nur beim Abendessen auf den Tisch. »Aber nur eine Schiebewurst!«, sagte Martha lachend und griff zum Schneidemesser. Dabei wurde die Scheibe Wurst am Anfang des Brotes aufgelegt und beim Essen mit den Zähnen immer ein Stückchen weiter nach vorn geschoben, sodass sie lange reichte und den Geschmack gab.

Außerdem hatte Martha die gute alte ostpreußische Tradition weitergeführt und brachte morgens und oft auch abends Klunkermus auf den Tisch, worüber sich besonders die Kinder freuten. Milch und Mehl, auch Eier hatten sie jetzt immer im Haus.

»Und dann macht ihr euch langsam fertig fürs Bett! Zähneputzen nicht vergessen!«

Carl setzte sich gern nach dem Abendbrot auf die kleine hölzerne Hofbank, die an der Hauswand stand, und paffte seine Feierabendzigarre. Die jüngeren Kinder ins Bett zu bringen, auch das überließ er gern Martha. Heinz ging auch mit den

Hühnern schlafen, denn wie für Carl war für ihn um 3 Uhr die Nacht vorbei. Martha machte ihre Sache gut, das musste man ihr lassen. Sie war aus der Familie nicht mehr wegzudenken. Carl brummte zufrieden.

Lange nach dem Abendessen, wenn die Kinder endlich in den Betten und sie mit dem Aufräumen in der Küche fertig war, gesellte sich Martha manchmal zu ihm. Wie sie diesen männlichen Geruch nach Zigarre liebte! Carl klopfte dann einladend auf den freien Platz neben sich, und sie schabberten noch ein Weilchen über die gute Zeit in der Heimat, und sie überlegten, was wohl aus den Verwandten, Freunden und Nachbarn geworden sein mochte.

Anfangs hatte Carl viel von Käthe erzählt, seiner geliebten Frau, die ihm immer noch so lebendig, ja fast gegenwärtig erschien. Oft hatte er zu Martha gesagt: Käthe hat das so gemacht oder Käthe hätte das gewusst. Doch nach und nach hatte er seine Erinnerungen an seine Frau tief in seinem Herzen verschlossen. Es musste ja weitergehen, da durfte man sich nicht in Erinnerungen verlieren. Und Martha fragte wenig. Aber sie hätte sich gern an den Mann, den sie liebte, angelehnt und seine starken Arme um sich gespürt.

Schließlich machte sich Martha auf den Heimweg. Die halbe Stunde Fußweg, immer die Klein Grenzer Chaussee und dann die Dorfstraße entlang, tat ihr gut, um ein wenig abzuspannen, bevor sie zu dem Hof kam, wo sie mit ihren Schwestern Unterschlupf gefunden hatte. Dann saß sie mit Bertha und Ida noch ein Stündchen zusammen, um zu erzählen, was der Tag gebracht hatte.

»Sag einmal, Martha, du gehst ja bei der Familie Kühnapfel nun schon ein gutes Jahr ein und aus«, sagte ihre drei Jahre ältere Schwester Ida eines Abends zu ihr. Martha war gerade mit ihrem Tagesbericht fertig, und fast fielen ihr die Augen zu. Fragend schaute sie zu ihrer Schwester.

»Ei, wie gefällt dir denn der Mann? Carl? Ich merke doch, da ist was.« Ida sprach aus, was alle dachten. Neugierig waren zwei Augenpaare auf Martha gerichtet.

»Ei, was ihr denkt!«, wiegelte Martha verlegen ab und lachte schelmisch. »Ich kümmere mich um seine Kinder und den Haushalt. Weiter nichts!«

»Weiter nichts?«

Martha wurde rot. »Ei, er ist schon sehr freundlich. Und groß und gut aussehend. Und wie lieb und großzügig er zu den Kindern ist! Backen kann er, ein sehr fleißiger Mann. Das Geschäft brummt!« Sie war ins Schwärmen gekommen.

»Aha!« Vielsagend sahen die Schwestern einander an und lächelten. Wenn sich da nicht noch mehr entwickeln sollte!

»Ei, Martha, ich habe auch gute Neuigkeiten!« Ida ging zur Kommode und holte aus dem oberen Schubfach einen Brief. Sie faltete das dünne Blatt Papier auseinander und reichte es der Schwester. »Eine Nachricht vom DRK! Die hat heute der Postbote gebracht. Fritzchen ist aus der Gefangenschaft zurück. Sie haben ihm in Rostock beim DRK die Adresse hier gegeben. Wahrscheinlich kommt er in den nächsten Tagen! Vielleicht morgen schon! Ich bin so glücklich!«

»Erbarmung, Ida! Dein Mann kommt endlich aus dem Krieg zurück! Das ist ja großartig!« Martha sprang vom Stuhl auf, schlug vor Freude die Hand vor den Mund und umarmte ihre Schwester.

»Hoffentlich wird Julius auch bald entlassen«, seufzte Bertha. Sie konnte nur hoffen, dass ihr Mann aus dem Krieg zurückkehren würde und nicht verschollen blieb. Müde rieb sie sich die Augen. Es war ein langer Tag gewesen. Ihr Rücken schmerzte von der Feldarbeit.

Die Schwestern löschten das Licht und gingen zu Bett.

»Prosit!«, »Zum Wohle!«, »Auf die Gesundheit!« Die Gläser klirrten, als die Gäste auf Carls 46. Geburtstag anstießen. Ernst Karaschewski hatte Carl eine Flasche Korn geschenkt, die sofort geöffnet wurde. Man musste die Feste feiern, wie sie fielen. Schon morgen konnte es zu spät sein, das hatte die Vergangenheit gezeigt.

»Wenn du mal erst im Magen bist, dann wird sich alles wenden!« Mit diesem Trinkspruch blickte Carl erfreut auf sein zweites gefülltes Schnapsglas und prostete fröhlich lachend den Gästen zu.

Es ging langsam aufwärts, die Bäckerei florierte. Carl und Ernst, der als Müller bei Stüdemann mit in der Mühle arbeitete, hatten es mit viel Fleiß geschafft und waren sesshaft geworden. Hungern mussten sie nicht mehr, denn die Landwirtschaft warf so einiges für den Eigenbedarf ab. Das erste Schwein war geschlachtet worden, denn ab und an musste es nun auch wieder Braten, Wurst und Speck geben.

Die Kinder wurden satt und waren gut gekleidet. Jedes hatte ein Paar lederne Schuhe, die passten. Heinz trug sogar seit Kurzem lange Hosen. Im kommenden Frühjahr würde er seine Gesellenprüfung in Bützow ablegen, wofür er schon fleißig lernte.

Martha servierte Brot und Butter. Zur Feier des Tages hatte sie ein Glas Blutwurst und ein Glas Leberwurst aufgemacht, das Eingeweckte vom ersten geschlachteten Nachkriegsschwein. Es war November 1948, vor zwei Wochen hatten sie das erste Mal wieder geschlachtet. Draußen schlug ein eisiger Wind gegen die Scheiben. Vielleicht würde es frühen Schnee geben. Aber im Küchenherd prasselte das Feuer.

Die Kinder saßen nach dem Abendessen auf den Betten in ihrer Stube und spielten Karten.

In der Wohnküche wurde die Stimmung ausgelassen.

»Kinder, kommt, wir haben von den Stüdemanns eine Ziehharmonika ausgeborgt. Jetzt wird gesungen!« Carl hatte die Tür geöffnet und sah seine Kinder strahlend an, die sogleich vom Bett gesprungen kamen. Ihm war heute so wohl zumute. Endlich ging es aufwärts. Seine frohe Stimmung hatte aber auch einen besonderen Grund. Und es lag nicht nur am Korn.

Verschmitzt sah er Martha an, die emsig die Gäste bewirtete und immerzu darauf achtete, dass alle genug zu essen und zu trinken hatten. Sie war patent, fleißig, ordentlich. Und das Wichtigste: Sie sprachen eine gemeinsame Sprache. Auch wenn Carl nicht diese sehnsuchtsvolle Verliebtheit spürte so wie damals bei Käthe – mit Martha war das etwas anderes. Man hatte sich aneinander gewöhnt und festgestellt, dass es passte. Nein, ohne Martha konnte er sich das Leben seiner Familie nicht mehr vorstellen. Carl nahm noch einen Schluck Bier.

»Esst doch noch, komm, Mia, es ist noch Wurst da!« So ermunterte Martha jeden nach Ostpreußen-Art, noch einmal zuzulangen. Heute sollte jeder satt werden. Sie bemerkte Carls Blicke und lächelte auffordernd zurück. Was für ein Mann!, dachte sie immer wieder, und ihr Herz machte einen Hüpfer. Und insgeheim dachte sie: Wir kennen uns nun schon über ein Jahr, und genauso lange arbeite ich bei dir. Es wird Zeit, mein Lieber! Laut aussprechen würde sie diese Gedanken jedoch nie.

Ernst spielte auf dem Akkordeon, und alle sangen mit. »Ännchen von Tharau«, »Wild flutet der See« und »Land der dunklen Wälder« – diese Lieder aus der Heimat würden sie niemals vergessen. Bei allen saß ein Kloß in der Kehle, der mit einem Schnapsche heruntergespült wurde. Auch Rudi durfte einmal kosten, er war bald 14, aber Werner und Martin waren noch zu klein. Als die Flasche Korn geleert war, spielte Ernst »Ein Prosit, ein Prosit der Gemütlichkeit!«

Zu später Stunde, die Karaschewskis und Stüdemanns hatten sich bereits verabschiedet und die Kinder lagen im Bett, räumte Martha die Küche auf und wusch das Geschirr ab. Nachdem sie fertig war und Doris, die den letzten Teller in den Küchenschrank gestellt hatte, ins Bett geschickt hatte, wollte sie eben ihren Mantel holen.

»Ei, Martha, du willst doch jetzt nicht noch nach Hause gehen. Es ist spät, und hör mal, wie der Wind pfeift.« Plötzlich stand Carl, der eben draußen nach dem Rechten gesehen hatte, in der Küchentür.

»Aber Carl ...« Martha, die sich sonst nicht zierte und nie um eine kesse Antwort verlegen war, schluckte und gab sich reserviert. Bisher war sie immer abends nach Hause gegangen, egal, wie spät oder wie kalt es war. Ihr Herz klopfte, und heiße Röte war in ihr Gesicht gestiegen. Sie hatte natürlich Carls Blicke bemerkt, die er ihr den ganzen Abend zwinkernd zugeworfen hatte, und da hatte auch sie mit ihm geflirtet. War nun endlich der Moment gekommen, auf den sie so lange gehofft hatte?

Carl trat nahe vor sie hin. So nahe wie noch nie. Er streichelte ihr Haar und hob ihr Kinn zu ihm empor. Sie schaute in seine freundlichen Augen, die sehr liebevoll aussahen.

»Martha, ich ... Ich glaube, dass wir beide gut zusammenpassen.« Carl war kein Mann der großen Worte. Wie sollte er sich ausdrücken? Er drückte einen Kuss auf ihre Lippen.

»Sag, Martha, willst du mich nicht heiraten und für die Kinder auch auf dem Papier eine richtige Mutti sein?«

Und ob Martha wollte! Endlich hatte Carl sie gefragt und somit das längst Offensichtliche besiegelt.

»Ei, Carl, natürlich will ich. Ich dachte schon, du fragst nie!« Beide lachten und küssten sich noch einmal.

»Und du gehst mir heute nicht mehr vor die Tür!« Mit diesen Worten zog Carl seine Martha in die Schlafstube.

~~~

In Groß Grenz auf dem Gehöft der Mühle Stüdemann wurden Hochzeitsvorbereitungen getroffen. Aber es sollte nicht nur die Hochzeit von Martha und Carl gefeiert werden, sondern auch die Konfirmation von Rudi, der das 14. Lebensjahr erreicht hatte.

Seit einem Jahr ging Rudi fleißig zum Konfirmandenunterricht. Der Kirchbesuch war für die Familie wieder selbstverständlich geworden. Sie hatten die kleine mittelalterliche Dorfkirche in Groß Grenz ins Herz geschlossen, obwohl sie so ganz anders war als ihre stattliche Kirche daheim in Locken mit dem herrlichen Glockenspiel, den hohen bunten Glasfenstern und dem schwebenden weißen Marmorengel über dem Altar.

Martha war nach dem Abend an Carls Geburtstag nur noch einmal nach Hause zu ihren Schwestern auf das Gehöft des Großbauern Holm in Klein Grenz gegangen. Sie hatte ihre wenigen Habseligkeiten gepackt, die sie über die Flucht gerettet hatte, dazu ein Sommerkleid, einen Rock, eine Bluse, ein Nachthemd und etwas Wäsche. Andere Kleinigkeiten, die aus ihrer Aussteuer stammten, waren schon vorher in den Haushalt der Familie Kühnapfel übergegangen, weil sie dort dringend gebraucht wurden.

»Wir haben es gewusst, wir haben es gewusst!« Bertha und Ida hatten ihre jüngere Schwester stürmisch umarmt. »Wir freuen uns so für dich, Martha. Du machst eine gute Partie!«

Martha hatte stolz genickt und über das ganze Gesicht gestrahlt. Sie war ein spätes Mädchen. 40 Jahre alt musste sie werden, um die erste und einzige Liebe ihres Lebens zu finden.

Sie hatte solch ein Glück gehabt, in Nachkriegszeiten einen Mann abbekommen zu haben. Und dazu noch so einen guten. Von nun an war Martha ein Mitglied der Familie Kühnapfel. Gleich am nächsten Tag am Abendbrottisch, den Martha wie immer liebevoll gedeckt hatte, informierte Carl die Kinder, dass er Tante Martha heiraten würde.

Als er sein Schinkenbrot aufgegessen hatte, legte er das Messer auf den Teller und räusperte sich. »Kinder, hört mal zu. Ich möchte euch etwas sagen.« Martin und Werner zappelten. Werner boxte seinen Bruder in die Rippen, weil der ihm eine Wurstscheibe vom Brot stibitzen wollte. »Martin, du Ruscheldups, wirst du wohl mal stillsitzen und zuhören, was dein Vater sagt?« Carl war lauter geworden.

Rudi und Heinz hingegen sahen erwartungsvoll den Vater an.

»Tante Martha ist ja nun schon ein gutes Jahr bei uns, sie sorgt für uns wie Mutti. Und sie hat euch sehr gern, und ich habe die Martha auch gern. Deshalb haben wir beschlossen, dass wir heiraten!« Nun war es heraus. Carl nahm einen Schluck Bier und zündete sich einen Stumpen an.

»Haben wir dann wieder eine richtige Mutti?«, fragte Werner.

»Ja, Tante Martha wird ab jetzt eure neue Mutti sein«, sagte Carl zufrieden.

»Und so könnt ihr mich jetzt auch nennen«, ergänzte Martha, während sie nervös die Brotkrümel auf der Wachstuchdecke zusammenschob. Hoffentlich lehnen mich die Kinder nicht ab, dachte sie besorgt. Nicht, dass Carl es sich dann anders überlegt.

Die Jungen kicherten verlegen. Heiraten? Papa und Tante Martha? War die bei ihnen nicht als Wirtschafterin eingestellt? Aber das war wohl so, dass zu einem Vater auch eine Mutter gehörte. Nun hatte alles wieder seine Ordnung. Sie freuten sich ja auch ein bisschen, denn Papa sah wieder glücklich aus. Doch drinnen in ihren Herzen saß seit drei Jahren ein Schmerz, der sie nie loslassen würde, auch wenn Papa sagte, sie hätten jetzt eine neue Mutti. Die Erinnerung an Mama Käthe würden sie nun tief in sich begraben müssen. Papa hatte eine neue Frau, so war das. Und sie, die Kinder, würden es akzeptieren müssen. Genau betrachtet, hatten sie es so schlecht nicht getroffen. Tante Martha konnte Klunkermus kochen und Kräppelchen backen. Sogar leckere Königsberger Klopse hatte sie schon auf den Tisch gebracht, die schmeckten fast wie die von Omchen Anna. Ob die Oma in Koschainen noch lebte? Papa wusste es nicht, aber er wollte irgendwann einmal mit ihnen hinfahren und nachsehen.

»Ich gehe spielen!« Martin schob seinen Stuhl zurück, der laut über die Küchenfliesen scharrte, und stand vom Tisch auf. Zum letzten Weihnachtsfest hatte er ein neues, allerdings gebrauchtes kleines Blechauto bekommen, das Carl bei Leuten im Dorf aufgetrieben hatte. Es war sein ein und alles.

»Ei, aber nur noch ein halbes Stündchen, dann geht's ins Bett!« Martha hatte sich auch erhoben und schickte sich an, den Tisch abzuräumen.

»Na gut, Tante Martha!« Damit war der knapp Zehnjährige zur Tür hinaus, nicht ohne hinter ihrem Rücken eine Grimasse zu schneiden.

Carl stand jedoch eine Menge Papierkram bevor, bevor sie einen Termin für die Hochzeit festlegen konnten. Um sich wieder verheiraten zu können, brauchte er einen Totenschein für Käthe. Den hatte er 1945 in dem ganzen Durcheinander im Krankenhaus nicht bekommen. Fast ein halbes Jahr ging ein Schriftwechsel zwischen Groß Grenz und Karthaus hin und her, bevor man ihm genehmigte, eine neue Ehe einzugehen.

Die Kirche war an diesem Ostersonntag, dem 10. April des Jahres 1949, bis auf den letzten Platz besetzt. Nachdem Rudi, stolz im ersten Anzug, seine Konfirmation erhalten hatte, hieß der Pfarrer Carl und Martha nach vorn kommen.

Martha trug ein anthrazitfarbenes, körperbetontes knielanges Seidenkleid mit cremefarbenem Kragen. An die Mitte des Kragens hatte sie eine kleine silberne Brosche gesteckt, die sie sich von Bertha geborgt hatte. Im Haar steckte ein ebenfalls cremefarbener Brautschleier aus Tüll. Ganz in Weiß zu heiraten, hatte sie nicht angemessen gefunden. Sie war etwas älter und außerdem die zweite Frau ihres Gatten. Carl hatte sich einen guten schwarzen Anzug und ein weißes Oberhemd schneidern lassen. Sie hatten keine Kosten gescheut und den Schneider in Schwaan beauftragt. Nur an frischen Blumen haperte es, denn draußen war die Natur noch karg. Deshalb trug Martha einen Kunstblumenstrauß. Doch die waren sehr hübsch und auch recht teuer gewesen, und sie würden nicht verwelken.

Als sie nach dem Ja-Wort aus der Kirche traten, läuteten die Glocken.

Carl war glücklich. Er führte seine Martha hinaus, die Kinder liefen aufgeregt schwatzend hinterher.

Doris hatte trübe Gedanken, obwohl sie sich nichts anmerken ließ, und versuchte, wie die anderen fröhlich zu sein. An diesem Tag wurde ihr der Verlust von Mama wieder ganz besonders deutlich. Die Hochzeit ihres Vaters mit einer neuen Frau schien Käthe so endgültig aus ihrem Leben zu verdrängen. Es half nichts. Doris wischte sich verstohlen eine Träne aus dem Augenwinkel.

Es wurde ein großes Fest, für das die Stüdemanns ihre größte Stube zur Verfügung gestellt hatten. Mit den Karaschewskis, den anderen Bewohnern des Hofes und Marthas Schwestern und Schwager Fritz waren es schon viele Gäste. Doch auch aus dem Dorf kamen einige vorbei und gratulierten dem Paar. Carl hatte sich als Bäcker in der Gegend einen

Namen gemacht und war nicht nur durch seine schmackhaften Backwaren beliebt.

Mit Holzbrettern hatte man einen langen Tisch aufgebaut und mit weißem Tuch bedeckt. Alles, was es an Geschirr gab, wurde aufgetafelt. Carl hatte mit den aufgesparten Winteräpfeln Kuchen gebacken. Außer dem Blech Apfelkuchen und Streuselkuchen gab es auch endlich wieder eine Glumstorte. Am Abend wurde ein gutes Essen mit Schweinebraten und Kartoffelsalat aufgetischt, von Martha zubereitet. Nach den Hungerjahren war dies eine Besonderheit. Sie hatten lange nicht so etwas Gutes gegessen. Die Anschaffung der Schweine hatte sich gelohnt.

Carl hatte ein Fass Bier und zwei Flaschen Korn besorgt, es wurde immer lustiger, je später der Abend voranschritt. Und sogar Rudi durfte heute aus Anlass seiner Konfirmation ein kleines Schnapsche trinken.

Die Brüder Stüdemann und Ernst Karaschewski hatten inzwischen eine Ziehharmonika in der Hand und spielten auf. Es wurde gesungen und geschunkelt.

Carl saß an der Stirnseite der Tafel, Martha an seiner Seite.

Seine Gedanken gingen plötzlich in die Vergangenheit zurück, als er 1929 seine Hochzeit in Koschainen gefeiert hatte. Das Bild von seiner wunderschönen, aparten, eleganten und empfindsamen Käthe zog vor ihm auf, wie sie sich lächelnd an ihn geschmiegt hatte. Ach Käthe, dachte er wehmütig, verzeih mir. Aber es ist für die Kinder und mich das Beste. Sie haben nun wieder eine Mutti, eine richtige Familie, und ich verstehe mich mit der Martha. Sie ist gut zu ihnen, und sie sorgt für uns. Das hättest du bestimmt auch so gewollt.

Er dachte auch an die Familie, die er nicht mehr hatte. Vater Adolf, Mutter Ida, Alwine, die Schwiegereltern Anna und Hugo, wer weiß, was aus ihnen geworden war. Er hatte in Bröbberow nach ihnen gefragt, aber ihre Namen tauchten nirgends auf. Käthes Geschwister Bruno, Tuta und Charlotte. Niemand wusste, ob sie noch lebten.

Martha sah Carl mit einem Seitenblick an. »Ein Schnapsche?« Sie zwinkerte lächelnd und hielt ihm das Glas hin. Dankbar nahm er es ihr ab. Es war gut, eine Frau zu haben, die wusste, was man wollte.

»... Kornblumenblau ...« Die Freunde spielten den unvergesslichen Schlager aus dem Jahr 1937. Erwartungsvoll schauten alle zum Brautpaar, das den Tanz eröffnen sollte. Carl zwickte Martha in die stramme Hüfte. »Dann wollen wir mal!«, schmunzelte er. Grübeln hatte noch nie weitergeholfen.

Als Tanzfläche musste der mit Feldsteinen gepflasterte Boden der Windmühle herhalten. Egal wie uneben dieser auch war, darauf kam es heute nicht an.

Als Martha einmal kurz ins Straucheln kam, fing er sie auf. »Es muss weitergehen, immer weitergehen«, sagte er ihr leise ins Ohr.

ENDE

Epilog

Wie es weiterging ...

⁓๏⁓

Carl und Martha

Die beiden führten zusammen mit den Kindern ein zufriedenes, bodenständiges Leben, in dem neben harter Arbeit auch das Feiern nicht zu kurz kam. Sie verstanden es, schöne Momente zu genießen, waren immer zu einem Späßchen aufgelegt. Sie machten mit den halbwüchsigen Kindern gemeinsam Ausflüge, gern an den nahen Ostseestrand. Sie verstanden einander gut, alles lief Hand in Hand.

Martha wirtschaftete sparsam, so kam es, dass sich langsam ein neuer kleiner Wohlstand einstellte.

Carl war es nach zehn Jahren bei den Stüdemanns leid, immer nur ein gewisses Gast-Dasein zu führen und suchte nach etwas Eigenem. 10.000 Ostmark hatten sie gespart, das war ein kleines Vermögen.

Im Jahr 1957 hatte Carl endlich die richtige Immobilie gefunden. Die Familie zog nach Petershagen bei Berlin. Dort hatte er ein Haus mit Bäckerei gefunden, ganz für sie allein.

Die Bäckerei war so, wie er es sich vorgestellt hatte: Sie lag an einer Hauptstraße, hatte einen schönen Laden, den ein Schaufenster zierte, fast so wie früher in Locken, nur etwas bescheidener. Dazu gab es drei ordentliche Wohnräume mit Küche und einen kleinen Garten. Sogar ein winziges Badezimmer mit Badeofen und Wasserklosett gab es.

Wie stolz war Carl, als er endlich wieder ein Ladenschild aufhängen konnte: »Bäckerei Carl Kühnapfel«. Er konnte nun auch wieder eine Vielfalt an Kuchen in der Auslage präsentieren. Cremetorten fertigte er auf Bestellung an.

Die Kinder waren inzwischen selbstständig, sodass Martha neben der Versorgung des Haushalts, des Gartens und des Federviehs in der Bäckerei mithalf. Sie schälte und entkernte das Obst für die Kuchen und stand im Laden mit weißem Kittel und einem weißen Häubchen auf dem Haar. Sie und Carl arbeiteten unermüdlich.

Einige Jahre später, als das Ehepaar in Rente ging, verkauften sie die Bäckerei und erwarben zwei Straßen weiter ein kleines Einfamilienhaus, das 1935 erbaut worden war und zum Verkauf stand. Hier zogen nur noch die Hühner mit.

Die in Mecklenburg geschlossene Freundschaft mit der Familie Karaschewski, die in den 1950er-Jahren nach Blankenburg gezogen war, hielten sie ein Leben lang aufrecht. Auch mit Krause, der 1945 Carl in Locken das Leben gerettet hatte, als er an Typhus erkrankt war, blieben sie freundschaftlich verbunden.

Carl fuhr oft mit Rudi, der bald ein eigenes Auto der Marke Trabant besaß, in die alte Heimat nach Locken. Für ihre erste Fahrt über die deutsch-polnische Grenze 1965 brauchten sie für Polen einen Passierschein. Doch was er sah, enttäuschte und schmerzte ihn. Der ganze Ort machte einen heruntergekommenen Eindruck. Sein schönes Haus, das einmal das schmuckste am Platz gewesen war, sah lieblos verschandelt aus. Die Tür zum Laden war mit grauem Beton zugemauert. Das Gebäude sah gestückelt aus. Die Fassade war erschreckend hässlich, es fehlten einheitlicher Putz und Farbe. Die Bäckerei gab es nicht mehr. Bis heute wurden immer wieder Umbauten durch die jeweiligen neuen Eigentümer vorgenommen. Welchen Eindruck das Haus von außen machte, dafür schien sich niemand zu interessieren. Die ersten neuen polnischen Bewohner wiesen Carl und Rudi grimmig an der Tür ab und wollten sie nicht einlassen.

Der Kirchhof an der Lockener Kirche, wo er Vater Adolf und den kleinen Uli zurückgelassen hatte, existierte nicht mehr. Die einstigen Gräber waren dem Erdboden gleichgemacht worden. Auf jeder Rückfahrt war Carl deprimiert und hing seinen Erinnerungen nach. Aber er konnte nicht aufhören, bis zu seinem Tod immer wieder mit seinen Kindern hinzufahren. Sein Herz war im Januar 1945 in Locken geblieben.

Carl bekam Diabetes und starb daran im Jahr 1974 im Alter von 72 Jahren.

Carl und Martha hatten ihre ostpreußische Tradition, alle Feste ordentlich mit Musik, Gesang und einem Schnapsche zu feiern, in ihrem gemeinsamen Leben beibehalten und immer einen engen Kontakt zu den Kindern gepflegt. Wie gut hatte Martha immer alle mit Speisen nach altem Brauch bewirtet. Sie konnte wunderbar kochen. Und Carls Buttercremetorten würde keiner je vergessen.

Als Carl starb, wurde es ruhiger, doch ihre »Mutti« vergaßen die Kinder nie. Martha war ihnen ans Herz gewachsen. Sie wurde zu allen Familienfeiern abgeholt.

Martha hielt ein enges Verhältnis zu ihren fünf Schwestern, die, bis auf Ida, inzwischen weit verstreut in Nord- und Westdeutschland wohnten. Deren Männer waren bis auf den Mann von Liese alle aus dem Krieg zurückgekehrt. Ida hatte sich mit ihrem Mann Fritz ebenfalls in Petershagen niedergelassen. Noch in Klein Grenz hatten sie eine Tochter, Hildegard, bekommen.

Mit Ende 70 bekam Martha Magenkrebs. Von der Operation erholte sie sich erstaunlich schnell. Sie klagte nie und war kurz darauf wieder die alte. Nur mit dem Essen musste sie sich zurücknehmen.

Später verkaufte Martha das Haus in Petershagen an Rudi, zog zunächst in eine kleine Einzimmerwohnung im Plattenbau und 1990 in ein Seniorenheim in Berlin, wo auch ihre ältere Schwester Ida seit einiger Zeit ein Zimmer bewohnte. Die beiden fühlten sich wohl dort, es war ein gutes Ausgedinge, wo man es warm hatte und sein Essen serviert bekam. Wenn auch von fremden Leuten, aber das war eben heute so.

Bis zuletzt hielt Martha auf sich. Sie erschien immer in einem hübschen Kleid mit goldener Brosche und ordentlich frisiert. Das ergraute Silberhaar trug sie im Alter in einer gepflegten kurzen Dauerwelle. Wenn sie Besuch empfing, dann immer in eleganten Pumps mit kleinem Absatz. Nie sah man Martha in Hauspantoffeln.

Martha blieb bis ins hohe Alter geistig rege und war weder auf einen Stock noch einen Rollator angewiesen. Kerzengerade blieb ihr Gang. Am 30. Dezember 2001 schlief sie nachts friedlich ein. Da war sie 93 Jahre alt. Auch alle ihre Schwestern wurden weit über 90.

Heinz

Kurz nach der Hochzeit von Carl und Martha sollte im Juni 1949 Heinz' Gesellenprüfung als Bäcker stattfinden. Er war so aufgeregt, dass er vorher nächtelang nicht schlafen konnte. Am Tag vor der Prüfung drehte sich plötzlich alles um ihn, und er sackte mit verdrehten Augen und am ganzen Körper zuckend weg. Es sollte künftig noch viele solcher epileptischen Anfälle geben. Doch die Prüfung am nächsten Tag bestand er. Rudi hatte ihn mit dem Pferdefuhrwerk nach Güstrow gefahren und beruhigend auf den Bruder eingewirkt.

Heinz arbeitete bis in die 1960er-Jahre fleißig beim Vater in der Bäckerei in Petershagen mit und wohnte dort mit im Haus. Seine Krankheit wurde inzwischen vom Arzt behandelt. Schlimmer als die wiederkehrenden Anfälle war wohl jedoch die durch das Elend der Flucht erkrankte Seele, die nie wieder heilte. So war ihm ein eigenständiges Leben nicht möglich.

In das neue Haus in Petershagen zog Heinz nicht mit. Die letzten 20 Jahre seines Lebens wohnte er in einem diakonischen Heim in Brandenburg an der Havel, wo er in der Küche und im Garten leichte Arbeiten ausübte. Er war zeitlebens eng mit seinen Eltern und Geschwistern verbunden, die ihn zu allen Familienfeiern einluden.

Heinz wurde 61 Jahre alt.

Doris

Doris beendete 1950 ihre Lehre als Stenotypistin in Wismar und fand eine Anstellung im *Dieselmotorenwerk Rostock*. Sie heiratete den Maurer Fritz, zog mit ihm nach Strausberg in die Nähe von Berlin und bekam drei Söhne. Ihr erstgeborener Sohn, in Anlehnung an ihren unvergessenen jüngsten Bruder Ulrich genannt, starb mit einem halben Jahr am plötzlichen Kindstod. Der Kummer darüber und alles, was sie schon an Schlimmem durchlebt hatte, ließen Doris' Herz brechen.

Durch ihre Tätigkeit als Sekretärin im Büro der sich 1956 in Strausberg neu gegründeten Zentrale der Nationalen Volksarmee bekam sie eine Neubauwohnung im Ort. Später, als die Familie ein Haus in Neuenhagen erwarb, fand sie Arbeit im Büro des dortigen Fleischkombinates.

Doris war starke Raucherin und wirkte immer abgezehrt und erschöpft. Als sie endlich zum Arzt ging, war es schon zu spät. Er stellte Lungenkrebs im letzten Stadium fest. Doris starb 1998 im Alter von 66 Jahren.

Rudi

In den Jahren 1950 bis 1953 machte Rudi eine Lehre als Zimmermann in Schwaan bei der *Firma Luckmann* und ging in Güstrow zur Berufsschule. Auf der Schiffswerft in Warnemünde arbeitete er danach bis 1956. Die Arbeiter wohnten dort in Bauarbeiterunterkünften, einfachen Baracken ohne Komfort.

Als die Eltern nach Petershagen zogen, wollte auch Rudi in ihrer Nähe sein. Es zog ihn nach Berlin, er war lebenshungrig und wollte in die Hauptstadt. Dort fand er in seinem Beruf als Zimmermann an der Staatsoper Berlin eine Anstellung als Bühnenbauer. Doch Rudi wollte mehr im Leben erreichen, machte zunächst in der Abendschule seinen Zehnklassenabschluss und meldete sich dann für die Technikerschule im Baugewerbe an, die er nach weiteren drei Jahren abschloss. Diese drei Jahre an der Ingenieurschule waren hart, denn Rudi erhielt monatlich nur 170 Ostmark Stipendium.

Er begann 1958 eine langjährige Tätigkeit beim *Tiefbaukombinat Berlin*, wo er zunächst als Meister, später als Bauleiter eingesetzt wurde.

In Berlin wohnte Rudi in einem Zimmer zur Untermiete in der Kastanienallee in Prenzlauer Berg. Eine ältere Dame, die eine große Fünfzimmeraltbauwohnung geerbt hatte, vermietete zwei Zimmer. 1959 lernte er seine erste Frau Ute kennen, die er 1961 heiratete und die hier zunächst mit einzog. Vom *Tiefbaukombinat* konnte ihm kurz nach der Eheschließung über die Arbeiterwohnungsbaugenossenschaft eine neu gebaute Dreizimmerwohnung mit Bad, Zentralheizung und Balkon in einem der Achtgeschosser in Berlin-Mitte, einem Vorzeigewohngebiet der DDR, zugewiesen werden.

1962 wurde seine Tochter geboren. Die Ehe hielt bis Mitte der 70er-Jahre. Einen Tag nach der Scheidung lernte er Gitta aus Thüringen kennen, seine zweite Frau. Mit ihr zog er nach der Hochzeit 1976 in das Elternhaus nach Petershagen, das Martha ihnen verkauft hatte.

Nach der Wende beendete Rudi im Alter von 56 Jahren seine Arbeit im *Tiefbaukombinat*, das als volkseigener Betrieb abgewickelt wurde. Auch Gitta, die als Industriekauffrau in einem DDR-Betrieb in der Berliner Rungestraße tätig gewesen war, verlor ihre Arbeit.

Doch statt in den Vorruhestand zu gehen und arbeitslos zu Hause den Eintritt der Rente abzuwarten, krempelte Rudi wieder die Ärmel hoch. Er hatte noch so viel Mut und Elan. Er hatte noch Träume! Es war die Chance im Leben, die ihm geboten wurde und die er endlich realisieren wollte: sich selbstständig machen! Eine eigene Firma gründen! Er suchte sich deshalb Anfang der 1990er-Jahre einen Partner und gründete 1991 eine *Tiefbau GmbH*. Zunächst ohne eigenes Firmengebäude und nur mit zwei Baufahrzeugen. Das Haus in Petershagen wurde dafür verpfändet, das Wohnzimmer wurde zum Büro, vor der Tür stand ein alter klappriger VW Jetta. Gitta machte die Buchhaltung. Nach anfänglichen Schwierigkeiten, es herrschte eine hohe Arbeitslosigkeit und Rezession, erwirtschaftete die Firma erste Gewinne und konnte in ein eigenes Gebäude einziehen. Heute hat das Unternehmen fast 40 Mitarbeiter und nennt einen großen Fuhrpark sein Eigen. Die Arbeit hat Rudi inzwischen den jüngeren Geschäftsführern und seinem Enkel überlassen, und erst im Alter von 86 Jahren zog er sich aus dem Geschäft zurück. Er hatte es zu etwas gebracht. Vater wäre stolz auf ihn, wenn er das noch erlebt hätte.

Rudi fuhr immer wieder mit dem Auto in die alte Heimat, angefangen 1965, als noch kaum die Kriegsschäden beseitigt waren. Auch seit dem Tod von Vater, Doris, Heinz und Martha ist er diesen Fahrten treu geblieben. Die Polin Dora, die heute allein die unteren Räume in einem Teil des großen Hauses bewohnt, wo damals eine ganze Familie mit fünf Kindern zu Hause war, bewirtet ihn und die Seinen jedes Mal herzlich, tischt Kaffee, Kuchen und heimische Spezialitäten auf. Auch sie ist die Tochter von ehemals vertriebenen Ostpreußen, die jedoch 1945 den Weg zurück genommen und sich für die polnische Staatsbürgerschaft entschieden hatten. In ihrer Mimik mischen sich Mitleid, Schuld, aber auch Bewunderung für den Erfolgsmann, der seinen Weg in Deutschland gemacht hat.

Doch wenn Rudi durch die Stuben geht, die nicht mehr die Stuben sind, die er kannte, dann sieht er in der Ecke das Klavier stehen, hört er das Lachen der Geschwister, das Schreien eines Babys, und vor allem die geliebte Stimme seiner Mutter Käthe.

Und er sieht das Fenster, an dem er als kleiner Junge einmal stand, um zu hören, wann die Panzer kommen.

Werner

1952 fing Werner eine Lehre als Schlosser an. 1958 lernte er seine erste Frau kennen, zog mit ihr nach Dresden und arbeitete im Flugzeugbau. Nach der Scheidung nach nur drei Jahren heiratete er 1965 seine Monika. Der langjährigen Ehe mit ihr entsprangen zwei Söhne. Später spezialisierte er sich als Rundfunkmechaniker und arbeitete bis zur Rente bei einem Rundfunkgerätehersteller.
Werner lebt mit seiner Frau in Berlin-Köpenick.

Martin

Er wollte gern Uhrmacher werden, aber er durfte nicht. Da Heinz kränkelte, brauchte Vater Verstärkung in der Backstube und bestimmte, dass auch Martin Bäcker wurde.
 Lange arbeitete er mit Vater in der Bäckerei, bis dieser sich zur Ruhe setzte. Martin heiratete 1966 seine Erika aus Halle, mit der er einige Zeit in einer winzigen Dachwohnung in Petershagen wohnte. Schließlich bekamen sie Mitte der 1970er-Jahre eine kleine Zweizimmerneubauwohnung mit Vollkomfort in einer Hochhaussiedlung in Berlin-Lichtenberg, wo sie bis heute zufrieden leben. Da Martin sich nie richtig mit dem Beruf des Bäckers identifizieren konnte, nahm er bis zu seiner Rente eine Arbeit in der Betriebssicherheit an.
 Die Ehe blieb kinderlos.

Die Weißens

Ende Januar 1945 überrollten die russischen Soldaten auch das kleine Dorf Koschainen.

Hugo und Anna waren in ihrem *Dorfkrug* geblieben, so wie Hugo es wollte. In ihrem hohen Alter von über 70 Jahren wollte er sich und seiner Frau die Strapazen der Flucht ersparen und glaubte, dass der Krieg an ihnen vorübergehen würde.

Die Russen vermuteten in Hugo als Besitzer des einzigen Gasthofes im Dorf einen Nazi und gingen mit großer Härte vor. Hugo wurde gepackt, mit Seilen hinten an einen Pferdewagen gebunden und unter großem Gelächter der Russen beim Galopp der Trakehner fast zu Tode geschleift. Anna wurde gezwungen zuzusehen. Sie schrie und schrie, dann brach sie zusammen.

Die beiden alten Leute wurden halbtot von den Russen vor den Stufen ihres Hauses bei minus 20 Grad im Schnee liegen gelassen.

Obwohl Hugo mehrere Knochenbrüche und innere Verletzungen erlitten hatte, fanden sie noch einmal die Kraft, ein paar Sachen zusammenzusuchen und das Fuhrwerk zu packen. Dann traten auch sie die Flucht gegen Westen an und fanden in Miswalde einen Treck, dem sie sich anschließen konnten.

Anna starb am 9. Februar 1945 in Danzig am Hungertyphus.

Hugo schaffte es bis Damerkow, wo er letztendlich am 26. März 1945 doch den schweren Verletzungen durch die Misshandlungen der sowjetischen Soldaten erlag.

Gertrud und Charlotte flüchteten mit ihren Kindern ebenfalls aus Ostpreußen. Ihre Ehemänner und Bruder Bruno kamen körperlich unversehrt aus dem Krieg zurück. Alle fanden in Westdeutschland ein neues Zuhause.

Dank

Mein allergrößter Dank gilt meinem Vater Rudolf, ohne dessen lebhafte Erzählungen dieses Buch niemals entstanden wäre. Er hat unsere gemeinsame Reise in seine Heimat Masuren initiiert, die dann auch seine letzte dorthin war. Durch die vielen Erinnerungen an den noch existierenden Orten des Geschehens wuchs in mir der Wunsch, diesen Teil der deutschen Geschichte in einem Roman unvergessen werden zu lassen. Denn die letzten Ostpreußen, die noch leben, sind »die Letzten, denen dort noch die Sonne die Kindheit durchleuchtete, und die der eisige Winter erschaudern ließ, die Letzten, die das alles noch im Herzen tragen.«

Danke auch an Stefan und Elias, Fabienne, Jenny, Lena, Hannah und meine Mutter, die mich stets bei meinem Vorhaben bestärkt und Anteil an meinen Schreibfortschritten genommen haben. Ebenso danke ich meinen Erstlesern im Familienkreis für ihr positives und auch kritisches Feedback.

Ich danke von Herzen meiner Agentin Eva Semitzidou für ihre Begeisterung für meinen Debütroman. Sie hat mich ermutigt, an mich zu glauben.

Und nicht zuletzt großen Dank an meine Lektorin Claudia Senghaas und dem Team des Gmeiner-Verlags, die ein Erscheinen dieses Buches erst möglich gemacht haben.

*Weitere Titel finden Sie auf den
folgenden Seiten und im Internet:*
WWW.GMEINER-VERLAG.DE

Anett Diell
Das Zimmermädchen vom Adlon
Roman
416 Seiten, 12,5 x 20,5 cm,
Broschur
ISBN 978-3-8392-8018-8

Berlin 1921: Das Hotel Adlon ist ein Ort der Träume und des Glamours. Für die junge Irabella Keller bedeutet die Stelle als Zimmermädchen die Chance auf ein besseres Leben. Klug und unerschrocken bringt sie frischen Wind ins Haus, überzeugt den Hotelbesitzer Louis Adlon mit ihren Ideen und erobert die Herzen von Gästen und Kollegen. Doch als Maxim, ein charmanter Restaurant-Erbe, und Charles, ein sensibler Dichter, ihren Weg kreuzen und die Ungewissheit der Zeit ihren Tribut fordert, muss Irabella entschlossen dafür kämpfen, ihr Leben weiterhin selbst zu bestimmen.

GMEINER SPANNUNG

WWW.GMEINER-VERLAG.DE
Wir machen's spannend

Ronald Fricke
Lales Lied
Zeitgeschichtlicher Kriminalroman
272 Seiten, 13,5 x 21 cm,
Klappenbroschur
ISBN 978-3-8392-8007-2

Der ehemalige Bremer Kommissar Thomas Nettelbeck versucht, als Privatdetektiv Fuß zu fassen. Sein erster Fall führt ihn auf die Insel Langeoog, wo die legendäre Sängerin Lale Andersen seit Kurzem anonyme Drohbriefe erhält. Zunächst scheint es keine Hinweise zu geben, dass Lale tatsächlich in Gefahr schwebt. Doch dann verschwindet Lales Hündin – und Nettelbeck erkennt, dass hier viel mehr auf dem Spiel steht. Bald vermutet er den Schlüssel zur Lösung in der Vergangenheit der Sängerin – und bei ihrem berühmten Lied »Lili Marleen«. Denn auf dem Lied liegt ein Schatten, der von der NS-Zeit bis in die Gegenwart reicht.

GMEINER SPANNUNG

WWW.GMEINER-VERLAG.DE
Wir machen's spannend